ŒUVRES COMPLÈTES
DE MOLIÈRE

IV

MOLIÈRE

ŒUVRES COMPLÈTES

IV

LES AMANTS MAGNIFIQUES

LE BOURGEOIS GENTILHOMME

PSYCHÉ

LES FOURBERIES DE SCAPIN

LA COMTESSE D'ESCARBAGNAS

LES FEMMES SAVANTES

LE MALADE IMAGINAIRE

POÉSIES

Chronologie, introduction et notices
par
Georges Mongrédien

GF-Flammarion

© 1979, GARNIER-FLAMMARION, Paris
ISBN 2-08-070070-7

CHRONOLOGIE SOMMAIRE
DE LA VIE ET DE L'ŒUVRE
DE MOLIÈRE

1622 (15 janvier) : Baptême, à Saint-Eustache, de Jean-Baptiste Poquelin, fils du tapissier Jean Poquelin.

1631-1639 : Études au collège de Clermont (actuel lycée Louis-le-Grand).

1637 : J.-B. Poquelin prête serment comme survivancier de la charge de tapissier du roi.

1640 : Études de droit.

1643 (6 janvier) : J.-B. Poquelin renonce à la charge de tapissier du roi.
(30 juin) : Avec Madeleine Béjart et quelques amis, J.-B. Poquelin constitue la troupe de *l'Illustre Théâtre*.
(octobre) : *L'Illustre Théâtre* joue à Rouen.

1644 (janvier) : Ouverture de *l'Illustre Théâtre*, à Paris, rue Mazarine. Échec.

1645 : *L'Illustre Théâtre* s'installe au Port Saint-Paul (au n° 32 actuel du quai des Célestins). Nouvel échec de la troupe, emprunts divers.
(août) : Molière est mis en prison pour dettes au Châtelet. Il engage sa garde-robe. Avec les débris de sa troupe, il part pour la province ; il est recueilli par la troupe du duc d'Épernon.

1645-1658 : Molière prend la tête de la troupe, qui remporte de vifs succès dans l'Ouest, le Sud-Ouest et dans la vallée du Rhône.

1655 : Création de *l'Étourdi* à Lyon.

1656 (décembre) : Création du *Dépit amoureux* à Béziers.

1658 (24 octobre) : Molière et sa troupe débutent au Louvre devant le roi.
(2 novembre) : La troupe, protégée par Monsieur,

frère du roi, débute au théâtre du Petit-Bourbon. Vif
succès.

1659 (18 novembre) : Première représentation des *Précieuses ridicules*. Gros succès.

1660 (28 mai) : Première de *Sganarelle ou le Cocu imaginaire*. Succès.
(11 octobre) : La troupe de Monsieur s'installe au théâtre du Palais-Royal, construit par le cardinal de Richelieu.

1661 (4 février) : Première de *Dom Garcie de Navarre*. Échec.
(24 juin) : Première de *l'École des maris*. Succès.
(17 août) : Première des *Fâcheux*, pour Foucquet, au château de Vaux-le-Vicomte.

1662 (20 février) : Mariage à Saint-Germain-l'Auxerrois de Molière avec Armande Béjart, fille ou sœur (?) de Madeleine.
(26 décembre) : Première de *l'École des femmes*. Succès et scandale. Premières attaques des dévots.

1663 (17 mars) : Pension de 1 000 livres accordée par Louis XIV à Molière.
(1ᵉʳ juin) : Première de *la Critique de l'École des femmes*.

1664 (19 janvier) : Naissance du premier fils de Molière, Louis, mort le 10 novembre 1664. Parrain et marraine : Louis XIV et Madame.
(29 janvier) : Première du *Mariage forcé* au Louvre.
(8 mai) : Première de *la Princesse d'Élide*, à Versailles.
(12 mai) : Première des trois premiers actes de *Tartuffe* à Versailles. La pièce est interdite.

1665 (15 février) : Première de *Dom Juan*. La pièce est retirée à Pâques.
(3 août) : Naissance d'Esprit-Madeleine, fille de Molière. Morte en 1733.
(14 août) : La Troupe de Monsieur devient Troupe du Roi. Pension annuelle de 6.000 livres.
(14 septembre) : Première de *l'Amour médecin* à Versailles.

1666 (janvier-février) : Grave maladie de Molière.
(4 juin) : Première du *Misanthrope*. Demi-succès.
(6 août) : Première du *Médecin malgré lui*.

1667 (14 février) : Première du *Sicilien ou l'Amour peintre*, à Saint-Germain.
(5 août) : Représentation de *Tartuffe* en cinq actes au Palais-Royal. Nouvelle interdiction de la pièce.

1668 (13 février) : Première d'*Amphitryon*.
(18 juillet) : Première de *George Dandin*, à Versailles.
(9 septembre) : Première de *l'Avare*.

1669 (5 février) : Première représentation publique autorisée de *Tartuffe*. Immense succès.
(25 février) : Mort du père de Molière.
(7 octobre) : Première de *Monsieur de Pourceaugnac*, à Chambord.

1670 (4 février) : Première des *Amants magnifiques*, à Saint-Germain.
(14 octobre) : Première du *Bourgeois gentilhomme*, à Chambord.

1671 (17 janvier) : Première de *Psyché*, aux Tuileries.
(24 mai) : Première des *Fourberies de Scapin*.
(2 décembre) : Première de *la Comtesse d'Escarbagnas*, à Saint-Germain.

1672 (17 février) : Mort de Madeleine Béjart.
(11 mars) : Première des *Femmes savantes*.
(15 septembre) : Naissance de Pierre-Jean-Baptiste-Armand, fils de Molière, mort le 10 octobre 1672.

1673 (10 février) : Première du *Malade imaginaire*.
(17 février) : Mort de Molière, rue de Richelieu, à 10 heures du soir.
(21 février) : Obsèques nocturnes de Molière au cimetière Saint-Joseph.
(mai-juin) : Fusion de la troupe de Molière et de celle du Marais.
De cette fusion naît la troupe de l'Hôtel Guénégaud.

1680 (18 août) : Fusion des troupes de l'Hôtel de Bourgogne et de l'Hôtel Guénégaud, par ordre du roi. Fondation de la Comédie-Française.

INTRODUCTION

Le théâtre comique de Molière est, en qualité, sans commune mesure avec celui de ses prédécesseurs, de ses contemporains et de ses successeurs immédiats. C'est le privilège du génie. Mais il n'est pas sans intérêt de préciser en quoi il en diffère, pour le mettre à sa vraie place dans la littérature dramatique du Grand Siècle.

La comédie française du XVIIe siècle, qui va chercher ses sources d'inspiration dans la comédie italienne et peut-être encore davantage dans la comédie espagnole, est essentiellement une comédie romanesque, aux péripéties multiples et inattendues, dont l'intrigue souvent compliquée est le seul ressort comique. Le public ne lui demande qu'un divertissement, qu'une série de surprises et de retournements de situation propres à déchaîner le rire. C'est d'ailleurs ce que Molière a commencé par faire lui-même dans ses farces et dans ses deux premières comédies jouées en province, *l'Étourdi* et *le Dépit amoureux*. Ce jeu comique entraîne dans son tourbillon des personnages encore stéréotypés, les couples d'amoureux, les valets, les servantes, le vieillard, le pédant, le matamore, etc.

Or, à la même époque, la tragédie, au contraire, repose sur un jeu complexe de sentiments humains, plus ou moins subtilement analysés, dont le heurt crée la crise dramatique et amène le dénouement : amour, haine, jalousie, amour maternel, sentiment de l'honneur, passion de la gloire, désir de vengeance, patriotisme, volonté de puissance. Dans son cadre historique ou légendaire, la tragédie est à base de psychologie et repose sur l'étude de l'homme.

Ce souci de vérité psychologique, ce ressort tout humain de la tragédie sont alors étrangers à la comédie, qui se contente de personnages simples placés dans une situation comique. Sans doute, quelques auteurs inséreront dans leurs comédies des types de personnages nouveaux, empruntés à la société contemporaine. Le premier, Cyrano de Bergerac mettra en scène un paysan patoisant dans *le Pédant joué* ; Chappuzeau prendra pour cadre de son *Cercle des femmes* un salon féminin à la mode ; à différentes reprises on verra apparaître le type du gentilhomme campagnard, petit hobereau sans fortune et ignorant des usages du beau monde, dont la Cour et la Ville se moquent volontiers ; mais cela ne fera que quelques types de personnages supplémentaires mêlés à une intrigue, qui reste l'objet même du divertissement.

Il faut avoir lu un certain nombre de ces comédies contemporaines de Molière pour comprendre et apprécier tout ce qu'il apporte de nouveau. Celui que ses contemporains appelaient « le Contemplateur » est un merveilleux observateur de la nature humaine. Un de ses ennemis, qui deviendra un ami quand Molière aura joué ses pièces, Donneau de Visé, écrit de lui : « C'est un dangereux personnage ; il y en a qui ne vont point sans leurs mains ; mais on peut dire de lui qu'il ne va point sans ses yeux ni sans ses oreilles. »

De la même manière que l'auteur tragique, mais avec des fins différentes, il étudiera la psychologie de ses personnages, et le jeu de leurs sentiments deviendra à son tour le ressort de la comédie et de ses péripéties. Attentif aux problèmes sociaux de son époque, notamment ceux que pose la société bourgeoise, il placera ceux dont il veut peindre les travers, les ridicules ou les vices fortement caractérisés, vivants et vrais, et dont l'ensemble, autour du héros principal, constituera un milieu social naturel aux aspects divers, où les personnages s'opposeront les uns aux autres et réagiront les uns sur les autres. C'est ainsi que, par son observation pénétrante de l'homme et de la société, Molière innovera en créant une grande comédie, à la fois étude de caractères et étude de mœurs, à base de psychologie humaine et qu'il élèvera au niveau moral de la tragédie. L'intrigue, au lieu de lui fournir un point de départ conventionnel, sera au contraire l'aboutissement et le développement naturel d'une situation créée par la psychologie des personnages ; son but sera atteint lorsqu'il les aura peints, souvent d'après nature, avec vérité ; et souvent les dénouements — ces dénouements qui lui furent reprochés — ne seront à leur tour qu'un procédé conventionnel et facile pour dénouer une situation dramatique.

Voilà, nous semble-t-il, ce que Molière a apporté de plus important et de plus original dans ses comédies, et qui aboutit à une véritable transformation d'un genre littéraire, dont le mécanisme, immuable avant lui, se sclérosait avec le temps. Certains contemporains furent d'ailleurs conscients de cette transformation profonde du genre comique, tels Boileau ou La Fontaine qui écrivait, après la représentation des *Fâcheux* à Vaux :

> *Et maintenant il ne faut pas*
> *Quitter la nature d'un pas.*

Dans cette comédie nouvelle qu'il a créée, comme Corneille a créé la grande tragédie classique, Molière a mis une diversité qui atteste l'ampleur de son génie. Il avait commencé par pratiquer la farce, qui lui assura ses premiers succès en province, puis à Paris. Il continua à lui rester fidèle, même dans ses grandes comédies, où il ne rougit pas de la mêler à l'étude de mœurs. Il en fait aussi un élément important de ses comédies-ballets où il la mêle cette fois au prestige de la musique et de la danse. La comédie-ballet est d'ailleurs une création originale de Molière, née du succès des *Fâcheux*. Avec *Amphitryon*, où il se montre le seul rival à opposer dans le maniement du vers libre à La Fontaine, il offre encore une formule nouvelle et originale, celle de la comédie précieuse et poétique. Enfin, avec ses grandes comédies, il nous offre une admirable galerie de personnages toujours vivants, Tartuffe, Alceste, Harpagon, Dom Juan, Philaminte, en même temps qu'une évocation du milieu dans lequel ils évoluent. En substituant la vérité au romanesque de la comédie traditionnelle, il nous apporte un témoignage irremplaçable sur la société de son temps.

Ce théâtre comique, à base d'observation, reste imprégné de l'actualité de son temps. Dès ses débuts à Paris, Molière s'attaque à un problème littéraire et social fort à la mode, la préciosité ; puis, avec *l'École des maris* et *l'École des femmes*, au problème de l'éducation des filles ; avec *Tartuffe* et *Dom Juan*, c'est le problème religieux. Parfois Molière met en scène des personnages contemporains, à peine transposés ; tout le monde a reconnu Daquin et les médecins de la cour dans les caricatures bouffonnes des docteurs de *l'Amour médecin*, de même que Ménage et l'abbé Cotin dans les personnages de Vadius et de Trissotin. Les témoignages des contemporains prouvent qu'ils cherchaient

toujours à découvrir le personnage original qui lui avait
servi de modèle pour ses grandes créations ; ils ont désigné,
à tort ou à raison, les « originaux » des Précieuses, de Tartuffe, de Dom Juan, d'Alceste, de M. Jourdain, de
M. de Pourceaugnac, des Femmes savantes. Les spectateurs du XVIIe siècle voyaient dans les comédies de Molière
des pièces à « clef ». Mais ce ne sont pourtant pas de simples
copies que Molière nous offre ; sans doute s'est-il inspiré
de différents modèles, mais ses observations, passées par
le creuset de son génie, ont abouti à des créations originales
et d'une éternelle vérité.

Comme il arrive toujours en pareil cas, les créatures nées
du génie d'un auteur finissent par lui échapper, et conser-
vent, après lui, leur vie propre. C'est pourquoi, depuis
trois cents ans, chaque génération s'est forgé son Tartuffe,
son Alceste, son Dom Juan, selon ses propres conceptions
de la vie et des problèmes qu'elle pose. On a pu jouer *le
Misanthrope* en costumes modernes ; nos spectateurs,
sous ce nouveau déguisement, ont parfaitement reconnu
Alceste pour un des leurs, parce qu'il reste toujours vrai
et humain.

De cette large peinture de la société contemporaine que
Molière a brossée en y insérant un certain nombre de
personnages hors série, peut-on tirer une morale, la morale
de Molière ? Cela ne paraît pas impossible. D'une lecture
complète de son œuvre et d'une méditation sérieuse sur
ses intentions, on peut, nous semble-t-il, tirer cette conclusion que la morale de Molière est fondée sur une confiance
totale en la nature humaine. Cette nature humaine dont
tous nos grands classiques, dramaturges, moralistes,
essayistes, romanciers et philosophes ont fait leur principal
sujet d'étude, certains ont voulu la rabaisser et parfois
même la condamner. On ne trouve aucune trace de cette
sévérité dans l'œuvre de Molière. Pour lui, la nature
humaine est bonne ; il croit à la liberté et à la vertu de
l'homme ; il croit aux forces vives de l'Amour, qu'il a tra-
duites si heureusement dans tant de couples d'amoureux,
sincères, passionnés, appelés au bonheur terrestre. Et si
l'homme est naturellement bon, la société, qui est sa création et le reflète, ne peut qu'être bonne aussi. A condition
de rester soumis à la règle de la juste mesure, aux lois du
bon sens, d'échapper à l'empire des passions pernicieuses,
l'homme peut et doit faire son bonheur sur la terre. Cette
conception du juste milieu, du bon sens inné chez la plupart des hommes, idée cartésienne, imprègne tout l'idéal

classique, fait de mesure et d'équilibre. C'est elle que l'on retrouve dans l'œuvre de Molière, parfois diffuse, parfois formellement exprimée par ses « raisonneurs », Ariste, Cléante ou Philinte. Pour eux, comme pour Molière, il faut se soumettre aux mœurs du temps, aux coutumes, adopter les costumes et les habitudes de nos contemporains.

Conception morale toute faite de sagesse, de modération, rejetant tous les excès, même ceux de la vertu, pour ne pas déséquilibrer un milieu social favorable, normalement, au développement et à l'épanouissement de la personnalité humaine. Morale optimiste donc en définitive, mais non morale « petit bourgeois » de je ne sais quelle médiocrité acceptée par faiblesse ou routine, qu'on lui a parfois prêtée à tort.

Lorsqu'on a pris conscience des conceptions morales de Molière et de leurs fondements, on comprend que, pour lui, les êtres qui, dominés par leurs ridicules, leurs travers ou leurs vices, s'opposent à cette société harmonieuse, la troublent par leurs extravagances, doivent être cloués au pilori. D'abord parce qu'ils apparaissent ridicules aux yeux du spectateur moyen, doué de bon sens (on sait quelle confiance aussi Molière accordait aux jugements du parterre), en rompant un équilibre social favorable, en rendant malheureux leurs parents et leurs amis, et qu'ainsi ils fournissent de bons sujets de comédie; mais Molière pense aussi qu'il faut dénoncer et corriger ces extravagants, conformément à la mission de la comédie — *castigat ridendo mores* — pour que la société retrouve son équilibre et son bon fonctionnement.

Tous les grands personnages de Molière, qu'ils agissent sous l'effet d'une noble indignation, comme Alceste, de préjugés bourgeois comme Orgon, de vices honteux comme Harpagon et Tartuffe, ou d'un simple dérèglement d'esprit comme M. Jourdain ou Philaminte, apparaissent comme des asociaux, des hommes qui, sous l'influence de leurs passions, s'écartent du bon sens général, de la voie commune; s'opposent à une société bien équilibrée et doivent donc être corrigés ou éliminés.

Telle est, nous semble-t-il, la morale sociale qui se dégage de l'œuvre de Molière. Son génie, à base d'observation humaine, a fait que ses personnages ne se limitent pas à figurer des symboles; Harpagon et Tartuffe ne sont pas des images conventionnelles de l'Avarice ou de l'Hypocrisie; l'un est un avare, l'autre un hypocrite, parfaitement personnalisé, caractérisé, présenté dans un milieu social déterminé, auquel il s'oppose. Et c'est parce que ces personnages sont profondément vrais, d'une vérité humaine, parce que leurs passions sont décrites et analysées dans leurs effets, dans les réactions des autres personnages, qu'il leur arrive souvent, et peut-être à l'insu de leur créateur, de rester comiques et de côtoyer la tragédie.

Par-delà cette morale de Molière, que nous venons d'esquisser, peut-on discerner, dans son œuvre, une philosophie de la vie, qui serait la sienne ? L'entreprise, déclarée chimérique par les uns, a été tentée par d'autres, plus hardis. Mais Molière n'est pas un philosophe, ni la comédie un traité dogmatique ou didactique. Il nous semble sage de nous en tenir plus modestement à ce que cet auteur-acteur, accablé de travail quotidien, nous a livré de ses idées sur quelques problèmes de son temps.

Car il apparaît à l'évidence que son théâtre, dont nous avons déjà dit combien il était enraciné dans l'actualité de son temps, soulève des problèmes littéraires, sociaux et même religieux, ce qui était à l'époque, pour un auteur comique, une grande audace.

Sur son art même d'auteur comique, Molière donne une nouvelle preuve de sa soumission au sens commun en déclarant que les fameuses règles formulées par les théoriciens depuis Aristote jusqu'à ses contemporains se réduisent en définitive à des conseils de bon sens et que la grande règle, formulée aussi par Racine et par La Fontaine, est tout simplement de plaire aux honnêtes gens sans s'embarrasser de la fausse science de l'École, qu'il a moquée à travers ses philosophes, ses médecins, ses pédants. Contre l'enseignement sclérosé de l'École, il est pour la science des « gens de maintenant » et défendra leurs découvertes, telle la circulation du sang, contre l'ignorance et l'obstination de l'enseignement officiel. Sa position intellectuelle apparaît donc comme celle d'un humaniste éclairé, qui n'ignore rien des enseignements du passé, mais qui, opposé de toutes ses forces à l'obscurantisme, garde son regard lucide fixé sur l'avenir, sur un avenir dans lequel il a foi et qu'il croit sincèrement devoir être meilleur que le passé.

Du point de vue social, nous l'avons déjà dit, il se soumet encore au bon sens général, attaque les préjugés bourgeois, fondés sur la vanité et l'intérêt, défend la liberté de l'amour, se faisant ainsi, sur ce point, l'allié des précieuses et prenant une position audacieuse pour son époque conformiste.

Reste enfin le problème religieux, le plus difficile et le

plus délicat; on sait quels scandales Molière a causés en le portant à la scène dans *Tartuffe* et dans *Dom Juan*, et quelles persécutions il s'est attirées pour l'avoir évoqué. Sur ses sentiments personnels à cet égard, nous ne sommes pas renseignés; nous savons seulement qu'il vivait en bon chrétien et qu'il faisait régulièrement ses pâques. Encore faut-il signaler que ses principaux amis, Chapelle, Bernier, Mignard ou La Mothe Le Vayer entre autres, appartenaient au milieu « libertin », où il paraît se sentir lui-même très à l'aise; mais dans ce XVIIe siècle tout chrétien, c'est sûrement commettre un anachronisme que d'imaginer un Molière penseur matérialiste, antireligieux ou athée.

Cependant c'est un fait qu'il a attaqué l'hypocrisie, les faux dévots, et qu'il a été dénoncé publiquement comme impie et athée. Les contemporains ont naturellement, comme pour ses autres personnages, cherché les originaux du *Tartuffe* ; plusieurs noms, bien oubliés aujourd'hui, ont été prononcés. Depuis lors les historiens se sont acharnés sur ce problème, cherchant ses victimes réelles parmi les membres de la Compagnie du Saint-Sacrement, parmi les jésuites ou parmi les jansénistes. Il est probable que Molière a rencontré des hypocrites dans divers groupements religieux, parmi tous ceux qui prêchaient un rigorisme excessif et, couverts par le manteau de la religion, servaient surtout leurs propres intérêts.

C'est contre ces abus, ces excès de la religion tels que certains la pratiquaient, ou voulaient l'imposer aux autres, qu'il lutte, pour le maintien d'une religion modérée, humaine, adaptée aux conventions mondaines et respectueuse de la liberté humaine. Là encore, on retrouve son double souci de sauvegarder la valeur humaine et de maintenir la religion dans des limites sociales acceptables. C'est parce que le rigorisme et l'hypocrisie sont des éléments de déséquilibre de la société, d'étouffement et d'oppression de l'homme, qu'il les condamne. Ce faisant, il reste, sur ce plan-là, comme sur les autres, fidèle à ses conceptions morales. Il entend laisser sa place légitime à la religion, mais refuse de lui sacrifier la vie.

Ainsi ses conceptions morales et ses idées nous semblent-elles se rejoindre et relever, les unes comme les autres, de cet esprit de modération qui doit rester celui de l'honnête homme et que Molière a répandu dans une œuvre aussi riche que diverse, et qui continue, pour l'enseignement des générations, à être jouée sans cesse dans le monde entier.

NOTICE
SUR
LES AMANTS MAGNIFIQUES

Au mois de février 1670, pour le Carnaval, Louis XIV offre à Saint-Germain-en-Laye une nouvelle fête à sa cour, connue sous le nom de *Divertissement royal*. Une fois de plus, Molière est de service. Mais, par une étrange nouveauté, le roi dicte à l'auteur le sujet de la comédie qu'il en attend : « ... deux princes rivaux qui, dans le champêtre séjour de la vallée de Tempé, où l'on avait célébré la fête des jeux Pythiens, régalent à l'envi une jeune princesse et sa mère de toutes les galanteries dont ils se peuvent aviser. » Le roi a-t-il voulu, par ce choix, imposer le ton, galant et bucolique, du spectacle, éviter le genre bouffon de *Monsieur de Pourceaugnac*, bon pour Chambord, mais indigne de Saint-Germain ? Ou bien, plutôt, n'a-t-il pas voulu que les spectateurs reconnussent quelques princes et princesses de sa cour, que l'amour aurait mis dans une situation semblable et qui auraient ainsi donné un piquant d'actualité supplémentaire à la comédie ? On ne sait. Aucune explication n'a été donnée de cet ordre royal assez inattendu.

Se souvenant du *Don Sanche d'Aragon* de Corneille, Molière se mit à l'ouvrage; la comédie des *Amants magnifiques* fut écrite en prose, entrecoupée d'intermèdes en vers, chantés, de danses et d'entrées de ballet. Il introduisit dans sa pièce un astrologue, assez à sa place, mais qui n'est ici qu'un imposteur et qui lui fournit l'occasion d'une satire contre l'astrologie, science aussi vaine, selon lui, que la médecine.

A part cet intermède qui nous ramène à l'actualité contemporaine — les faiseurs d'horoscopes étaient encore nombreux et écoutés —, la comédie se déroule, selon le plan imposé, dans le ton de la galanterie de cour, qui avait été celui de *la Princesse d'Élide* : rivalité d'amoureux qui s'exprime délicatement. Les deux princes rivaux font leur

cour en offrant à la princesse Ériphile des fêtes magnifiques et c'est, naturellement, un troisième amant qui
l'emporte dans son cœur, grâce à son courage et à sa discrétion. Les délicats goûteront les scènes (acte II, 2; acte
IV, 4) où Ériphile et Sostrate jouent avec des sentiments
qu'ils n'osent pas exprimer; ce ne sont que de fines passes
d'armes, que Molière mène avec adresse; c'est déjà du
marivaudage, mais pour être tout à fait du Marivaux, il leur
manque la cruauté. Cependant on aime à voir que Molière,
quand il voulait s'essayer dans ce genre, avait de quoi y
réussir.

Il n'attacha d'ailleurs guère d'importance à cette petite
œuvre de circonstance; il ne la reprit pas au Palais-Royal
et ne la livra pas à l'impression. Elle fut reprise en 1954
à la Comédie-Française, avec un grand luxe de costumes et
de décors; le public accueillit favorablement cette résur-
rection d'une fête louis-quatorzième où, malgré la conven-
tion du genre, Molière avait su glisser quelques scènes
amusantes ou galamment menées. Il est certain qu'une
telle expérience eût été impossible avec *la Princesse d'Élide*.

LES AMANTS MAGNIFIQUES

COMÉDIE

MÊLÉE DE MUSIQUE ET D'ENTRÉES DE BALLET,
REPRÉSENTÉE POUR LE ROI,
A SAINT-GERMAIN-EN-LAYE,
AU MOIS DE FÉVRIER 1670
SOUS LE TITRE DU

DIVERTISSEMENT ROYAL

PERSONNAGES

ARISTIONE, princesse, mère d'Ériphile.
ÉRIPHILE, fille de la Princesse.
CLÉONICE, confidente d'Ériphile.
CHORÈBE, de la suite de la Princesse.
IPHICRATE, TIMOCLÈS, amants magnifiques.
SOSTRATE, général d'armée, amant d'Ériphile.
CLITIDAS, plaisant de cour, de la suite d'Ériphile.
ANAXARQUE, astrologue.
CLÉON, fils d'Anaxarque.
UNE FAUSSE VÉNUS, d'intelligence avec Anaxarque.

La scène se passe en Thessalie, dans la délicieuse vallée de Tempé.

AVANT-PROPOS

Le roi, qui ne veut que des choses extraordinaires dans tout ce qu'il entreprend, s'est proposé de donner à sa cour un divertissement qui fût composé de tous ceux que le théâtre peut fournir; et, pour embrasser cette vaste idée et enchaîner ensemble tant de choses diverses, Sa Majesté a choisi pour sujet deux princes rivaux, qui, dans le champêtre séjour de la vallée de Tempé, où l'on avait célébré la fête des jeux Pythiens, régalent à l'envi une jeune princesse et sa mère de toutes les galanteries dont ils se peuvent aviser.

PREMIER INTERMÈDE

Le théâtre s'ouvre à l'agréable bruit de quantité d'instruments, et d'abord il offre aux yeux une vaste mer, bordée de chaque côté de quatre grands rochers, dont le sommet porte chacun un Fleuve, accoudé sur les marques de ces sortes de déités. Au pied de ces rochers sont douze Tritons de chaque côté, et dans le milieu de la mer quatre Amours montés sur des dauphins, et derrière eux le dieu Éole, élevé au-dessus des ondes sur un petit nuage. Éole commande aux vents de se retirer, et, tandis que les Amours, les Tritons, et les Fleuves lui répondent, la mer se calme et du milieu des ondes on voit s'élever une île. Huit Pêcheurs sortent du fond de la mer avec des nacres de perles et des branches de corail, et, après une danse agréable, vont se placer chacun sur un rocher au-dessous d'un Fleuve. Le chœur de la musique annonce la venue de Neptune, et, tandis que ce dieu danse avec sa suite, les Pêcheurs, les Tritons et les Fleuves accompagnent ses pas de gestes différents et de bruit de conques de perles. Tout ce spectacle est une magnifique galanterie, dont l'un des princes régale sur la mer la promenade des princesses.

PREMIÈRE ENTRÉE DE BALLET
NEPTUNE ET SIX DIEUX MARINS

DEUXIÈME ENTRÉE DE BALLET
HUIT PÊCHEURS DE CORAIL
VERS CHANTÉS

RÉCIT D'ÉOLE

Vents, qui troublez les plus beaux jours,
Rentrez dans vos grottes profondes,
Et laissez régner sur les ondes
Les Zéphyres et les Amours.

UN TRITON

Quels beaux yeux ont percé nos demeures humides ?
Venez, venez, Tritons ; cachez-vous, Néréides.

TOUS LES TRITONS

Allons tous au-devant de ces divinités,
Et rendons par nos chants hommage à leurs beautés.

UN AMOUR

Ah! que ces princesses sont belles!

UN AUTRE AMOUR

Quels sont les cœurs qui ne s'y rendraient pas ?

UN AUTRE AMOUR

La plus belle des Immortelles,
Notre mère, a bien moins d'appas.

CHŒUR

Allons tous au-devant de ces divinités,
Et rendons par nos chants hommage à leurs beautés.

UN TRITON

Quel noble spectacle s'avance!
Neptune, le grand dieu, Neptune avec sa cour,
Vient honorer ce beau jour
De son auguste présence.

CHŒUR

Redoublons nos concerts,
Et faisons retentir dans le vague des airs
Notre réjouissance.

Pour le ROI, *représentant Neptune.*

Le Ciel, entre les dieux les plus considérés,
Me donne pour partage un rang considérable,
Et me faisant régner sur les flots azurés,
Rend à tout l'univers mon pouvoir redoutable.

Il n'est aucune terre, à me bien regarder,
Qui ne doive trembler que je ne m'y répande,
Point d'États qu'à l'instant je ne pusse inonder
Des flots impétueux que mon pouvoir commande.

Rien n'en peut arrêter le fier débordement,
Et d'une triple digue à leur force opposée
On les verrait forcer le ferme empêchement,
Et se faire en tous lieux une ouverture aisée.

Mais je sais retenir la fureur de ces flots
Par la sage équité du pouvoir que j'exerce,
Et laisser en tous lieux, au gré des matelots,
La douce liberté d'un paisible commerce.

On trouve des écueils parfois dans mes États,
On voit quelques vaisseaux y périr par l'orage;
Mais contre ma puissance on n'en murmure pas,
Et chez moi la vertu ne fait jamais naufrage.

Pour MONSIEUR LE GRAND, *représentant un dieu marin.*

L'empire où nous vivons est fertile en trésors,
Tous les mortels en foule accourent sur ses bords,
Et pour faire bientôt une haute fortune,
Il ne faut rien qu'avoir la faveur de NEPTUNE.

Pour le marquis DE VILLEROI, *représentant un dieu marin.*

Sur la foi de ce dieu de l'empire flottant
On peut bien s'embarquer avec toute assurance :
      Les flots ont de l'inconstance;
      Mais le NEPTUNE est constant.

Pour le marquis DE RASSENT, *représentant un dieu marin.*

Voguez sur cette mer d'un zèle inébranlable :
C'est le moyen d'avoir NEPTUNE favorable.

ACTE PREMIER

SCÈNE I
SOSTRATE, CLITIDAS

CLITIDAS. — Il est attaché à ses pensées ?

SOSTRATE. — Non, Sostrate, je ne vois rien où tu puisses avoir recours, et tes maux sont d'une nature à ne te laisser nulle espérance d'en sortir.

CLITIDAS. — Il raisonne tout seul.

SOSTRATE. — Hélas!

CLITIDAS. — Voilà des soupirs qui veulent dire quelque chose, et ma conjecture se trouvera véritable.

SOSTRATE. — Sur quelles chimères, dis-moi, pourrais-tu bâtir espoir ? et que peux-tu envisager, que l'affreuse longueur d'une vie malheureuse, et des ennuis à ne finir que par la mort ?

CLITIDAS. — Cette tête-là est plus embarrassée que la mienne ?

SOSTRATE. — Ah! mon cœur, ah! mon cœur, où m'avez-vous jeté ?

CLITIDAS. — Serviteur, seigneur Sostrate.

SOSTRATE. — Où vas-tu, Clitidas ?

CLITIDAS. — Mais vous plutôt, que faites-vous ici ? et quelle secrète mélancolie, quelle humeur sombre, s'il vous plaît, vous peut retenir dans ces bois, tandis que tout le monde a couru en foule à la magnificence de la fête dont l'amour du prince Iphicrate vient de régaler sur la mer la promenade des princesses, tandis qu'elles y ont reçu des cadeaux merveilleux de musique et de danse, et qu'on a vu les rochers et les ondes se parer de divinités pour faire honneur à leurs attraits ?

SOSTRATE. — Je me figure assez, sans la voir, cette magnificence, et tant de gens d'ordinaire s'empressent à porter de la confusion dans ces sortes de fêtes que j'ai cru à propos de ne pas augmenter le nombre des importuns.

CLITIDAS. — Vous savez que votre présence ne gâte jamais rien, et que vous n'êtes point de trop, en quelque lieu que vous soyez. Votre visage est bien venu partout, et il n'a garde d'être de ces visages disgraciés qui ne sont jamais bien reçus des regards souverains. Vous êtes également bien auprès des deux princesses; et la mère et la fille vous font assez connaître l'estime qu'elles font de vous, pour n'appréhender pas de fatiguer leurs yeux; et ce n'est pas cette crainte enfin qui vous a retenu.

SOSTRATE. — J'avoue que je n'ai pas naturellement grande curiosité pour ces sortes de choses.

CLITIDAS. — Mon Dieu! quand on n'aurait nulle curiosité pour les choses, on en a toujours pour aller où l'on trouve tout le monde, et quoi que vous puissiez dire, on ne demeure point tout seul, pendant une fête, à rêver parmi des arbres, comme vous faites, à moins d'avoir en tête quelque chose qui embarrasse.

SOSTRATE. — Que voudrais-tu que j'y pusse avoir?

CLITIDAS. — Ouais, je ne sais d'où cela vient, mais il sent ici l'amour : ce n'est pas moi. Ah! par ma foi! c'est vous.

SOSTRATE. — Que tu es fou, Clitidas.

CLITIDAS. — Je ne suis point fou, vous êtes amoureux : j'ai le nez délicat, et j'ai senti cela d'abord.

SOSTRATE. — Sur quoi prends-tu cette pensée?

CLITIDAS. — Sur quoi? Vous seriez bien étonné si je vous disais encore de qui vous êtes amoureux.

SOSTRATE. — Moi?

CLITIDAS. — Oui. Je gage que je vais deviner tout à l'heure celle que vous aimez. J'ai mes secrets aussi bien que notre astrologue, dont la princesse Aristione est entêtée; et, s'il a la science de lire dans les astres la fortune des hommes, j'ai celle de lire dans les yeux le nom des personnes qu'on aime. Tenez-vous un peu, et ouvrez les yeux. É, par soi, É; r, i, ri, Éri; p, h, i, phi, Ériphi; l, e, le : Ériphile. Vous êtes amoureux de la princesse Ériphile.

SOSTRATE. — Ah! Clitidas, j'avoue que je ne puis cacher mon trouble, et tu me frappes d'un coup de foudre.

CLITIDAS. — Vous voyez si je suis savant?

SOSTRATE. — Hélas! si, par quelque aventure, tu as pu découvrir le secret de mon cœur, je te conjure au moins de ne le révéler à qui que ce soit, et surtout de le tenir caché à la belle princesse dont tu viens de dire le nom.

CLITIDAS. — Et sérieusement parlant, si dans vos actions j'ai bien pu connaître, depuis un temps, la passion que vous voulez tenir secrète, pensez-vous que la princesse Ériphile puisse avoir manqué de lumière pour s'en apercevoir ? Les belles, croyez-moi, sont toujours les plus clairvoyantes à découvrir les ardeurs qu'elles causent, et le langage des yeux et des soupirs se fait entendre mieux qu'à tout autre à celles à qui il s'adresse.

SOSTRATE. — Laissons-la, Clitidas, laissons-la voir, si elle peut, dans mes soupirs et mes regards l'amour que ses charmes m'inspirent ; mais gardons bien que, par nulle autre voie, elle en apprenne jamais rien.

CLITIDAS. — Et qu'appréhendez-vous ? Est-il possible que ce même Sostrate qui n'a pas craint ni Brennus, ni tous les Gaulois et dont le bras a si glorieusement contribué à nous défaire de ce déluge de barbares qui ravageait la Grèce, est-il possible, dis-je, qu'un homme si assuré dans la guerre soit si timide en amour, et que je le voie trembler à dire seulement qu'il aime ?

SOSTRATE. — Ah ! Clitidas, je tremble avec raison, et tous les Gaulois du monde ensemble sont bien moins redoutables que deux beaux yeux pleins de charmes.

CLITIDAS. — Je ne suis pas de cet avis, et je sais bien pour moi qu'un seul Gaulois, l'épée à la main, me ferait beaucoup plus trembler que cinquante beaux yeux ensemble les plus charmants du monde. Mais dites-moi un peu, qu'espérez-vous faire ?

SOSTRATE. — Mourir sans déclarer ma passion.

CLITIDAS. — L'espérance est belle. Allez, allez, vous vous moquez : un peu de hardiesse réussit toujours aux amants ; il n'y a en amour que les honteux qui perdent, et je dirais ma passion à une déesse, moi, si j'en devenais amoureux.

SOSTRATE. — Trop de choses, hélas ! condamnent mes feux à un éternel silence.

CLITIDAS. — Hé quoi ?

SOSTRATE. — La bassesse de ma fortune, dont il plaît au Ciel de rabattre l'ambition de mon amour ; le rang de la Princesse, qui met entre elle et mes désirs une distance si fâcheuse ; la concurrence de deux princes appuyés de tous les grands titres qui peuvent soutenir les prétentions de leurs flammes, de deux princes qui, par mille et mille magnificences, se disputent, à tous moments, la gloire de sa conquête, et sur l'amour de qui on attend tous les jours de voir son choix se déclarer; mais plus que tout, Clitidas, le respect inviolable où ses beaux yeux assujettissent toute la violence de mon ardeur.

CLITIDAS. — Le respect bien souvent n'oblige pas tant que l'amour, et je me trompe fort, ou la jeune princesse a connu votre flamme, et n'y est pas insensible.

SOSTRATE. — Ah! ne t'avise point de vouloir flatter par pitié le cœur d'un misérable.

CLITIDAS. — Ma conjecture est fondée. Je lui vois reculer beaucoup le choix de son époux, et je veux éclaircir un peu cette petite affaire-là. Vous savez que je suis auprès d'elle en quelque espèce de faveur, que j'y ai les accès ouverts, et qu'à force de me tourmenter, je me suis acquis le privilège de me mêler à la conversation et parler à tort et à travers de toutes choses. Quelquefois cela ne me réussit pas, mais quelquefois aussi cela me réussit. Laissez-moi faire : je suis de vos amis, les gens de mérite me touchent, et je veux prendre mon temps pour entretenir la Princesse de...

SOSTRATE. — Ah! de grâce, quelque bonté que mon malheur t'inspire, garde-toi bien de lui rien dire de ma flamme. J'aimerais mieux mourir que de pouvoir être accusé par elle de la moindre témérité, et ce profond respect où ses charmes divins...

CLITIDAS. — Taisons-nous : voici tout le monde.

SCÈNE II

ARISTIONE, IPHICRATE, TIMOCLÈS, SOSTRATE, ANAXARQUE, CLÉON, CLITIDAS

ARISTIONE. — Prince, je ne puis me lasser de le dire, il n'est point de spectacle au monde qui puisse le disputer en magnificence à celui que vous venez de nous donner. Cette fête a eu des ornements qui l'emportent sans doute sur tout ce que l'on saurait voir, et elle vient de produire à nos yeux quelque chose de si noble, de si grand et de si majestueux, que le Ciel même ne saurait aller au-delà, et je puis dire assurément qu'il n'y a rien dans l'univers qui s'y puisse égaler.

TIMOCLÈS. — Ce sont des ornements dont on ne peut pas espérer que toutes les fêtes soient embellies, et je dois

fort trembler, Madame, pour la simplicité du petit divertissement que je m'apprête à vous donner dans le bois
de Diane.

ARISTIONE. — Je crois que nous n'y verrons rien que
de fort agréable, et certes il faut avouer que la campagne a
lieu de nous paraître belle, et que nous n'avons pas le
temps de nous ennuyer dans cet agréable séjour qu'ont
célébré tous les poètes sous le nom de Tempé. Car enfin,
sans parler des plaisirs de la chasse que nous y prenons
à toute heure, et de la solennité des jeux Pythiens que
l'on y célèbre tantôt, vous prenez soin l'un et l'autre de
nous y combler de tous les divertissements qui peuvent
charmer les chagrins des plus mélancoliques. D'où vient,
Sostrate, qu'on ne vous a point vu dans notre promenade ?

SOSTRATE. — Une petite indisposition, Madame, m'a
empêché de m'y trouver.

IPHICRATE. — Sostrate est de ces gens, Madame, qui
croient qu'il ne sied pas bien d'être curieux comme les
autres; et il est beau d'affecter de ne pas courir où tout
le monde court.

SOSTRATE. — Seigneur, l'affectation n'a guère de part à
tout ce que je fais, et, sans vous faire compliment, il y
avait des choses à voir dans cette fête qui pouvaient m'attirer,
si quelque autre motif ne m'avait retenu.

ARISTIONE. — Et Clitidas a-t-il vu cela ?

CLITIDAS. — Oui, Madame, mais du rivage.

ARISTIONE. — Et pourquoi du rivage ?

CLITIDAS. — Ma foi! Madame, j'ai craint quelqu'un
des accidents qui arrivent d'ordinaire dans ces confusions.
Cette nuit, j'ai songé de poisson mort, et d'œufs cassés,
et j'ai appris du seigneur Anaxarque que les œufs cassés
et le poisson mort signifient malencontre.

ANAXARQUE. — Je remarque une chose : que Clitidas
n'aurait rien à dire s'il ne parlait de moi.

CLITIDAS. — C'est qu'il y a tant de choses à dire de
vous qu'on n'en saurait parler assez.

ANAXARQUE. — Vous pourriez prendre d'autres matières,
puisque je vous en ai prié.

CLITIDAS. — Le moyen ? Ne dites-vous pas que l'ascendant est plus fort que tout ? et s'il est écrit dans les
astres que je sois enclin à parler de vous, comment voulez-
vous que je résiste à ma destinée ?

ANAXARQUE. — Avec tout le respect, Madame, que je
vous dois, il y a une chose qui est fâcheuse dans votre
cour, que tout le monde y prenne liberté de parler, et

que le plus honnête homme y soit exposé aux railleries du premier méchant plaisant.

CLITIDAS. — Je vous rends grâce de l'honneur.

ARISTIONE. — Que vous êtes fou de vous chagriner de ce qu'il dit!

CLITIDAS. — Avec tout le respect que je dois à Madame, il y a une chose qui m'étonne dans l'astrologie : comment des gens qui savent tous les secrets des Dieux, et qui possèdent des connaissances à se mettre au-dessus de tous les hommes, aient besoin de faire leur cour, et de demander quelque chose.

ANAXARQUE. — Vous devriez gagner un peu mieux votre argent, et donner à Madame de meilleures plaisanteries.

CLITIDAS. — Ma foi! on les donne telles qu'on peut. Vous en parlez fort à votre aise, et le métier de plaisant n'est pas comme celui d'astrologue. Bien mentir et bien plaisanter sont deux choses fort différentes, et il est bien plus facile de tromper les gens que de les faire rire.

ARISTIONE. — Eh! qu'est-ce donc que cela veut dire ?

CLITIDAS, se parlant à lui-même. — Paix! impertinent que vous êtes. Ne savez-vous pas bien que l'astrologie est une affaire d'État, et qu'il ne faut point toucher à cette corde-là ? Je vous l'ai dit plusieurs fois, vous vous émancipez trop, et vous prenez de certaines libertés qui vous joueront un mauvais tour : je vous en avertis; vous verrez qu'un de ces jours on vous donnera du pied au cul, et qu'on vous chassera comme un faquin. Taisez-vous, si vous êtes sage.

ARISTIONE. — Où est ma fille ?

TIMOCLÈS. — Madame, elle s'est écartée, et je lui ai présenté une main qu'elle a refusé d'accepter.

ARISTIONE. — Princes, puisque l'amour que vous avez pour Ériphile a bien voulu se soumettre aux lois que j'ai voulu vous imposer, puisque j'ai su obtenir de vous que vous fussiez rivaux sans devenir ennemis, et qu'avec pleine soumission aux sentiments de ma fille, vous attendez un choix dont je l'ai faite seule maîtresse, ouvrez-moi tous deux le fond de votre âme, et me dites sincèrement quel progrès vous croyez l'un et l'autre avoir fait sur son cœur.

TIMOCLÈS. — Madame, je ne suis point pour me flatter, j'ai fait ce que j'ai pu pour toucher le cœur de la princesse Ériphile, et je m'y suis pris, que je crois, de toutes les tendres manières dont un amant se peut servir, je lui ai fait des hommages soumis de tous mes vœux, j'ai montré des assiduités, j'ai rendu des soins chaque jour, j'ai fait chanter ma passion aux voix les plus touchantes, et l'ai fait exprimer en vers aux plumes les plus délicates, je me suis plaint de mon martyre en des termes passionnés, j'ai fait dire à mes yeux, aussi bien qu'à ma bouche, le désespoir de mon amour, j'ai poussé, à ses pieds, des soupirs languissants, j'ai même répandu des larmes; mais tout cela inutilement, et je n'ai point connu qu'elle ait dans l'âme aucun ressentiment de mon ardeur.

ARISTIONE. — Et vous, Prince ?

IPHICRATE. — Pour moi, Madame, connaissant son indifférence et le peu de cas qu'elle fait des devoirs qu'on lui rend, je n'ai voulu perdre auprès d'elle ni plaintes, ni soupirs, ni larmes. Je sais qu'elle est toute soumise à vos volontés, et que ce n'est que de votre main seule qu'elle voudra prendre un époux. Aussi n'est-ce qu'à vous que je m'adresse pour l'obtenir, à vous plutôt qu'à elle que je rends tous mes soins et tous mes hommages. Et plût au Ciel, Madame, que vous eussiez pu vous résoudre à tenir sa place, que vous eussiez voulu jouir des conquêtes que vous lui faites, et recevoir pour vous les vœux que vous lui renvoyez!

ARISTIONE. — Prince, le compliment est d'un amant adroit, et vous avez entendu dire qu'il fallait cajoler les mères pour obtenir les filles; mais ici, par malheur, tout cela devient inutile, et je me suis engagée à laisser le choix tout entier à l'inclination de ma fille.

IPHICRATE. — Quelque pouvoir que vous lui donniez pour ce choix, ce n'est point compliment, Madame, que ce que je vous dis : je ne recherche la princesse Ériphile que parce qu'elle est votre sang; je la trouve charmante par tout ce qu'elle tient de vous, et c'est vous que j'adore en elle.

ARISTIONE. — Voilà qui est fort bien.

IPHICRATE. — Oui, Madame, toute la terre voit en vous des attraits et des charmes que je...

ARISTIONE. — De grâce, Prince, ôtons ces charmes et ces attraits : vous savez que ce sont des mots que je retranche des compliments qu'on veut me faire. Je souffre qu'on me loue de ma sincérité, qu'on dise que je suis une bonne princesse, que j'ai de la parole pour tout le monde, de la chaleur pour mes amis, et de l'estime pour le mérite et la vertu : je puis tâter de tout cela; mais pour les douceurs de charmes et d'attraits, je suis bien aise qu'on ne m'en serve point; et quelque vérité qui s'y pût rencontrer, on doit faire quelque scrupule d'en goûter la louange, quand on est mère d'une fille comme la mienne.

IPHICRATE. — Ah! Madame, c'est vous qui voulez être mère malgré tout le monde; il n'est point d'yeux qui ne s'y opposent; et si vous le vouliez, la princesse Ériphile ne serait que votre sœur.

ARISTIONE. — Mon Dieu! Prince, je ne donne point dans tous ces galimatias où donnent la plupart des femmes; je veux être mère, parce que je la suis, et ce serait en vain que je ne la voudrais pas être. Ce titre n'a rien qui me choque, puisque, de mon consentement, je me suis exposée à le recevoir. C'est un faible de notre sexe, dont, grâce au Ciel, je suis exempte; et je ne m'embarrasse point de ces grandes disputes d'âge, sur quoi nous voyons tant de folles. Revenons à notre discours. Est-il possible que jusqu'ici vous n'ayez pu connaître où penche l'inclination d'Ériphile.

IPHICRATE. — Ce sont obscurités pour moi.

TIMOCLÈS. — C'est pour moi un mystère impénétrable.

ARISTIONE. — La pudeur peut-être l'empêche de s'expliquer à vous et à moi : servons-nous de quelque autre pour découvrir le secret de son cœur. Sostrate, prenez de ma part cette commission, et rendez cet office à ces princes, de savoir adroitement de ma fille vers qui des deux ses sentiments peuvent tourner.

SOSTRATE. — Madame, vous avez cent personnes dans votre cour sur qui vous pourriez mieux verser l'honneur d'un tel emploi, et je me sens mal propre à bien exécuter ce que vous souhaitez de moi.

ARISTIONE. — Votre mérite, Sostrate, n'est point borné aux seuls emplois de la guerre : vous avez de l'esprit, de la conduite, de l'adresse, et ma fille fait cas de vous.

SOSTRATE. — Quelque autre mieux que moi, Madame...

ARISTIONE. — Non, non; en vain vous vous en défendez.

SOSTRATE. — Puisque vous le voulez, Madame, il vous faut obéir; mais je vous jure que, dans toute votre cour, vous ne pouviez choisir personne qui ne fût en état de s'acquitter beaucoup mieux que moi d'une telle commission.

ARISTIONE. — C'est trop de modestie, et vous vous acquitterez toujours bien de toutes les choses dont on vous chargera. Découvrez doucement les sentiments d'Ériphile, et faites-la ressouvenir qu'il faut se rendre de bonne heure dans le bois de Diane.

SCÈNE III

IPHICRATE, TIMOCLÈS, CLITIDAS, SOSTRATE

IPHICRATE. — Vous pouvez croire que je prends part à l'estime que la Princesse vous témoigne.

TIMOCLÈS. — Vous pouvez croire que je suis ravi du choix que l'on a fait de vous.

IPHICRATE. — Vous voilà en état de servir vos amis.

TIMOCLÈS. — Vous avez de quoi rendre de bons offices aux gens qu'il vous plaira.

IPHICRATE. — Je ne vous recommande point mes intérêts.

TIMOCLÈS. — Je ne vous dis point de parler pour moi.

SOSTRATE. — Seigneurs, il serait inutile : j'aurais tort de passer les ordres de ma commission, et vous trouverez bon que je ne parle ni pour l'un, ni pour l'autre...

IPHICRATE. — Je vous laisse agir comme il vous plaira.

TIMOCLÈS. — Vous en userez comme vous voudrez.

SCÈNE IV

IPHICRATE, TIMOCLÈS, CLITIDAS

IPHICRATE. — Clitidas se ressouvient bien qu'il est de mes amis : je lui recommande toujours de prendre mes intérêts auprès de sa maîtresse, contre ceux de mon rival.

CLITIDAS. — Laissez-moi faire : il y a bien de la comparaison de lui à vous, et c'est un prince bien bâti pour vous le disputer !

IPHICRATE. — Je reconnaîtrai ce service.

TIMOCLÈS. — Mon rival fait sa cour à Clitidas; mais Clitidas sait bien qu'il m'a promis d'appuyer contre lui les prétentions de mon amour.

CLITIDAS. — Assurément; et il se moque de croire l'emporter sur vous : voilà, auprès de vous, un beau petit morveux de prince !

TIMOCLÈS. — Il n'y a rien que je ne fasse pour Clitidas.

CLITIDAS. — Belles paroles de tous côtés. Voici la Princesse; prenons mon temps pour l'aborder.

SCÈNE V

ÉRIPHILE, CLÉONICE

CLÉONICE. — On trouvera étrange, Madame, que vous vous soyez ainsi écartée de tout le monde.

ÉRIPHILE. — Ah! qu'aux personnes comme nous, qui sommes toujours accablées de tant de gens, un peu de solitude est parfois agréable, et qu'après mille impertinents entretiens il est doux de s'entretenir avec ses pensées! Qu'on me laisse ici promener toute seule.

CLÉONICE. — Ne voudriez-vous pas, Madame, voir un petit essai de la disposition de ces gens admirables qui veulent se donner à vous ? Ce sont des personnes qui, par leurs pas, leurs gestes et leurs mouvements, expriment aux yeux toutes choses, et on appelle cela Pantomimes. J'ai tremblé à vous dire ce mot, et il y a des gens dans votre cour qui ne me le pardonneraient pas.

ÉRIPHILE. — Vous avez bien la mine, Cléonice, de me venir ici régaler d'un mauvais divertissement; car, grâce au Ciel, vous ne manquez pas de vouloir produire indifféremment tout ce qui se présente à vous, et vous avez une affabilité qui ne rejette rien. Aussi est-ce à vous seule qu'on voit avoir recours toutes les muses nécessitantes; vous êtes la grande protectrice du mérite incommodé; et tout ce qu'il y a de vertueux indigents au monde va débarquer chez nous.

CLÉONICE. — Si vous n'avez pas envie de les voir, Madame, il ne faut que les laisser là.

ÉRIPHILE. — Non, non; voyons-les, faites-les venir.

CLÉONICE. — Mais peut-être, Madame, que leur danse sera méchante.

ÉRIPHILE. — Méchante ou non, il la faut voir : ce ne serait avec vous que reculer la chose, et il vaut mieux en être quitte.

CLÉONICE. — Ce ne sera ici, Madame, qu'une danse ordinaire : une autre fois...

ÉRIPHILE. — Point de préambule, Cléonice; qu'ils dansent.

SECOND INTERMÈDE

La confidente de la jeune princesse lui produit trois danseurs, sous le nom de Pantomimes, c'est-à-dire qui expriment par leurs gestes toutes sortes de choses. La Princesse les voit danser, et les reçoit à son service.

ENTRÉE DE BALLET
DE TROIS PANTOMIMES

ACTE II

SCÈNE I
ÉRIPHILE, CLÉONICE, CLITIDAS

ÉRIPHILE. — Voilà qui est admirable! je ne crois pas qu'on puisse mieux danser qu'ils dansent, et je suis bien aise de les avoir à moi.

CLÉONICE. — Et moi, Madame, je suis bien aise que vous ayez vu que je n'ai pas si méchant goût que vous avez pensé.

ÉRIPHILE. — Ne triomphez point tant : vous ne tarderez guère à me faire avoir ma revanche. Qu'on me laisse ici.

CLÉONICE. — Je vous avertis, Clitidas, que la Princesse veut être seule.

CLITIDAS. — Laissez-moi faire : je suis homme qui sais ma cour.

SCÈNE II
ÉRIPHILE, CLITIDAS

CLITIDAS, *fait semblant de chanter*. — La, la la, la, ah!

ÉRIPHILE. — Clitidas.

CLITIDAS. — Je ne vous avais pas vue là, Madame.

ÉRIPHILE. — Approche. D'où viens-tu ?

CLITIDAS. — De laisser la Princesse votre mère, qui s'en allait vers le temple d'Apollon, accompagnée de beaucoup de gens.

ÉRIPHILE. — Ne trouves-tu pas ces lieux les plus charmants du monde ?

CLITIDAS. — Assurément. Les Princes, vos amants, y étaient.

ÉRIPHILE. — Le fleuve Pénée fait ici d'agréables détours.

CLITIDAS. — Fort agréables. Sostrate y était aussi.

ÉRIPHILE. — D'où vient qu'il n'est pas venu à la promenade ?

CLITIDAS. — Il a quelque chose dans la tête qui l'empêche de prendre plaisir à tous ces beaux régals. Il m'a voulu entretenir; mais vous m'avez défendu si expressément de me charger d'aucune affaire auprès de vous que je n'ai point voulu lui prêter l'oreille, et je lui ai dit nettement que je n'avais pas le loisir de l'entendre.

ÉRIPHILE. — Tu as eu tort de lui dire cela, et tu devais l'écouter.

CLITIDAS. — Je lui ai dit d'abord que je n'avais pas le loisir de l'entendre; mais après je lui ai donné audience.

ÉRIPHILE. — Tu as bien fait.

CLITIDAS. — En vérité, c'est un homme qui me revient, un homme fait comme je veux que les hommes soient faits : ne prenant point des manières bruyantes et des tons de voix assommants; sage et posé en toutes choses; ne parlant jamais que bien à propos; point prompt à décider; point du tout exagérateur incommode; et, quelques beaux vers que nos poètes lui aient récités, je ne lui ai jamais ouï dire : « Voilà qui est plus beau que tout ce qu'a jamais fait Homère. » Enfin c'est un homme pour qui je me sens de l'inclination; et si j'étais princesse, il ne serait pas malheureux.

ÉRIPHILE. — C'est un homme d'un grand mérite, assurément; mais de quoi t'a-t-il parlé ?

CLITIDAS. — Il m'a demandé si vous aviez témoigné grande joie au magnifique régal que l'on vous a donné, m'a parlé de votre personne avec des transports les plus grands du monde, vous a mise au-dessus du ciel, et vous a donné toutes les louanges qu'on peut donner à la princesse la plus accomplie de la terre, entremêlant tout cela de plusieurs soupirs, qui disaient plus qu'il ne voulait. Enfin, à force de le tourner de tous côtés, et de le presser sur la cause de cette profonde mélancolie, dont toute la cour s'aperçoit, il a été contraint de m'avouer qu'il était amoureux.

ÉRIPHILE. — Comment amoureux ? quelle témérité est la sienne! C'est un extravagant que je ne verrai de ma vie.

CLITIDAS. — De quoi vous plaignez-vous Madame ?

ÉRIPHILE. — Avoir l'audace de m'aimer, et de plus avoir l'audace de le dire ?

CLITIDAS. — Ce n'est pas vous, Madame, dont il est amoureux.

ÉRIPHILE. — Ce n'est pas moi ?

CLITIDAS. — Non, Madame : il vous respecte trop pour cela, et est trop sage pour y penser.

ÉRIPHILE. — Et de qui donc, Clitidas ?

CLITIDAS. — D'une de vos filles, la jeune Arsinoé.

ÉRIPHILE. — A-t-elle tant d'appas qu'il n'ait trouvé qu'elle digne de son amour ?

CLITIDAS. — Il l'aime éperdument, et vous conjure d'honorer sa flamme de votre protection.

ÉRIPHILE. — Moi ?

CLITIDAS. — Non, non, Madame : je vois que la chose ne vous plaît pas. Votre colère m'a obligé à prendre ce détour, et pour vous dire la vérité, c'est vous qu'il aime éperdument.

ÉRIPHILE. — Vous êtes un insolent de venir ainsi surprendre mes sentiments. Allons, sortez d'ici; vous vous mêlez de vouloir lire dans les âmes, de vouloir pénétrer dans les secrets du cœur d'une princesse. Otez-vous de mes yeux, et que je ne vous voie jamais, Clitidas.

CLITIDAS. — Madame.

ÉRIPHILE. — Venez ici. Je vous pardonne cette affaire-là.

CLITIDAS. — Trop de bonté, Madame.

ÉRIPHILE. — Mais à condition, prenez bien garde à ce que je vous dis, que vous n'en ouvrirez la bouche à personne du monde, sur peine de vie.

CLITIDAS. — Il suffit.

ÉRIPHILE. — Sostrate t'a donc dit qu'il m'aimait ?

CLITIDAS. — Non, Madame : il faut vous dire la vérité. J'ai tiré de son cœur, par surprise, un secret qu'il veut cacher à tout le monde, et avec lequel il est, dit-il, résolu de mourir; il a été au désespoir du vol subtil que je lui en ai fait; et bien loin de me charger de vous le découvrir, il m'a conjuré, avec toutes les instantes prières qu'on saurait faire, de ne vous en rien révéler, et c'est trahison contre lui que ce que je viens de vous dire.

ÉRIPHILE. — Tant mieux : c'est par son seul respect qu'il peut me plaire; et s'il était si hardi que de me déclarer son amour, il perdrait pour jamais et ma présence et mon estime.

CLITIDAS. — Ne craignez point, Madame,...

ÉRIPHILE. — Le voici. Souvenez-vous au moins, si vous êtes sage, de la défense que je vous ai faite.

CLITIDAS. — Cela est fait, Madame : il ne faut pas être courtisan indiscret.

SCÈNE III
SOSTRATE, ÉRIPHILE

SOSTRATE. — J'ai une excuse, Madame, pour oser interrompre votre solitude, et j'ai reçu de la Princesse votre mère une commission qui autorise la hardiesse que je prends maintenant.

ÉRIPHILE. — Quelle commission, Sostrate ?

SOSTRATE. — Celle, Madame, de tâcher d'apprendre de vous vers lequel des deux Princes peut incliner votre cœur.

ÉRIPHILE. — La Princesse ma mère montre un esprit judicieux dans le choix qu'elle a fait de vous pour un pareil emploi. Cette commission, Sostrate, vous a été agréable sans doute, et vous l'avez acceptée avec beaucoup de joie.

SOSTRATE. — Je l'ai acceptée, Madame, par la nécessité que mon devoir m'impose d'obéir; et si la Princesse avait voulu recevoir mes excuses, elle aurait honoré quelque autre de cet emploi.

ÉRIPHILE. — Quelle cause, Sostrate, vous obligeait à le refuser ?

SOSTRATE. — La crainte, Madame, de m'en acquitter mal.

ÉRIPHILE. — Croyez-vous que je ne vous estime pas assez pour vous ouvrir mon cœur, et vous donner toutes les lumières que vous pourrez désirer de moi sur le sujet de ces deux Princes ?

SOSTRATE. — Je ne désire rien pour moi là-dessus, Madame, et je ne vous demande que ce que vous croirez devoir donner aux ordres qui m'amènent.

ÉRIPHILE. — Jusques ici je me suis défendue de m'expliquer, et la Princesse ma mère a eu la bonté de souffrir que j'aie reculé toujours ce choix qui me doit engager; mais je serai bien aise de témoigner à tout le monde que je veux faire quelque chose pour l'amour de vous; et si vous m'en pressez, je rendrai cet arrêt qu'on attend depuis si longtemps.

SOSTRATE. — C'est une chose, Madame, dont vous ne serez point importunée par moi, et je ne saurais me résoudre à presser une princesse qui sait trop ce qu'elle a à faire.

ÉRIPHILE. — Mais c'est ce que la Princesse ma mère attend de vous.

SOSTRATE. — Ne lui ai-je pas dit aussi que je m'acquitterais mal de cette commission ?

ÉRIPHILE. — O çà, Sostrate, les gens comme vous ont toujours les yeux pénétrants ; et je pense qu'il ne doit y avoir guère de choses qui échappent aux vôtres. N'ont-ils pu découvrir, vos yeux, ce dont tout le monde est en peine, et ne vous ont-ils point donné quelques petites lumières du penchant de mon cœur ? Vous voyez les soins qu'on me rend, l'empressement qu'on me témoigne : quel est celui de ces deux Princes que vous croyez que je regarde d'un œil plus doux ?

SOSTRATE. — Les doutes que l'on forme sur ces sortes de choses ne sont réglés d'ordinaire que par les intérêts qu'on prend.

ÉRIPHILE. — Pour qui, Sostrate, pencheriez-vous des deux ? Quel est celui, dites-moi, que vous souhaiteriez que j'épousasse ?

SOSTRATE. — Ah ! Madame, ce ne seront pas mes souhaits, mais votre inclination qui décidera de la chose.

ÉRIPHILE. — Mais si je me conseillais à vous pour ce choix ?

SOSTRATE. — Si vous vous conseilliez à moi, je serais fort embarrassé.

ÉRIPHILE. — Vous ne pourriez pas dire qui des deux vous semble plus digne de cette préférence ?

SOSTRATE. — Si l'on s'en rapporte à mes yeux, il n'y aura personne qui soit digne de cet honneur. Tous les princes du monde seront trop peu de chose pour aspirer à vous ; les Dieux seuls y pourront prétendre, et vous ne souffrirez des hommes que l'encens et les sacrifices.

ÉRIPHILE. — Cela est obligeant, et vous êtes de mes amis. Mais je veux que vous me disiez pour qui des deux vous vous sentez plus d'inclination, quel est celui que vous mettez le plus au rang de vos amis.

SCÈNE IV

CHORÈBE, SOSTRATE, ÉRIPHILE

CHORÈBE. — Madame, voilà la Princesse qui vient vous prendre ici, pour aller au bois de Diane.

SOSTRATE. — Hélas ! petit garçon, que tu es venu à propos !

SCÈNE V

ARISTIONE, IPHICRATE, TIMOCLÈS, ANAXARQUE, CLITIDAS, SOSTRATE, ÉRIPHILE

ARISTIONE. — On vous a demandée, ma fille, et il y a des gens que votre absence chagrine fort.

ÉRIPHILE. — Je pense, Madame, qu'on m'a demandée par compliment, et on ne s'inquiète pas tant qu'on vous dit.

ARISTIONE. — On enchaîne pour nous ici tant de divertissements les uns aux autres, que toutes nos heures sont retenues, et nous n'avons aucun moment à perdre, si nous voulons les goûter tous. Entrons vite dans le bois, et voyons ce qui nous y attend ; ce lieu est le plus beau du monde, prenons vite nos places.

TROISIÈME INTERMÈDE

Le théâtre est une forêt, où la Princesse est invitée d'aller ; une Nymphe lui en fait les honneurs en chantant, et, pour la divertir, on lui joue une petite comédie en musique, dont voici le sujet. Un Berger se plaint à deux bergers, ses amis, des froideurs de celle qu'il aime ; les deux amis le consolent ; et, comme la Bergère aimée arrive, tous trois se retirent pour l'observer. Après quelque plainte amoureuse, elle se repose sur un gazon, et s'abandonne aux douceurs du sommeil. L'amant fait approcher ses amis pour contempler les grâces de sa Bergère et invite toutes choses à contribuer à son repos. La Bergère, en s'éveillant, voit son Berger à ses pieds, se plaint de sa poursuite ; mais, considérant sa constance, elle lui accorde sa demande, et consent d'en être aimée en présence des deux bergers amis. Deux Satyres arrivant se plaignent de son changement et, étant touchés de cette disgrâce, cherchent leur consolation dans le vin.

LES PERSONNAGES DE LA PASTORALE
LA NYMPHE DE LA VALLÉE DE TEMPÉ,
TIRCIS, LYCASTE, MÉNANDRE, CALISTE, DEUX SATYRES

PROLOGUE

LA NYMPHE DE TEMPÉ

Venez, grande Princesse, avec tous vos appas.
Venez prêter vos yeux aux innocents ébats
  Que notre désert vous présente ;
N'y cherchez point l'éclat des fêtes de la cour :
  On ne sent ici que l'amour,
  Ce n'est que d'amour qu'on y chante.

SCÈNE I

TIRCIS

Vous chantez sous ces feuillages,
Doux rossignols pleins d'amour,
Et de vos tendres ramages
Vous réveillez tour à tour
Les échos de ces bocages :
Hélas! petits oiseaux, hélas!
Si vous aviez mes maux, vous ne chanteriez pas.

SCÈNE II

LYCASTE, MÉNANDRE, TIRCIS

LYCASTE

Hé quoi! toujours languissant, sombre et triste ?

MÉNANDRE

Hé quoi! toujours aux pleurs abandonné ?

TIRCIS

Toujours adorant Caliste,
Et toujours infortuné.

LYCASTE

Dompte, dompte, Berger, l'ennui qui te possède.

TIRCIS

Eh! le moyen ? hélas!

MÉNANDRE

Fais, fais-toi quelque effort.

TIRCIS

Eh! le moyen, hélas! quand le mal est trop fort ?

LYCASTE

Ce mal trouvera son remède.

TIRCIS

Je ne guérirai qu'à ma mort.

LYCASTE et MÉNANDRE
Ah! Tircis!

TIRCIS
Ah! Bergers!

LYCASTE et MÉNANDRE
Prends sur toi plus d'empire.

TIRCIS
Rien ne me peut plus secourir.

LYCASTE et MÉNANDRE
C'est trop, c'est trop céder.

TIRCIS
C'est trop, c'est trop souffrir.

LYCASTE et MÉNANDRE
Quelle faiblesse!

TIRCIS
Quel martyre!

LYCASTE et MÉNANDRE
Il faut prendre courage.

TIRCIS
Il faut plutôt mourir.

LYCASTE
Il n'est point de bergère
Si froide et si sévère,
Dont la pressante ardeur
D'un cœur qui persévère
Ne vainque la froideur.

MÉNANDRE
Il est, dans les affaires
Des amoureux mystères,
Certains petits moments
Qui changent les plus fières
Et font d'heureux amants.

TIRCIS
Je la vois, la cruelle,
Qui porte ici ses pas;
Gardons d'être vu d'elle.

L'ingrate, hélas !
N'y viendrait pas.

SCÈNE III

CALISTE

Ah ! que sur notre cœur
La sévère loi de l'honneur
Prend un cruel empire !
Je ne fais voir que rigueurs pour Tircis,
Et cependant, sensible à ses cuisants soucis,
De sa langueur en secret je soupire,
Et voudrais bien soulager son martyre.
C'est à vous seuls que je le dis :
Arbres, n'allez pas le redire.

Puisque le ciel a voulu nous former
Avec un cœur qu'Amour peut enflammer,
Quelle rigueur impitoyable
Contre des traits si doux nous force à nous armer,
Et pourquoi, sans être blâmable,
Ne peut-on pas aimer
Ce que l'on trouve aimable ?

Hélas ! que vous êtes heureux,
Innocents animaux, de vivre sans contrainte,
Et de pouvoir suivre sans crainte
Les doux emportements de vos cœurs amoureux !

Hélas ! petits oiseaux, que vous êtes heureux
De ne sentir nulle contrainte,
Et de pouvoir suivre sans crainte
Les doux emportements de vos cœurs amoureux !

Mais le sommeil sur ma paupière
Verse de ses pavots l'agréable fraîcheur;
Donnons-nous à lui tout entière :
Nous n'avons point de loi sévère
Qui défende à nos sens d'en goûter la douceur.

SCÈNE IV

CALISTE, *endormie*, TIRCIS, LYCASTE, MÉNANDRE

TIRCIS

Vers ma belle ennemie
Portons sans bruit nos pas,
Et ne réveillons pas
Sa rigueur endormie.

TOUS TROIS

Dormez, dormez, beaux yeux, adorables vainqueurs,
Et goûtez le repos que vous ôtez aux cœurs;
Dormez, dormez, beaux yeux.

TIRCIS

Silence, petits oiseaux;
Vents, n'agitez nulle chose;
Coulez doucement, ruisseaux :
C'est Caliste qui repose.

TOUS TROIS

Dormez, dormez, beaux yeux, adorables vainqueurs,
Et goûtez le repos que vous ôtez aux cœurs;
Dormez, dormez, beaux yeux.

CALISTE

Ah! quelle peine extrême!
Suivre partout mes pas?

TIRCIS

Que voulez-vous qu'on suive, hélas!
Que ce qu'on aime?

CALISTE

Berger, que voulez-vous?

TIRCIS

Mourir, belle Bergère,
Mourir à vos genoux,
Et finir ma misère.
Puisque en vain à vos pieds on me voit soupirer,
Il y faut expirer.

CALISTE

Ah! Tircis, ôtez-vous, j'ai peur que dans ce jour
La pitié dans mon cœur n'introduise l'amour.

LYCASTE et MÉNANDRE, *l'un après l'autre.*

Soit amour, soit pitié,
Il sied bien d'être tendre;
C'est par trop vous défendre :
Bergère, il faut se rendre
A sa longue amitié.
Soit amour, soit pitié,
Il sied bien d'être tendre.

CALISTE

C'est trop, c'est trop de rigueur.
J'ai maltraité votre ardeur,
Chérissant votre personne;
Vengez-vous de mon cœur :
Tircis, je vous le donne.

TIRCIS

O Ciel! Bergers! Caliste! Ah! je suis hors de moi.
Si l'on meurt de plaisir je dois perdre la vie.

LYCASTE

Digne prix de ta foi!

MÉNANDRE

O sort digne d'envie!

SCÈNE V

DEUX SATYRES, CALISTE, TIRCIS, LYCASTE, MÉNANDRE

PREMIER SATYRE

Quoi! tu me fuis, ingrate, et je te vois ici
De ce berger à moi faire une préférence!

DEUXIÈME SATYRE

Quoi! mes soins n'ont rien pu sur ton indifférence,
Et pour ce langoureux ton cœur s'est adouci!

CALISTE

Le destin le veut ainsi;
Prenez tous deux patience.

PREMIER SATYRE

Aux amants qu'on pousse à bout
L'amour fait verser des larmes;
Mais ce n'est pas notre goût,
Et la bouteille a des charmes
Qui nous consolent de tout.

DEUXIÈME SATYRE

Notre amour n'a pas toujours
Tout le bonheur qu'il désire;
Mais nous avons un secours,
Et le bon vin nous fait rire,
Quand on rit de nos amours.

TOUS

Champêtres Divinités,
Faunes, Dryades, sortez
De vos paisibles retraites;
Mêlez vos pas à nos sons,
Et tracez sur les herbettes
L'image de nos chansons.

> *En même temps, six Dryades et six Faunes*
> *sortent de leurs demeures, et font ensemble une*
> *danse agréable, qui, s'ouvrant tout d'un coup,*
> *laisse voir un Berger et une Bergère, qui font*
> *en musique une petite scène d'un dépit amou-*
> *reux.*

DÉPIT AMOUREUX

CLIMÈNE, PHILINTE

PHILINTE

Quand je plaisais à tes yeux,
J'étais content de ma vie,
Et ne voyais Roi ni Dieux
Dont le sort me fît envie.

CLIMÈNE

Lors qu'à toute autre personne
Me préférait ton ardeur,
J'aurais quitté la couronne
Pour régner dessus ton cœur.

PHILINTE

Une autre a guéri mon âme
Des feux que j'avais pour toi.

CLIMÈNE

Un autre a vengé ma flamme
Des faiblesses de ta foi.

PHILINTE

Cloris, qu'on vante si fort,
M'aime d'une ardeur fidèle;
Si ses yeux voulaient ma mort,
Je mourrais content pour elle.

CLIMÈNE

Myrtil, si digne d'envie,
Me chérit plus que le jour,
Et moi je perdrais la vie
Pour lui montrer mon amour.

PHILINTE

Mais si d'une douce ardeur
Quelque renaissante trace
Chassait Cloris de mon cœur
Pour te remettre en sa place ?...

CLIMÈNE

Bien qu'avec pleine tendresse
Myrtil me puisse chérir,
Avec toi, je le confesse,
Je voudrais vivre et mourir.

TOUS DEUX *ensemble*

Ah! plus que jamais aimons-nous,
Et vivons et mourons en des liens si doux.

TOUS LES ACTEURS DE LA COMÉDIE *chantent.*

Amants, que vos querelles
Sont aimables et belles!
Qu'on y voit succéder
De plaisirs, de tendresse!
Querellez-vous sans cesse
Pour vous raccommoder.

> *Amants, que vos querelles*
> *Sont aimables et belles*, etc.

> *Les Faunes et les Dryades recommencent leur*
> *danse, que les Bergères et Bergers musiciens*
> *entremêlent de leurs chansons, tandis que trois*
> *petites Dryades et trois petits Faunes font*
> *paraître, dans l'enfoncement du théâtre, tout*
> *ce qui se passe sur le devant.*

LES BERGERS ET BERGÈRES

Jouissons, jouissons des plaisirs innocents
Dont les feux de l'amour savent charmer nos sens.

> *Des grandeurs qui voudra se soucie :*
> *Tous ces honneurs dont on a tant d'envie*
> *Ont des chagrins qui sont trop cuisants.*
> *Jouissons, jouissons des plaisirs innocents*
> *Dont les feux de l'amour savent charmer nos sens.*

> *En aimant, tout nous plaît dans la vie;*
> *Deux cœurs unis de leur sort sont contents;*
> *Cette ardeur, de plaisirs suivie,*
> *De tous nos jours fait d'éternels printemps :*
> *Jouissons, jouissons des plaisirs innocents*
> *Dont les feux de l'amour savent charmer nos sens.*

ACTE III

SCÈNE I

ARISTIONE, IPHICRATE, TIMOCLÈS, ANAXARQUE, CLITIDAS, ÉRIPHILE, SOSTRATE, SUITE

ARISTIONE. — Les mêmes paroles toujours se présentent à dire, il faut toujours s'écrier : « Voilà qui est admirable, il ne se peut rien de plus beau, cela passe tout ce qu'on a jamais vu. »

TIMOCLÈS. — C'est donner de trop grandes paroles, Madame, à de petites bagatelles.

ARISTIONE. — Des bagatelles comme celles-là peuvent

occuper agréablement les plus sérieuses personnes. En
vérité, ma fille, vous êtes bien obligée à ces Princes, et
vous ne sauriez assez reconnaître tous les soins qu'ils
prennent pour vous.

ÉRIPHILE. — J'en ai, Madame, tout le ressentiment qu'il
est possible.

ARISTIONE. — Cependant vous les faites longtemps
languir sur ce qu'ils attendent de vous. J'ai promis de ne
vous point contraindre; mais leur amour vous presse de
vous déclarer, et de ne plus traîner en longueur la récompense de leurs services. J'ai chargé Sostrate d'apprendre
doucement de vous les sentiments de votre cœur, et je
ne sais pas s'il a commencé à s'acquitter de cette commission.

ÉRIPHILE. — Oui, Madame. Mais il me semble que je
ne puis assez reculer ce choix dont on me presse, et que je
ne saurais le faire sans mériter quelque blâme. Je me sens
également obligée à l'amour, aux empressements, aux services de ces deux Princes, et je trouve une espèce d'injustice bien grande à me montrer ingrate ou vers l'un, ou
vers l'autre, par le refus qu'il m'en faudra faire dans la
préférence de son rival.

IPHICRATE. — Cela s'appelle, Madame, un fort honnête
compliment pour nous refuser tous deux.

ARISTIONE. — Ce scrupule, ma fille, ne doit point vous
inquiéter, et ces Princes tous deux se sont soumis il y a
longtemps à la préférence que pourra faire votre inclination.

ÉRIPHILE. — L'inclination, Madame, est fort sujette
à se tromper, et des yeux désintéressés sont beaucoup plus
capables de faire un juste choix.

ARISTIONE. — Vous savez que je suis engagée de parole
à ne rien prononcer là-dessus, et, parmi ces deux Princes,
votre inclination ne peut point se tromper et faire un choix
qui soit mauvais.

ÉRIPHILE. — Pour ne point violenter votre parole, ni
mon scrupule, agréez, Madame, un moyen que j'ose proposer.

ARISTIONE. — Quoi, ma fille ?

ÉRIPHILE. — Que Sostrate décide de cette préférence.
Vous l'avez pris pour découvrir le secret de mon cœur :
souffrez que je le prenne pour me tirer de l'embarras où
je me trouve.

ARISTIONE. — J'estime tant Sostrate que, soit que vous
vouliez vous servir de lui pour expliquer vos sentiments,
ou soit que vous vous en remettiez absolument à sa con-

duite, je fais, dis-je, tant d'estime de sa vertu et de son jugement que je consens, de tout mon cœur, à la proposition que vous me faites.

IPHICRATE. — C'est-à-dire, Madame, qu'il nous faut faire notre cour à Sostrate ?

SOSTRATE. — Non, Seigneur, vous n'aurez point de cour à me faire, et, avec tout le respect que je dois aux Princesses, je renonce à la gloire où elles veulent m'élever.

ARISTIONE. — D'où vient cela, Sostrate ?

SOSTRATE. — J'ai des raisons, Madame, qui ne permettent pas que je reçoive l'honneur que vous me présentez.

IPHICRATE. — Craignez-vous, Sostrate, de vous faire un ennemi ?

SOSTRATE. — Je craindrais peu, seigneur, les ennemis que je pourrais me faire en obéissant à mes souveraines.

TIMOCLÈS. — Par quelle raison donc refusez-vous d'accepter le pouvoir qu'on vous donne, et de vous acquérir l'amitié d'un Prince qui vous devrait tout son bonheur ?

SOSTRATE. — Par la raison que je ne suis pas en état d'accorder à ce Prince ce qu'il souhaiterait de moi.

IPHICRATE. — Quelle pourrait être cette raison ?

SOSTRATE. — Pourquoi me tant presser là-dessus ? Peut-être ai-je, seigneur, quelque intérêt secret qui s'oppose aux prétentions de votre amour. Peut-être ai-je un ami qui brûle, sans oser le dire, d'une flamme respectueuse pour les charmes divins dont vous êtes épris; peut-être cet ami me fait-il tous les jours confidence de son martyre, qu'il se plaint à moi tous les jours des rigueurs de sa destinée, et regarde l'hymen de la Princesse ainsi que l'arrêt redoutable qui le doit pousser au tombeau. Et si cela était, seigneur, serait-il raisonnable que ce fût de ma main qu'il reçût le coup de sa mort ?

IPHICRATE. — Vous auriez bien la mine, Sostrate, d'être vous-même cet ami dont vous prenez les intérêts.

SOSTRATE. — Ne cherchez point, de grâce, à me rendre odieux aux personnes qui vous écoutent : je sais me connaître, seigneur, et les malheureux comme moi n'ignorent pas jusques où leur fortune leur permet d'aspirer.

ARISTIONE. — Laissons cela : nous trouverons moyen de terminer l'irrésolution de ma fille.

ANAXARQUE. — En est-il un meilleur, Madame, pour terminer les choses au contentement de tout le monde, que les lumières que le Ciel peut donner sur ce mariage ? J'ai commencé, comme je vous ai dit, à jeter pour cela les figures mystérieuses que notre art nous enseigne, et j'espère vous faire voir tantôt ce que l'avenir garde à cette union souhaitée. Après cela pourra-t-on balancer encore ? La gloire et les prospérités que le Ciel promettra ou à l'un ou à l'autre choix ne seront-elles pas suffisantes pour le déterminer, et celui qui sera exclu pourra-t-il s'offenser quand ce sera le Ciel qui décidera cette préférence ?

IPHICRATE. — Pour moi, je m'y soumets entièrement, et je déclare que cette voie me semble la plus raisonnable.

TIMOCLÈS. — Je suis de même avis, et le Ciel ne saurait rien faire où je ne souscrive sans répugnance.

ÉRIPHILE. — Mais, seigneur Anaxarque, voyez-vous si clair dans les destinées, que vous ne vous trompiez jamais, et ces prospérités et cette gloire que vous dites que le Ciel nous promet, qui en sera caution, je vous prie ?

ARISTIONE. — Ma fille, vous avez une petite incrédulité qui ne vous quitte point.

ANAXARQUE. — Les épreuves, Madame, que tout le monde a vues de l'infaillibilité de mes prédictions sont les cautions suffisantes des promesses que je puis faire. Mais enfin, quand je vous aurai fait voir ce que le Ciel vous marque, vous vous réglerez là-dessus à votre fantaisie, et ce sera à vous à prendre la fortune de l'un ou de l'autre choix.

ÉRIPHILE. — Le Ciel, Anaxarque, me marquera les deux fortunes qui m'attendent ?

ANAXARQUE. — Oui, Madame, les félicités qui vous suivront, si vous épousez l'un, et les disgrâces qui vous accompagneront, si vous épousez l'autre.

ÉRIPHILE. — Mais comme il est impossible que je les épouse tous deux, il faut donc qu'on trouve écrit dans le Ciel, non seulement ce qui doit arriver, mais aussi ce qui ne doit pas arriver.

CLITIDAS. — Voilà mon astrologue embarrassé.

ANAXARQUE. — Il faudrait vous faire, Madame, une longue discussion des principes de l'astrologie pour vous faire comprendre cela.

CLITIDAS. — Bien répondu. Madame, je ne dis point de mal de l'astrologie ; l'astrologie est une belle chose, et le seigneur Anaxarque est un grand homme.

IPHICRATE. — La vérité de l'astrologie est une chose incontestable, et il n'y a personne qui puisse disputer contre la certitude de ses prédictions.

CLITIDAS. — Assurément.

TIMOCLÈS. — Je suis assez incrédule pour quantité de choses : mais, pour ce qui est de l'astrologie, il n'y a rien de plus sûr et de plus constant que le succès des horoscopes qu'elle tire.

CLITIDAS. — Ce sont des choses les plus claires du monde.

IPHICRATE. — Cent aventures prédites arrivent tous les jours, qui convainquent les plus opiniâtres.

CLITIDAS. — Il est vrai.

TIMOCLÈS. — Peut-on contester sur cette matière les incidents célèbres dont les histoires nous font foi ?

CLITIDAS. — Il faut n'avoir pas le sens commun. Le moyen de contester ce qui est moulé ?

ARISTIONE. — Sostrate n'en dit mot : quel est son sentiment là-dessus ?

SOSTRATE. — Madame, tous les esprits ne sont pas nés avec les qualités qu'il faut pour la délicatesse de ces belles sciences qu'on nomme curieuses, et il y en a de si matériels qu'ils ne peuvent aucunement comprendre ce que d'autres conçoivent le plus facilement du monde. Il n'est rien de plus agréable, Madame, que toutes les grandes promesses de ces connaissances sublimes. Transformer tout en or, faire vivre éternellement, guérir par des paroles, se faire aimer de qui l'on veut, savoir tous les secrets de l'avenir, faire descendre, comme on veut, du ciel sur des métaux des impressions de bonheur, commander aux démons, se faire des armées invisibles et des soldats invulnérables : tout cela est charmant, sans doute; et il y a des gens qui n'ont aucune peine à en comprendre la possibilité : cela leur est le plus aisé du monde à concevoir. Mais, pour moi, je vous avoue que mon esprit grossier a quelque peine à le comprendre et à le croire, et j'ai toujours trouvé cela trop beau pour être véritable. Toutes ces belles raisons de sympathie, de force magnétique et de vertu occulte, sont si subtiles et délicates qu'elles échappent à mon sens matériel, et sans parler du reste, jamais il n'a été en ma puissance de concevoir comme on trouve écrit dans le ciel jusqu'aux plus petites particularités de la fortune du moindre homme. Quel rapport, quel commerce, quelle correspondance peut-il y avoir entre nous et des globes éloignés de notre terre d'une distance si effroyable ? et d'où cette belle science enfin peut-elle être venue aux hommes ? Quel dieu l'a révélée, ou quelle expérience l'a pu former de l'observation de ce grand nombre d'astres qu'on n'a pu voir encore deux fois dans la même disposition ?

ANAXARQUE. — Il ne sera pas difficile de vous le faire concevoir.

SOSTRATE. — Vous serez plus habile que tous les autres.

CLITIDAS. — Il vous fera une discussion de tout cela quand vous voudrez.

IPHICRATE. — Si vous ne comprenez pas les choses, au moins les pouvez-vous croire, sur ce que l'on voit tous les jours.

SOSTRATE. — Comme mon sens est si grossier, qu'il n'a pu rien comprendre, mes yeux aussi sont si malheureux qu'ils n'ont jamais rien vu.

IPHICRATE. — Pour moi, j'ai vu, et des choses tout à fait convaincantes.

TIMOCLÈS. — Et moi aussi.

SOSTRATE. — Comme vous avez vu, vous faites bien de croire, et il faut que vos yeux soient faits autrement que les miens.

IPHICRATE. — Mais enfin la Princesse croit à l'astrologie, et il me semble qu'on y peut bien croire après elle. Est-ce que Madame, Sostrate, n'a pas de l'esprit et du sens ?

SOSTRATE. — Seigneur, la question est un peu violente. L'esprit de la Princesse n'est pas une règle pour le mien, et son intelligence peut l'élever à des lumières où mon sens ne peut pas atteindre.

ARISTIONE. — Non, Sostrate, je ne vous dirai rien sur quantité de choses auxquelles je ne donne guère plus de créance que vous. Mais pour l'astrologie, on m'a dit et fait voir des choses si positives que je ne la puis mettre en doute.

SOSTRATE. — Madame, je n'ai rien à répondre à cela.

ARISTIONE. — Quittons ce discours, et qu'on nous laisse un moment. Dressons notre promenade ma fille, vers cette belle grotte où j'ai promis d'aller. Des galanteries à chaque pas !

QUATRIÈME INTERMÈDE

Le théâtre représente une grotte, où les Princesses vont se promener, et dans le temps qu'elles y entrent, huit Statues, portant chacune un flambeau à la main, font une danse variée de plusieurs belles attitudes où elles demeurent par intervalles.

ENTRÉE DE BALLET
DE HUIT STATUES

ACTE IV

SCÈNE I

ARISTIONE, ÉRIPHILE

ARISTIONE. — De qui que cela soit, on ne peut rien de
plus galant et de mieux entendu. Ma fille, j'ai voulu me
séparer de tout le monde pour vous entretenir, et je veux
que vous ne me cachiez rien de la vérité. N'auriez-vous
point dans l'âme quelque inclination secrète que vous ne
voulez pas nous dire ?

ÉRIPHILE. — Moi, Madame ?

ARISTIONE. — Parlez à cœur ouvert, ma fille : ce que
j'ai fait pour vous mérite bien que vous usiez avec moi de
franchise. Tourner vers vous toutes mes pensées, vous
préférer à toutes choses, et fermer l'oreille, en l'état où
je suis, à toutes les propositions que cent princesses en
ma place écouteraient avec bienséance, tout cela vous doit
assez persuader que je suis une bonne mère, et que je ne
suis pas pour recevoir avec sévérité les ouvertures que
vous pourriez me faire de votre cœur.

ÉRIPHILE. — Si j'avais si mal suivi votre exemple que
de m'être laissée aller à quelques sentiments d'inclination
que j'eusse raison de cacher, j'aurais, Madame, assez de
pouvoir sur moi-même pour imposer silence à cette passion,
et me mettre en état de ne rien faire voir qui fût indigne
de votre sang.

ARISTIONE. — Non, non, ma fille : vous pouvez sans
scrupule m'ouvrir vos sentiments. Je n'ai point renfermé
votre inclination dans le choix de deux princes : vous
pouvez l'étendre où vous voudrez, et le mérite auprès de
moi tient un rang si considérable que je l'égale à tout ;
et, si vous m'avouez franchement les choses, vous me
verrez souscrire sans répugnance au choix qu'aura fait
votre cœur.

ÉRIPHILE. — Vous avez des bontés pour moi, Madame,
dont je ne puis assez me louer ; mais je ne les mettrai
point à l'épreuve sur le sujet dont vous me parlez, et tout

ce que je leur demande, c'est de ne point presser un mariage
où je ne me sens pas encore bien résolue.

ARISTIONE. — Jusqu'ici je vous ai laissée assez maîtresse
de tout, et l'impatience des Princes vos amants... Mais
quel bruit est-ce que j'entends ? Ah ! ma fille, quel spectacle
s'offre à nos yeux ? Quelque divinité descend ici, et c'est
la déesse Vénus qui semble nous vouloir parler.

SCÈNE II

VÉNUS, *accompagnée de quatre petits Amours, dans une machine,*
ARISTIONE, ÉRIPHILE

VÉNUS

Princesse, dans tes soins brille un zèle exemplaire
Qui par les Immortels doit être couronné,
Et pour te voir un gendre illustre et fortuné,
Leur main te veut marquer le choix que tu dois faire :
    Ils t'annoncent tous par ma voix
La gloire et les grandeurs que, par ce digne choix,
Ils feront pour jamais entrer dans ta famille.
De tes difficultés termine donc le cours,
      Et pense à donner ta fille
      A qui sauvera tes jours.

ARISTIONE. — Ma fille, les Dieux imposent silence à tous
nos raisonnements. Après cela, nous n'avons plus rien à
faire qu'à recevoir ce qu'ils s'apprêtent à nous donner, et
vous venez d'entendre distinctement leur volonté. Allons
dans le premier temple les assurer de notre obéissance, et
leur rendre grâce de leurs bontés.

SCÈNE III

ANAXARQUE, CLÉON

CLÉON. — Voilà la Princesse qui s'en va : ne voulez-
vous pas lui parler ?

ANAXARQUE. — Attendons que sa fille soit séparée d'elle :
c'est un esprit que je redoute, et qui n'est pas de trempe à se
laisser mener, ainsi que celui de sa mère. Enfin, mon fils,
comme nous venons de voir par cette ouverture, le strata-

gème a réussi. Notre Vénus a fait des merveilles ; et l'admirable ingénieur qui s'est employé à cet artifice a si bien disposé tout, a coupé avec tant d'adresse le plancher de cette grotte, si bien caché ses fils de fer et tous ses ressorts, si bien ajusté ses lumières et habillé ses personnages, qu'il y a peu de gens qui n'y eussent été trompés. Et comme la Princesse Aristione est fort superstitieuse, il ne faut point douter qu'elle ne donne à pleine tête dans cette tromperie. Il y a longtemps, mon fils, que je prépare cette machine, et me voilà tantôt au but de mes prétentions.

CLÉON. — Mais pour lequel des deux Princes au moins dressez-vous tout cet artifice ?

ANAXARQUE. — Tous deux ont recherché mon assistance, et je leur promets à tous deux la faveur de mon art ; mais les présents du prince Iphicrate et les promesses qu'il m'a faites l'emportent de beaucoup sur tout ce qu'a pu faire l'autre. Ainsi ce sera lui qui recevra les effets favorables de tous les ressorts que je fais jouer : et, comme son ambition me devra toute chose, voilà, mon fils, notre fortune faite. Je vais prendre mon temps pour affermir dans son erreur l'esprit de la Princesse, pour la mieux prévenir encore par le rapport que je lui ferai voir adroitement des paroles de Vénus avec les prédictions des figures célestes que je lui dis que j'ai jetées. Va-t'en tenir la main au reste de l'ouvrage, préparer nos six hommes à se bien cacher dans leur barque derrière le rocher, à posément attendre le temps que la princesse Aristione vient tous les soirs se promener seule sur le rivage, à se jeter bien à propos sur elle, ainsi que des corsaires, et de donner lieu au prince Iphicrate de lui apporter ce secours qui, sur les paroles du Ciel, doit mettre entre ses mains la princesse Ériphile. Ce Prince est averti par moi, et, sur la foi de ma prédiction, il doit se tenir dans ce petit bois qui borde le rivage. Mais sortons de cette grotte : je te dirai en marchant toutes les choses qu'il faut bien observer. Voilà la Princesse Ériphile : évitons sa rencontre.

SCÈNE IV

ÉRIPHILE, CLÉONICE, SOSTRATE

ÉRIPHILE. — Hélas ! quelle est ma destinée, et qu'ai-je fait aux Dieux pour mériter les soins qu'ils veulent prendre de moi ?

CLÉONICE. — Le voici, Madame, que j'ai trouvé, et, à vos premiers ordres, il n'a pas manqué de me suivre.

ÉRIPHILE. — Qu'il approche, Cléonice, et qu'on nous laisse seuls un moment. Sostrate, vous m'aimez ?

SOSTRATE. — Moi, Madame ?

ÉRIPHILE. — Laissons cela, Sostrate : je le sais, je l'approuve, et vous permets de me le dire. Votre passion a paru à mes yeux accompagnée de tout le mérite qui me la pouvait rendre agréable. Si ce n'était le rang où le Ciel m'a fait naître, je puis vous dire que cette passion n'aurait pas été malheureuse, et que cent fois je lui ai souhaité l'appui d'une fortune qui pût mettre pour elle en pleine liberté les secrets sentiments de mon âme. Ce n'est pas, Sostrate, que le mérite seul n'ait à mes yeux tout le prix qu'il doit avoir, et que dans mon cœur je ne préfère les vertus qui sont en vous à tous les titres magnifiques dont les autres sont revêtus. Ce n'est pas même que la Princesse ma mère ne m'ait assez laissé la disposition de mes vœux, et je ne doute point, je vous l'avoue, que mes prières n'eussent pu tourner son consentement du côté que j'aurais voulu. Mais il est des états, Sostrate, où il n'est pas honnête de vouloir tout ce qu'on peut faire ; il y a des chagrins à se mettre au-dessus de toutes choses, et les bruits fâcheux de la renommée vous font trop acheter le plaisir que l'on trouve à contenter son inclination. C'est à quoi, Sostrate, je ne me serais jamais résolue, et j'ai cru faire assez de fuir l'engagement dont j'étais sollicitée. Mais enfin les Dieux veulent prendre le soin eux-mêmes de me donner un époux ; et tous ces longs délais avec lesquels j'ai reculé mon mariage, et que les bontés de la Princesse ma mère ont accordés à mes désirs, ces délais, dis-je, ne me sont plus permis, et il me faut résoudre à subir cet arrêt du Ciel. Soyez sûr, Sostrate, que c'est avec toutes les répugnances du monde que je m'abandonne à cet hyménée, et que si j'avais pu être maîtresse de moi, ou j'aurais été à vous, ou je n'aurais été à personne. Voilà, Sostrate, ce que j'avais à vous dire, voilà ce que j'ai cru devoir à votre mérite, et la consolation que toute ma tendresse peut donner à votre flamme.

SOSTRATE. — Ah ! Madame, c'en est trop pour un malheureux : je ne m'étais pas préparé à mourir avec tant de gloire, et je cesse, dans ce moment, de me plaindre des destinées. Si elles m'ont fait naître dans un rang beaucoup moins élevé que mes désirs, elles m'ont fait naître assez heureux pour attirer quelque pitié du cœur d'une grande Princesse ; et cette pitié glorieuse vaut des sceptres et des couronnes, vaut la fortune des plus grands princes de la terre. Oui, Madame, dès que j'ai osé vous aimer, c'est vous, Madame, qui voulez bien que je me serve de ce mot téméraire, dès que j'ai, dis-je, osé vous aimer, j'ai condamné d'abord l'orgueil de mes désirs, je me suis fait moi-même la destinée que je devais attendre. Le coup de mon trépas, Madame, n'aura rien qui me surprenne, puisque je m'étais préparé; mais vos bontés le comblent d'un honneur que mon amour jamais n'eût osé espérer, et je m'en vais mourir après cela le plus content et le plus glorieux de tous les hommes. Si je puis encore souhaiter quelque chose, ce sont deux grâces, Madame, que je prends la hardiesse de vous demander à genoux : de vouloir souffrir ma présence jusqu'à cet heureux hyménée, qui doit mettre fin à ma vie; et parmi cette grande gloire, et ces longues prospérités que le Ciel promet à votre union, de vous souvenir quelquefois de l'amoureux Sostrate. Puis-je, divine Princesse, me promettre de vous cette précieuse faveur ?

ÉRIPHILE. — Allez, Sostrate, sortez d'ici : ce n'est pas aimer mon repos, que de me demander que je me souvienne de vous.

SOSTRATE. — Ah! Madame, si votre repos...

ÉRIPHILE. — Otez-vous, vous dis-je, Sostrate; épargnez ma faiblesse, et ne m'exposez point à plus que je n'ai résolu.

SCÈNE V

CLÉONICE, ÉRIPHILE

CLÉONICE. — Madame, je vous vois l'esprit tout chagrin : vous plaît-il que vos danseurs, qui expriment si bien toutes les passions, vous donnent maintenant quelque épreuve de leur adresse ?

ÉRIPHILE. — Oui, Cléonice, qu'ils fassent tout ce qu'ils voudront, pourvu qu'ils me laissent à mes pensées.

CINQUIÈME INTERMÈDE

Quatre Pantomimes, pour épreuve de leur adresse, ajustent leurs gestes et leurs pas aux inquiétudes de la jeune Princesse.

ENTRÉE DE BALLET
DE QUATRE PANTOMIMES

ACTE V

SCÈNE I

CLITIDAS, ÉRIPHILE

CLITIDAS. — De quel côté porter mes pas ? où m'avise-rai-je d'aller, et en quel lieu puis-je croire que je trouverai maintenant la princesse Ériphile ? Ce n'est pas un petit avantage que d'être le premier à porter une nouvelle. Ah! la voilà. Madame, je vous annonce que le Ciel vient de vous donner l'époux qu'il vous destinait.

ÉRIPHILE. — Eh! laisse-moi, Clitidas, dans ma sombre mélancolie.

CLITIDAS. — Madame, je vous demande pardon, je pensais faire bien de vous venir dire que le Ciel vient de vous donner Sostrate pour époux; mais, puisque cela vous incommode, je rengaine ma nouvelle, et m'en retourne droit comme je suis venu.

ÉRIPHILE. — Clitidas, holà, Clitidas!

CLITIDAS. — Je vous laisse, Madame, dans votre sombre mélancolie.

ÉRIPHILE. — Arrête, te dis-je, approche. Que viens-tu me dire ?

CLITIDAS. — Rien, Madame : on a parfois des empresse-ments de venir dire aux grands de certaines choses dont ils ne se soucient pas, et je vous prie de m'excuser.

ÉRIPHILE. — Que tu es cruel!

CLITIDAS. — Une autre fois j'aurai la discrétion de ne vous pas venir interrompre.

ÉRIPHILE. — Ne me tiens point dans l'inquiétude : qu'est-ce que tu viens m'annoncer ?

CLITIDAS. — C'est une bagatelle de Sostrate, Madame, que je vous dirai une autre fois, quand vous ne serez point embarrassée.

ÉRIPHILE. — Ne me fais point languir davantage, te dis-je, et m'apprends cette nouvelle.

CLITIDAS. — Vous la voulez savoir, Madame ?

ÉRIPHILE. — Oui, dépêche. Qu'as-tu à me dire de Sos-trate ?

CLITIDAS. — Une aventure merveilleuse, où personne ne s'attendait.

ÉRIPHILE. — Dis-moi vite ce que c'est.

CLITIDAS. — Cela ne troublera-t-il point, Madame, votre sombre mélancolie ?

ÉRIPHILE. — Ah! parle promptement.

CLITIDAS. — J'ai donc à vous dire, Madame, que la Princesse votre mère passait presque seule dans la forêt, par ces petites routes qui sont si agréables, lorsqu'un sanglier hideux (ces vilains sangliers-là font toujours du désordre, et l'on devrait les bannir des forêts bien policées), lors, dis-je, qu'un sanglier hideux, poussé, je crois, par des chasseurs, est venu traverser la route où nous étions. Je devrais vous faire peut-être, pour orner mon récit, une description étendue du sanglier dont je parle, mais vous vous en passerez, s'il vous plaît, et je me contenterai de vous dire que c'était un fort vilain animal. Il passait son chemin, et il était bon de ne lui rien dire, de ne point chercher de noise avec lui ; mais la Princesse a voulu égayer sa dextérité, et de son dard, qu'elle lui a lancé un peu mal à propos, ne lui en déplaise, lui a fait au-dessus de l'oreille une assez petite blessure. Le sanglier, mal morigéné, s'est impertinemment détourné contre nous ; nous étions là deux ou trois misérables qui avons pâli de frayeur ; chacun gagnait son arbre, et la Princesse sans défense demeurait exposée à la furie de la bête, lorsque Sostrate a paru, comme si les Dieux l'eussent envoyé.

ÉRIPHILE. — Hé bien! Clitidas ?

CLITIDAS. — Si mon récit vous ennuie, Madame, je remettrai le reste à une autre fois.

ÉRIPHILE. — Achève promptement.

CLITIDAS. — Ma foi! c'est promptement, de vrai, que j'achèverai, car un peu de poltronnerie m'a empêché de voir tout le détail de ce combat, et tout ce que je puis vous dire, c'est que, retournant sur la place, nous avons vu le sanglier mort, tout vautré dans son sang, et la Princesse pleine de joie, nommant Sostrate son libérateur et l'époux digne et fortuné que les Dieux lui marquaient pour vous. A ces paroles, j'ai cru que j'en avais assez entendu, et je me suis hâté de vous en venir, avant tous, apporter la nouvelle.

ÉRIPHILE. — Ah! Clitidas, pouvais-tu m'en donner une qui me pût être plus agréable ?

CLITIDAS. — Voilà qu'on vient vous trouver.

SCÈNE II

ARISTIONE, SOSTRATE, ÉRIPHILE, CLITIDAS

ARISTIONE. — Je vois, ma fille, que vous savez déjà tout ce que nous pourrions vous dire. Vous voyez que les Dieux se sont expliqués bien plus tôt que nous n'eussions pensé; mon péril n'a guère tardé à nous marquer leurs volontés, et l'on connaît assez que ce sont eux qui se sont mêlés de ce choix, puisque le mérite tout seul brille dans cette préférence. Aurez-vous quelque répugnance à récompenser de votre cœur celui à qui je dois la vie et refuserez-vous Sostrate pour époux ?

ÉRIPHILE. — Et de la main des Dieux, et de la vôtre, Madame, je ne puis rien recevoir qui ne me soit fort agréable.

SOSTRATE. — Ciel! n'est-ce point ici quelque songe tout plein de gloire dont les Dieux me veuillent flatter, et quelque réveil malheureux ne me replongera-t-il point dans la bassesse de ma fortune ?

SCÈNE III

CLÉONICE, ARISTIONE, SOSTRATE, ÉRIPHILE, CLITIDAS

CLÉONICE. — Madame, je viens vous dire qu'Anaxarque a jusqu'ici abusé l'un et l'autre Prince par l'espérance de ce choix qu'ils poursuivent depuis longtemps, et qu'au bruit qui s'est répandu de votre aventure, ils ont fait éclater tous deux leur ressentiment contre lui, jusque-là que, de paroles en paroles, les choses se sont échauffées, et il en a reçu quelques blessures dont on ne sait pas bien ce qui arrivera. Mais les voici.

SCÈNE IV

IPHICRATE, TIMOCLÈS, CLÉONICE, ARISTIONE, SOSTRATE, ÉRIPHILE, CLITIDAS

ARISTIONE. — Princes, vous agissez tous deux avec une violence bien grande, et si Anaxarque a pu vous offenser, j'étais pour vous en faire justice moi-même.

IPHICRATE. — Et quelle justice, Madame, auriez-vous pu nous faire de lui, si vous la faites si peu à notre rang dans le choix que vous embrassez ?

ARISTIONE. — Ne vous êtes-vous pas soumis l'un et l'autre à ce que pourraient décider ou les ordres du Ciel, ou l'inclination de ma fille ?

TIMOCLÈS. — Oui, Madame, nous nous sommes soumis à ce qu'ils pourraient décider entre le prince Iphicrate et moi, mais non pas à nous voir rebutés tous deux.

ARISTIONE. — Et si chacun de vous a bien pu se résoudre à souffrir une préférence, que vous arrive-t-il à tous deux où vous ne soyez préparés, et que peuvent importer à l'un et à l'autre les intérêts de son rival ?

IPHICRATE. — Oui, Madame, il importe. C'est quelque consolation de se voir préférer un homme qui vous est égal, et votre aveuglement est une chose épouvantable.

ARISTIONE. — Prince, je ne veux pas me brouiller avec une personne qui m'a fait tant de grâce que de me dire des douceurs ; et je vous prie, avec toute l'honnêteté qu'il m'est possible, de donner à votre chagrin un fondement plus raisonnable, de vous souvenir, s'il vous plaît, que Sostrate est revêtu d'un mérite qui s'est fait connaître à toute la Grèce, et que le rang où le ciel l'élève aujourd'hui va remplir toute la distance qui était entre lui et vous.

IPHICRATE. — Oui, oui, Madame, nous nous en souviendrons ; mais peut-être aussi vous souviendrez-vous que deux Princes outragés ne sont pas deux ennemis peu redoutables.

TIMOCLÈS. — Peut-être, Madame, qu'on ne goûtera pas longtemps la joie du mépris que l'on fait de nous.

ARISTIONE. — Je pardonne toutes ces menaces aux chagrins d'un amour qui se croit offensé, et nous n'en verrons pas avec moins de tranquillité la fête des jeux Pythiens. Allons-y de ce pas, et couronnons par ce pompeux spectacle cette merveilleuse journée.

SIXIÈME INTERMÈDE
QUI EST LA SOLENNITÉ DES
JEUX PYTHIENS

Le théâtre est une grande salle, en manière d'amphithéâtre, ouverte d'une grande arcade dans le fond, au-dessus de laquelle est une tribune fermée d'un rideau ; et dans l'éloignement paraît un autel pour le sacrifice. Six hommes, presque nus, portant chacun une hache sur l'épaule, comme ministres du sacrifice, entrent par le portique, au son des violons, et sont suivis de deux Sacrificateurs musiciens, et d'une Prêtresse musicienne.

LA PRÊTRESSE

Chantez, peuples, chantez, en mille et mille lieux,
Du dieu que nous servons les brillantes merveilles;
Parcourez la terre et les cieux :
Vous ne sauriez chanter rien de plus précieux,
Rien de plus doux pour les oreilles.

UNE GRECQUE

A ce dieu plein de force, à ce dieu plein d'appas
Il n'est rien qui résiste.

AUTRE GRECQUE

Il n'est rien ici-bas
Qui par ses bienfaits ne subsiste.

AUTRE GRECQUE

Toute la terre est triste
Quand on ne le voit pas.

TOUS *ensemble.*

Poussons à sa mémoire
Des concerts si touchants
Que du haut de sa gloire
Il écoute nos chants.

PREMIÈRE ENTRÉE DE BALLET

*Les six hommes portant les haches font entre eux une danse ornée de
toutes les attitudes que peuvent exprimer des gens qui étudient leur force,
puis ils se retirent aux deux côtés du théâtre pour faire place à six voltigeurs.*

DEUXIÈME ENTRÉE DE BALLET

*Six voltigeurs en cadence font paraître leur adresse sur des chevaux de
bois, qui sont apportés par des esclaves.*

TROISIÈME ENTRÉE DE BALLET

*Quatre conducteurs d'esclaves amènent, en cadence, douze esclaves qui
dansent en marquant la joie qu'ils ont d'avoir recouvré la liberté.*

QUATRIÈME ENTRÉE DE BALLET

*Quatre femmes et quatre hommes armés à la grecque font ensemble une
manière de jeu pour les armes.*
*La tribune s'ouvre. Un héraut, six trompettes et un timbalier se mêlant
à tous les instruments, annonce, avec un grand bruit, la venue d'Apollon.*

LE CHŒUR

Ouvrons tous nos yeux
A l'éclat suprême
Qui brille en ces lieux.
Quelle grâce extrême!
Quel port glorieux!
Où voit-on des dieux
Qui soient faits de même?

> *Apollon, au bruit des trompettes et des vio-*
> *lons, entre par le portique, précédé de six jeu-*
> *nes gens, qui portent des lauriers entrelacés*
> *autour d'un bâton et un soleil d'or au-dessus,*
> *avec la devise royale en manière de trophée.*
> *Les six jeunes gens, pour danser avec Apollon,*
> *donnent leur trophée à tenir aux six hommes*
> *qui portent les haches, et commencent avec*
> *Apollon une danse héroïque, à laquelle se joi-*
> *gnent, en diverses manières, les six hommes*
> *portant les trophées, les quatre femmes armées,*
> *avec leurs timbres, et les quatre hommes armés,*
> *avec leurs tambours, tandis que les six trom-*
> *pettes, le timbalier, les Sacrificateurs, la Prê-*
> *tresse, et le chœur de musique accompagnent*
> *tout cela, en s'y mêlant par diverses reprises :*
> *ce qui finit la fête des jeux Pythiens, et tout*
> *le divertissement.*

CINQUIÈME ENTRÉE DE BALLET
APOLLON ET SIX JEUNES GENS DE SA SUITE

Pour le Roi, *représentant le Soleil.*

Je suis la source des clartés,
Et les astres les plus vantés,
Dont le beau cercle m'environne,
Ne sont brillants et respectés
Que par l'éclat que je leur donne.

Du char où je me puis asseoir,
Je vois le désir de me voir
Posséder la nature entière,
Et le monde n'a son espoir
Qu'aux seuls bienfaits de ma lumière.

Bienheureuses de toutes parts
Et pleines d'exquises richesses,
Les terres où de mes regards
J'arrête les douces caresses!

Pour MONSIEUR LE GRAND, *suivant d'Apollon.*

Bien qu'auprès du soleil tout autre éclat s'efface,
S'en éloigner pourtant n'est pas ce que l'on veut,
   Et vous voyez bien, quoi qu'il fasse,
Que l'on s'en tient toujours le plus près que l'on peut.

Pour le marquis DE VILLEROI, *suivant d'Apollon.*

  De notre maître incomparable
  Vous me voyez inséparable,
Et le zèle puissant qui m'attache à ses vœux
Le suit parmi les eaux, le suit parmi les feux.

Pour le marquis DE RASSENT, *suivant d'Apollon.*

Je ne serai pas vain quand je ne croirai pas
Qu'un autre mieux que moi suive partout ses pas.

L'automne a ramené la Cour à Chambord; le 14 octobre 1670, Molière y faisait jouer une nouvelle comédie-ballet, *le Bourgeois gentilhomme*. Sans doute s'agit-il encore d'une œuvre de circonstance, prétexte à danses et à musique. L'intrigue de la pièce est mince et presque inexistante; c'est une suite de scènes de revue. Mais, à côté de la marionnette qui en est le héros ridicule, quelques personnages au moins ont une réalité plus substantielle; Nicole et sa bonne humeur populaire, Mme Jourdain, bourgeoise aux vues étroites, mais à la vertu rigide, dotée d'un bon sens simple et solide, qui s'exprime en une langue colorée de proverbes, Dorante, jeune noble galant qui frise le chevalier d'industrie, sont des personnages bien caractérisés qui vivent devant nous et réagissent chacun à leur manière et selon leur caractère, devant les ridicules visions et prétentions à la noblesse de M. Jourdain.

Mais il ne faut pas chercher, à travers cette bouffonnerie endiablée, une comédie de mœurs et de caractère. Nous restons d'un bout à l'autre dans l'invraisemblable, dans le domaine de la farce, même si certaines répliques de bonne comédie aident à dessiner les personnages.

C'est Louis XIV qui imposa à Molière le thème de la cérémonie turque. En novembre 1669 un envoyé de la Porte, de rang secondaire d'ailleurs, avait été reçu à Saint-Germain par le Roi. Louis XIV, couvert de diamants et de pierreries pour l'audience, avait déployé un faste oriental en vue d'éblouir son hôte. Il paraît qu'il n'y réussit point et qu'il en eut quelque dépit. De là peut-être son idée de se moquer des Turcs et l'indication donnée à Molière.

D'ailleurs l'exotisme turc était à la mode; on trouvait des Turcs, vrais ou déguisés, dans *la Sœur* de Rotrou, dans

Champagne le coiffeur (1662) de Boucher. Lulli avait fait jouer un ballet turc à la Cour en 1660.

Molière réunit donc dans sa maison de campagne d'Auteuil Lulli, qui fit la musique de la comédie-ballet, et le chevalier d'Arvieux, qui avait voyagé en Turquie et remporté de vifs succès à la Cour en contant ses voyages et les usages singuliers des Orientaux. Il fournit les éléments de la mascarade turque à Molière et dirigea la confection des costumes.

Pour aboutir à cette bouffonnerie imposée par le Roi, il fallait, sinon une véritable intrigue, du moins un prétexte, un point de départ plausible. Molière choisit le thème du bourgeois ignare et stupide, qui veut se faire passer pour gentilhomme et dont l'invraisemblable naïveté justifiera la bouffonnerie finale.

Ce thème était d'actualité; la bourgeoisie enrichie était une classe qui ne cessait de monter sur l'échelle sociale et qui aspirait à s'anoblir par l'achat de charges. Monsieur Jourdain était répandu à Paris à des milliers d'exemplaires. Dès le XVIIe siècle, on chercha, suivant l'habitude, le modèle dont Molière s'était inspiré. On cita un chapelier, nommé Gandorin. J.-B. Rousseau prétendait tenir de Boileau lui-même le nom de l'original de M. Jourdain.

D'autres hypothèses ont encore été formulées; on a pensé, non pas bien sûr que M. Jourdain est un portrait de Colbert, mais que Molière a pu vouloir faire penser au ministre; Colbert n'est-il pas, lui aussi, fils d'un drapier de Reims ? Ne s'est-il pas cherché des ancêtres imaginaires dans la noblesse écossaise ? Un détail pourrait donner quelque consistance à cette hypothèse : dans une longue satire contre Colbert, à propos du procès de Foucquet, *le Livre abominable*, qui semble bien sortir de milieux littéraires proches de Molière, on trouve, appliquée à Colbert, une plaisanterie qui est reprise dans *le Bourgeois gentilhomme*, le passage du Monsieur au Monseigneur [1].

Tout récemment, on a retrouvé, dans des actes notariés, la trace d'un authentique M. Jourdain, drapier de son état, mort en 1608, mais dont les fils et gendres ont continué le commerce des vêtements. L'ancêtre de cette dynastie de drapiers tenait boutique dans le quartier même habité par les grands-parents de Molière, rue aux Fers, proche du cimetière des Saints-Innocents — lieu précisément cité par Mme Jourdain dans la comédie.

---

1. On sait qu'on y trouve en outre le « pauvre homme » du *Tartuffe*.

Ces diverses hypothèses, dont aucune ne s'impose, prouvent au moins que le type du bourgeois enrichi, comme celui du misanthrope, de l'hypocrite et de l'avare, était largement répandu dans Paris et que Molière n'avait que l'embarras du choix pour saisir sur le vif, chez de nombreux contemporains, les travers et les vices de ses principaux personnages.

Le Bourgeois gentilhomme, nous l'avons dit, fut créé à Chambord le 14 octobre 1670. Il fut joué de nouveau les 16, 20 et 21, ce qui atteste son succès à la Cour. Il fut encore représenté devant le Roi à Saint-Germain entre le 8 et le 16 novembre. Il parut enfin au Palais-Royal le 23 novembre, y connut un vif succès en alternance avec *Tite et Bérénice*, de Pierre Corneille, jusqu'à Pâques 1671.

La pièce avait été montée avec un grand luxe et une grande profusion de décors et de costumes. La dépense s'était élevée au chiffre considérable de 49 000 livres. La richesse de la mise en scène, les danses réglées par Beauchamp, le charme de la musique de Lulli, avaient contribué grandement au succès de ce divertissement, que la Ville apprécia autant que la Cour.

LE BOURGEOIS GENTILHOMME

COMÉDIE-BALLET

FAITE A CHAMBORD, POUR LE DIVERTISSEMENT DU ROI,
AU MOIS D'OCTOBRE 1670,
ET REPRÉSENTÉE EN PUBLIC,
A PARIS, POUR LA PREMIÈRE FOIS,
SUR LE THÉATRE DU PALAIS-ROYAL,
LE 23ᵉ NOVEMBRE DE LA MÊME ANNÉE 1670
PAR LA

TROUPE DU ROI

PERSONNAGES

MONSIEUR JOURDAIN, bourgeois.
MADAME JOURDAIN, sa femme.
LUCILE, fille de M. Jourdain.
NICOLE, servante.
CLÉONTE, amoureux de Lucile.
COVIELLE, valet de Cléonte.
DORANTE, comte, amant de Dorimène.
DORIMÈNE, marquise.
MAITRE DE MUSIQUE.
ÉLÈVE DU MAITRE DE MUSIQUE.
MAITRE A DANSER.
MAITRE D'ARMES.
MAITRE DE PHILOSOPHIE.
MAITRE TAILLEUR.
GARÇON TAILLEUR.
DEUX LAQUAIS.
PLUSIEURS MUSICIENS, MUSICIENNES, JOUEURS D'INSTRUMENTS, DAN-
    SEURS, CUISINIERS, GARÇONS TAILLEURS, ET AUTRES PERSONNAGES DES
    INTERMÈDES ET DU BALLET.

La scène est à Paris.

L'ouverture se fait par un grand assemblage d'instruments ; et dans le milieu du théâtre on voit un élève du Maître de musique, qui compose sur une table un air que le Bourgeois a demandé pour une sérénade.

ACTE PREMIER

SCÈNE I

MAITRE DE MUSIQUE, MAITRE A DANSER,
TROIS MUSICIENS, DEUX VIOLONS, QUATRE DANSEURS

MAITRE DE MUSIQUE, *parlant à ses Musiciens*. — Venez, entrez dans cette salle, et vous reposez là, en attendant qu'il vienne.

MAITRE A DANSER, *parlant aux Danseurs*. — Et vous aussi, de ce côté.

MAITRE DE MUSIQUE, *à l'Élève*. — Est-ce fait ?

L'ÉLÈVE. — Oui.

MAITRE DE MUSIQUE. — Voyons... Voilà qui est bien.

MAITRE A DANSER. — Est-ce quelque chose de nouveau ?

MAITRE DE MUSIQUE. — Oui, c'est un air pour une sérénade, que je lui ai fait composer ici, en attendant que notre homme fût éveillé.

MAITRE A DANSER. — Peut-on voir ce que c'est ?

MAITRE DE MUSIQUE. — Vous l'allez entendre, avec le dialogue, quand il viendra. Il ne tardera guère.

MAITRE A DANSER. — Nos occupations, à vous et à moi, ne sont pas petites maintenant.

MAITRE DE MUSIQUE. — Il est vrai. Nous avons trouvé ici un homme comme il nous le faut à tous deux; ce nous est une douce rente que ce Monsieur Jourdain, avec les visions de noblesse et de galanterie qu'il est allé se mettre en tête; et votre danse et ma musique auraient à souhaiter que tout le monde lui ressemblât.

MAITRE A DANSER. — Non pas entièrement; et je voudrais pour lui qu'il se connût mieux qu'il ne fait aux choses que nous lui donnons.

MAITRE DE MUSIQUE. — Il est vrai qu'il les connaît mal, mais il les paye bien; et c'est de quoi maintenant nos arts ont plus besoin que de toute autre chose.

MAITRE A DANSER. — Pour moi, je vous l'avoue, je me repais un peu de gloire; les applaudissements me touchent; et je tiens que, dans tous les beaux-arts, c'est un supplice assez fâcheux que de se produire à des sots, que d'essuyer sur des compositions la barbarie d'un stupide. Il y a plaisir, ne m'en parlez point, à travailler pour des personnes qui soient capables de sentir les délicatesses d'un art, qui sachent faire un doux accueil aux beautés d'un ouvrage, et par de chatouillantes approbations vous régaler de votre travail. Oui, la récompense la plus agréable qu'on puisse recevoir des choses que l'on fait, c'est de les voir connues, de les voir caressées d'un applaudissement qui vous honore. Il n'y a rien, à mon avis, qui nous paye mieux que cela de toutes nos fatigues; et ce sont des douceurs exquises que des louanges éclairées.

MAITRE DE MUSIQUE. — J'en demeure d'accord, et je les goûte comme vous. Il n'y a rien assurément qui chatouille davantage que les applaudissements que vous dites. Mais cet encens ne fait pas vivre; des louanges toutes pures ne mettent point un homme à son aise : il y faut mêler du solide; et la meilleure façon de louer, c'est de louer avec les mains. C'est un homme, à la vérité, dont les lumières sont petites, qui parle à tort et à travers de toutes choses, et n'applaudit qu'à contre-sens; mais son argent redresse les jugements de son esprit; il a du discernement dans sa bourse; ses louanges sont monnayées; et ce bourgeois ignorant nous vaut mieux, comme vous voyez, que le grand seigneur éclairé qui nous a introduits ici.

MAITRE A DANSER. — Il y a quelque chose de vrai dans ce que vous dites; mais je trouve que vous appuyez un peu trop sur l'argent; et l'intérêt est quelque chose de si bas qu'il ne faut jamais qu'un honnête homme montre pour lui de l'attachement.

MAITRE DE MUSIQUE. — Vous recevez fort bien pourtant l'argent que notre homme vous donne.

MAITRE A DANSER. — Assurément; mais je n'en fais pas tout mon bonheur, et je voudrais qu'avec son bien il eût encore quelque bon goût des choses.

MAITRE DE MUSIQUE. — Je le voudrais aussi, et c'est à quoi nous travaillons tous deux autant que nous pouvons. Mais, en tout cas, il nous donne moyen de nous faire connaître dans le monde; et il payera pour les autres ce que les autres loueront pour lui.

Maître a Danser. — Le voilà qui vient.

SCÈNE II

MONSIEUR JOURDAIN, deux Laquais, MAITRE DE MUSIQUE, MAITRE A DANSER, Violons, Musiciens et Danseurs

Monsieur Jourdain. — Hé bien, Messieurs ? qu'est-ce ? me ferez-vous voir votre petite drôlerie ?

Maître a Danser. — Comment ? quelle petite drôlerie ?

Monsieur Jourdain. — Eh la... comment appelez-vous cela ? votre prologue ou dialogue de chansons et de danse.

Maître a Danser. — Ah! ah!

Maître de Musique. — Vous nous y voyez préparés.

Monsieur Jourdain. — Je vous ai fait un peu attendre, mais c'est que je me fais habiller aujourd'hui comme les gens de qualité; et mon tailleur m'a envoyé des bas de soie que j'ai pensé ne mettre jamais.

Maître de Musique. — Nous ne sommes ici que pour attendre votre loisir.

Monsieur Jourdain. — Je vous prie tous deux de ne vous point en aller qu'on ne m'ait apporté mon habit, afin que vous me puissiez voir.

Maître a Danser. — Tout ce qu'il vous plaira.

Monsieur Jourdain. — Vous me verrez équipé comme il faut, depuis les pieds jusqu'à la tête.

Maître de Musique. — Nous n'en doutons point.

Monsieur Jourdain. — Je me suis fait faire cette indienne-ci.

Maître a Danser. — Elle est fort belle.

Monsieur Jourdain. — Mon tailleur m'a dit que les gens de qualité étaient comme cela le matin.

Maître de Musique. — Cela vous sied à merveille.

Monsieur Jourdain. — Laquais! holà, mes deux laquais!

Premier Laquais. — Que voulez-vous, Monsieur ?

Monsieur Jourdain. — Rien. C'est pour voir si vous m'entendez bien. (Aux deux Maîtres.) Que dites-vous de mes livrées ?

Maître a Danser. — Elles sont magnifiques.

MONSIEUR JOURDAIN. *Il entrouvre sa robe et fait voir un haut-de-chausses étroit de velours rouge, et une camisole de velours vert, dont il est vêtu.* — Voici encore un petit déshabillé pour faire le matin mes exercices.

MAITRE DE MUSIQUE. — Il est galant.

MONSIEUR JOURDAIN. — Laquais!

PREMIER LAQUAIS. — Monsieur.

MONSIEUR JOURDAIN. — L'autre laquais!

SECOND LAQUAIS. — Monsieur.

MONSIEUR JOURDAIN. — Tenez ma robe. Me trouvez-vous bien comme cela ?

MAITRE A DANSER. — Fort bien. On ne peut pas mieux.

MONSIEUR JOURDAIN. — Voyons un peu votre affaire.

MAITRE DE MUSIQUE. — Je voudrais bien auparavant vous faire entendre un air qu'il vient de composer pour la sérénade que vous m'avez demandée. C'est un de mes écoliers, qui a pour ces sortes de choses un talent admirable.

MONSIEUR JOURDAIN. — Oui; mais il ne fallait pas faire faire cela par un écolier, et vous n'étiez pas trop bon vous-même pour cette besogne-là.

MAITRE DE MUSIQUE. — Il ne faut pas, Monsieur, que le nom d'écolier vous abuse. Ces sortes d'écoliers en savent autant que les plus grands maîtres, et l'air est aussi beau qu'il s'en puisse faire. Écoutez seulement.

MONSIEUR JOURDAIN. — Donnez-moi ma robe pour mieux entendre... Attendez, je crois que je serai mieux sans robe... Non; redonnez-la-moi, cela ira mieux.

MUSICIEN, *chantant.*

Je languis nuit et jour, et mon mal est extrême,
Depuis qu'à vos rigueurs vos beaux yeux m'ont soumis;
Si vous traitez ainsi, belle Iris, qui vous aime,
Hélas! que pourriez-vous faire à vos ennemis ?

MONSIEUR JOURDAIN. — Cette chanson me semble un peu lugubre, elle endort, et je voudrais que vous la pussiez un peu ragaillardir par-ci par-là.

MAITRE DE MUSIQUE. — Il faut, Monsieur, que l'air soit accommodé aux paroles.

MONSIEUR JOURDAIN. — On m'en apprit un tout à fait joli, il y a quelque temps. Attendez... La... comment est-ce qu'il dit ?

MAITRE A DANSER. — Par ma foi! je ne sais.

MONSIEUR JOURDAIN. — Il y a du mouton dedans.

MAITRE A DANSER. — Du mouton ?

MONSIEUR JOURDAIN. — Oui. Ah!

(Monsieur Jourdain chante.)

> *Je croyais Janneton*
> *Aussi douce que belle,*
> *Je croyais Janneton*
> *Plus douce qu'un mouton :*
> *Hélas! hélas! elle est cent fois,*
> *Mille fois plus cruelle,*
> *Que n'est le tigre aux bois.*

N'est-il pas joli ?

MAITRE DE MUSIQUE. — Le plus joli du monde.

MAITRE A DANSER. — Et vous le chantez bien.

MONSIEUR JOURDAIN. — C'est sans avoir appris la musique.

MAITRE DE MUSIQUE. — Vous devriez l'apprendre, Monsieur, comme vous faites la danse. Ce sont deux arts qui ont une étroite liaison ensemble.

MAITRE A DANSER. — Et qui ouvrent l'esprit d'un homme aux belles choses.

MONSIEUR JOURDAIN. — Est-ce que les gens de qualité apprennent aussi la musique ?

MAITRE DE MUSIQUE. — Oui, Monsieur.

MONSIEUR JOURDAIN. — Je l'apprendrai donc. Mais je ne sais quel temps je pourrai prendre; car, outre le Maître d'armes qui me montre, j'ai arrêté encore un Maître de philosophie, qui doit commencer ce matin.

MAITRE DE MUSIQUE. — La philosophie est quelque chose; mais la musique, Monsieur, la musique...

MAITRE A DANSER. — La musique et la danse... La musique et la danse, c'est là tout ce qu'il faut.

MAITRE DE MUSIQUE. — Il n'y a rien qui soit si utile dans un État que la musique.

MAITRE A DANSER. — Il n'y a rien qui soit si nécessaire aux hommes que la danse.

MAITRE DE MUSIQUE. — Sans la musique, un État ne peut subsister.

MAITRE A DANSER. — Sans la danse, un homme ne saurait rien faire.

MAITRE DE MUSIQUE. — Tous les désordres, toutes les guerres qu'on voit dans le monde, n'arrivent que pour n'apprendre pas la musique.

MAITRE A DANSER. — Tous les malheurs des hommes, tous les revers funestes dont les histoires sont remplies, les bévues des politiques, et les manquements des grands capitaines, tout cela n'est venu que faute de savoir danser.

MONSIEUR JOURDAIN. — Comment cela ?

MAITRE DE MUSIQUE. — La guerre ne vient-elle pas d'un manque d'union entre les hommes ?

MONSIEUR JOURDAIN. — Cela est vrai.

MAITRE DE MUSIQUE. — Et si tous les hommes apprenaient la musique, ne serait-ce pas le moyen de s'accorder ensemble, et de voir dans le monde la paix universelle ?

MONSIEUR JOURDAIN. — Vous avez raison.

MAITRE A DANSER. — Lorsqu'un homme a commis un manquement dans sa conduite, soit aux affaires de sa famille, ou au gouvernement d'un État, ou au commandement d'une armée, ne dit-on pas toujours : « Un tel a fait un mauvais pas dans une telle affaire » ?

MONSIEUR JOURDAIN. — Oui, on dit cela.

MAITRE A DANSER. — Et faire un mauvais pas peut-il procéder d'autre chose que de ne savoir pas danser ?

MONSIEUR JOURDAIN. — Cela est vrai, vous avez raison tous deux.

MAITRE A DANSER. — C'est pour vous faire voir l'excellence et l'utilité de la danse et de la musique.

MONSIEUR JOURDAIN. — Je comprends cela à cette heure.

MAITRE DE MUSIQUE. — Voulez-vous voir nos deux affaires ?

MONSIEUR JOURDAIN. — Oui.

MAITRE DE MUSIQUE. — Je vous l'ai déjà dit, c'est un petit essai que j'ai fait autrefois des diverses passions que peut exprimer la musique.

MONSIEUR JOURDAIN. — Fort bien.

MAITRE DE MUSIQUE. — Allons, avancez. Il faut vous figurer qu'ils sont habillés en bergers.

MONSIEUR JOURDAIN. — Pourquoi toujours des bergers ? On ne voit que cela partout.

MAITRE A DANSER. — Lorsqu'on a des personnes à faire parler en musique, il faut bien que, pour la vraisemblance, on donne dans la bergerie. Le chant a été de tout temps affecté aux bergers; et il n'est guère naturel en dialogue que des princes ou des bourgeois chantent leurs passions.

MONSIEUR JOURDAIN. — Passe, passe. Voyons.

DIALOGUE EN MUSIQUE

UNE MUSICIENNE ET DEUX MUSICIENS

Un cœur, dans l'amoureux empire,
De mille soins est toujours agité :
On dit qu'avec plaisir on languit, on soupire;
Mais, quoi qu'on puisse dire,
Il n'est rien de si doux que notre liberté.

PREMIER MUSICIEN

Il n'est rien de si doux que les tendres ardeurs
Qui font vivre deux cœurs
Dans une même envie.
On ne peut être heureux sans amoureux désirs :
Otez l'amour de la vie,
Vous en ôtez les plaisirs.

SECOND MUSICIEN

Il serait doux d'entrer sous l'amoureuse loi,
Si l'on trouvait en amour de la foi;
Mais, hélas; ô rigueur cruelle!
On ne voit point de bergère fidèle,
Et ce sexe inconstant, trop indigne du jour,
Doit faire pour jamais renoncer à l'amour.

PREMIER MUSICIEN

Aimable ardeur,

MUSICIENNE

Franchise heureuse,

SECOND MUSICIEN

Sexe trompeur,

PREMIER MUSICIEN

Que tu m'es précieuse!

MUSICIENNE

Que tu plais à mon cœur!

SECOND MUSICIEN

Que tu me fais d'horreur!

PREMIER MUSICIEN

Ah! quitte pour aimer cette haine mortelle.

MUSICIENNE

On peut, on peut te montrer
Une bergère fidèle.

SECOND MUSICIEN

Hélas! où la rencontrer?

MUSICIENNE

Pour défendre notre gloire,
Je te veux offrir mon cœur.

SECOND MUSICIEN

Mais, Bergère, puis-je croire
Qu'il ne sera point trompeur?

MUSICIENNE

Voyons par expérience
Qui des deux aimera mieux.

SECOND MUSICIEN

Qui manquera de constance,
Le puissent perdre les Dieux!

TOUS TROIS

A des ardeurs si belles
Laissons-nous enflammer :
Ah! qu'il est doux d'aimer,
Quand deux cœurs sont fidèles!

MONSIEUR JOURDAIN. — Est-ce tout?
MAITRE DE MUSIQUE. — Oui.
MONSIEUR JOURDAIN. — Je trouve cela bien troussé, et il y a là-dedans de petits dictons assez jolis.
MAITRE A DANSER. — Voici, pour mon affaire, un petit essai des plus beaux mouvements et des plus belles attitudes dont une danse puisse être variée.
MONSIEUR JOURDAIN. — Sont-ce encore des bergers?
MAITRE A DANSER. — C'est ce qu'il vous plaira. Allons.

> *Quatre Danseurs exécutent tous les mouve-*
> *ments différents et toutes les sortes de pas que*
> *le Maitre à danser leur commande, et cette*
> *danse fait le premier intermède.*

ACTE II

SCÈNE I

MONSIEUR JOURDAIN, MAITRE
DE MUSIQUE, MAITRE A DANSER, Laquais

Monsieur Jourdain. — Voilà qui n'est point sot, et ces gens-là se trémoussent bien.

Maitre de Musique. — Lorsque la danse sera mêlée avec la musique, cela fera plus d'effet encore, et vous verrez quelque chose de galant dans le petit ballet que nous avons ajusté pour vous.

Monsieur Jourdain. — C'est pour tantôt au moins ; et la personne pour qui j'ai fait faire tout cela me doit faire l'honneur de venir dîner céans.

Maitre a Danser. — Tout est prêt.

Maitre de Musique. — Au reste, Monsieur, ce n'est pas assez : il faut qu'une personne comme vous, qui êtes magnifique, et qui avez de l'inclination pour les belles choses, ait un concert de musique chez soi tous les mercredis ou tous les jeudis.

Monsieur Jourdain. — Est-ce que les gens de qualité en ont ?

Maitre de Musique. — Oui, Monsieur.

Monsieur Jourdain. — J'en aurai donc. Cela sera-t-il beau ?

Maitre de Musique. — Sans doute. Il vous faudra trois voix : un dessus, une haute-contre, et une basse, qui seront accompagnées d'une basse de viole, d'un théorbe, et d'un clavecin pour les basses continues, avec deux dessus de violon pour jouer les ritournelles.

Monsieur Jourdain. — Il y faudra mettre aussi une trompette marine. La trompette marine est un instrument qui me plaît, et qui est harmonieux.

Maitre de Musique. — Laissez-nous gouverner les choses.

Monsieur Jourdain. — Au moins n'oubliez pas tantôt de m'envoyer des musiciens, pour chanter à table.

Maitre de Musique. — Vous aurez tout ce qu'il vous faut.

MONSIEUR JOURDAIN. — Mais surtout, que le ballet soit beau.

MAITRE DE MUSIQUE. — Vous en serez content, et, entre autres choses, de certains menuets que vous y verrez.

MONSIEUR JOURDAIN. — Ah! les menuets sont ma danse, et je veux que vous me les voyiez danser. Allons, mon maître.

MAITRE A DANSER. — Un chapeau, Monsieur, s'il vous plaît. La, la, la; La, la, la, la, la, la; La, la, la, *bis*; La, la, la; La, la. En cadence, s'il vous plaît. La, la, la, la. La jambe droite. La, la, la. Ne remuez point tant les épaules. La, la, la, la, la; La, la, la, la, la. Vos deux bras sont estropiés. La, la, la, la, la. Haussez la tête. Tournez la pointe du pied en dehors. La, la, la. Dressez votre corps.

MONSIEUR JOURDAIN. — Euh ?

MAITRE DE MUSIQUE. — Voilà qui est le mieux du monde.

MONSIEUR JOURDAIN. — A propos. Apprenez-moi comme il faut faire une révérence pour saluer une marquise : j'en aurai besoin tantôt.

MAITRE A DANSER. — Une révérence pour saluer une marquise ?

MONSIEUR JOURDAIN. — Oui : une marquise qui s'appelle Dorimène.

MAITRE A DANSER. — Donnez-moi la main.

MONSIEUR JOURDAIN. — Non. Vous n'avez qu'à faire : je le retiendrai bien.

MAITRE A DANSER. — Si vous voulez la saluer avec beaucoup de respect, il faut faire d'abord une révérence en arrière, puis marcher vers elle avec trois révérences en avant, et à la dernière vous baisser jusqu'à ses genoux.

MONSIEUR JOURDAIN. — Faites un peu. Bon.

PREMIER LAQUAIS. — Monsieur, voilà votre maître d'armes qui est là.

MONSIEUR JOURDAIN. — Dis-lui qu'il entre ici pour me donner leçon. Je veux que vous me voyiez faire.

SCÈNE II

MAITRE D'ARMES, MAITRE DE MUSIQUE,
MAITRE A DANSER, MONSIEUR JOURDAIN,
DEUX LAQUAIS

MAITRE D'ARMES, *après lui avoir mis le fleuret à la main* . — Allons, Monsieur, la révérence. Votre corps droit. Un peu penché sur la cuisse gauche. Les jambes point tant écartées. Vos pieds sur une même ligne. Votre poignet à l'opposite de votre hanche. La pointe de votre épée vis-à-vis de votre épaule. Le bras pas tout à fait si étendu. La main gauche à la hauteur de l'œil[1]. L'épaule gauche plus quartée. La tête droite. Le regard assuré. Avancez. Le corps ferme. Touchez-moi l'épée de quarte, et achevez de même. Une, deux. Remettez-vous. Redoublez de pied ferme. Un saut en arrière. Quand vous portez la botte, Monsieur, il faut que l'épée parte la première, et que le corps soit bien effacé. Une, deux. Allons, touchez-moi l'épée de tierce, et achevez de même. Avancez. Le corps ferme. Avancez. Partez de là. Une, deux. Remettez-vous. Redoublez. Un saut en arrière. En garde, Monsieur, en garde.

> *Le Maître d'Armes lui pousse deux ou trois bottes, en lui disant : « En garde. »*

Monsieur Jourdain. — Euh ?

Maître de Musique.— Vous faites des merveilles.

Maître d'Armes. — Je vous l'ai déjà dit, tout le secret des armes ne consiste qu'en deux choses, à donner, et à ne point recevoir; et comme je vous fis voir l'autre jour par raison démonstrative, il est impossible que vous receviez, si vous savez détourner l'épée de votre ennemi de la ligne de votre corps : ce qui ne dépend seulement que d'un petit mouvement du poignet ou en dedans, ou en dehors.

Monsieur Jourdain. — De cette façon donc, un homme, sans avoir du cœur, est sûr de tuer son homme, et de n'être point tué.

Maître d'Armes. — Sans doute. N'en vîtes-vous pas la démonstration ?

Monsieur Jourdain. — Oui.

Maître d'Armes. — Et c'est en quoi l'on voit de quelle considération nous autres nous devons être dans un État, et combien la science des armes l'emporte hautement sur toutes les autres sciences inutiles, comme la danse, la musique, la...

Maître a Danser. — Tout beau, Monsieur le tireur d'armes : ne parlez de la danse qu'avec respect.

Maître de Musique. — Apprenez, je vous prie, à mieux traiter l'excellence de la musique.

Maître d'Armes. — Vous êtes de plaisantes gens, de vouloir comparer vos sciences à la mienne.

MAÎTRE DE MUSIQUE. — Voyez un peu l'homme d'importance !

MAÎTRE A DANSER. — Voilà un plaisant animal, avec son plastron !

MAÎTRE D'ARMES. — Mon petit maître à danser, je vous ferais danser comme il faut. Et vous, mon petit musicien, je vous ferais chanter de la belle manière.

MAÎTRE A DANSER. — Monsieur le batteur de fer, je vous apprendrai votre métier.

MONSIEUR JOURDAIN, *au Maître à Danser.* — Êtes-vous fou de l'aller quereller, lui qui entend la tierce et la quarte, et qui sait tuer un homme par raison démonstrative ?

MAÎTRE A DANSER. — Je me moque de sa raison démonstrative, et de sa tierce et de sa quarte.

MONSIEUR JOURDAIN. — Tout doux, vous dis-je.

MAÎTRE D'ARMES. — Comment ? petit impertinent.

MONSIEUR JOURDAIN. — Eh ! mon Maître d'armes.

MAÎTRE A DANSER. — Comment ? grand cheval de carrosse.

MONSIEUR JOURDAIN. — Eh ! mon Maître à danser.

MAÎTRE D'ARMES. — Si je me jette sur vous...

MONSIEUR JOURDAIN. — Doucement.

MAÎTRE A DANSER. — Si je mets sur vous la main...

MONSIEUR JOURDAIN. — Tout beau.

MAÎTRE D'ARMES. — Je vous étrillerai d'un air...

MONSIEUR JOURDAIN. — De grâce !

MAÎTRE A DANSER. — Je vous rosserai d'une manière...

MONSIEUR JOURDAIN. — Je vous prie.

MAÎTRE DE MUSIQUE. — Laissez-nous un peu lui apprendre à parler.

MONSIEUR JOURDAIN. — Mon Dieu ! arrêtez-vous !

SCÈNE III

MAITRE DE PHILOSOPHIE, MAITRE DE MUSIQUE, MAITRE A DANSER, MAITRE D'ARMES, MONSIEUR JOURDAIN, LAQUAIS

MONSIEUR JOURDAIN. — Holà, Monsieur le Philosophe, vous arrivez tout à propos avec votre philosophie. Venez un peu mettre la paix entre ces personnes-ci.

MAÎTRE DE PHILOSOPHIE. — Qu'est-ce donc ? qu'y a-t-il, Messieurs ?

MONSIEUR JOURDAIN. — Ils se sont mis en colère pour

la préférence de leurs professions, jusqu'à se dire des injures, et vouloir en venir aux mains.

MAITRE DE PHILOSOPHIE. — Hé quoi ? Messieurs, faut-il s'emporter de la sorte ? et n'avez-vous point lu le docte traité que Sénèque a composé de la colère ? Y a-t-il rien de plus bas et de plus honteux que cette passion, qui fait d'un homme une bête féroce ? et la raison ne doit-elle pas être maîtresse de tous nos mouvements ?

MAITRE A DANSER. — Comment, Monsieur, il vient nous dire des injures à tous deux, en méprisant la danse que j'exerce, et la musique dont il fait profession ?

MAITRE DE PHILOSOPHIE. — Un homme sage est au-dessus de toutes les injures qu'on lui peut dire ; et la grande réponse qu'on doit faire aux outrages, c'est la modération et la patience.

MAITRE D'ARMES. — Ils ont tous deux l'audace de vouloir comparer leurs professions à la mienne.

MAITRE DE PHILOSOPHIE. — Faut-il que cela vous émeuve ? Ce n'est pas de vaine gloire et de condition que les hommes doivent disputer entre eux ; et ce qui nous distingue parfaitement les uns des autres, c'est la sagesse et la vertu.

MAITRE A DANSER. — Je lui soutiens que la danse est une science à laquelle on ne peut faire assez d'honneur.

MAITRE DE MUSIQUE. — Et moi, que la musique en est une que tous les siècles ont révérée.

MAITRE D'ARMES. — Et moi, je leur soutiens à tous deux que la science de tirer des armes est la plus belle et la plus nécessaire de toutes les sciences.

MAITRE DE PHILOSOPHIE. — Et que sera donc la philosophie ? Je vous trouve tous trois bien impertinents de parler devant moi avec cette arrogance et de donner impudemment le nom de science à des choses que l'on ne doit pas même honorer du nom d'art, et qui ne peuvent être comprises que sous le nom de métier misérable de gladiateur, de chanteur et de baladin !

MAITRE D'ARMES. — Allez, philosophe de chien.

MAITRE DE MUSIQUE. — Allez, bélître de pédant.

MAITRE A DANSER. — Allez, cuistre fieffé.

MAITRE DE PHILOSOPHIE. — Comment ? marauds que vous êtes... (Le Philosophe se jette sur eux, et tous trois le chargent de coups, et sortent en se battant.)

MONSIEUR JOURDAIN. — Monsieur le Philosophe.

MAITRE DE PHILOSOPHIE. — Infâmes ! coquins ! insolents !

MONSIEUR JOURDAIN. — Monsieur le Philosophe.

MAITRE D'ARMES. — La peste l'animal!

MONSIEUR JOURDAIN. — Messieurs.

MAITRE DE PHILOSOPHIE. — Impudents!

MONSIEUR JOURDAIN. — Monsieur le Philosophe.

MAITRE A DANSER. — Diantre soit de l'âne bâté!

MONSIEUR JOURDAIN. — Messieurs.

MAITRE DE PHILOSOPHIE. — Scélérats!

MONSIEUR JOURDAIN. — Monsieur le Philosophe.

MAITRE DE MUSIQUE. — Au diable l'impertinent!

MONSIEUR JOURDAIN. — Messieurs.

MAITRE DE PHILOSOPHIE. — Fripons! gueux! traîtres! imposteurs! *(Ils sortent.)*

MONSIEUR JOURDAIN. — Monsieur le Philosophe, Messieurs, Monsieur le Philosophe, Messieurs, Monsieur le Philosophe. Oh! battez-vous tant qu'il vous plaira : je n'y saurais que faire, et je n'irai pas gâter ma robe pour vous séparer. Je serais bien fou de m'aller fourrer parmi eux, pour recevoir quelque coup qui me ferait mal.

SCÈNE IV

MAITRE DE PHILOSOPHIE, MONSIEUR JOURDAIN

MAITRE DE PHILOSOPHIE, *en raccommodant son collet.* — Venons à notre leçon.

MONSIEUR JOURDAIN. — Ah! Monsieur, je suis fâché des coups qu'ils vous ont donnés.

MAITRE DE PHILOSOPHIE. — Cela n'est rien. Un philosophe sait recevoir comme il faut les choses, et je vais composer contre eux une satire du style de Juvénal, qui les déchirera de la belle façon. Laissons cela. Que voulez-vous apprendre ?

MONSIEUR JOURDAIN. — Tout ce que je pourrai, car j'ai toutes les envies du monde d'être savant; et j'enrage que mon père et ma mère ne m'aient pas fait bien étudier dans toutes les sciences, quand j'étais jeune.

MAITRE DE PHILOSOPHIE. — Ce sentiment est raisonnable : *Nam sine doctrina vita est quasi mortis imago.* Vous entendez cela, et vous savez le latin sans doute.

MONSIEUR JOURDAIN. — Oui, mais faites comme si je ne le savais : expliquez-moi ce que cela veut dire.

MAITRE DE PHILOSOPHIE. — Cela veut dire que *Sans la science, la vie est presque une image de la mort.*

Monsieur Jourdain. — Ce latin-là a raison.

Maitre de Philosophie. — N'avez-vous point quelques principes, quelques commencements des sciences ?

Monsieur Jourdain. — Oh! oui, je sais lire et écrire.

Maitre de Philosophie. — Par où vous plaît-il que nous commencions ? Voulez-vous que je vous apprenne la logique ?

Monsieur Jourdain. — Qu'est-ce que c'est que cette logique ?

Maitre de Philosophie. — C'est elle qui enseigne les trois opérations de l'esprit.

Monsieur Jourdain. — Qui sont-elles, ces trois opérations de l'esprit ?

Maitre de Philosophie. — La première, la seconde et la troisième. La première est de bien concevoir par le moyen des universaux. La seconde, de bien juger par le moyen des catégories; et la troisième, de bien tirer une conséquence par le moyen des figures *Barbara, Celarent, Darii, Ferio, Baralipton*, etc.

Monsieur Jourdain. — Voilà des mots qui sont trop rébarbatifs. Cette logique-là ne me revient point. Apprenons autre chose qui soit plus joli.

Maitre de Philosophie. — Voulez-vous apprendre la morale ?

Monsieur Jourdain. — La morale ?

Maitre de Philosophie. — Oui.

Monsieur Jourdain. — Qu'est-ce qu'elle dit, cette morale ?

Maitre de Philosophie. — Elle traite de la félicité, enseigne aux hommes à modérer leurs passions, et...

Monsieur Jourdain. — Non, laissons cela. Je suis bilieux comme tous les diables; et il n'y a morale qui tienne, je me veux mettre en colère tout mon soûl, quand il m'en prend envie.

Maitre de Philosophie. — Est-ce la physique que vous voulez apprendre ?

Monsieur Jourdain. — Qu'est-ce qu'elle chante, cette physique ?

Maitre de Philosophie. — La physique est celle qui explique les principes des choses naturelles, et les propriétés du corps; qui discourt de la nature des éléments, des métaux, des minéraux, des pierres, des plantes et des animaux, et nous enseigne les causes de tous les météores, l'arc-en-ciel, les feux volants, les comètes, les éclairs, le tonnerre, la foudre, la pluie, la neige, la grêle, les vents et les tourbillons.

Monsieur Jourdain. — Il y a trop de tintamarre là-dedans, trop de brouillamini.

Maître de Philosophie. — Que voulez-vous donc que je vous apprenne ?

Monsieur Jourdain. — Apprenez-moi l'orthographe.

Maître de Philosophie. — Très volontiers.

Monsieur Jourdain. — Après, vous m'apprendrez l'almanach, pour savoir quand il y a de la lune et quand il n'y en a point.

Maître de Philosophie. — Soit. Pour bien suivre votre pensée et traiter cette matière en philosophe, il faut commencer selon l'ordre des choses, par une exacte connaissance de la nature des lettres, et de la différente manière de les prononcer toutes. Et là-dessus j'ai à vous dire que les lettres sont divisées en voyelles, ainsi dites voyelles parce qu'elles expriment les voix; et en consonnes, ainsi appelées consonnes parce qu'elles sonnent avec les voyelles, et ne font que marquer les diverses articulations des voix. Il y a cinq voyelles ou voix : A, E, I, O, U.

Monsieur Jourdain. — J'entends tout cela.

Maître de Philosophie. — La voix A se forme en ouvrant fort la bouche : A.

Monsieur Jourdain. — A, A. Oui.

Maître de Philosophie. — La voix E se forme en rapprochant la mâchoire d'en bas de celle d'en haut : A, E.

Monsieur Jourdain. — A, E, A, E. Ma foi! oui. Ah! que cela est beau!

Maître de Philosophie. — Et la voix I en rapprochant encore davantage les mâchoires l'une de l'autre, et écartant les deux coins de la bouche vers les oreilles : A, E, I.

Monsieur Jourdain. — A, E, I, I, I, I. Cela est vrai. Vive la science!

Maître de Philosophie. — La voix O se forme en rouvrant les mâchoires, et rapprochant les lèvres par les deux coins, le haut et le bas : O.

Monsieur Jourdain. — O, O. Il n'y a rien de plus juste. A, E, I, O, I, O. Cela est admirable! I, O, I, O.

Maître de Philosophie. — L'ouverture de la bouche fait justement comme un petit rond qui représente un O.

Monsieur Jourdain. — O, O, O. Vous avez raison. O. Ah! la belle chose, que de savoir quelque chose!

Maître de Philosophie. — La voix U se forme en rapprochant les dents sans les joindre entièrement, et allongeant les deux lèvres en dehors, les approchant aussi l'une de l'autre sans les joindre tout à fait : U.

Monsieur Jourdain. — U, U. Il n'y a rien de plus véritable : U.

Maître de Philosophie. — Vos deux lèvres s'allongent comme si vous faisiez la moue : d'où vient que si vous la voulez faire à quelqu'un, et vous moquer de lui, vous ne sauriez lui dire que : U.

Monsieur Jourdain. — U, U. Cela est vrai. Ah! que n'ai-je étudié plus tôt, pour savoir tout cela ?

Maître de Philosophie. — Demain, nous verrons les autres lettres, qui sont les consonnes.

Monsieur Jourdain. — Est-ce qu'il y a des choses aussi curieuses qu'à celles-ci ?

Maître de Philosophie. — Sans doute. La consonne D, par exemple, se prononce en donnant du bout de la langue au-dessus des dents d'en haut : Da.

Monsieur Jourdain. — Da, Da. Oui. Ah! les belles choses! les belles choses!

Maître de Philosophie. — L'F en appuyant les dents d'en haut sur la lèvre de dessous : Fa.

Monsieur Jourdain. — Fa, Fa. C'est la vérité. Ah! mon père et ma mère, que je vous veux de mal!

Maître de Philosophie. — Et l'R, en portant le bout de la langue jusqu'au haut du palais, de sorte qu'étant frôlée par l'air qui sort avec force, elle lui cède, et revient toujours au même endroit, faisant une manière de tremblement : R, Ra.

Monsieur Jourdain. — R, R, Ra; R, R, R, R, R, Ra. Cela est vrai! Ah! l'habile homme que vous êtes! et que j'ai perdu de temps! R, R, R, Ra.

Maître de Philosophie. — Je vous expliquerai à fond toutes ces curiosités.

Monsieur Jourdain. — Je vous en prie. Au reste, il faut que je vous fasse une confidence. Je suis amoureux d'une personne de grande qualité, et je souhaiterais que vous m'aidassiez à lui écrire quelque chose dans un petit billet que je veux laisser tomber à ses pieds.

Maître de Philosophie. — Fort bien.

Monsieur Jourdain. — Cela sera galant, oui.

Maître de Philosophie. — Sans doute. Sont-ce des vers que vous lui voulez écrire ?

Monsieur Jourdain. — Non, non, point de vers.

Maître de Philosophie. — Vous ne voulez que de la prose ?

MONSIEUR JOURDAIN. — Non, je ne veux ni prose ni vers.

MAITRE DE PHILOSOPHIE. — Il faut bien que ce soit l'un, ou l'autre.

MONSIEUR JOURDAIN. — Pourquoi ?

MAITRE DE PHILOSOPHIE. — Par la raison, Monsieur, qu'il n'y a pour s'exprimer que la prose, ou les vers.

MONSIEUR JOURDAIN. — Il n'y a que la prose ou les vers ?

MAITRE DE PHILOSOPHIE. — Non, Monsieur : tout ce qui n'est point prose est vers; et tout ce qui n'est point vers est prose.

MONSIEUR JOURDAIN. — Et comme l'on parle, qu'est-ce que c'est donc que cela ?

MAITRE DE PHILOSOPHIE. — De la prose.

MONSIEUR JOURDAIN. — Quoi ? quand je dis : « Nicole, apportez-moi mes pantoufles, et me donnez mon bonnet de nuit », c'est de la prose ?

MAITRE DE PHILOSOPHIE. — Oui, Monsieur.

MONSIEUR JOURDAIN. — Par ma foi! il y a plus de quarante ans que je dis de la prose sans que j'en susse rien, et je vous suis le plus obligé du monde de m'avoir appris cela. Je voudrais donc lui mettre dans un billet : *Belle Marquise, vos beaux yeux me font mourir d'amour;* mais je voudrais que cela fût mis d'une manière galante, que cela fût tourné gentiment.

MAITRE DE PHILOSOPHIE. — Mettre que les feux de ses yeux réduisent votre cœur en cendres; que vous souffrez nuit et jour pour elle les violences d'un...

MONSIEUR JOURDAIN. — Non, non, non, je ne veux point tout cela; je ne veux que ce que je vous ai dit : *Belle Marquise, vos beaux yeux me font mourir d'amour.*

MAITRE DE PHILOSOPHIE. — Il faut bien étendre un peu la chose.

MONSIEUR JOURDAIN. — Non, vous dis-je, je ne veux que ces seules paroles-là dans le billet; mais tournées à la mode, bien arrangées comme il faut. Je vous prie de me dire un peu, pour voir, les diverses manières dont on les peut mettre.

MAITRE DE PHILOSOPHIE. — On les peut mettre premièrement comme vous avez dit : *Belle Marquise, vos beaux yeux me font mourir d'amour.* Ou bien : *D'amour mourir me font, belle Marquise, vos beaux yeux.* Ou bien : *Vos yeux beaux d'amour me font, belle Marquise, mourir.* Ou bien : *Mourir vos beaux yeux, belle Marquise, d'amour me font*. Ou bien : *Me font vos yeux beaux mourir, belle Marquise, d'amour.*

MONSIEUR JOURDAIN. — Mais de toutes ces façons-là, laquelle est la meilleure ?

MAITRE DE PHILOSOPHIE. — Celle que vous avez dite : *Belle Marquise, vos beaux yeux me font mourir d'amour.*

MONSIEUR JOURDAIN. — Cependant je n'ai point étudié, et j'ai fait cela tout du premier coup. Je vous remercie de tout mon cœur, et vous prie de venir demain de bonne heure.

MAITRE DE PHILOSOPHIE. — Je n'y manquerai pas.

MONSIEUR JOURDAIN. — Comment ? mon habit n'est point encore arrivé ?

SECOND LAQUAIS. — Non, Monsieur.

MONSIEUR JOURDAIN. — Ce maudit tailleur me fait bien attendre pour un jour où j'ai tant d'affaires. J'enrage. Que la fièvre quartaine puisse serrer bien fort le bourreau de tailleur ! Au diable le tailleur ! La peste étouffe le tailleur ! Si je le tenais maintenant, ce tailleur détestable, ce chien de tailleur-là, ce traître de tailleur, je...

SCÈNE V

MAITRE TAILLEUR, GARÇON TAILLEUR,
portant l'habit de M. Jourdain, MONSIEUR JOURDAIN, LAQUAIS

MONSIEUR JOURDAIN. — Ah ! vous voilà ! je m'allais mettre en colère contre vous.

MAITRE TAILLEUR. — Je n'ai pas pu venir plus tôt, et j'ai mis vingt garçons après votre habit.

MONSIEUR JOURDAIN. — Vous m'avez envoyé des bas de soie si étroits que j'ai eu toutes les peines du monde à les mettre, et il y a déjà deux mailles de rompues.

MAITRE TAILLEUR. — Ils ne s'élargiront que trop.

MONSIEUR JOURDAIN. — Oui, si je romps toujours des mailles. Vous m'avez aussi fait faire des souliers qui me blessent furieusement.

MAITRE TAILLEUR. — Point du tout, Monsieur.

MONSIEUR JOURDAIN. — Comment, point du tout ?

MAITRE TAILLEUR. — Non, ils ne vous blessent point.

MONSIEUR JOURDAIN. — Je vous dis qu'ils me blessent, moi.

MAITRE TAILLEUR. — Vous vous imaginez cela.

MONSIEUR JOURDAIN. — Je me l'imagine, parce que je le sens. Voyez la belle raison!

MAITRE TAILLEUR. — Tenez, voilà le plus bel habit de la cour, et le mieux assorti. C'est un chef-d'œuvre que d'avoir inventé un habit sérieux qui ne fût pas noir; et je le donne en six coups aux tailleurs les plus éclairés.

MONSIEUR JOURDAIN. — Qu'est-ce que c'est que ceci? vous avez mis les fleurs en enbas.

MAITRE TAILLEUR. — Vous ne m'aviez pas dit que vous les vouliez en enhaut.

MONSIEUR JOURDAIN. — Est-ce qu'il faut dire cela?

MAITRE TAILLEUR. — Oui, vraiment. Toutes les personnes de qualité les portent de la sorte.

MONSIEUR JOURDAIN. — Les personnes de qualité portent les fleurs en enbas?

MAITRE TAILLEUR. — Oui, Monsieur.

MONSIEUR JOURDAIN. — Oh! voilà qui est donc bien.

MAITRE TAILLEUR. — Si vous voulez, je les mettrai en enhaut.

MONSIEUR JOURDAIN. — Non, non.

MAITRE TAILLEUR. — Vous n'avez qu'à dire.

MONSIEUR JOURDAIN. — Non, vous dis-je; vous avez bien fait. Croyez-vous que l'habit m'aille bien?

MAITRE TAILLEUR. — Belle demande! Je défie un peintre avec son pinceau, de vous faire rien de plus juste. J'ai chez moi un garçon qui, pour monter une rhingrave, est le plus grand génie du monde; et un autre qui, pour assembler un pourpoint, est le héros de notre temps.

MONSIEUR JOURDAIN. — La perruque et les plumes sont-elles comme il faut?

MAITRE TAILLEUR. — Tout est bien.

MONSIEUR JOURDAIN, *en regardant l'habit du tailleur*. — Ah! ah! Monsieur le tailleur, voilà de mon étoffe du dernier habit que vous m'avez fait. Je la reconnais bien.

MAITRE TAILLEUR. — C'est que l'étoffe me sembla si belle que j'en ai voulu lever un habit pour moi.

MONSIEUR JOURDAIN. — Oui, mais il ne fallait pas le lever avec le mien.

MAITRE TAILLEUR. — Voulez-vous mettre votre habit?

MONSIEUR JOURDAIN. — Oui, donnez-moi.

MAITRE TAILLEUR. — Attendez. Cela ne va pas comme cela. J'ai amené des gens pour vous habiller en cadence, et ces sortes d'habits se mettent avec cérémonie. Holà! entrez, vous autres. Mettez cet habit à Monsieur, de la manière que vous faites aux personnes de qualité.

Quatre Garçons tailleurs entrent, dont deux lui arrachent le haut-de-chausses de ses exercices, et deux autres la camisole ; puis ils lui mettent son habit neuf ; et M. Jourdain se promène entre eux, et leur montre son habit, pour voir s'il est bien. Le tout à la cadence de toute la symphonie.

GARÇON TAILLEUR. — Mon gentilhomme, donnez, s'il vous plaît, aux garçons quelque chose pour boire.

MONSIEUR JOURDAIN. — Comment m'appelez-vous ?

GARÇON TAILLEUR. — Mon gentilhomme.

MONSIEUR JOURDAIN. — Mon gentilhomme! Voilà ce que c'est de se mettre en personne de qualité. Allez-vous-en demeurer toujours habillé en bourgeois, on ne vous dira point : Mon gentilhomme. Tenez, voilà pour Mon gentilhomme.

GARÇON TAILLEUR. — Monseigneur, nous vous sommes bien obligés.

MONSIEUR JOURDAIN. — Monseigneur! oh! oh! oh! Monseigneur! Attendez, mon ami : Monseigneur mérite quelque chose, et ce n'est pas une petite parole que Monseigneur. Tenez, voilà ce que Monseigneur vous donne.

GARÇON TAILLEUR. — Monseigneur, nous allons boire tous à la santé de Votre Grandeur.

MONSIEUR JOURDAIN. — Votre Grandeur! Oh! oh! oh! Attendez, ne vous en allez pas. A moi, Votre Grandeur! Ma foi, s'il va jusqu'à l'Altesse, il aura toute la bourse. Tenez, voilà pour Ma Grandeur.

GARÇON TAILLEUR. — Monseigneur, nous la remercions très humblement de ses libéralités.

MONSIEUR JOURDAIN. — Il a bien fait : je lui allais tout donner.

Les quatre Garçons tailleurs se réjouissent par une danse qui fait le second intermède.

ACTE III

SCÈNE I

MONSIEUR JOURDAIN, Laquais

Monsieur Jourdain. — Suivez-moi, que j'aille un peu montrer mon habit par la ville ; et surtout ayez soin tous deux de marcher immédiatement sur mes pas, afin qu'on voie bien que vous êtes à moi.

Laquais. — Oui, Monsieur.

Monsieur Jourdain. — Appelez-moi Nicole, que je lui donne quelques ordres. Ne bougez, la voilà.

SCÈNE II

NICOLE, MONSIEUR JOURDAIN, Laquais

Monsieur Jourdain. — Nicole !

Nicole. — Plaît-il ?

Monsieur Jourdain. — Écoutez.

Nicole. — Hi, hi, hi, hi, hi.

Monsieur Jourdain. — Qu'as-tu à rire ?

Nicole. — Hi, hi, hi, hi, hi, hi.

Monsieur Jourdain. — Que veut dire cette coquine-là ?

Nicole. — Hi, hi, hi. Comme vous voilà bâti ! Hi, hi, hi.

Monsieur Jourdain. — Comment donc ?

Nicole. — Ah, ah ! mon Dieu ! Hi, hi, hi, hi, hi.

Monsieur Jourdain. — Quelle friponne est-ce là ! Te moques-tu de moi ?

Nicole. — Nenni, Monsieur, j'en serais bien fâchée. Hi, hi, hi, hi, hi, hi.

Monsieur Jourdain. — Je te baillerai sur le nez, si tu ris davantage.

Nicole. — Monsieur, je ne puis pas m'en empêcher. Hi, hi, hi, hi, hi, hi.

Monsieur Jourdain. — Tu ne t'arrêteras pas ?

NICOLE. — Monsieur, je vous demande pardon; mais vous êtes si plaisant, que je ne saurais me tenir de rire. Hi, hi, hi.

MONSIEUR JOURDAIN. — Mais voyez quelle insolence.

NICOLE. — Vous êtes tout à fait drôle comme cela. Hi, hi.

MONSIEUR JOURDAIN. — Je te...

NICOLE. — Je vous prie de m'excuser. Hi, hi, hi, hi.

MONSIEUR JOURDAIN. — Tiens, si tu ris encore le moins du monde, je te jure que je t'appliquerai sur la joue le plus grand soufflet qui se soit jamais donné.

NICOLE. — Hé bien, Monsieur, voilà qui est fait, je ne rirai plus.

MONSIEUR JOURDAIN. — Prends-y bien garde. Il faut que pour tantôt tu nettoies...

NICOLE. — Hi, hi.

MONSIEUR JOURDAIN. — Que tu nettoies comme il faut...

NICOLE. — Hi, hi.

MONSIEUR JOURDAIN. — Il faut, dis-je, que tu nettoies la salle, et...

NICOLE. — Hi, hi.

MONSIEUR JOURDAIN. — Encore!

NICOLE. — Tenez, Monsieur, battez-moi plutôt et me laissez rire tout mon soûl, cela me fera plus de bien. Hi, hi, hi, hi, hi.

MONSIEUR JOURDAIN. — J'enrage.

NICOLE. — De grâce, Monsieur, je vous prie de me laisser rire. Hi, hi, hi.

MONSIEUR JOURDAIN. — Si je te prends...

NICOLE. — Monsieur, eur, je crèverai, ai, si je ne ris. Hi, hi, hi.

MONSIEUR JOURDAIN. — Mais a-t-on jamais vu une pendarde comme celle-là ? qui me vient rire insolemment au nez, au lieu de recevoir mes ordres ?

NICOLE. — Que voulez-vous que je fasse, Monsieur ?

MONSIEUR JOURDAIN. — Que tu songes, coquine, à réparer ma maison pour la compagnie qui doit venir tantôt.

NICOLE. — Ah! par ma foi! je n'ai plus envie de rire; et toutes vos compagnies font tant de désordre céans que ce mot est assez pour me mettre en mauvaise humeur.

MONSIEUR JOURDAIN. — Ne dois-je point pour toi fermer ma porte à tout le monde ?

NICOLE. — Vous devriez au moins la fermer à certaines gens.

SCÈNE III

MADAME JOURDAIN, MONSIEUR JOURDAIN, NICOLE,
Laquais

MADAME JOURDAIN. — Ah, ah! voici une nouvelle histoire. Qu'est-ce que c'est donc, mon mari, que cet équipage-là ? Vous moquez-vous du monde, de vous être fait enharnacher de la sorte ? et avez-vous envie qu'on se raille partout de vous ?

MONSIEUR JOURDAIN. — Il n'y a que des sots et des sottes, ma femme, qui se railleront de moi.

MADAME JOURDAIN. — Vraiment on n'a pas attendu jusqu'à cette heure, et il y a longtemps que vos façons de faire donnent à rire à tout le monde.

MONSIEUR JOURDAIN. — Qui est donc tout ce monde-là, s'il vous plaît ?

MADAME JOURDAIN. — Tout ce monde-là est un monde qui a raison, et qui est plus sage que vous. Pour moi, je suis scandalisée de la vie que vous menez. Je ne sais plus ce que c'est que notre maison : on dirait qu'il est céans carême-prenant tous les jours; et dès le matin, de peur d'y manquer, on y entend des vacarmes de violons et de chanteurs, dont tout le voisinage se trouve incommodé.

NICOLE. — Madame parle bien. Je ne saurais plus voir mon ménage propre, avec cet attirail de gens que vous faites venir chez vous. Ils ont des pieds qui vont chercher de la boue dans tous les quartiers de la ville, pour l'apporter ici; et la pauvre Françoise est presque sur les dents, à frotter les planchers que vos biaux maîtres viennent crotter régulièrement tous les jours.

MONSIEUR JOURDAIN. — Ouais, notre servante Nicole, vous avez le caquet bien affilé pour une paysanne.

MADAME JOURDAIN. — Nicole a raison, et son sens est meilleur que le vôtre. Je voudrais bien savoir ce que vous pensez faire d'un maître à danser à l'âge que vous avez.

NICOLE. — Et d'un grand maître tireur d'armes, qui vient, avec ses battements de pied, ébranler toute la maison, et nous déraciner tous les carriaux de notre salle ?

MONSIEUR JOURDAIN. — Taisez-vous, ma servante, et ma femme.

MADAME JOURDAIN. — Est-ce que vous voulez apprendre à danser pour quand vous n'aurez plus de jambes ?

NICOLE. — Est-ce que vous avez envie de tuer quelqu'un ?

MONSIEUR JOURDAIN. — Taisez-vous, vous dis-je : vous êtes des ignorantes l'une et l'autre, et vous ne savez pas les prérogatives de tout cela.

MADAME JOURDAIN. — Vous devriez bien plutôt songer à marier votre fille, qui est en âge d'être pourvue.

MONSIEUR JOURDAIN. — Je songerai à marier ma fille quand il se présentera un parti pour elle; mais je veux songer aussi à apprendre les belles choses.

NICOLE. — J'ai encore ouï dire, Madame, qu'il a pris aujourd'hui, pour renfort de potage, un maître de philosophie.

MONSIEUR JOURDAIN. — Fort bien : je veux avoir de l'esprit, et savoir raisonner des choses parmi les honnêtes gens.

MADAME JOURDAIN. — N'irez-vous point l'un de ces jours au collège vous faire donner le fouet, à votre âge ?

MONSIEUR JOURDAIN. — Pourquoi non ? Plût à Dieu l'avoir tout à l'heure, le fouet, devant tout le monde, et savoir ce qu'on apprend au collège !

NICOLE. — Oui, ma foi ! cela vous rendrait la jambe bien mieux faite.

MONSIEUR JOURDAIN. — Sans doute.

MADAME JOURDAIN. — Tout cela est fort nécessaire pour conduire votre maison.

MONSIEUR JOURDAIN. — Assurément. Vous parlez toutes deux comme des bêtes, et j'ai honte de votre ignorance. Par exemple, savez-vous, vous, ce que c'est que vous dites à cette heure ?

MADAME JOURDAIN. — Oui, je sais que ce que je dis est fort bien dit, et que vous devriez songer à vivre d'autre sorte.

MONSIEUR JOURDAIN. — Je ne parle pas de cela. Je vous demande ce que c'est que les paroles que vous dites ici ?

MADAME JOURDAIN. — Ce sont des paroles bien sensées, et votre conduite ne l'est guère.

MONSIEUR JOURDAIN. — Je ne parle pas de cela, vous dis-je. Je vous demande : ce que je parle avec vous, ce que je vous dis à cette heure, qu'est-ce que c'est ?

MADAME JOURDAIN. — Des chansons.

MONSIEUR JOURDAIN. — Hé non ! ce n'est pas cela. Ce

que nous disons tous deux, le langage que nous parlons à cette heure ?

MADAME JOURDAIN. — Hé bien ?

MONSIEUR JOURDAIN. — Comment est-ce que cela s'appelle ?

MADAME JOURDAIN. — Cela s'appelle comme on veut l'appeler.

MONSIEUR JOURDAIN. — C'est de la prose, ignorante.

MADAME JOURDAIN. — De la prose ?

MONSIEUR JOURDAIN. — Oui, de la prose. Tout ce qui est prose n'est point vers; et tout ce qui n'est point vers n'est point prose. Heu, voilà ce que c'est d'étudier. Et toi, sais-tu bien comme il faut faire pour dire un U ?

NICOLE. — Comment ?

MONSIEUR JOURDAIN. — Oui. Qu'est-ce que tu fais quand tu dis un U ?

NICOLE. — Quoi ?

MONSIEUR JOURDAIN. — Dis un peu U, pour voir ?

NICOLE. — Hé bien, U.

MONSIEUR JOURDAIN. — Qu'est-ce que tu fais ?

NICOLE. — Je dis U.

MONSIEUR JOURDAIN. — Oui; mais quand tu dis U, qu'est-ce que tu fais ?

NICOLE. — Je fais ce que vous me dites.

MONSIEUR JOURDAIN. — O l'étrange chose que d'avoir affaire à des bêtes! Tu allonges les lèvres en dehors et approches la mâchoire d'en haut de celle d'en bas : U, vois-tu ? U. Je fais la moue : U.

NICOLE. — Oui, cela est biau.

MADAME JOURDAIN. — Voilà qui est admirable.

MONSIEUR JOURDAIN. — C'est bien autre chose, si vous aviez vu O, et DA, DA, et FA, FA.

MADAME JOURDAIN. — Qu'est-ce donc que tout ce galimatias-là ?

NICOLE. — De quoi est-ce que tout cela guérit ?

MONSIEUR JOURDAIN. — J'enrage quand je vois des femmes ignorantes.

MADAME JOURDAIN. — Allez, vous devriez envoyer promener tous ces gens-là, avec leurs fariboles.

NICOLE. — Et surtout ce grand escogriffe de maître d'armes, qui remplit de poudre tout mon ménage.

MONSIEUR JOURDAIN. — Ouais, ce maître d'armes vous tient fort au cœur. Je te veux faire voir ton impertinence tout à l'heure. (Il fait apporter les fleurets et en donne un à Nicole.) Tiens. Raison démonstrative, la ligne du corps.

Quand on pousse en quarte, on n'a qu'à faire cela, et quand on pousse en tierce, on n'a qu'à faire cela. Voilà le moyen de n'être jamais tué; et cela n'est-il pas beau, d'être assuré de son fait, quand on se bat contre quelqu'un ? Là, pousse-moi un peu pour voir.

NICOLE. — Hé bien, quoi ? *(Nicole lui pousse plusieurs coups.)*

MONSIEUR JOURDAIN. — Tout beau, holà, oh! douce-ment. Diantre soit la coquine!

NICOLE. — Vous me dites de pousser.

MONSIEUR JOURDAIN. — Oui; mais tu me pousses en tierce, avant que de pousser en quarte, et tu n'as pas la patience que je pare.

MADAME JOURDAIN. — Vous êtes fou, mon mari, avec toutes vos fantaisies, et cela vous est venu depuis que vous vous mêlez de hanter la noblesse.

MONSIEUR JOURDAIN. — Lorsque je hante la noblesse, je fais paraître mon jugement, et cela est plus beau que de hanter votre bourgeoisie.

MADAME JOURDAIN. — Çamon vraiment! il y a fort à gagner à fréquenter vos nobles, et vous avez bien opéré avec ce beau Monsieur le comte dont vous vous êtes embé-guiné.

MONSIEUR JOURDAIN. — Paix! Songez à ce que vous dites. Savez-vous bien, ma femme, que vous ne savez pas de qui vous parlez, quand vous parlez de lui ? C'est une personne d'importance plus que vous ne pensez, un sei-gneur que l'on considère à la cour, et qui parle au Roi tout comme je vous parle. N'est-ce pas une chose qui m'est tout à fait honorable, que l'on voie venir chez moi si souvent une personne de cette qualité, qui m'appelle son cher ami, et me traite comme si j'étais son égal ? Il a pour moi des bontés qu'on ne devinerait jamais; et, devant tout le monde, il me fait des caresses dont je suis moi-même confus.

MADAME JOURDAIN. — Oui, il a des bontés pour vous, et vous fait des caresses; mais il vous emprunte votre argent.

MONSIEUR JOURDAIN. — Hé bien! ne m'est-ce pas de l'honneur, de prêter de l'argent à un homme de cette con-dition-là ? et puis-je faire moins pour un seigneur qui m'appelle son cher ami ?

MADAME JOURDAIN. — Et ce seigneur, que fait-il pour vous ?

MONSIEUR JOURDAIN. — Des choses dont on serait étonné, si on les savait.

MADAME JOURDAIN. — Et quoi ?

MONSIEUR JOURDAIN. — Baste, je ne puis pas m'expliquer. Il suffit que si je lui ai prêté de l'argent, il me le rendra bien, et avant qu'il, soit peu.

MADAME JOURDAIN. — Oui, attendez-vous à cela.

MONSIEUR JOURDAIN. — Assurément : ne me l'a-t-il pas dit ?

MADAME JOURDAIN. — Oui, oui : il ne manquera pas d'y faillir.

MONSIEUR JOURDAIN. — Il m'a juré sa foi de gentilhomme.

MADAME JOURDAIN. — Chansons.

MONSIEUR JOURDAIN. — Ouais, vous êtes bien obstinée, ma femme. Je vous dis qu'il me tiendra parole, j'en suis sûr.

MADAME JOURDAIN. — Et moi, je suis sûre que non, et que toutes les caresses qu'il vous fait ne sont que pour vous enjôler.

MONSIEUR JOURDAIN. — Taisez-vous : le voici.

MADAME JOURDAIN. — Il ne nous faut plus que cela. Il vient peut-être encore vous faire quelque emprunt; et il me semble que j'ai dîné quand je le vois.

MONSIEUR JOURDAIN. — Taisez-vous, vous dis-je.

SCÈNE IV

DORANTE, MONSIEUR JOURDAIN, MADAME JOURDAIN, NICOLE

DORANTE. — Mon cher ami, Monsieur Jourdain, comment vous portez-vous ?

MONSIEUR JOURDAIN. — Fort bien, Monsieur, pour vous rendre mes petits services.

DORANTE. — Et Madame Jourdain que voilà comment se porte-t-elle ?

MADAME JOURDAIN. — Madame Jourdain se porte comme elle peut.

DORANTE. — Comment, Monsieur Jourdain ? vous voilà le plus propre du monde!

MONSIEUR JOURDAIN. — Vous voyez.

DORANTE. — Vous avez tout à fait bon air avec cet habit, et nous n'avons point de jeunes gens à la cour qui soient mieux faits que vous.

MONSIEUR JOURDAIN. — Hay, hay.

Madame Jourdain. — Il le gratte par où il se démange.

Dorante. — Tournez-vous. Cela est tout à fait galant.

Madame Jourdain. — Oui, aussi sot par derrière que par devant.

Dorante. — Ma foi! Monsieur Jourdain, j'avais une impatience étrange de vous voir. Vous êtes l'homme du monde que j'estime le plus, et je parlais de vous encore ce matin dans la chambre du Roi.

Monsieur Jourdain. — Vous me faites beaucoup d'honneur, Monsieur. (A Madame Jourdain.) Dans la chambre du Roi!

Dorante. — Allons, mettez...

Monsieur Jourdain. — Monsieur, je sais le respect que je vous dois.

Dorante. — Mon Dieu! mettez : point de cérémonie entre nous, je vous prie.

Monsieur Jourdain. — Monsieur...

Dorante. — Mettez, vous dis-je, Monsieur Jourdain : vous êtes mon ami.

Monsieur Jourdain. — Monsieur, je suis votre serviteur.

Dorante. — Je ne me couvrirai point, si vous ne vous couvrez.

Monsieur Jourdain. — J'aime mieux être incivil qu'importun.

Dorante. — Je suis votre débiteur, comme vous le savez.

Madame Jourdain. — Oui, nous ne le savons que trop.

Dorante. — Vous m'avez généreusement prêté de l'argent en plusieurs occasions, et vous m'avez obligé de la meilleure grâce du monde, assurément.

Monsieur Jourdain. — Monsieur, vous vous moquez.

Dorante. — Mais je sais rendre ce qu'on me prête, et reconnaître les plaisirs qu'on me fait.

Monsieur Jourdain. — Je n'en doute point, Monsieur.

Dorante. — Je veux sortir d'affaire avec vous, et je viens ici pour faire nos comptes ensemble.

Monsieur Jourdain. — Hé bien! vous voyez votre impertinence, ma femme.

Dorante. — Je suis homme qui aime à m'acquitter le plus tôt que je puis.

Monsieur Jourdain. — Je vous le disais bien.

Dorante. — Voyons un peu ce que je vous dois.

Monsieur Jourdain. — Vous voilà, avec vos soupçons ridicules.

DORANTE. — Vous souvenez-vous bien de tout l'argent que vous m'avez prêté ?

MONSIEUR JOURDAIN. — Je crois que oui. J'en ai fait un petit mémoire. Le voici. Donné à vous une fois deux cents louis.

DORANTE. — Cela est vrai.

MONSIEUR JOURDAIN. — Une autre fois, six-vingts.

DORANTE. — Oui.

MONSIEUR JOURDAIN. — Et une autre fois, cent quarante.

DORANTE. — Vous avez raison.

MONSIEUR JOURDAIN. — Ces trois articles font quatre cent soixante louis, qui valent cinq mille soixante livres.

DORANTE. — Le compte est fort bon. Cinq mille soixante livres.

MONSIEUR JOURDAIN. — Mille huit cent trente-deux livres à votre plumassier.

DORANTE. — Justement.

MONSIEUR JOURDAIN. — Deux mille sept cent quatre-vingts livres à votre tailleur.

DORANTE. — Il est vrai.

MONSIEUR JOURDAIN. — Quatre mille trois cent septante-neuf livres douze sols huit deniers à votre marchand.

DORANTE. — Fort bien. Douze sols huit deniers : le compte est juste.

MONSIEUR JOURDAIN. — Et mille sept cent quarante-huit livres sept sols quatre deniers à votre sellier.

DORANTE. — Tout cela est véritable. Qu'est-ce que cela fait ?

MONSIEUR JOURDAIN. — Somme totale, quinze mille huit cents livres.

DORANTE. — Somme totale est juste : quinze mille huit cents livres. Mettez encore deux cents pistoles que vous m'allez donner, cela fera justement dix-huit mille francs que je vous payerai au premier jour.

MADAME JOURDAIN. — Hé bien ! ne l'avais-je pas bien deviné ?

MONSIEUR JOURDAIN. — Paix !

DORANTE. — Cela vous incommodera-t-il, de me donner ce que je vous dis ?

MONSIEUR JOURDAIN. — Eh non !

MADAME JOURDAIN. — Cet homme-là fait de vous une vache à lait.

MONSIEUR JOURDAIN. — Taisez-vous.

DORANTE. — Si cela vous incommode, j'en irai chercher ailleurs.

MONSIEUR JOURDAIN. — Non, Monsieur.

MADAME JOURDAIN. — Il ne sera pas content, qu'il ne vous ait ruiné.

MONSIEUR JOURDAIN. — Taisez-vous, vous dis-je.

DORANTE. — Vous n'avez qu'à me dire si cela vous embarrasse.

MONSIEUR JOURDAIN. — Point, Monsieur.

MADAME JOURDAIN. — C'est un vrai enjôleux.

MONSIEUR JOURDAIN. — Taisez-vous donc.

MADAME JOURDAIN. — Il vous sucera jusqu'au dernier sou.

MONSIEUR JOURDAIN. — Vous tairez-vous ?

DORANTE. — J'ai force gens qui m'en prêteraient avec joie ; mais, comme vous êtes mon meilleur ami, j'ai cru que je vous ferais tort si j'en demandais à quelque autre.

MONSIEUR JOURDAIN. — C'est trop d'honneur, Monsieur, que vous me faites. Je vais quérir votre affaire.

MADAME JOURDAIN. — Quoi ? vous allez encore lui donner cela ?

MONSIEUR JOURDAIN. — Que faire ? voulez-vous que je refuse un homme de cette condition-là, qui a parlé de moi ce matin dans la chambre du Roi ?

MADAME JOURDAIN. — Allez, vous êtes une vraie dupe.

SCÈNE V

DORANTE, MADAME JOURDAIN, NICOLE

DORANTE. — Vous me semblez toute mélancolique : qu'avez-vous, Madame Jourdain ?

MADAME JOURDAIN. — J'ai la tête plus grosse que le poing, et si elle n'est pas enflée.

DORANTE. — Mademoiselle votre fille, où est-elle, que je ne la vois point ?

MADAME JOURDAIN. — Mademoiselle ma fille est bien où elle est.

DORANTE. — Comment se porte-t-elle ?

MADAME JOURDAIN. — Elle se porte sur ses deux jambes.

DORANTE. — Ne voulez-vous point un de ces jours venir voir, avec elle, le ballet et la comédie que l'on fait chez le Roi ?

MADAME JOURDAIN. — Oui vraiment, nous avons fort envie de rire, fort envie de rire nous avons.

Dorante. — Je pense, Madame Jourdain, que vous avez eu bien des amants dans votre jeune âge, belle et d'agréable humeur comme vous étiez.

Madame Jourdain. — Trédame, Monsieur, est-ce que Madame Jourdain est décrépite, et la tête lui grouille-t-elle déjà ?

Dorante. — Ah! ma foi! Madame Jourdain, je vous demande pardon. Je ne songeais pas que vous êtes jeune, et je rêve le plus souvent. Je vous prie d'excuser mon impertinence.

SCÈNE VI

MONSIEUR JOURDAIN, MADAME JOURDAIN, DORANTE, NICOLE

Monsieur Jourdain. — Voilà deux cents louis bien comptés.

Dorante. — Je vous assure, Monsieur Jourdain, que je suis tout à vous, et que je brûle de vous rendre un service à la cour.

Monsieur Jourdain. — Je vous suis trop obligé.

Dorante. — Si Madame Jourdain veut voir le divertissement royal, je lui ferai donner les meilleures places de la salle.

Madame Jourdain. — Madame Jourdain vous baise les mains.

Dorante, *bas, à Monsieur Jourdain*. — Notre belle marquise, comme je vous ai mandé par mon billet, viendra tantôt ici pour le ballet et le repas, et je l'ai fait consentir enfin au cadeau que vous lui voulez donner.

Monsieur Jourdain. — Tirons-nous un peu plus loin, pour cause.

Dorante. — Il y a huit jours que je ne vous ai vu, et je ne vous ai point mandé de nouvelles du diamant que vous me mîtes entre les mains pour lui en faire présent de votre part; mais c'est que j'ai eu toutes les peines du monde à vaincre son scrupule, et ce n'est que d'aujourd'hui qu'elle s'est résolue à l'accepter.

Monsieur Jourdain. — Comment l'a-t-elle trouvé ?

Dorante. — Merveilleux; et je me trompe fort, ou la beauté de ce diamant fera pour vous sur son esprit un effet admirable.

Monsieur Jourdain. — Plût au Ciel!

Madame Jourdain. — Quand il est une fois avec lui, il ne peut le quitter.

DORANTE. — Je lui ai fait valoir comme il faut la richesse de ce présent et la grandeur de votre amour.

MONSIEUR JOURDAIN. — Ce sont, Monsieur, des bontés qui m'accablent; et je suis dans une confusion la plus grande du monde, de voir une personne de votre qualité s'abaisser pour moi à ce que vous faites.

DORANTE. — Vous moquez-vous ? est-ce qu'entre amis on s'arrête à ces sortes de scrupules ? et ne feriez-vous pas pour moi la même chose, si l'occasion s'en offrait ?

MONSIEUR JOURDAIN. — Ho! assurément, et de très grand cœur.

MADAME JOURDAIN. — Que sa présence me pèse sur les épaules!

DORANTE. — Pour moi, je ne regarde rien, quand il faut servir un ami; et lorsque vous me fîtes confidence de l'ardeur que vous aviez prise pour cette marquise agréable chez qui j'avais commerce, vous vîtes que d'abord je m'offris de moi-même à servir votre amour.

MONSIEUR JOURDAIN. — Il est vrai, ce sont des bontés qui me confondent.

MADAME JOURDAIN. — Est-ce qu'il ne s'en ira point ?

NICOLE. — Ils se trouvent bien ensemble.

DORANTE. — Vous avez pris le bon biais pour toucher son cœur : les femmes aiment surtout les dépenses qu'on fait pour elles; et vos fréquentes sérénades, et vos bouquets continuels, ce superbe feu d'artifice qu'elle trouva sur l'eau, le diamant qu'elle a reçu de votre part, et le cadeau que vous lui préparez, tout cela lui parle bien mieux en faveur de votre amour que toutes les paroles que vous auriez pu lui dire vous-mêmes.

MONSIEUR JOURDAIN. — Il n'y a point de dépenses que je ne fisse, si par là je pouvais trouver le chemin de son cœur. Une femme de qualité a pour moi des charmes ravissants, et c'est un honneur que j'achèterais au prix de toute chose.

MADAME JOURDAIN. — Que peuvent-ils tant dire ensemble ? Va-t'en un peu tout doucement prêter l'oreille.

DORANTE. — Ce sera tantôt que vous jouirez à votre aise du plaisir de sa vue, et vos yeux auront tout le temps de se satisfaire.

MONSIEUR JOURDAIN. — Pour être en pleine liberté, j'ai fait en sorte que ma femme ira dîner chez ma sœur, où elle passera toute l'après-dînée.

DORANTE. — Vous avez fait prudemment, et votre femme aurait pu nous embarrasser. J'ai donné pour vous

l'ordre qu'il faut au cuisinier, et à toutes les choses qui
sont nécessaires pour le ballet. Il est de mon invention; et
pourvu que l'exécution puisse répondre à l'idée, je suis
sûr qu'il sera trouvé...

MONSIEUR JOURDAIN *s'aperçoit que Nicole écoute, et lui
donne un soufflet.* — Ouais, vous êtes bien impertinente.
Sortons, s'il vous plaît.

SCÈNE VII

MADAME JOURDAIN, NICOLE

NICOLE. — Ma foi! Madame, la curiosité m'a coûté
quelque chose; mais je crois qu'il y a quelque anguille sous
roche, et ils parlent de quelque affaire où ils ne veulent
pas que vous soyez.

MADAME JOURDAIN. — Ce n'est pas d'aujourd'hui,
Nicole, que j'ai conçu des soupçons de mon mari. Je suis
la plus trompée du monde, ou il y a quelque amour en
campagne, et je travaille à découvrir ce que ce peut être.
Mais songeons à ma fille. Tu sais l'amour que Cléonte a
pour elle. C'est un homme qui me revient, et je veux aider
sa recherche, et lui donner Lucile, si je puis.

NICOLE. — En vérité, Madame, je suis la plus ravie du
monde de vous voir dans ces sentiments; car, si le maître
vous revient, le valet ne me revient pas moins, et je souhaiterais que notre mariage se pût faire à l'ombre du leur.

MADAME JOURDAIN. — Va-t'en lui parler de ma part, et
lui dire que tout à l'heure il me vienne trouver, pour faire
ensemble à mon mari la demande de ma fille.

NICOLE. — J'y cours, Madame, avec joie, et je ne pouvais recevoir une commission plus agréable. Je vais, je
pense, bien réjouir les gens.

SCÈNE VIII

CLÉONTE, COVIELLE, NICOLE

NICOLE. — Ah! vous voilà tout à propos. Je suis une
ambassadrice de joie, et je viens...

CLÉONTE. — Retire-toi, perfide, et ne me viens point
amuser avec tes traîtresses paroles.

NICOLE. — Est-ce ainsi que vous recevez... ?

CLÉONTE. — Retire-toi, te dis-je, et va-t'en dire de ce pas à ton infidèle maîtresse qu'elle n'abusera de sa vie le trop simple Cléonte.

NICOLE. — Quel vertigo est-ce donc là ? Mon pauvre Covielle, dis-moi un peu ce que cela veut dire.

COVIELLE. — Ton pauvre Covielle, petite scélérate! Allons vite, ôte-toi de mes yeux, vilaine, et me laisse en repos.

NICOLE. — Quoi ? tu me viens aussi...

COVIELLE. — Ote-toi de mes yeux, te dis-je, et ne me parle de ta vie.

NICOLE. — Ouais! Quelle mouche les a piqués tous deux ? Allons de cette belle histoire informer ma maîtresse.

SCÈNE IX

CLÉONTE, COVIELLE

CLÉONTE. — Quoi ? traiter un amant de la sorte, et un amant le plus fidèle et le plus passionné de tous les amants ?

COVIELLE. — C'est une chose épouvantable, que ce qu'on nous fait à tous deux.

CLÉONTE. — Je fais voir pour une personne toute l'ardeur et toute la tendresse qu'on peut imaginer; je n'aime rien au monde qu'elle, et je n'ai qu'elle dans l'esprit; elle fait tous mes soins, tous mes désirs, toute ma joie; je ne parle que d'elle, je ne pense qu'à elle, je ne fais des songes que d'elle, je ne respire que par elle, mon cœur vit tout en elle; et voilà de tant d'amitié la digne récompense! Je suis deux jours sans la voir, qui sont pour moi deux siècles effroyables; je la rencontre par hasard; mon cœur, à cette vue, se sent tout transporté, ma joie éclate sur mon visage, je vole avec ravissement vers elle; et l'infidèle détourne de moi ses regards, et passe brusquement, comme si de sa vie elle ne m'avait vu!

COVIELLE. — Je dis les mêmes choses que vous.

CLÉONTE. — Peut-on rien voir d'égal, Covielle, à cette perfidie de l'ingrate Lucile ?

COVIELLE. — Et à celle, Monsieur, de la pendarde de Nicole ?

CLÉONTE. — Après tant de sacrifices ardents, de soupirs, de vœux que j'ai faits à ses charmes!

COVIELLE. — Après tant d'assidus hommages, de soins et de services que je lui ai rendus dans sa cuisine!

CLÉONTE. — Tant de larmes que j'ai versées à ses genoux!

COVIELLE. — Tant de seaux d'eau que j'ai tirés au puits pour elle!

CLÉONTE. — Tant d'ardeur que j'ai fait paraître à la chérir plus que moi-même.

COVIELLE. — Tant de chaleur que j'ai soufferte à tourner la broche à sa place!

CLÉONTE. — Elle me fuit avec mépris!

COVIELLE. — Elle me tourne le dos avec effronterie.

CLÉONTE. — C'est une perfidie digne des plus grands châtiments.

COVIELLE. — C'est une trahison à mériter mille soufflets.

CLÉONTE. — Ne t'avise point, je te prie, de me parler jamais pour elle.

COVIELLE. — Moi, Monsieur! Dieu m'en garde!

CLÉONTE. — Ne viens point m'excuser l'action de cette infidèle.

COVIELLE. — N'ayez pas peur.

CLÉONTE. — Non, vois-tu, tous tes discours pour la défendre ne serviront de rien.

COVIELLE. — Qui songe à cela?

CLÉONTE. — Je veux contre elle conserver mon ressentiment, et rompre ensemble tout commerce.

COVIELLE. — J'y consens.

CLÉONTE. — Ce Monsieur le Comte qui va chez elle lui donne peut-être dans la vue; et son esprit, je le vois bien, se laisse éblouir à la qualité. Mais il me faut, pour mon honneur, prévenir l'éclat de son inconstance. Je veux faire autant de pas qu'elle au changement où je la vois courir, et ne lui laisser pas toute la gloire de me quitter.

COVIELLE. — C'est fort bien dit, et j'entre pour mon compte dans tous vos sentiments.

CLÉONTE. — Donne la main à mon dépit, et soutiens ma résolution contre tous les restes d'amour qui me pourraient parler pour elle. Dis-m'en, je t'en conjure, tout le mal que tu pourras; fais-moi de sa personne une peinture qui me la rende méprisable; et marque-moi bien, pour m'en dégoûter, tous les défauts que tu peux voir en elle.

COVIELLE. — Elle, Monsieur! voilà une belle mijaurée, une pimpesouée bien bâtie, pour vous donner tant d'amour! Je ne lui vois rien que de très médiocre, et vous trouverez cent personnes qui seront plus dignes de vous. Premièrement, elle a les yeux petits.

CLÉONTE. — Cela est vrai, elle a les yeux petits; mais

elle les a pleins de feu, les plus brillants, les plus perçants du monde, les plus touchants qu'on puisse voir.

COVIELLE. — Elle a la bouche grande.

CLÉONTE. — Oui; mais on y voit des grâces qu'on ne voit point aux autres bouches; et cette bouche, en la voyant, inspire des désirs, est la plus attrayante, la plus amoureuse du monde.

COVIELLE. — Par sa taille, elle n'est pas grande.

CLÉONTE. — Non; mais elle est aisée et bien prise.

COVIELLE. — Elle affecte une nonchalance dans son parler, et dans ses actions.

CLÉONTE. — Il est vrai; mais elle a grâce à tout cela, et ses manières sont engageantes, ont je ne sais quel charme à s'insinuer dans les cœurs.

COVIELLE. — Pour de l'esprit...

CLÉONTE. — Ah! elle en a, Covielle, du plus fin, du plus délicat.

COVIELLE. — Sa conversation...

CLÉONTE. — Sa conversation est charmante.

COVIELLE. — Elle est toujours sérieuse.

CLÉONTE. — Veux-tu de ces enjouements épanouis, de ces joies toujours ouvertes? et vois-tu rien de plus impertinent que des femmes qui rient à tout propos?

COVIELLE. — Mais enfin elle est capricieuse autant que personne du monde.

CLÉONTE. — Oui, elle est capricieuse, j'en demeure d'accord; mais tout sied bien aux belles, on souffre tout des belles.

COVIELLE. — Puisque cela va comme cela, je vois bien que vous avez envie de l'aimer toujours.

CLÉONTE. — Moi, j'aimerais mieux mourir; et je vais la haïr autant que je l'ai aimée.

COVIELLE. — Le moyen, si vous la trouvez si parfaite?

CLÉONTE. — C'est en quoi ma vengeance sera plus éclatante, en quoi je veux faire mieux voir la force de mon cœur, à la haïr, à la quitter, toute belle, toute pleine d'attraits, toute aimable que je la trouve. La voici.

SCÈNE X

CLÉONTE, LUCILE, COVIELLE, NICOLE

NICOLE. — Pour moi, j'en ai été toute scandalisée.

LUCILE. — Ce ne peut être, Nicole, que ce que je te dis. Mais le voilà.

CLÉONTE. — Je ne veux pas seulement lui parler.

COVIELLE. — Je veux vous imiter.

LUCILE. — Qu'est-ce donc, Cléonte ? qu'avez-vous ?

NICOLE. — Qu'as-tu donc, Covielle ?

LUCILE. — Quel chagrin vous possède ?

NICOLE. — Quelle mauvaise humeur te tient ?

LUCILE. — Êtes-vous muet, Cléonte ?

NICOLE. — As-tu perdu la parole, Covielle ?

CLÉONTE. — Que voilà qui est scélérat !

COVIELLE. — Que cela est Judas !

LUCILE. — Je vois bien que la rencontre de tantôt a troublé votre esprit.

CLÉONTE. — Ah ! ah ! on voit ce qu'on a fait.

NICOLE. — Notre accueil de ce matin t'a fait prendre la chèvre.

COVIELLE. — On a deviné l'enclouure.

LUCILE. — N'est-il pas vrai, Cléonte, que c'est là le sujet de votre dépit ?

CLÉONTE. — Oui, perfide, ce l'est, puisqu'il faut parler ; et j'ai à vous dire que vous ne triompherez pas comme vous pensez de votre infidélité, que je veux être le premier à rompre avec vous, et que vous n'aurez pas l'avantage de me chasser. J'aurai de la peine, sans doute, à vaincre l'amour que j'ai pour vous, cela me causera des chagrins, je souffrirai un temps ; mais j'en viendrai à bout, et je me percerai plutôt le cœur que d'avoir la faiblesse de retourner à vous.

COVIELLE. — Queussi, queumi.

LUCILE. — Voilà bien du bruit pour un rien. Je veux vous dire, Cléonte, le sujet qui m'a fait ce matin éviter votre abord.

CLÉONTE. — Non, je ne veux rien écouter.

NICOLE. — Je te veux apprendre la cause qui nous a fait passer si vite.

COVIELLE. — Je ne veux rien entendre.

LUCILE. — Sachez que ce matin...

CLÉONTE. — Non, vous dis-je.

NICOLE. — Apprends que...

COVIELLE. — Non, traîtresse.

LUCILE. — Écoutez.

CLÉONTE. — Point d'affaire.

NICOLE. — Laisse-moi dire.

COVIELLE. — Je suis sourd.

LUCILE. — Cléonte.

CLÉONTE. — Non.

NICOLE. — Covielle.

COVIELLE. — Point.

LUCILE. — Arrêtez.

CLÉONTE. — Chansons.

NICOLE. — Entends-moi.

COVIELLE. — Bagatelles.

LUCILE. — Un moment.

CLÉONTE. — Point du tout.

NICOLE. — Un peu de patience.

COVIELLE. — Tarare.

LUCILE. — Deux paroles.

CLÉONTE. — Non, c'en est fait.

NICOLE. — Un mot.

COVIELLE. — Plus de commerce.

LUCILE. — Hé bien! puisque vous ne voulez pas m'écouter, demeurez dans votre pensée, et faites ce qu'il vous plaira.

NICOLE. — Puisque tu fais comme cela, prends-le tout comme tu voudras.

CLÉONTE. — Sachons donc le sujet d'un si bel accueil.

LUCILE. — Il ne me plaît plus de le dire.

COVIELLE. — Apprends-nous un peu cette histoire.

NICOLE. — Je ne veux plus, moi, te l'apprendre.

CLÉONTE. — Dites-moi...

LUCILE. — Non, je ne veux rien dire.

COVIELLE. — Conte-moi...

NICOLE. — Non, je ne conte rien.

CLÉONTE. — De grâce.

LUCILE. — Non, vous dis-je.

COVIELLE. — Par charité.

NICOLE. — Point d'affaire.

CLÉONTE. — Je vous en prie.

LUCILE. — Laissez-moi.

COVIELLE. — Je t'en conjure.

NICOLE. — Ote-toi de là.

CLÉONTE. — Lucile.

LUCILE. — Non.

COVIELLE. — Nicole.

NICOLE. — Point.

CLÉONTE. — Au nom des Dieux!

LUCILE. — Je ne veux pas.

COVIELLE. — Parle-moi.

NICOLE. — Point du tout.

CLÉONTE. — Éclaircissez mes doutes.

LUCILE. — Non, je n'en ferai rien.

COVIELLE. — Guéris-moi l'esprit.

NICOLE. — Non, il ne me plaît pas.

CLÉONTE. — Hé bien! puisque vous vous souciez si peu de me tirer de peine, et de vous justifier du traitement indigne que vous avez fait à ma flamme, vous me voyez, ingrate, pour la dernière fois, et je vais loin de vous mourir de douleur et d'amour.

COVIELLE. — Et moi, je vais suivre ses pas.

LUCILE. — Cléonte.

NICOLE. — Covielle.

CLÉONTE. — Eh?

COVIELLE. — Plaît-il?

LUCILE. — Où allez-vous?

CLÉONTE. — Où je vous ai dit.

COVIELLE. — Nous allons mourir.

LUCILE. — Vous allez mourir, Cléonte?

CLÉONTE. — Oui, cruelle, puisque vous le voulez.

LUCILE. — Moi, je veux que vous mouriez?

CLÉONTE. — Oui, vous le voulez.

LUCILE. — Qui vous le dit?

CLÉONTE. — N'est-ce pas le vouloir, que de ne vouloir pas éclaircir mes soupçons!

LUCILE. — Est-ce ma faute? et si vous aviez voulu m'écouter, ne vous aurais-je pas dit que l'aventure dont vous vous plaigniez a été causée ce matin par la présence d'une vieille tante, qui veut à toute force que la seule approche d'un homme déshonore une fille, qui perpétuellement nous sermonne sur ce chapitre, et nous figure tous les hommes comme des diables qu'il faut fuir.

NICOLE. — Voilà le secret de l'affaire.

CLÉONTE. — Ne me trompez-vous point, Lucile?

COVIELLE. — Ne m'en donnes-tu point à garder?

LUCILE. — Il n'est rien de plus vrai.

NICOLE. — C'est la chose comme elle est.

COVIELLE. — Nous rendrons-nous à cela?

CLÉONTE. — Ah! Lucile, qu'avec un mot de votre bouche vous savez apaiser de choses dans mon cœur! et que facilement on se laisse persuader aux personnes qu'on aime!

COVIELLE. — Qu'on est aisément amadoué par ces diantres d'animaux-là!

SCÈNE XI

MADAME JOURDAIN, CLÉONTE,
LUCILE, COVIELLE, NICOLE

MADAME JOURDAIN. — Je suis bien aise de vous voir, Cléonte, et vous voilà tout à propos. Mon mari vient; prenez vite votre temps pour lui demander Lucile en mariage.

CLÉONTE. — Ah! Madame, que cette parole m'est douce, et qu'elle flatte mes désirs! Pouvais-je recevoir un ordre plus charmant? une faveur plus précieuse.

SCÈNE XII

MONSIEUR JOURDAIN, MADAME JOURDAIN,
CLÉONTE, LUCILE, COVIELLE, NICOLE

CLÉONTE. — Monsieur, je n'ai voulu prendre personne pour vous faire une demande que je médite il y a longtemps. Elle me touche assez pour m'en charger moi-même; et, sans autre détour, je vous dirai que l'honneur d'être votre gendre est une faveur glorieuse que je vous prie de m'accorder.

MONSIEUR JOURDAIN. — Avant que de vous rendre réponse, Monsieur, je vous prie de me dire si vous êtes gentilhomme.

CLÉONTE. — Monsieur, la plupart des gens sur cette question n'hésitent pas beaucoup. On tranche le mot aisément. Ce nom ne fait aucun scrupule à prendre, et l'usage aujourd'hui semble en autoriser le vol. Pour moi, je vous l'avoue, j'ai les sentiments sur cette matière un peu plus délicats : je trouve que toute imposture est indigne d'un honnête homme, et qu'il y a de la lâcheté à déguiser ce que le Ciel nous a fait naître, à se parer aux yeux du monde d'un titre dérobé, à se vouloir donner pour ce qu'on n'est pas. Je suis né de parents, sans doute, qui ont tenu des charges honorables. Je me suis acquis dans les armes l'honneur de six ans de services, et je me trouve assez de bien pour tenir dans le monde un rang assez passable. Mais, avec tout cela, je ne veux point me donner un nom où d'autres en ma place croiraient pouvoir prétendre, et je vous dirai franchement que je ne suis point gentilhomme.

MONSIEUR JOURDAIN. — Touchez là, Monsieur : ma
fille n'est pas pour vous.

CLÉONTE. — Comment ?

MONSIEUR JOURDAIN. — Vous n'êtes point gentilhomme,
vous n'aurez pas ma fille.

MADAME JOURDAIN. — Que voulez-vous donc dire avec
votre gentilhomme ? est-ce que nous sommes, nous autres,
de la côte de saint Louis.

MONSIEUR JOURDAIN. — Taisez-vous, ma femme : je
vous vois venir.

MADAME JOURDAIN. — Descendons-nous tous deux que
de bonne bourgeoisie ?

MONSIEUR JOURDAIN. — Voilà pas le coup de langue!

MADAME JOURDAIN. — Et votre père n'était-il pas marchand aussi bien que le mien ?

MONSIEUR JOURDAIN. — Peste soit de la femme! Elle
n'y a jamais manqué. Si votre père a été marchand, tant
pis pour lui; mais pour le mien, ce sont des malavisés
qui disent cela. Tout ce que j'ai à vous dire, moi, c'est
que je veux avoir un gendre gentilhomme.

MADAME JOURDAIN. — Il faut à votre fille un mari qui
lui soit propre, et il vaut mieux pour elle un honnête
homme riche et bien fait qu'un gentilhomme gueux et
mal bâti.

NICOLE. — Cela est vrai. Nous avons le fils du gentilhomme de notre village, qui est le plus grand malitorne
et le plus sot dadais que j'aie jamais vu.

MONSIEUR JOURDAIN. — Taisez-vous, impertinente.
Vous vous fourrez toujours dans la conversation. J'ai du
bien assez pour ma fille, je n'ai besoin que d'honneur, et
je la veux faire marquise.

MADAME JOURDAIN. — Marquise ?

MONSIEUR JOURDAIN. — Oui, marquise.

MADAME JOURDAIN. — Hélas! Dieu m'en garde!

MONSIEUR JOURDAIN. — C'est une chose que j'ai résolue.

MADAME JOURDAIN. — C'est une chose, moi, où je ne
consentirai point. Les alliances avec plus grand que soi
sont sujettes toujours à de fâcheux inconvénients. Je ne
veux point qu'un gendre puisse à ma fille reprocher ses
parents, et qu'elle ait des enfants qui aient honte de
m'appeler leur grand-maman. S'il fallait qu'elle me vînt
visiter en équipage de grande-dame, et qu'elle manquât par
mégarde à saluer quelqu'un du quartier, on ne manquerait

pas aussitôt de dire cent sottises. « Voyez-vous, dirait-on, cette Madame la Marquise qui fait tant la glorieuse ? c'est la fille de Monsieur Jourdain, qui était trop heureuse, étant petite, de jouer à la Madame avec nous. Elle n'a pas toujours été si relevée que la voilà, et ses deux grands-pères vendaient du drap auprès de la porte Saint-Innocent. Ils ont amassé du bien à leurs enfants, qu'ils payent maintenant peut-être bien cher en l'autre monde, et l'on ne devient guère si riches à être honnêtes gens. » Je ne veux point tous ces caquets, et je veux un homme, en un mot, qui m'ait obligation de ma fille, et à qui je puisse dire : « Mettez-vous là, mon gendre, et dînez avec moi. »

MONSIEUR JOURDAIN. — Voilà bien les sentiments d'un petit esprit, de vouloir demeurer toujours dans la bassesse. Ne me répliquez pas davantage : ma fille sera marquise en dépit de tout le monde; et si vous me mettez en colère, je la ferai duchesse.

MADAME JOURDAIN. — Cléonte, ne perdez point courage encore. Suivez-moi, ma fille, et venez dire résolument à votre père que si vous ne l'avez, vous ne voulez épouser personne.

SCÈNE XIII

CLÉONTE, COVIELLE

COVIELLE. — Vous avez fait de belles affaires avec vos beaux sentiments.

CLÉONTE. — Que veux-tu ? j'ai un scrupule là-dessus, que l'exemple ne saurait vaincre.

COVIELLE. — Vous moquez-vous, de le prendre sérieusement avec un homme comme cela ? Ne voyez-vous pas qu'il est fou ? et vous coûtait-il quelque chose de vous accommoder à ses chimères ?

CLÉONTE. — Tu as raison; mais je ne croyais pas qu'il fallût faire ses preuves de noblesse pour être gendre de Monsieur Jourdain.

COVIELLE. — Ah! ah! ah!

CLÉONTE. — De quoi ris-tu ?

COVIELLE. — D'une pensée qui me vient pour jouer notre homme, et vous faire obtenir ce que vous souhaitez.

CLÉONTE. — Comment ?

COVIELLE. — L'idée est tout à fait plaisante.

CLÉONTE. — Quoi donc ?

COVIELLE. — Il s'est fait depuis peu une certaine mascarade qui vient le mieux du monde ici, et que je prétends faire entrer dans une bourle que je veux faire à notre ridicule. Tout cela sent un peu sa comédie; mais avec lui on peut hasarder toute chose, il n'y faut point chercher tant de façons, et il est homme à y jouer son rôle à merveille, à donner aisément dans toutes les fariboles qu'on s'avisera de lui dire. J'ai les acteurs, j'ai les habits tout prêts : laissez-moi faire seulement.

CLÉONTE. — Mais apprends-moi...

COVIELLE. — Je vais vous instruire de tout. Retirons-nous, le voilà qui revient.

SCÈNE XIV

MONSIEUR JOURDAIN, Laquais

MONSIEUR JOURDAIN. — Que diable est-ce là! ils n'ont rien que les grands seigneurs à me reprocher; et moi, je ne vois rien de si beau que de hanter les grands seigneurs : il n'y a qu'honneur et que civilité avec eux, et je voudrais qu'il m'eût coûté deux doigts de la main, et être né comte ou marquis.

LAQUAIS. — Monsieur, voici Monsieur le Comte, et une dame qu'il mène par la main.

MONSIEUR JOURDAIN. — Hé mon Dieu! j'ai quelques ordres à donner. Dis-leur que je vais venir ici tout à l'heure.

SCÈNE XV

DORIMÈNE, DORANTE, Laquais

LAQUAIS. — Monsieur dit comme cela qu'il va venir ici tout à l'heure.

DORANTE. — Voilà qui est bien.

DORIMÈNE. — Je ne sais pas, Dorante, je fais encore ici une étrange démarche, de me laisser amener par vous dans une maison où je ne connais personne.

DORANTE. — Quel lieu voulez-vous donc, Madame, que mon amour choisisse pour vous régaler, puisque, pour fuir l'éclat, vous ne voulez ni votre maison, ni la mienne ?

DORIMÈNE. — Mais vous ne dites pas que je m'engage insensiblement, chaque jour, à recevoir de trop grands témoignages de votre passion ? J'ai beau me défendre des choses, vous fatiguez ma résistance, et vous avez une civile opiniâtreté qui me fait venir doucement à tout ce qu'il vous plaît. Les visites fréquentes ont commencé; les déclarations sont venues ensuite, qui après elles ont traîné les sérénades et les cadeaux, que les présents ont suivis. Je me suis opposée à tout cela, mais vous ne vous rebutez point, et, pied à pied, vous gagnez mes résolutions. Pour moi, je ne puis plus répondre de rien, et je crois qu'à la fin vous me ferez venir au mariage, dont je me suis tant éloignée.

DORANTE. — Ma foi! Madame, vous y devriez déjà être. Vous êtes veuve, et ne dépendez que de vous. Je suis maître de moi, et vous aime plus que ma vie. A quoi tient-il que dès aujourd'hui vous ne fassiez tout mon bonheur?

DORIMÈNE. — Mon Dieu! Dorante, il faut des deux parts bien des qualités pour vivre heureusement ensemble; et les deux plus raisonnables personnes du monde ont souvent peine à composer une union dont ils soient satisfaits.

DORANTE. — Vous vous moquez, Madame, de vous y figurer tant de difficultés; et l'expérience que vous avez faite ne conclut rien pour tous les autres.

DORIMÈNE. — Enfin j'en reviens toujours là : les dépenses que je vous vois faire pour moi m'inquiètent par deux raisons : l'une, qu'elles m'engagent plus que je ne voudrais; et l'autre, que je suis sûre, sans vous déplaire, que vous ne les faites point que vous ne vous incommodiez; et je ne veux point cela.

DORANTE. — Ah! Madame, ce sont des bagatelles; et ce n'est pas par là...

DORIMÈNE. — Je sais ce que je dis; et, entre autres, le diamant que vous m'avez forcée à prendre est d'un prix...

DORANTE. — Eh! Madame, de grâce, ne faites point tant valoir une chose que mon amour trouve indigne de vous; et souffrez... Voici le maître du logis.

SCÈNE XVI

MONSIEUR JOURDAIN, DORIMÈNE, DORANTE, LAQUAIS

MONSIEUR JOURDAIN, *après avoir fait deux révérences, se trouvant trop près de Dorimène.* — Un peu plus loin, Madame.

DORIMÈNE. — Comment ?

MONSIEUR JOURDAIN. — Un pas, s'il vous plaît.

DORIMÈNE. — Quoi donc ?

MONSIEUR JOURDAIN. — Reculez un peu, pour la troisième.

DORANTE. — Madame, Monsieur Jourdain sait son monde.

MONSIEUR JOURDAIN. — Madame, ce m'est une gloire bien grande de me voir assez fortuné pour être si heureux que d'avoir le bonheur que vous ayez eu la bonté de m'accorder la grâce de me faire l'honneur de m'honorer de la faveur de votre présence; et si j'avais aussi le mérite pour mériter un mérite comme le vôtre, et que le Ciel... envieux de mon bien... m'eût accordé... l'avantage de me voir digne... des...

DORANTE. — Monsieur Jourdain, en voilà assez : Madame n'aime pas les grands compliments, et elle sait que vous êtes homme d'esprit. *(Bas, à Dorimène.)* C'est un bon bourgeois assez ridicule, comme vous voyez, dans toutes ses manières.

DORIMÈNE. — Il n'est pas malaisé de s'en apercevoir.

DORANTE. — Madame, voilà le meilleur de mes amis.

MONSIEUR JOURDAIN. — C'est trop d'honneur que vous me faites.

DORANTE. — Galant homme tout à fait.

DORIMÈNE. — J'ai beaucoup d'estime pour lui.

MONSIEUR JOURDAIN. — Je n'ai rien fait encore, Madame, pour mériter cette grâce.

DORANTE, *bas, à M. Jourdain.* — Prenez bien garde au moins à ne lui point parler du diamant que vous lui avez donné.

MONSIEUR JOURDAIN. — Ne pourrais-je pas seulement lui demander comment elle le trouve ?

DORANTE. — Comment ? gardez-vous-en bien : cela serait vilain à vous; et pour agir en galant homme, il faut que vous fassiez comme si ce n'était pas vous qui lui eussiez fait ce présent. Monsieur Jourdain, Madame, dit qu'il est ravi de vous voir chez lui.

DORIMÈNE. — Il m'honore beaucoup.

MONSIEUR JOURDAIN. — Que je vous suis obligé, Monsieur, de lui parler ainsi pour moi !

DORANTE. — J'ai eu une peine effroyable à la faire venir ici.

MONSIEUR JOURDAIN. — Je ne sais quelles grâces vous en rendre.

DORANTE. — Il dit, Madame, qu'il vous trouve la plus belle personne du monde.

DORIMÈNE. — C'est bien de la grâce qu'il me fait.

MONSIEUR JOURDAIN. — Madame, c'est vous qui faites les grâces; et...

DORANTE. — Songeons à manger.

LAQUAIS. — Tout est prêt, Monsieur.

DORANTE. — Allons donc nous mettre à table, et qu'on fasse venir les musiciens.

> *Six cuisiniers, qui ont préparé le festin, dansent ensemble, et font le troisième inter-mède; après quoi, ils apportent une table couverte de plusieurs mets.*

ACTE IV

SCÈNE I

DORIMÈNE, DORANTE, MONSIEUR JOURDAIN, DEUX MUSICIENS, UNE MUSICIENNE, LAQUAIS

DORIMÈNE. — Comment, Dorante ? voilà un repas tout à fait magnifique !

MONSIEUR JOURDAIN. — Vous vous moquez, Madame, et je voudrais qu'il fût plus digne de vous être offert.

> *Tous se mettent à table.*

DORANTE. — Monsieur Jourdain a raison, Madame, de parler de la sorte, et il m'oblige de vous faire si bien les honneurs de chez lui. Je demeure d'accord avec lui que le repas n'est pas digne de vous. Comme c'est moi qui l'ai ordonné, et que je n'ai pas sur cette matière les lumières de nos amis, vous n'avez pas ici un repas fort savant, et vous y trouverez des incongruités de bonne chère et des barbarismes de bon goût. Si Damis s'en était mêlé, tout serait dans les règles; il y aurait partout de l'élégance et de l'érudition, et il ne manquerait pas de vous exagérer lui-même toutes les pièces du repas qu'il vous donnerait, et de vous faire tomber d'accord de sa haute capacité dans la science des bons morceaux, de vous parler d'un pain de rive, à biseau doré, relevé de croûte partout, croquant tendrement sous la dent; d'un vin à sève veloutée, armé d'un vert qui n'est point trop commandant; d'un carré de mouton gourmandé de persil; d'une longe de veau de rivière, longue comme cela, blanche, délicate, et qui sous les dents est une vraie pâte d'amande; de perdrix relevées d'un fumet surprenant; et pour son opéra, d'une soupe à bouillon perlé, soutenue d'un jeune gros dindon cantonné de pigeonneaux, et couronnée d'oignons blancs, mariés avec la chicorée. Mais pour moi, je vous avoue mon **ignorance**; et comme Monsieur Jourdain a fort bien dit, je voudrais que le repas fût plus digne de vous être offert.

Dorimène. — Je ne réponds à ce compliment, qu'en mangeant comme je fais.

Monsieur Jourdain. — Ah! que voilà de belles mains!

Dorimène. — Les mains sont médiocres, Monsieur Jourdain; mais vous voulez parler du diamant, qui est fort beau.

Monsieur Jourdain. — Moi, Madame! Dieu me garde d'en vouloir parler; ce ne serait pas agir en galant homme, et le diamant est fort peu de chose.

Dorimène. — Vous êtes bien dégoûté.

Monsieur Jourdain. — Vous avez trop de bonté...

Dorante. — Allons, qu'on donne du vin à Monsieur Jourdain, et à ces Messieurs, qui nous feront la grâce de nous chanter un air à boire.

Dorimène. — C'est merveilleusement assaisonner la bonne chère, que d'y mêler la musique, et je me vois ici admirablement régalée.

Monsieur Jourdain. — Madame, ce n'est pas...

Dorante. — Monsieur Jourdain, prêtons silence à ces Messieurs; ce qu'ils nous diront vaudra mieux que tout ce que nous pourrions dire.

> *Les Musiciens et la Musicienne prennent des verres, chantent deux chansons à boire, et sont soutenus de toute la symphonie.*

PREMIÈRE CHANSON A BOIRE

Un petit doigt, Philis, pour commencer le tour.
Ah! qu'un verre en vos mains a d'agréables charmes!
Vous et le vin, vous vous prêtez des armes,
Et je sens pour tous deux redoubler mon amour :
Entre lui, vous et moi, jurons, jurons, ma belle,
Une ardeur éternelle.

> *Qu'en mouillant votre bouche il en reçoit d'attraits,*
> *Et que l'on voit par lui votre bouche embellie!*
> *Ah! l'un de l'autre ils me donnent envie,*
> *Et de vous et de lui je m'enivre à longs traits :*
> *Entre lui, vous et moi, jurons, jurons, ma belle,*
> *Une ardeur éternelle.*

SECONDE CHANSON A BOIRE

> *Buvons, chers amis, buvons :*
> *Le temps qui fuit nous y convie;*
> *Profitons de la vie*
> *Autant que nous pouvons.*
> *Quand on a passé l'onde noire,*
> *Adieu le bon vin, nos amours;*
> *Dépêchons-nous de boire,*
> *On ne boit pas toujours.*

> *Laissons raisonner les sots*
> *Sur le vrai bonheur de la vie;*
> *Notre philosophie*
> *Le met parmi les pots.*
> *Les biens, le savoir et la gloire*
> *N'ôtent point les soucis fâcheux,*
> *Et ce n'est qu'à bien boire*
> *Que l'on peut être heureux.*
> *Sus, sus, du vin partout, versez, garçons, versez,*
> *Versez, versez toujours, tant qu'on vous dise assez.*

DORIMÈNE. — Je ne crois pas qu'on puisse mieux chanter, et cela est tout à fait beau.

MONSIEUR JOURDAIN. — Je vois encore ici, Madame, quelque chose de plus beau.

DORIMÈNE. — Ouais! Monsieur Jourdain est galant plus que je ne pensais.

DORANTE. — Comment, Madame ? pour qui prenez-vous Monsieur Jourdain ?

MONSIEUR JOURDAIN. — Je voudrais bien qu'elle me prît pour ce que je dirais.

DORIMÈNE. — Encore!

DORANTE. — Vous ne le connaissez pas.

MONSIEUR JOURDAIN. — Elle me connaîtra quand il lui plaira.

DORIMÈNE. — Oh! je le quitte.

DORANTE. — Il est homme qui a toujours la riposte en

main. Mais vous ne voyez pas que Monsieur Jourdain,
Madame, mange tous les morceaux que vous touchez.

DORIMÈNE. — Monsieur Jourdain est un homme qui
me ravit.

MONSIEUR JOURDAIN. — Si je pouvais ravir votre cœur,
je serais...

SCÈNE II

MADAME JOURDAIN, MONSIEUR JOURDAIN, DORIMÈNE, DORANTE, MUSICIENS, MUSICIENNE, LAQUAIS

MADAME JOURDAIN. — Ah! ah! je trouve ici bonne compagnie, et je vois bien qu'on ne m'y attendait pas. C'est
donc pour cette belle affaire-ci, Monsieur mon mari, que
vous avez eu tant d'empressement à m'envoyer dîner chez
ma sœur ? Je viens de voir un théâtre là-bas, et je vois ici
un banquet à faire noces. Voilà comme vous dépensez
votre bien, et c'est ainsi que vous festinez les dames en
mon absence, et que vous leur donnez la musique et la
comédie, tandis que vous m'envoyez promener ?

DORANTE. — Que voulez-vous dire, Madame Jourdain ?
et quelles fantaisies sont les vôtres, de vous aller mettre
en tête que votre mari dépense son bien, et que c'est lui
qui donne ce régal à Madame ? Apprenez que c'est moi,
je vous prie; qu'il ne fait seulement que me prêter sa
maison, et que vous devriez un peu mieux regarder aux
choses que vous dites.

MONSIEUR JOURDAIN. — Oui, impertinente, c'est Monsieur le Comte qui donne tout ceci à Madame, qui est
une personne de qualité. Il me fait l'honneur de prendre
ma maison, et de vouloir que je sois avec lui.

MADAME JOURDAIN. — Ce sont des chansons que cela :
je sais ce que je sais.

DORANTE. — Prenez, Madame Jourdain, prenez de
meilleures lunettes.

MADAME JOURDAIN. — Je n'ai que faire de lunettes,
Monsieur, et je vois assez clair; il y a longtemps que je
sens les choses, et je ne suis pas une bête. Cela est fort
vilain à vous, pour un grand seigneur, de prêter la main
comme vous faites aux sottises de mon mari. Et vous,
Madame, pour une grande dame, cela n'est ni beau ni
honnête à vous, de mettre la dissension dans un ménage,
et de souffrir que mon mari soit amoureux de vous.

Dorimène. — Que veut donc dire tout ceci ? Allez, Dorante, vous vous moquez, de m'exposer aux sottes visions de cette extravagante.

Dorante. — Madame, holà ! Madame, où courez-vous ?

Monsieur Jourdain. — Madame ! Monsieur le Comte, faites-lui excuses, et tâchez de la ramener... Ah ! impertinente que vous êtes ! voilà de vos beaux faits ; vous me venez faire des affronts devant tout le monde, et vous chassez de chez moi des personnes de qualité.

Madame Jourdain. — Je me moque de leur qualité.

Monsieur Jourdain. — Je ne sais qui me tient, maudite, que je ne vous fende la tête avec les pièces du repas que vous êtes venue troubler.

On ôte la table.

Madame Jourdain, *sortant*. — Je me moque de cela. Ce sont mes droits que je défends, et j'aurai pour moi toutes les femmes.

Monsieur Jourdain. — Vous faites bien d'éviter ma colère. Elle est arrivée là bien malheureusement. J'étais en humeur de dire de jolies choses, et jamais je ne m'étais senti tant d'esprit. Qu'est-ce que c'est que cela ?

SCÈNE III

COVIELLE, *déguisé*, MONSIEUR JOURDAIN,
Laquais

Covielle. — Monsieur, je ne sais pas si j'ai l'honneur d'être connu de vous.

Monsieur Jourdain. — Non, Monsieur.

Covielle. — Je vous ai vu que vous n'étiez pas plus grand que cela.

Monsieur Jourdain. — Moi !

Covielle. — Oui, vous étiez le plus bel enfant du monde, et toutes les dames vous prenaient dans leurs bras pour vous baiser.

Monsieur Jourdain. — Pour me baiser !

Covielle. — Oui. J'étais grand ami de feu Monsieur votre père.

Monsieur Jourdain. — De feu Monsieur mon père !

Covielle. — Oui. C'était un fort honnête gentilhomme.

Monsieur Jourdain. — Comment dites-vous ?

COVIELLE. — Je dis que c'était un fort honnête gentil-homme.

MONSIEUR JOURDAIN. — Mon père!

COVIELLE. — Oui.

MONSIEUR JOURDAIN. — Vous l'avez fort connu ?

COVIELLE. — Assurément.

MONSIEUR JOURDAIN. — Et vous l'avez connu pour gentilhomme ?

COVIELLE. — Sans doute.

MONSIEUR JOURDAIN. — Je ne sais donc pas comment le monde est fait.

COVIELLE. — Comment ?

MONSIEUR JOURDAIN. — Il y a de sottes gens qui me veulent dire qu'il a été marchand.

COVIELLE. — Lui marchand! C'est pure médisance, il ne l'a jamais été. Tout ce qu'il faisait, c'est qu'il était fort obligeant, fort officieux; et comme il se connaissait fort bien en étoffes, il en allait choisir de tous les côtés, les faisait apporter chez lui, et en donnait à ses amis pour de l'argent.

MONSIEUR JOURDAIN. — Je suis ravi de vous connaître, afin que vous rendiez ce témoignage-là, que mon père était gentilhomme.

COVIELLE. — Je le soutiendrai devant tout le monde.

MONSIEUR JOURDAIN. — Vous m'obligerez. Quel sujet vous amène ?

COVIELLE. — Depuis avoir connu feu Monsieur votre père, honnête gentilhomme, comme je vous ai dit, j'ai voyagé par tout le monde.

MONSIEUR JOURDAIN. — Par tout le monde!

COVIELLE. — Oui.

MONSIEUR JOURDAIN. — Je pense qu'il y a bien loin en ce pays-là.

COVIELLE. — Assurément. Je ne suis revenu de tous mes longs voyages que depuis quatre jours; et par l'intérêt que je prends à tout ce qui vous touche, je viens vous annoncer la meilleure nouvelle du monde.

MONSIEUR JOURDAIN. — Quelle ?

COVIELLE. — Vous savez que le fils du Grand Turc est ici ?

MONSIEUR JOURDAIN. — Moi ? Non.

COVIELLE. — Comment ? il a un train tout à fait magnifique; tout le monde le va voir, et il a été reçu en ce pays comme un seigneur d'importance.

MONSIEUR JOURDAIN. — Par ma foi! je ne savais pas cela

COVIELLE. — Ce qu'il y a d'avantageux pour vous, c'est qu'il est amoureux de votre fille.

MONSIEUR JOURDAIN. — Le fils du Grand Turc ?

COVIELLE. — Oui; et il veut être votre gendre.

MONSIEUR JOURDAIN. — Mon gendre, le fils du Grand Turc!

COVIELLE. — Le fils du grand Turc, votre gendre. Comme je le fus voir, et que j'entends parfaitement sa langue, il s'entretint avec moi; et, après quelques autres discours, il me dit : *Acciam croc soler ouch alla moustaph gidelum amanahem varahini oussere carbulath*, c'est-à-dire : « N'as-tu point vu une jeune belle personne, qui est la fille de Monsieur Jourdain, gentilhomme parisien ? »

MONSIEUR JOURDAIN. — Le fils du Grand Turc dit cela de moi ?

COVIELLE. — Oui. Comme je lui eus répondu que je vous connaissais particulièrement, et que j'avais vu votre fille : « Ah! me dit-il, *marababa sahem* », c'est-à-dire « Ah! que je suis amoureux d'elle! »

MONSIEUR JOURDAIN. — *Marababa sahem* veut dire « Ah! que je suis amoureux d'elle » ?

COVIELLE. — Oui.

MONSIEUR JOURDAIN. — Par ma foi! vous faites bien de me le dire, car pour moi je n'aurais jamais cru que *marababa sahem* eût voulu dire : « Ah! que je suis amoureux d'elle! » Voilà une langue admirable que ce turc!

COVIELLE. — Plus admirable qu'on ne peut croire. Savez-vous bien ce que veut dire *cacaracamouchen ?*

MONSIEUR JOURDAIN. — *Cacaracamouchen ?* Non.

COVIELLE. — C'est-à-dire « Ma chère âme ».

MONSIEUR JOURDAIN. — *Cacaracamouchen* veut dire : « Ma chère âme » ?

COVIELLE. — Oui.

MONSIEUR JOURDAIN. — Voilà qui est merveilleux! *Cacaracamouchen*, « Ma chère âme ». Dirait-on jamais cela ? Voilà qui me confond.

COVIELLE. — Enfin, pour achever mon ambassade, il vient vous demander votre fille en mariage; et pour avoir un beau-père qui soit digne de lui, il veut vous faire *Mamamouchi*, qui est une certaine grande dignité de son pays.

MONSIEUR JOURDAIN. — *Mamamouchi ?*

COVIELLE. — Oui, *Mamamouchi;* c'est-à-dire, en notre langue, Paladin. Paladin, ce sont de ces anciens... Paladin enfin. Il n'y a rien de plus noble que cela dans le monde, et vous irez de pair avec les plus grands seigneurs de la terre.

MONSIEUR JOURDAIN. — Le fils du Grand Turc m'honore beaucoup, et je vous prie de me mener chez lui pour lui en faire mes remerciements.

COVIELLE. — Comment ? le voilà qui va venir ici.

MONSIEUR JOURDAIN. — Il va venir ici ?

COVIELLE. — Oui; et il amène toutes choses pour la cérémonie de votre dignité.

MONSIEUR JOURDAIN. — Voilà qui est bien prompt.

COVIELLE. — Son amour ne peut souffrir aucun retardement.

MONSIEUR JOURDAIN. — Tout ce qui m'embarrasse ici, c'est que ma fille est une opiniâtre, qui s'est allée mettre dans la tête un certain Cléonte, et elle jure de n'épouser personne que celui-là.

COVIELLE. — Elle changera de sentiment quand elle verra le fils du Grand Turc; et puis il se rencontre ici une aventure merveilleuse, c'est que le fils du Grand Turc ressemble à ce Cléonte, à peu de chose près. Je viens de le voir, on me l'a montré; et l'amour qu'elle a pour l'un pourra passer aisément à l'autre, et... Je l'entends venir; le voilà.

SCÈNE IV

CLÉONTE, *en Turc, avec trois pages portant sa veste;*
MONSIEUR JOURDAIN, COVIELLE, *déguisé*

CLÉONTE. — *Ambousahim oqui boraf, Jordina, salamalequi.*

COVIELLE. — C'est-à-dire : « Monsieur Jourdain, votre cœur soit toute l'année comme un rosier fleuri! » Ce sont façons de parler obligeantes de ces pays-là.

MONSIEUR JOURDAIN. — Je suis très humble serviteur de Son Altesse Turque.

COVIELLE. — *Carigar camboto oustin moraf.*

CLÉONTE. — *Oustin yoc catamalequi basum base alla moran.*

COVIELLE. — Il dit : « Que le Ciel vous donne la force des lions et la prudence des serpents! »

MONSIEUR JOURDAIN. — Son Altesse Turque m'honore trop, et je lui souhaite toutes sortes de prospérités.

COVIELLE. — *Ossa binamen sadoc babally oracaf ouram.*

CLÉONTE. — *Bel-men.*

COVIELLE. — Il dit que vous alliez vite avec lui vous préparer pour la cérémonie, afin de voir ensuite votre fille, et de conclure le mariage.

MONSIEUR JOURDAIN. — Tant de choses en deux mots ?

COVIELLE. — Oui, la langue turque est comme cela, elle dit beaucoup en peu de paroles. Allez vite où il souhaite.

SCÈNE V

DORANTE, COVIELLE

COVIELLE. — Ha, ha, ha. Ma foi! cela est tout à fait drôle. Quelle dupe! Quand il aurait appris son rôle par cœur, il ne pourrait pas le mieux jouer. Ah! ah! Je vous prie, Monsieur, de nous vouloir aider céans, dans une affaire qui s'y passe.

DORANTE. — Ah, ah, Covielle, qui t'aurait reconnu? Comme te voilà ajusté!

COVIELLE. — Vous voyez. Ah, ah!

DORANTE. — De quoi ris-tu?

COVIELLE. — D'une chose, Monsieur, qui le mérite bien.

DORANTE. — Comment?

COVIELLE. — Je vous le donnerais en bien des fois, Monsieur, à deviner le stratagème dont nous nous servons auprès de Monsieur Jourdain, pour porter son esprit à donner sa fille à mon maître.

DORANTE. — Je ne devine point le stratagème; mais je devine qu'il ne manquera pas de faire son effet, puisque tu l'entreprends.

COVIELLE. — Je sais, Monsieur, que la bête vous est connue.

DORANTE. — Apprends-moi ce que c'est.

COVIELLE. — Prenez la peine de vous tirer un peu plus loin, pour faire place à ce que j'aperçois venir. Vous pourrez voir une partie de l'histoire, tandis que je vous conterai le reste.

La cérémonie turque pour ennoblir le Bourgeois se fait en danse et en musique, et compose le quatrième intermède.

Le Mufti, quatre Dervis, six Turcs dansants, six Turcs musiciens, et autres joueurs d'instruments à la turque, sont les acteurs de cette cérémonie.

Le Mufti invoque Mahomet avec les douze Turcs et les quatre Dervis ; après on lui amène le Bourgeois, vêtu à la turque, sans turban et sans sabre, auquel il chante ces paroles :

LE MUFTI

Se ti sabir,
Ti respondir ;
Se non sabir,
Tazir, tazir.
Mi star Mufti :
Ti qui star ti ?
Non intendir :
Tazir, tazir.

Le Mufti demande, en même langue, aux Turcs assistants de quelle religion est le Bourgeois, et ils l'assurent qu'il est mahométan. Le Mufti invoque Mahomet en langue franque, et chante les paroles qui suivent :

LE MUFTI

Mahametta per Giourdina
Mi pregar sera é mattina :
Voler far un Paladina
Dé Giourdina, dé Giourdina.
Dar turbanta, é dar scarcina,
Con galera é brigantina,
Per deffender Palestina,
Mahametta, etc.

Le Mufti demande aux Turcs si le Bourgeois sera ferme dans la religion mahométane, et leur chante ces paroles :

LE MUFTI

Star bon Turca Giourdina ?

LES TURCS

Hi valla.

LE MUFTI *danse et chante ces mots :*
Hu la ba ba la chou ba la ba ba la da.

Les Turcs répondent les mêmes vers.
Le Mufti propose de donner le turban au Bourgeois, et chante les paroles qui suivent :

LE MUFTI

Ti non star furba ?

LES TURCS

No, no, no.

LE MUFTI

Non star furfanta?

LES TURCS

No, no, no.

LE MUFTI

Donar turbanta, donar turbanta.

> *Les Turcs répètent tout ce qu'a dit le Mufti pour donner le turban au Bourgeois. Le Mufti et les Dervis se coiffent avec des turbans de cérémonie, et l'on présente au Mufti l'Alcoran, qui fait une seconde invocation avec tout le reste des Turcs assistants; après son invocation, il donne au Bourgeois l'épée et chante ces paroles :*

LE MUFTI

Ti star nobilé, é non star fabbola.
Pigliar schiabbola.

> *Les Turcs répètent les mêmes vers, mettant tous le sabre à la main, et six d'entre eux dansent autour du Bourgeois, auquel ils feignent de donner plusieurs coups de sabre.*
> *Le Mufti commande aux Turcs de bâtonner le Bourgeois, et chante les paroles qui suivent :*

LE MUFTI

Dara, dara,
Bastonnara, bastonnara.

> *Les Turcs répètent les mêmes vers, et lui donnent plusieurs coups de bâton en cadence.*
> *Le Mufti, après l'avoir fait bâtonner, lui dit en chantant :*

LE MUFTI

Non tener honta :
Questa star ultima affronta.

> *Les Turcs répètent les mêmes vers.*
> *Le Mufti recommence une invocation et se retire après la cérémonie avec tous les Turcs, en dansant et chantant avec plusieurs instruments à la turquesque.*

ACTE V

SCÈNE I

MADAME JOURDAIN, MONSIEUR JOURDAIN

MADAME JOURDAIN. — Ah! mon Dieu! miséricorde! Qu'est-ce que c'est donc que cela ? Quelle figure! Est-ce un momon que vous allez porter; et est-il temps d'aller en masque ? Parlez donc, qu'est-ce que c'est que ceci ? Qui vous a fagoté comme cela ?

MONSIEUR JOURDAIN. — Voyez l'impertinente, de parler de la sorte à un *Mamamouchi!*

MADAME JOURDAIN. — Comment donc ?

MONSIEUR JOURDAIN. — Oui, il me faut porter du respect maintenant, et l'on vient de me faire *Mamamouchi.*

MADAME JOURDAIN. — Que voulez-vous dire avec votre *Mamamouchi?*

MONSIEUR JOURDAIN. — *Mamamouchi*, vous-dis-je. Je suis *Mamamouchi.*

MADAME JOURDAIN. — Quelle bête est-ce là ?

MONSIEUR JOURDAIN. — *Mamamouchi*, c'est-à-dire, en notre langue, Paladin.

MADAME JOURDAIN. — Baladin! Êtes-vous en âge de danser des ballets ?

MONSIEUR JOURDAIN. — Quelle ignorante! Je dis Paladin : c'est une dignité dont on vient de me faire la cérémonie.

MADAME JOURDAIN. — Quelle cérémonie donc ?

MONSIEUR JOURDAIN. — *Mahameta per Jordina.*

MADAME JOURDAIN. — Qu'est-ce que cela veut dire ?

MONSIEUR JOURDAIN. — *Jordina*, c'est-à-dire Jourdain.

MADAME JOURDAIN. — Hé bien! quoi, Jourdain ?

MONSIEUR JOURDAIN. — *Voler far un Paladina de jordina.*

MADAME JOURDAIN. — Comment ?

MONSIEUR JOURDAIN. — *Dar turbanta con galera.*

MADAME JOURDAIN. — Qu'est-ce à dire cela ?

MONSIEUR JOURDAIN. — *Per deffender Palestina.*

MADAME JOURDAIN. — Que voulez-vous donc dire ?

Monsieur Jourdain. — *Dara dara bastonnara.*

Madame Jourdain. — Qu'est-ce donc que ce jargon-là ?

Monsieur Jourdain. — *Non tener honta : questa star l'ultima affronta.*

Madame Jourdain. — Qu'est-ce que c'est donc que tout cela ?

Monsieur Jourdain *danse et chante.* — Hou la ba ba la chou ba la ba ba la da.

Madame Jourdain. — Hélas ! mon Dieu ! mon mari est devenu fou.

Monsieur Jourdain, *sortant.* — Paix ! insolente, portez respect à Monsieur le *Mamamouchi.*

Madame Jourdain. — Où est-ce qu'il a donc perdu l'esprit ? Courons l'empêcher de sortir. Ah ! ah ! voici justement le reste de notre écu. Je ne vois que chagrin de tous les côtés.

Elle sort.

SCÈNE II

DORANTE, DORIMÈNE

Dorante. — Oui, Madame, vous verrez la plus plaisante chose qu'on puisse voir ; et je ne crois pas que dans tout le monde il soit possible de trouver encore un homme aussi fou que celui-là. Et puis, Madame, il faut tâcher de servir l'amour de Cléonte, et d'appuyer toute sa mascarade : c'est un fort galant homme et qui mérite que l'on s'intéresse pour lui.

Dorimène. — J'en fais beaucoup de cas, et il est digne d'une bonne fortune.

Dorante. — Outre cela, nous avons ici, Madame, un ballet qui nous revient, que nous ne devons pas laisser perdre, et il faut bien voir si mon idée pourra réussir.

Dorimène. — J'ai vu là des apprêts magnifiques, et ce sont des choses, Dorante, que je ne puis plus souffrir. Oui, je veux enfin vous empêcher vos profusions ; et, pour rompre le cours à toutes les dépenses que je vous vois faire pour moi, j'ai résolu de me marier promptement avec vous : c'en est le vrai secret, et toutes ces choses finissent avec le mariage.

Dorante. — Ah ! Madame, est-il possible que vous ayez pu prendre pour moi une si douce résolution ?

Dorimène. — Ce n'est que pour vous empêcher de vous

ruiner; et, sans cela, je vois bien qu'avant qu'il fût peu,
vous n'auriez pas un sou.

DORANTE. — Que j'ai d'obligation, Madame, aux soins
que vous avez de conserver mon bien! Il est entièrement
à vous, aussi bien que mon cœur, et vous en userez de la
façon qu'il vous plaira.

DORIMÈNE. — J'userai bien de tous les deux. Mais voici
votre homme; la figure en est admirable.

SCÈNE III

MONSIEUR JOURDAIN, DORANTE, DORIMÈNE

DORANTE. — Monsieur, nous venons rendre hommage,
Madame et moi, à votre nouvelle dignité, et nous réjouir
avec vous du mariage que vous faites de votre fille avec le
fils du Grand Turc.

MONSIEUR JOURDAIN, *après avoir fait les révérences à la
turque.* — Monsieur, je vous souhaite la force des serpents
et la prudence des lions.

DORIMÈNE. — J'ai été bien aise d'être des premières,
Monsieur, à venir vous féliciter du haut degré de gloire où
vous êtes monté.

MONSIEUR JOURDAIN. — Madame, je vous souhaite
toute l'année votre rosier fleuri; je vous suis infiniment
obligé de prendre part aux honneurs qui m'arrivent, et
j'ai beaucoup de joie de vous voir revenue ici pour vous
faire les très humbles excuses de l'extravagance de ma
femme.

DORIMÈNE. — Cela n'est rien, j'excuse en elle un pareil
mouvement; votre cœur lui doit être précieux, et il n'est
pas étrange que la possession d'un homme comme vous
puisse inspirer quelques alarmes.

MONSIEUR JOURDAIN. — La possession de mon cœur est
une chose qui vous est toute acquise.

DORANTE. — Vous voyez, Madame, que Monsieur
Jourdain n'est pas de ces gens que les prospérités aveuglent,
et qu'il sait, dans sa gloire, connaître encore ses amis.

DORIMÈNE. — C'est la marque d'une âme tout à fait
généreuse.

DORANTE. — Où est donc Son Altesse Turque? Nous
voudrions bien, comme vos amis, lui rendre nos devoirs.

MONSIEUR JOURDAIN. — Le voilà qui vient, et j'ai envoyé
quérir ma fille pour lui donner la main.

SCÈNE IV

CLÉONTE, COVIELLE, MONSIEUR JOURDAIN, etc.

DORANTE. — Monsieur, nous venons faire la révérence à Votre Altesse, comme amis de Monsieur votre beau-père, et l'assurer avec respect de nos très humbles services.

MONSIEUR JOURDAIN. — Où est le truchement, pour lui dire qui vous êtes, et lui faire entendre ce que vous dites ! Vous verrez qu'il vous répondra, et il parle turc à merveille. Holà ! où diantre est-il allé ? *(A Cléonte.)* *Strouf, strif, strof, straf.* Monsieur est un *grande Segnore, grande Segnore, grande Segnore;* et Madame une *granda Dama, granda Dama. Ahi*, lui, Monsieur, lui *Mamamouchi* français, et Madame *Mamamouchie* française; je ne puis pas parler plus clairement. Bon, voici l'interprète. Où allez-vous donc ? nous ne saurions rien dire sans vous. Dites-lui un peu que Monsieur et Madame sont des personnes de grande qualité, qui lui viennent faire la révérence, comme mes amis, et l'assurer de leurs services. Vous allez voir comme il va répondre.

COVIELLE. — *Alabala crociam acci boram alabamen.*

CLÉONTE. — *Catalequi tubal ourin soter amalouchan.*

MONSIEUR JOURDAIN. — Voyez-vous ?

COVIELLE. — Il dit que la pluie des prospérités arrose en tout temps le jardin de votre famille !

MONSIEUR JOURDAIN. — Je vous l'avais bien dit, qu'il parle turc.

DORANTE. — Cela est admirable.

SCÈNE V

LUCILE, MONSIEUR JOURDAIN,
DORANTE, DORIMÈNE, etc.

MONSIEUR JOURDAIN. — Venez, ma fille, approchez-vous, et venez donner votre main à Monsieur, qui vous fait l'honneur de vous demander en mariage.

LUCILE. — Comment, mon père, comme vous voilà fait ! est-ce une comédie que vous jouez ?

MONSIEUR JOURDAIN. — Non, non, ce n'est pas une

comédie, c'est une affaire fort sérieuse, et la plus pleine d'honneur pour vous qui se peut souhaiter. Voilà le mari que je vous donne.

LUCILE. — A moi, mon père !

MONSIEUR JOURDAIN. — Oui, à vous : allons, touchez-lui dans la main, et rendez grâce au Ciel de votre bonheur.

LUCILE. — Je ne veux point me marier.

MONSIEUR JOURDAIN. — Je le veux, moi qui suis votre père.

LUCILE. — Je n'en ferai rien.

MONSIEUR JOURDAIN. — Ah ! que de bruit ! Allons, vous dis-je. Çà, votre main.

LUCILE. — Non, mon père, je vous l'ai dit, il n'est point de pouvoir qui me puisse obliger de prendre un autre mari que Cléonte ; et je me résoudrai plutôt à toutes les extrémités, que de... *(Reconnaissant Cléonte.)* Il est vrai que vous êtes mon père, je vous dois entière obéissance, et c'est à vous à disposer de moi selon vos volontés.

MONSIEUR JOURDAIN. — Ah ! je suis ravi de vous voir si promptement revenue dans votre devoir, et voilà qui me plaît, d'avoir une fille obéissante.

SCÈNE DERNIÈRE

MADAME JOURDAIN,
MONSIEUR JOURDAIN, CLÉONTE, etc.

MADAME JOURDAIN. — Comment donc ? qu'est-ce que c'est que ceci ? On dit que vous voulez donner votre fille en mariage à un carême-prenant.

MONSIEUR JOURDAIN. — Voulez-vous vous taire, impertinente ? Vous venez toujours mêler vos extravagances à toutes choses, et il n'y a pas moyen de vous apprendre à être raisonnable.

MADAME JOURDAIN. — C'est vous qu'il n'y a pas moyen de rendre sage, et vous allez de folie en folie. Quel est votre dessein, et que voulez-vous faire avec cet assemblage ?

MONSIEUR JOURDAIN. — Je veux marier notre fille avec le fils du Grand Turc.

MADAME JOURDAIN. — Avec le fils du Grand Turc !

MONSIEUR JOURDAIN. — Oui, faites-lui faire vos compliments par le truchement que voilà.

MADAME JOURDAIN. — Je n'ai que faire du truchement,

et je lui dirai bien moi-même à son nez qu'il n'aura point ma fille.

MONSIEUR JOURDAIN. — Voulez-vous vous taire, encore une fois ?

DORANTE. — Comment, Madame Jourdain, vous vous opposez à un bonheur comme celui-là ? Vous refusez Son Altesse Turque pour gendre ?

MONSIEUR JOURDAIN. — Mon Dieu, Monsieur, mêlez-vous de vos affaires.

DORIMÈNE. — C'est une grande gloire, qui n'est pas à rejeter.

MADAME JOURDAIN. — Madame, je vous prie aussi de ne vous point embarrasser de ce qui ne vous touche pas.

DORANTE. — C'est l'amitié que nous avons pour vous qui nous fait intéresser dans vos avantages.

MADAME JOURDAIN. — Je me passerai bien de votre amitié.

DORANTE. — Voilà votre fille qui consent aux volontés de son père.

MADAME JOURDAIN. — Ma fille consent à épouser un Turc ?

DORANTE. — Sans doute.

MADAME JOURDAIN. — Elle peut oublier Cléonte ?

DORANTE. — Que ne fait-on pas pour être grande dame ?

MADAME JOURDAIN. — Je l'étranglerais de mes mains, si elle avait fait un coup comme celui-là.

MONSIEUR JOURDAIN. — Voilà bien du caquet. Je vous dis que ce mariage-là se fera.

MADAME JOURDAIN. — Je vous dis, moi, qu'il ne se fera point.

MONSIEUR JOURDAIN. — Ah! que de bruit!

LUCILE. — Ma mère.

MADAME JOURDAIN. — Allez, vous êtes une coquine.

MONSIEUR JOURDAIN. — Quoi ? vous la querellez de ce qu'elle m'obéit ?

MADAME JOURDAIN. — Oui : elle est à moi, aussi bien qu'à vous.

COVIELLE. — Madame.

MADAME JOURDAIN. — Que me voulez-vous conter, vous ?

COVIELLE. — Un mot.

MADAME JOURDAIN. — Je n'ai que faire de votre mot.

COVIELLE, à Monsieur Jourdain. — Monsieur, si elle veut écouter une parole en particulier, je vous promets de la faire consentir à ce que vous voulez.

MADAME JOURDAIN. — Je n'y consentirai point.

COVIELLE. — Écoutez-moi seulement.

MADAME JOURDAIN. — Non.

MONSIEUR JOURDAIN. — Écoutez-le.

MADAME JOURDAIN. — Non, je ne veux pas écouter.

MONSIEUR JOURDAIN. — Il vous dira...

MADAME JOURDAIN. — Je ne veux point qu'il me dise rien.

MONSIEUR JOURDAIN. — Voilà une grande obstination de femme! Cela vous fera-t-il mal, de l'entendre ?

COVIELLE. — Ne faites que m'écouter; vous ferez après ce qu'il vous plaira.

MADAME JOURDAIN. — Hé bien! quoi ?

COVIELLE, *à part.* — Il y a une heure, Madame, que nous vous faisons signe. Ne voyez-vous pas bien que tout ceci n'est fait que pour nous ajuster aux visions de votre mari, que nous l'abusons sous ce déguisement, et que c'est Cléonte lui-même qui est le fils du Grand Turc ?

MADAME JOURDAIN. — Ah, ah.

COVIELLE. — Et moi Covielle qui suis le truchement ?

MADAME JOURDAIN. — Ah! comme cela, je me rends.

COVIELLE. — Ne faites pas semblant de rien.

MADAME JOURDAIN. — Oui, voilà qui est fait, je consens au mariage.

MONSIEUR JOURDAIN. — Ah! voilà tout le monde raisonnable. Vous ne vouliez pas l'écouter. Je savais bien qu'il vous expliquerait ce que c'est que le fils du Grand Turc.

MADAME JOURDAIN. — Il me l'a expliqué comme il faut, et j'en suis satisfaite. Envoyons quérir un notaire.

DORANTE. — C'est fort bien dit. Et afin, Madame Jourdain, que vous puissiez avoir l'esprit tout à fait content, et que vous perdiez aujourd'hui toute la jalousie que vous pourriez avoir conçue de Monsieur votre mari, c'est que nous nous servirons du même notaire pour nous marier, Madame et moi.

MADAME JOURDAIN. — Je consens aussi à cela.

MONSIEUR JOURDAIN. — C'est pour lui faire accroire.

DORANTE. — Il faut bien l'amuser avec cette feinte.

MONSIEUR JOURDAIN. — Bon, bon. Qu'on aille vite quérir le notaire.

DORANTE. — Tandis qu'il viendra, et qu'il dressera les contrats, voyons notre ballet, et donnons-en le divertissement à Son Altesse Turque.

MONSIEUR JOURDAIN. — C'est fort bien avisé : allons prendre nos places.

MADAME JOURDAIN. — Et Nicole ?

MONSIEUR JOURDAIN. — Je la donne au truchement ; et ma femme à qui la voudra.

COVIELLE. — Monsieur, je vous remercie. Si l'on en peut voir un plus fou, je l'irai dire à Rome.

> *La comédie finit par un petit ballet qui avait été préparé.*

BALLET DES NATIONS

PREMIÈRE ENTRÉE

> *Un homme vient donner les livres du ballet, qui d'abord est fatigué par une multitude de gens de provinces différentes, qui crient en musique pour en avoir, et par trois Importuns, qu'il trouve toujours sur ses pas.*

DIALOGUE DES GENS
QUI EN MUSIQUE DEMANDENT DES LIVRES

TOUS

A moi, Monsieur, à moi de grâce, à moi, Monsieur :
Un livre, s'il vous plaît, à votre serviteur.

HOMME DU BEL AIR

Monsieur, distinguez-nous parmi les gens qui crient.
Quelques livres ici, les dames vous en prient.

AUTRE HOMME DU BEL AIR

Holà ! Monsieur, Monsieur, ayez la charité
D'en jeter de notre côté.

FEMME DU BEL AIR

Mon Dieu ! qu'aux personnes bien faites
On sait peu rendre honneur céans.

AUTRE FEMME DU BEL AIR

Ils n'ont des livres et des bancs
Que pour Mesdames les grisettes.

GASCON

Aho ! l'homme aux libres, qu'on m'en vaille !
J'ai déjà lé poumon usé.
Bous boyez qué chacun mé raille ;
Et jé suis escandalisé
De boir és mains dé la canaille
Cé qui m'est par bous refusé.

AUTRE GASCON

Eh cadédis! Monseu, boyez qui l'on pût être :
Un libret, je bous prie, au varon d'Asbarat.
  Jé pense, mordy, qué lé fat
  N'a pas l'honneur dé mé connaître.

LE SUISSE

 Mon'-sieur le donneur de papieir,
 Que veul dir sti façon de fifre?
 Moy l'écorchair tout mon gosieir
   A crieir,
 Sans que je pouvre afoir ein lifre :
Pardy, mon foi! Mon'-sieur, je pense fous l'être ifre.

VIEUX BOURGEOIS BABILLARD

  De tout ceci, franc et net,
   Je suis mal satisfait;
  Et cela sans doute est laid,
   Que notre fille,
  Si bien faite et si gentille,
  De tant d'amoureux l'objet,
   N'ait pas à son souhait
   Un livre de ballet,
   Pour lire le sujet
  Du divertissement qu'on fait,
  Et que toute notre famille
   Si proprement s'habille,
  Pour être placée au sommet
   De la salle, où l'on met
   Les gens de Lantriguet :
  De tout ceci, franc et net,
   Je suis mal satisfait,
  Et cela sans doute est laid.

VIEILLE BOURGEOISE BABILLARDE

  Il est vrai que c'est une honte,
  Le sang au visage me monte,
Et ce jeteur de vers qui manque au capital
   L'entend fort mal;
   C'est un brutal,
   Un vrai cheval,
   Franc animal,
  De faire si peu de compte

> *D'une fille qui fait l'ornement principal*
> *Du quartier du Palais-Royal,*
> *Et que ces jours passés un comte*
> *Fut prendre la première au bal.*
>> *Il l'entend mal;*
>> *C'est un brutal,*
>> *Un vrai cheval,*
>> *Franc animal.*

HOMMES ET FEMMES DU BEL AIR

Ah! quel bruit!
>> *Quel fracas!*
>>> *Quel chaos!*
>>>> *Quel mélange!*

Quelle confusion!
>> *Quelle cohue étrange!*
>> *Quel désordre!*
>>> *Quel embarras!*
>> *On y sèche.*
>>> *L'on n'y tient pas.*

GASCON

Bentré! jé suis à vout.

AUTRE GASCON

J'enrage, Diou mé damne!

SUISSE

Ah que li faire saif dans sti sal de cians!

GASCON

Jé murs.

AUTRE GASCON

Jé perds la tramontane.

SUISSE

Mon foi! moi le foudrais être hors de dedans.

VIEUX BOURGEOIS BABILLARD

> *Allons, ma mie,*
> *Suivez mes pas,*
> *Je vous en prie,*
> *Et ne me quittez pas :*
> *On fait de nous trop peu de cas,*
> *Et je suis las*

De ce tracas :
Tout ce fracas,
Cet embarras
Me pèse par trop sur les bras.
S'il me prend jamais envie
De retourner de ma vie
A ballet ni comédie,
Je veux bien qu'on m'estropie.
Allons, ma mie,
Suivez mes pas,
Je vous en prie,
Et ne me quittez pas;
On fait de nous trop peu de cas.

VIEILLE BOURGEOISE BABILLARDE

Allons, mon mignon, mon fils,
Regagnons notre logis,
Et sortons de ce taudis,
Où l'on ne peut être assis :
Ils seront bien ébaubis
Quand ils nous verront partis.
Trop de confusion règne dans cette salle,
Et j'aimerais mieux être au milieu de la Halle.
Si jamais je reviens à semblable régale,
Je veux bien recevoir des soufflets plus de six.
Allons, mon mignon, mon fils,
Regagnons notre logis,
Et sortons de ce taudis,
Où l'on ne peut être assis.

TOUS

A moi, Monsieur, à moi de grâce, à moi, Monsieur :
Un livre, s'il vous plaît, à votre serviteur.

SECONDE ENTRÉE

Les trois Importuns dansent.

TROISIÈME ENTRÉE

TROIS ESPAGNOLS *chantent.*

Sé que me muero de amor,
Y solicito el dolor.

Aun muriendo de querer,
De tan buen ayre adolezco,
Que es mas de lo que padezco
Lo que quiero padecer,
Y no pudiendo exceder
A mi deseo el rigor.

Sé que me muero de amor,
Y solicito el dolor.

Lisonxeame la suerte
Con piedad tan advertida,
Que me assegura la vida
En el riesgo de la muerte.
Vivir de su golpe fuerte
Es de mi salud primor.

Sé que, etc.

Six Espagnols dansent.

TROIS MUSICIENS ESPAGNOLS

Ay! que locura, con tanto rigor
Quexarse de Amor,
Del niño bonito
Que todo es dulçura!
  Ay! que locura!
  Ay! que locura!

ESPAGNOL, *chantant.*

El dolor solicita
El que al dolor se da ;
Y nadie de amor muere,
Sino quien no save amar.

DEUX ESPAGNOLS

Dulce muerte es el amor
Con correspondencia ygual ;
Y si esta gozamos o,
Porque la quieres turbar ?

UN ESPAGNOL

Alegrese enamorado,
Y tome mi parecer ;
Que en esto de querer,
Todo es hallar el vado.

Tous Trois *ensemble.*

Vaya, vaya de fiestas!
  Vaya de vayle!
Alegria, alegria, alegria!
Que esto de dolor es fantasia.

QUATRIÈME ENTRÉE

ITALIENS

Une Musicienne italienne *fait le premier récit,*
dont voici les paroles :

> *Di rigori armata il seno,*
> *Contro amor mi ribellai;*
> *Ma fui vinta in un baleno*
> *In mirar duo vaghi rai;*
> *Ahi! che resiste puoco*
> *Cor di gelo a stral di fuoco!*

> *Ma si caro è'l mio tormento,*
> *Dolce è s' la piaga mia,*
> *Ch'il penare è'l mio contento,*
> *E'l sanarmi è tirannia.*
> *Ahi! che più giova e piace,*
> *Quanto amor è più vivace!*

> *Après l'air que la Musicienne a chanté,*
> *deux Scaramouches, deux Trivelins et un Arle-*
> *quin représentent une nuit à la manière des*
> *comédiens italiens, en cadence.*

> *Un Musicien italien se joint à la Musicienne*
> *italienne, et chante avec elle les paroles qui*
> *suivent :*

Le Musicien italien

Bel tempo che vola
Rapisce il contento;
D'Amor nella scola
Si coglie il momento.

La Musicienne

Insin che florida
  Ride l'età,
Che pur tropp' orrida
  Da noi sen và.

Tous Deux

Sù cantiamo,
Sù godiamo
Ne' bei dì di gioventù :
Perduto ben non si racquista più.

Musicien

Pupilla che vaga
Mill' alme incatena
Fà dolce la piaga,
Felice la pena.

Musicienne

Ma poiche frigida
Langue l'età,
Più l'alma rigida
Fiamme non ha.

Tous Deux

Sù cantiamo, etc.

> *Après le dialogue italien, les Scaramouches*
> *et Trivelins dansent une réjouissance.*

CINQUIÈME ENTRÉE

FRANÇOIS

PREMIER MENUET

Deux Musiciens poitevins *dansent et chantent*
les paroles qui suivent.

Ah! qu'il fait beau dans ces bocages!
Ah! que le Ciel donne un beau jour!

Autre Musicien

Le rossignol, sous ces tendres feuillages,
Chante aux échos son doux retour :

Ce beau séjour,
Ces doux ramages,
Ce beau séjour
Nous invite à l'amour.

SECOND MENUET

Tous Deux *ensemble.*

Vois, ma Climène,
Vois sous ce chêne
S'entre-baiser ces oiseaux amoureux;
Ils n'ont rien dans leurs vœux
Qui les gêne;
De leurs doux feux
Leur âme est pleine.
Qu'ils sont heureux!
Nous pouvons tous deux,
Si tu le veux,
Être comme eux.

> *Six autres Français viennent après, vêtus galamment à la poitevine, trois en hommes et trois en femmes, accompagnés de huit flûtes et de hautbois, et dansent les menuets.*

SIXIÈME ENTRÉE

> *Tout cela finit par le mélange des trois nations, et les applaudissements en danse et en musique de toute l'assistance, qui chante les deux vers qui suivent :*

Quels spectacles charmants, quels plaisirs goûtons-nous!
Les Dieux mêmes, les Dieux n'en ont point de plus doux.

NOTICE
SUR
PSYCHÉ

Le roi disposait aux Tuileries d'un théâtre magnifique, la Salle des Machines; elle avait été inaugurée le 7 février 1662 avec l'*Ercole amante* de Buti et Cavalli. Le roi y avait vu en 1668 l'*Amphitryon* de Molière. Pour le carnaval de 1671, il décida de rouvrir son propre théâtre. Le décor des Enfers de l'*Ercole amante* était encore disponible. Louis XIV chercha à l'utiliser à nouveau, et s'adressa aux meilleurs poètes de théâtre. On dit que Racine proposa un *Orphée* et Quinault un *Enlèvement de Proserpine*; ce fut Molière qui l'emporta en offrant le charmant sujet de Psyché aimée de l'Amour lui-même.

Ce n'était pas la première fois qu'on faisait allusion à cet épisode galant de la mythologie. Benserade, en 1656, avait composé un *Ballet royal de Psyché*, au cours duquel Louis XIV dansa dans plusieurs rôles, notamment celui de Pluton. En 1669, La Fontaine avait, sans trop de respect pour les dieux de l'Olympe, conté *les Amours de Psyché et de Cupidon*.

Molière se mit au travail et s'apprêta à donner, après son *Amphitryon*, une nouvelle comédie mythologique à la gloire de l'Amour, mais embellie et enrichie cette fois d'airs chantés, d'entrées de ballet, et de machines magnifiques qui transporteraient les spectateurs au Ciel et aux Enfers, parmi les dieux empanachés. Si Louis XIV l'avait laissé mûrir un peu son projet, Molière eût offert à la musique de Lulli son premier véritable livret d'opéra. Mais le roi, comme toujours, était pressé d'accomplir ses moindres désirs. Il fallait être prêt pour le 17 janvier 1671, date irrémédiablement fixée. Molière se rendit compte qu'il n'aurait pas le temps d'achever seul sa « tragédie-ballet ». Il lui fallait chercher « un peu de secours ». Comme il s'agissait de plaire au Roi, il en trouva aisément auprès de

Quinault et de Corneille, avec qui il s'était réconcilié, depuis le temps lointain de la querelle de *l'École des femmes*. C'est ainsi que *Psyché* peut aujourd'hui figurer dans les œuvres complètes de Molière, de Corneille et de Quinault. Molière établit le plan de la pièce et écrivit le prologue, le premier acte et la première scène des deux actes suivants. Quinault composa les airs chantés — à l'exception des plaintes en italien du premier intermède, dues probablement à Lulli — et Corneille, se souvenant qu'il avait écrit *Andromède*, se chargea du reste de la pièce, soit plus de mille vers qu'il rima en quinze jours, ce qui était un beau tour de force pour un poète dramatique âgé de soixante-cinq ans.

Le plus extraordinaire est que cette triple collaboration, exceptionnelle dans l'histoire du théâtre du XVIIᵉ siècle, ne gâta pas l'unité de ton de la pièce. C'était d'ailleurs celui de la galanterie de cour que Molière avait déjà su prendre dans *la Princesse d'Élide* et dans *les Amants magnifiques*, celui-là même qu'on retrouve dans tous les opéras postérieurs de Quinault. Seul peut-être le vieux Corneille avait su en relever la fadeur par quelques tirades amoureuses de Psyché et de Cupidon, qui rendaient un son plus humain. Selon son neveu Fontenelle, « étant à l'ombre du nom d'auteur, il s'est abandonné à un excès de tendresse dont il n'aurait pas voulu déshonorer son nom ».

La représentation dura cinq heures et fut un éblouissement pour les spectateurs, sensibles à la fois au charme poétique du texte, au prestige de la danse et de la musique, à l'éclat des costumes, à l'ingéniosité et à la magnificence des décors et des machines maniées par le maître italien Vigarani.

Les deux rôles principaux étaient admirablement bien tenus. Le jeune Baron, qu'un ordre royal avait récemment ramené dans la troupe de Molière, enflamma tous les cœurs dans le rôle de l'Amour. Armande Béjart, femme de Molière, trouva son plus grand succès de théâtre dans celui de Psyché. Tous deux apparurent si bien aux yeux du public comme le couple idéal d'amoureux qu'on prétendit même qu'ils n'étaient si touchants que parce que leur aventure amoureuse de théâtre était doublée d'une passion réciproque réelle. Mais on n'en trouve témoignage que dans un pamphlet des plus suspects.

Un petit fait atteste le triomphe de Mlle Molière : la mode s'en empara et toutes les dames de la cour voulurent être habillées de « robes à la Psyché ».

Devant le succès à la cour, Molière décida de reprendre

Psyché devant le public du Palais-Royal. Mais il comprit que la pièce ne valait qu'avec tous ses agréments. Il dut faire de longs et coûteux travaux pour aménager la salle du Palais-Royal, construire un troisième rang de loges pour accueillir un public plus nombreux. *Psyché*, née du désir d'utiliser un ancien décor du théâtre des Tuileries, fit une magnifique carrière.

Jouée au Palais-Royal le 24 juillet 1671, elle remporta un immense et durable succès. Elle fut souvent reprise jusqu'à la fin du siècle et fournit toujours à la troupe des recettes au-dessus de la moyenne.

PSYCHÉ

TRAGÉDIE-BALLET

REPRÉSENTÉE POUR LE ROI
DANS LA GRANDE SALLE DES MACHINES DU PALAIS DES TUILERIES
EN JANVIER ET DURANT TOUT LE CARNAVAL DE L'ANNÉE 1671
PAR LA TROUPE DU ROI
ET DONNÉE AU PUBLIC
SUR LE THÉATRE DE LA SALLE DU PALAIS-ROYAL,
LE 24ᵉ JUILLET 1671

LE LIBRAIRE AU LECTEUR

Cet ouvrage n'est pas tout d'une main. M. Quinault a fait les paroles qui s'y chantent en musique, à la réserve de la plainte italienne. M. de Molière a dressé le plan de la pièce, et réglé la disposition, où il s'est plus attaché aux beautés et à la pompe du spectacle qu'à l'exacte régularité. Quant à la versification, il n'a pas eu le loisir de la faire entière. Le carnaval approchait, et les ordres pressants du roi, qui se voulait donner ce magnifique divertissement plusieurs fois avant le carême, l'ont mis dans la nécessité de souffrir un peu de secours. Ainsi, il n'y a que le prologue, le premier acte, la première scène du second et la première du troisième dont les vers soient de lui. M. Corneille a employé une quinzaine au reste; et, par ce moyen, Sa Majesté s'est trouvée servie dans le temps qu'elle l'avait ordonné.

PERSONNAGES

JUPITER.
VÉNUS.
L'AMOUR.
ÆGIALE, PHAÈNE, Grâces.
PSYCHÉ.
LE ROI, père de Psyché.
AGLAURE, sœur de Psyché.
CIDIPPE, sœur de Psyché.
CLÉOMÈNE, AGÉNOR, princes amants de Psyché.
LE ZÉPHIRE.
LYCAS.
LE DIEU D'UN FLEUVE.

Les parties du texte de Psyché *qui ne sont pas de Molière sont imprimées ici en italique*

PROLOGUE

La scène représente sur le devant un lieu champêtre, et dans l'enfoncement un rocher percé à jour, à travers duquel on voit la mer en éloignement.

Flore paraît au milieu du théâtre, accompagnée de Vertumne, Dieu des arbres et des fruits, et de Palæmon, Dieu des eaux. Chacun de ces Dieux conduit une troupe de divinités; l'un mène à sa suite des Dryades et des Sylvains; et l'autre des Dieux des fleuves et des Naïades. Flore chante ce récit pour inviter Vénus à descendre en terre :

> *Ce n'est plus le temps de la guerre;*
> *Le plus puissant des rois*
> *Interrompt ses exploits*
> *Pour donner la paix à la terre.*
> *Descendez, mère des Amours,*
> *Venez nous donner de beaux jours.*   5

> *Vertumne et Palæmon, avec les divinités qui les accompagnent, joignent leurs voix à celle de Flore, et chantent ces paroles :*

CHŒUR *des divinités de la terre et des eaux, composé de Flore, Nymphes, Palæmon, Vertumne, Sylvains, Faunes, Dryades et Naïades.*

> *Nous goûtons une paix profonde;*
> *Les plus doux jeux sont ici-bas;*
> *On doit ce repos plein d'appas*
> *Au plus grand roi du monde.*   10
> *Descendez, mère des Amours,*
> *Venez nous donner de beaux jours.*

> *Il se fait ensuite une entrée de ballet, composée de deux Dryades, quatre Sylvains, deux Fleuves et deux Naïades, après laquelle Vertumne et Palæmon chantent ce dialogue :*

VERTUMNE

> *Rendez-vous, beautés cruelles,*
> *Soupirez à votre tour.*

PALÆMON
Voici la reine des belles,   15
Qui vient inspirer l'amour.

VERTUMNE
Un bel objet toujours sévère
Ne se fait jamais bien aimer.

PALÆMON
C'est la beauté qui commence de plaire;
Mais la douceur achève de charmer.   20

Ils répètent ensemble ces derniers vers.

C'est la beauté qui commence de plaire;
Mais la douceur achève de charmer.

VERTUMNE
Souffrons tous qu'Amour nous blesse;
Languissons, puisqu'il le faut.

PALÆMON
Que sert un cœur sans tendresse ?   25
Est-il un plus grand défaut ?

VERTUMNE
Un bel objet toujours sévère
Ne se fait jamais bien aimer.

PALÆMON
C'est la beauté qui commence de plaire,
Mais la douceur achève de charmer.   30

FLORE *répond au dialogue de Vertumne et de Palæmon par*
ce menuet et les autres divinités y mêlent leurs danses :

Est-on sage
Dans le bel âge,
Est-on sage
De n'aimer pas ?
Que sans cesse   35
L'on se presse
De goûter les plaisirs ici-bas :
La sagesse
De la jeunesse,
C'est de savoir jouir de ses appas.   40

L'Amour charme
Ceux qu'il désarme,

> *L'Amour charme :*
> *Cédons-lui tous.*
> > *Notre peine* 45
> > *Serait vaine*
> *De vouloir résister à ses coups :*
> > *Quelque chaîne*
> > *Qu'un amant prenne,*
> *La liberté n'a rien qui soit si doux.* 50

> > *Vénus descend du ciel dans une grande*
> > *machine avec l'Amour son fils, et deux petites*
> > *Grâces, nommées Ægiale et Phaène, et les divi-*
> > *nités de la terre et des eaux recommencent de*
> > *joindre toutes leurs voix, et continuent par leurs*
> > *danses de lui témoigner la joie qu'elles ressentent*
> > *à son abord.*

CHŒUR *de toutes les divinités de la terre et des eaux.*

> *Nous goûtons une paix profonde;*
> *Les plus doux jeux sont ici-bas;*
> *On doit ce repos plein d'appas*
> > *Au plus grand roi du monde.*
> *Descendez, mère des Amours,* 55
> *Venez nous donner de beaux jours.*

> VÉNUS, *dans sa machine.*

Cessez, cessez pour moi tous vos chants d'allégresse :
De si rares honneurs ne m'appartiennent pas,
Et l'hommage qu'ici votre bonté m'adresse
Doit être réservé pour de plus doux appas. 60
> C'est une trop vieille méthode
> De me venir faire sa cour;
> Toutes les choses ont leur tour,
> Et Vénus n'est plus à la mode.
> Il est d'autres attraits naissants 65
> Où l'on va porter ses encens;
Psyché, Psyché la belle, aujourd'hui tient ma place;
Déjà tout l'univers s'empresse à l'adorer,
> Et c'est trop que, dans ma disgrâce,
Je trouve encor quelqu'un qui me daigne honorer. 70
On ne balance point entre nos deux mérites;
A quitter mon parti tout s'est licencié,
Et du nombreux amas de Grâces favorites,
Dont je traînais partout les soins et l'amitié,
Il ne m'en est resté que deux des plus petites, 75
> Qui m'accompagnent par pitié.

Souffrez que ces demeures sombres
Prêtent leur solitude aux troubles de mon cœur,
Et me laissez parmi leurs ombres
Cacher ma honte et ma douleur.   80

Flore et les autres déités se retirent, et Vénus
avec sa suite sort de sa machine.

ÆGIALE

Nous ne savons, Déesse, comment faire,
Dans ce chagrin qu'on voit vous accabler :
Notre respect veut se taire,
Notre zèle veut parler.

VÉNUS

Parlez, mais si vos soins aspirent à me plaire,   85
Laissez tous vos conseils pour une autre saison,
Et ne parlez de ma colère
Que pour dire que j'ai raison.
C'était là, c'était là la plus sensible offense
Que ma divinité pût jamais recevoir;   90
Mais j'en aurai la vengeance,
Si les Dieux ont du pouvoir.

PHAÈNE

Vous avez plus que nous de clartés, de sagesse,
Pour juger ce qui peut être digne de vous :
Mais pour moi, j'aurais cru qu'une grande déesse   95
Devrait moins se mettre en courroux.

VÉNUS

Et c'est là la raison de ce courroux extrême :
Plus mon rang a d'éclat, plus l'affront est sanglant;
Et si je n'étais pas dans ce degré suprême,
Le dépit de mon cœur serait moins violent.   100
Moi, la fille du dieu qui lance le tonnerre,
Mère du dieu qui fait aimer,
Moi, les plus doux souhaits du ciel et de la terre,
Et qui ne suis venue au jour que pour charmer,
Moi, qui par tout ce qui respire   105
Ai vu de tant de vœux encenser mes autels,
Et qui de la beauté, par des droits immortels,
Ai tenu de tout temps le souverain empire,
Moi, dont les yeux ont mis deux grandes déités
Au point de me céder le prix de la plus belle,   110
Je me vois ma victoire et mes droits disputés
Par une chétive mortelle!

Le ridicule excès d'un fol entêtement
Va jusqu'à m'opposer une petite fille!
Sur ses traits et les miens j'essuierai constamment   115
    Un téméraire jugement!
    Et du haut des cieux où je brille,
J'entendrai prononcer aux mortels prévenus :
    « Elle est plus belle que Vénus! »

ÆGIALE

Voilà comme l'on fait, c'est le style des hommes :   120
Ils sont impertinents dans leurs comparaisons.

PHAÈNE

Ils ne sauraient louer, dans le siècle où nous sommes,
    Qu'ils n'outragent les plus grands noms.

VÉNUS

Ah! que de ces trois mots la rigueur insolente
    Venge bien Junon et Pallas,   125
Et console leurs cœurs de la gloire éclatante
Que la fameuse pomme acquit à mes appas!
Je les vois s'applaudir de mon inquiétude,
Affecter à toute heure un ris malicieux,
Et, d'un fixe regard, chercher avec étude   130
    Ma confusion dans mes yeux.
Leur triomphante joie, au fort d'un tel outrage,
Semble me venir dire, insultant mon courroux :
« Vante, vante, Vénus, les traits de ton visage;
    Au jugement d'un seul tu l'emportas sur nous; 135
    Mais, par le jugement de tous,
Une simple mortelle a sur toi l'avantage. »
Ah! ce coup-là m'achève, il me perce le cœur,
Je n'en puis plus souffrir les rigueurs sans égales;
Et c'est trop de surcroît à ma vive douleur   140
    Que le plaisir de mes rivales.
Mon fils, si j'eus jamais sur toi quelque crédit,
    Et si jamais je te fus chère,
Si tu portes un cœur à sentir le dépit
    Qui trouble le cœur d'une mère   145
    Qui si tendrement te chérit,
Emploie, emploie ici l'effort de ta puissance
    A soutenir mes intérêts,
    Et fais à Psyché par tes traits
    Sentir les traits de ma vengeance.   150
    Pour rendre son cœur malheureux,
Prends celui de tes traits le plus propre à me plaire,

> Le plus empoisonné de ceux
> Que tu lances dans ta colère.
Du plus bas, du plus vil, du plus affreux mortel   155
Fais que jusqu'à la rage elle soit enflammée,
Et qu'elle ait à souffrir le supplice cruel
> D'aimer et n'être point aimée.

L'AMOUR

Dans le monde on n'entend que plaintes de l'Amour :
On m'impute partout mille fautes commises;   160
Et vous ne croiriez point le mal et les sottises
> Que l'on dit de moi chaque jour.
> Si pour servir votre colère...

VÉNUS

Va, ne résiste point aux souhaits de ta mère;
> N'applique tes raisonnements   165
> Qu'à chercher les plus prompts moments
De faire un sacrifice à ma gloire outragée.
Pars, pour toute réponse à mes empressements,
Et ne me revois point que je ne sois vengée.

> *L'Amour s'envole, et Vénus se retire avec
> les Grâces.*

> *La scène est changée en une grande ville, où
> l'on découvre, des deux côtés, des palais et des
> maisons de différents ordres d'architecture.*

ACTE PREMIER

SCÈNE I

AGLAURE, CIDIPPE

AGLAURE

Il est des maux, ma sœur, que le silence aigrit ;　170
Laissons, laissons parler mon chagrin et le vôtre,
　　　Et de nos cœurs l'un à l'autre
　　　Exhalons le cuisant dépit :
　　　Nous nous voyons sœurs d'infortune,
Et la vôtre et la mienne ont un si grand rapport,　175
Que nous pouvons mêler toutes les deux en une,
　　　Et dans notre juste transport,
　　　Murmurer à plainte commune
　　　Des cruautés de notre sort.
　　　Quelle fatalité secrète,　180
　　　Ma sœur, soumet tout l'univers
　　　Aux attraits de notre cadette,
　　　Et de tant de princes divers
　　　Qu'en ces lieux la fortune jette,
　　　N'en présente aucun à nos fers ?　185
Quoi ? voir de toutes parts pour lui rendre les armes
　　　Les cœurs se précipiter,
　　　Et passer devant nos charmes
　　　Sans s'y vouloir arrêter ?
　　　Quel sort ont nos yeux en partage,　190
　　　Et qu'est-ce qu'ils ont fait aux Dieux,
　　　De ne jouir d'aucun hommage
Parmi tous ces tributs de soupirs glorieux
　　　Dont le superbe avantage
　　　Fait triompher d'autres yeux ?　195

Est-il pour nous, ma sœur, de plus rude disgrâce
Que de voir tous les cœurs mépriser nos appas,
Et l'heureuse Psyché jouir avec audace
D'une foule d'amants attachés à ses pas ?

CIDIPPE

Ah! ma sœur, c'est une aventure   200
A faire perdre la raison,
Et tous les maux de la nature
Ne sont rien en comparaison.

AGLAURE

Pour moi, j'en suis souvent jusqu'à verser des larmes;
Tout plaisir, tout repos, par là m'est arraché;   205
Contre un pareil malheur ma constance est sans armes;
Toujours à ce chagrin mon esprit attaché
Me tient devant les yeux la honte de nos charmes,
          Et le triomphe de Psyché.
La nuit, il m'en repasse une idée éternelle   210
          Qui sur toute chose prévaut;
Rien ne me peut chasser cette image cruelle,
Et dès qu'un doux sommeil me vient délivrer d'elle,
              Dans mon esprit aussitôt
              Quelque songe la rappelle,   215
              Qui me réveille en sursaut.

CIDIPPE

Ma sœur, voilà mon martyre;
Dans vos discours je me vois,
Et vous venez là de dire
Tout ce qui se passe en moi.   220

AGLAURE

Mais encor, raisonnons un peu sur cette affaire.
Quels charmes si puissants en elle sont épars,
Et par où, dites-moi, du grand secret de plaire
L'honneur est-il acquis à ses moindres regards ?
              Que voit-on dans sa personne,   225
              Pour inspirer tant d'ardeurs ?
              Quel droit de beauté lui donne
              L'empire de tous les cœurs ?
Elle a quelques attraits, quelque éclat de jeunesse,
On en tombe d'accord, je n'en disconviens pas;   230
Mais lui cède-t-on fort pour quelque peu d'aînesse,
              Et se voit-on sans appas ?

Est-on d'une figure à faire qu'on se raille ?
N'a-t-on point quelques traits et quelques agréments,
Quelque teint, quelques yeux, quelque air et quelque taille
A pouvoir dans nos fers jeter quelques amants ?   [235
    Ma sœur, faites-moi la grâce
    De me parler franchement :
Suis-je faite d'un air, à votre jugement,
Que mon mérite au sien doive céder la place,   240
    Et dans quelque ajustement
    Trouvez-vous qu'elle m'efface ?

CIDIPPE

    Qui, vous, ma sœur ? Nullement.
    Hier à la chasse, près d'elle,
    Je vous regardai longtemps,   245
    Et, sans vous donner d'encens,
    Vous me parûtes plus belle.
Mais moi, dites, ma sœur, sans me vouloir flatter,
Sont-ce des visions que je me mets en tête,
Quand je me crois taillée à pouvoir mériter   250
    La gloire de quelque conquête ?

AGLAURE

Vous, ma sœur, vous avez, sans nul déguisement,
Tout ce qui peut causer une amoureuse flamme;
Vos moindres actions brillent d'un agrément
    Dont je me sens toucher l'âme;   255
    Et je serais votre amant,
    Si j'étais autre que femme.

CIDIPPE

D'où vient donc qu'on la voit l'emporter sur nous deux,
Qu'à ses premiers regards les cœurs rendent les armes,
Et que d'aucun tribut de soupirs et de vœux   260
    On ne fait honneur à nos charmes ?

AGLAURE

    Toutes les dames d'une voix
    Trouvent ses attraits peu de chose,
Et du nombre d'amants qu'elle tient sous ses lois,
    Ma sœur, j'ai découvert la cause.   265

CIDIPPE

Pour moi, je la devine, et l'on doit présumer
Qu'il faut que là-dessous soit caché du mystère :
    Ce secret de tout enflammer
N'est point de la nature un effet ordinaire;

L'art de la Thessalie entre dans cette affaire,   270
Et quelque main a su sans doute lui former
          Un charme pour se faire aimer.

AGLAURE

Sur un plus fort appui ma croyance se fonde,
Et le charme qu'elle a pour attirer les cœurs,
C'est un air en tout temps désarmé de rigueurs,   275
Des regards caressants que la bouche seconde,
          Un souris chargé de douceurs
          Qui tend les bras à tout le monde,
          Et ne vous promet que faveurs.
Notre gloire n'est plus aujourd'hui conservée,   280
Et l'on n'est plus au temps de ces nobles fiertés,
Qui, par un digne essai d'illustres cruautés,
Voulaient voir d'un amant la constance éprouvée.
De tout ce noble orgueil qui nous seyait si bien,
On est bien descendu dans le siècle où nous sommes,   285
Et l'on en est réduite à n'espérer plus rien,
A moins que l'on se jette à la tête des hommes.

CIDIPPE

Oui, voilà le secret de l'affaire, et je vois
          Que vous le prenez mieux que moi.
C'est pour nous attacher à trop de bienséance   290
Qu'aucun amant, ma sœur, à nous ne veut venir,
          Et nous voulons trop soutenir
L'honneur de notre sexe et de notre naissance.
Les hommes maintenant aiment ce qui leur rit;
L'espoir, plus que l'amour, est ce qui les attire,   295
          Et c'est par là que Psyché nous ravit
          Tous les amants qu'on voit sous son empire.
Suivons, suivons l'exemple, ajustons-nous au temps,
Abaissons-nous, ma sœur, à faire des avances,
Et ne ménageons plus de tristes bienséances   300
Qui nous ôtent les fruits du plus beau de nos ans.

AGLAURE

J'approuve la pensée, et nous avons matière
          D'en faire l'épreuve première
Aux deux princes qui sont les derniers arrivés.
Ils sont charmants, ma sœur, et leur personne entière 305
          Me... Les avez-vous observés ?

CIDIPPE

Ah! ma sœur, ils sont faits tous deux d'une manière,
Que mon âme... Ce sont deux princes achevés.

AGLAURE

Je trouve qu'on pourrait rechercher leur tendresse,
    Sans se faire déshonneur.   310

CIDIPPE

Je trouve que sans honte une belle princesse
    Leur pourrait donner son cœur.

SCÈNE II

CLÉOMÈNE, AGÉNOR, AGLAURE, CIDIPPE

AGLAURE

    Les voici tous deux, et j'admire
    Leur air et leur ajustement.

CIDIPPE

    Ils ne démentent nullement   315
    Tout ce que nous venons de dire.

AGLAURE

D'où vient, Princes, d'où vient que vous fuyez ainsi ?
Prenez-vous l'épouvante en nous voyant paraître ?

CLÉOMÈNE

    On nous faisait croire qu'ici
La princesse Psyché, Madame, pourrait être.   320

AGLAURE

Tous ces lieux n'ont-ils rien d'agréable pour vous,
Si vous ne les voyez ornés de sa présence ?

AGÉNOR

Ces lieux peuvent avoir des charmes assez doux;
Mais nous cherchons Psyché dans notre impatience.

CIDIPPE

    Quelque chose de bien pressant   325
Vous doit à la chercher pousser tous deux sans doute.

CLÉOMÈNE

    Le motif est assez puissant,
Puisque notre fortune enfin en dépend toute.

AGLAURE

Ce serait trop à nous que de nous informer
Du secret que ces mots nous peuvent enfermer.   330

CLÉOMÈNE

Nous ne prétendons point en faire de mystère;
Aussi bien malgré nous paraîtrait-il au jour,
      Et le secret ne dure guère,
      Madame, quand c'est de l'amour.

CIDIPPE

Sans aller plus avant, Princes, cela veut dire   335
      Que vous aimez Psyché tous deux.

AGÉNOR

      Tous deux soumis à son empire,
Nous allons de concert lui découvrir nos feux.

AGLAURE

C'est une nouveauté sans doute assez bizarre,
      Que deux rivaux si bien unis.   340

CLÉOMÈNE

      Il est vrai que la chose est rare,
Mais non pas impossible à deux parfaits amis.

CIDIPPE

Est-ce que dans ces lieux il n'est qu'elle de belle,
Et n'y trouvez-vous point à séparer vos vœux ?

AGLAURE

Parmi l'éclat du sang, vos yeux n'ont-ils vu qu'elle   345
      A pouvoir mériter vos feux ?

CLÉOMÈNE

Est-ce que l'on consulte au moment qu'on s'enflamme ?
      Choisit-on qui l'on veut aimer ?
      Et pour donner toute son âme,
Regarde-t-on quel droit on a de nous charmer ?   350

AGÉNOR

      Sans qu'on ait le pouvoir d'élire,
      On suit, dans une telle ardeur,
      Quelque chose qui nous attire,
      Et lorsque l'amour touche un cœur,
      On n'a point de raisons à dire.   355

AGLAURE

En vérité, je plains les fâcheux embarras
        Où je vois que vos cœurs se mettent :
Vous aimez un objet dont les riants appas
Mêleront des chagrins à l'espoir qu'ils vous jettent,
        Et son cœur ne vous tiendra pas   360
        Tout ce que ses yeux vous promettent.

CIDIPPE

L'espoir qui vous appelle au rang de ses amants
Trouvera du mécompte aux douceurs qu'elle étale ;
Et c'est pour essuyer de très fâcheux moments,
Que les soudains retours de son âme inégale.   365

AGLAURE

Un clair discernement de ce que vous valez
Nous fait plaindre le sort où cet amour vous guide,
Et vous pouvez trouver tous deux, si vous voulez,
Avec autant d'attraits, une âme plus solide.

CIDIPPE

        Par un choix plus doux de moitié   370
Vous pouvez de l'amour sauver votre amitié.
Et l'on voit en vous deux un mérite si rare
Qu'un tendre avis veut bien prévenir par pitié
        Ce que votre cœur se prépare.

CLÉOMÈNE

Cet avis généreux fait pour nous éclater   375
        Des bontés qui nous touchent l'âme ;
Mais le Ciel nous réduit à ce malheur, Madame,
        De ne pouvoir en profiter.

AGÉNOR

Votre illustre pitié veut en vain nous distraire
D'un amour dont tous deux nous redoutons l'effet ;   380
Ce que notre amitié, Madame, n'a pas fait,
        Il n'est rien qui le puisse faire.

CIDIPPE

Il faut que le pouvoir de Psyché... La voici.

SCÈNE III

PSYCHÉ, CIDIPPE, AGLAURE, CLÉOMÈNE, AGÉNOR

CIDIPPE

Venez jouir, ma sœur, de ce qu'on vous apprête.

AGLAURE

Préparez vos attraits à recevoir ici   385
Le triomphe nouveau d'une illustre conquête.

CIDIPPE

Ces princes ont tous deux si bien senti vos coups
Qu'à vous le découvrir leur bouche se dispose.

PSYCHÉ

Du sujet qui les tient si rêveurs parmi nous
  Je ne me croyais pas la cause,   390
  Et j'aurais cru tout autre chose
  En les voyant parler à vous.

AGLAURE

  N'ayant ni beauté, ni naissance
A pouvoir mériter leur amour et leurs soins,
  Ils nous favorisent au moins   395
  De l'honneur de la confidence.

CLÉOMÈNE

L'aveu qu'il nous faut faire à vos divins appas
Est sans doute, Madame, un aveu téméraire;
  Mais tant de cœurs près du trépas
Sont par de tels aveux forcés à vous déplaire,   400
Que vous êtes réduite à ne les punir pas
  Des foudres de votre colère.
  Vous voyez en nous deux amis
Qu'un doux rapport d'humeurs sut joindre dès l'enfance;
Et ces tendres liens se sont vus affermis   405
Par cent combats d'estime et de reconnaissance.
Du Destin ennemi les assauts rigoureux,
Les mépris de la mort, et l'aspect des supplices,
Par d'illustres éclats de mutuels offices,
Ont de notre amitié signalé les beaux nœuds :   410

Mais à quelques essais qu'elle se soit trouvée,
    Son grand triomphe est en ce jour,
Et rien ne fait tant voir sa constance éprouvée
Que de se conserver au milieu de l'amour.
Oui, malgré tant d'appas, son illustre constance   415
Aux lois qu'elle nous fait a soumis tous nos vœux;
Elle vient d'une douce et pleine déférence
Remettre à votre choix le succès de nos feux;
Et, pour donner un poids à notre concurrence
Qui des raisons d'État entraîne la balance   420
    Sur le choix de l'un de nous deux,
Cette même amitié s'offre, sans répugnance,
D'unir nos deux États au sort du plus heureux.

AGÉNOR

    Oui, de ces deux États, Madame,
Que sous votre heureux choix nous nous offrons d'unir, 425
    Nous voulons faire à notre flamme
    Un secours pour vous obtenir.
Ce que pour ce bonheur, près du Roi votre père,
    Nous nous sacrifions tous deux
N'a rien de difficile à nos cœurs amoureux,   430
Et c'est au plus heureux faire un don nécessaire
    D'un pouvoir dont le malheureux,
    Madame, n'aura plus affaire.

PSYCHÉ

Le choix que vous m'offrez, Princes, montre à mes yeux
De quoi remplir les vœux de l'âme la plus fière,   435
Et vous me le parez tous deux d'une manière
Qu'on ne peut rien offrir qui soit plus précieux.
Vos feux, votre amitié, votre vertu suprême,
Tout me relève en vous l'offre de votre foi,
Et j'y vois un mérite à s'opposer lui-même   440
    A ce que vous voulez de moi.
Ce n'est pas à mon cœur qu'il faut que je défère
    Pour entrer sous de tels liens;
Ma main, pour se donner, attend l'ordre d'un père,
Et mes sœurs ont des droits qui vont devant les miens. 445
Mais si l'on me rendait sur mes vœux absolue,
Vous y pourriez avoir trop de part à la fois,
Et toute mon estime entre vous suspendue
Ne pourrait sur aucun laisser tomber mon choix.
    A l'ardeur de votre poursuite   450

Je répondrais assez de mes vœux les plus doux;
   Mais c'est parmi tant de mérite
Trop que deux cœurs pour moi, trop peu qu'un cœur pour
De mes plus doux souhaits j'aurais l'âme gênée [vous.
   A l'effort de votre amitié,   455
Et j'y vois l'un de vous prendre une destinée
   A me faire trop de pitié.
Oui, Princes, à tous ceux dont l'amour suit le vôtre
Je vous préférerais tous deux avec ardeur;
   Mais je n'aurais jamais le cœur   460
De pouvoir préférer l'un de vous deux à l'autre.
   A celui que je choisirais
Ma tendresse ferait un trop grand sacrifice,
Et je m'imputerais à barbare injustice
   Le tort qu'à l'autre je ferais.   465
Oui, tous deux vous brillez de trop de grandeur d'âme
   Pour en faire aucun malheureux,
Et vous devez chercher dans l'amoureuse flamme
   Le moyen d'être heureux tous deux.
   Si votre cœur me considère   470
Assez pour me souffrir de disposer de vous,
   J'ai deux sœurs capables de plaire,
Qui peuvent bien vous faire un destin assez doux,
Et l'amitié me rend leur personne assez chère
   Pour vous souhaiter leurs époux.   475

CLÉOMÈNE

  Un cœur dont l'amour est extrême
  Peut-il bien consentir, hélas!
  D'être donné par ce qu'il aime?
Sur nos deux cœurs, Madame, à vos divins appas
  Nous donnons un pouvoir suprême;   480
  Disposez-en pour le trépas,
  Mais pour une autre que vous-même
Ayez cette bonté de n'en disposer pas.

AGÉNOR

Aux Princesses, Madame, on ferait trop d'outrage,
Et c'est pour leurs attraits un indigne partage 485
  Que les restes d'une autre ardeur:
Il faut d'un premier feu la pureté fidèle,
  Pour aspirer à cet honneur
  Où votre bonté nous appelle,
  Et chacune mérite un cœur   490
  Qui n'ait soupiré que pour elle.

AGLAURE

Il me semble, sans nul courroux,
Qu'avant que de vous en défendre,
Princes, vous deviez bien attendre
Qu'on se fût expliqué sur vous.   495
Nous croyez-vous un cœur si facile et si tendre ?
Et lorsqu'on parle ici de vous donner à nous,
Savez-vous si l'on veut vous prendre ?

CIDIPPE

Je pense que l'on a d'assez hauts sentiments
Pour refuser un cœur qu'il faut qu'on sollicite,   500
Et qu'on ne veut devoir qu'à son propre mérite
La conquête de ses amants.

PSYCHÉ

J'ai cru pour vous, mes sœurs, une gloire assez grande,
Si la possession d'un mérite si haut...

SCÈNE IV

LYCAS, PSYCHÉ, AGLAURE, CIDIPPE, CLÉOMÈNE, AGÉNOR

LYCAS

Ah ! Madame !

PSYCHÉ

Qu'as-tu ?

LYCAS

Le Roi...

PSYCHÉ

Quoi ?

LYCAS

Vous demande. 505

PSYCHÉ

De ce trouble si grand que faut-il que j'attende ?

LYCAS

Vous ne le saurez que trop tôt.

PSYCHÉ

Hélas ! que pour le Roi tu me donnes à craindre !

LYCAS

Ne craignez que pour vous, c'est vous que l'on doit
[plaindre.

PSYCHÉ

C'est pour louer le Ciel et me voir hors d'effroi   510
De savoir que je n'aie à craindre que pour moi.
Mais apprends-moi, Lycas, le sujet qui te touche.

LYCAS

Souffrez que j'obéisse à qui m'envoie ici,
Madame, et qu'on vous laisse apprendre de sa bouche
          Ce qui peut m'affliger ainsi.   515

PSYCHÉ

Allons savoir sur quoi l'on craint tant ma faiblesse.

SCÈNE V

AGLAURE, CIDIPPE, LYCAS

AGLAURE

Si ton ordre n'est pas jusqu'à nous étendu,
Dis-nous quel grand malheur nous couvre ta tristesse.

LYCAS

Hélas! ce grand malheur dans la cour répandu,
          Voyez-le vous-même, Princesse,   520
Dans l'oracle qu'au Roi les Destins ont rendu.
Voici ses propres mots, que la douleur, Madame,
          A gravés au fond de mon âme :

          « Que l'on ne pense nullement
A vouloir de Psyché conclure l'hyménée;   525
Mais qu'au sommet d'un mont elle soit promptement
          En pompe funèbre menée,
          Et que de tous abandonnée,
Pour époux elle attende en ces lieux constamment
Un monstre dont on a la vue empoisonnée,   530
Un serpent qui répand son venin en tous lieux,
Et trouble dans sa rage et la terre et les cieux. »

          Après un arrêt si sévère,
Je vous quitte, et vous laisse à juger entre vous
Si par de plus cruels et plus sensibles coups   535
Tous les Dieux nous pouvaient expliquer leur colère.

SCÈNE VI

AGLAURE, CIDIPPE

CIDIPPE

Ma sœur, que sentez-vous à ce soudain malheur
Où nous voyons Psyché par les Destins plongée ?

AGLAURE

Mais vous, que sentez-vous, ma sœur ?

CIDIPPE

A ne vous point mentir, je sens que dans mon cœur   540
   Je n'en suis pas trop affligée.

AGLAURE

   Moi, je sens quelque chose au mien
   Qui ressemble assez à la joie.
   Allons, le Destin nous envoie
Un mal que nous pouvons regarder comme un bien.   545

PREMIER INTERMÈDE

La scène est changée en des rochers affreux, et fait voir en éloignement une grotte effroyable.

C'est dans ce désert que Psyché doit être exposée, pour obéir à l'oracle. Une troupe de personnes affligées y viennent déplorer sa disgrâce. Une partie de cette troupe désolée témoigne sa pitié par des plaintes touchantes, et par des concerts lugubres, et l'autre exprime sa désolation par une danse pleine de toutes les marques du plus violent désespoir.

PLAINTES EN ITALIEN

CHANTÉES PAR UNE FEMME DÉSOLÉE, ET DEUX HOMMES AFFLIGÉS

FEMME DÉSOLÉE

Deh! piangete al pianto mio,
Sassi duri, antiche selve,
Lagrimate, fonti e belve,
D'un bel voto il fato rio.

PREMIER HOMME AFFLIGÉ

Ahi dolore !   550

SECOND HOMME AFFLIGÉ

Ahi martire!

PREMIER HOMME AFFLIGÉ

Cruda morte,

SECOND HOMME AFFLIGÉ

Empia sorte,

TOUS TROIS

Che condanni a morir tanta beltà!
Cieli, stelle, ahi crudeltà!   555

SECOND HOMME AFFLIGÉ

Com' esser può fra voi, o Numi eterni,
Chi voglia estinta una beltà innocente?
Ahi! che tanto rigor, Cielo inclemente,
Vince di crudeltà gli stessi Inferni.

PREMIER HOMME AFFLIGÉ

Nume fiero!   560

SECOND HOMME AFFLIGÉ

Dio severo!

ENSEMBLE

Perchè tanto rigor
Contro innocente cor?
Ahi! sentenza inudita,
Dar morte à la beltà, ch' altrui dà vita!   565

FEMME DÉSOLÉE

Ahi! ch' indarno si tarda!
Non resiste a li Dei mortale affetto;
Alto impero ne sforza :
Ove commanda il Ciel, l'uom cede a forza.
Ahi dolore! etc.   570

Ces plaintes sont entrecoupées et finies par
une entrée de ballet de huit personnes affligées.

ACTE II

SCÈNE I

LE ROI, PSYCHÉ, AGLAURE, CIDIPPE,
LYCAS, SUITE

PSYCHÉ

De vos larmes, Seigneur, la source m'est bien chère :
Mais c'est trop aux bontés que vous avez pour moi
Que de laisser régner les tendresses de père
  Jusque dans les yeux d'un grand roi.
Ce qu'on vous voit ici donner à la nature 575
Au rang que vous tenez, Seigneur, fait trop d'injure,
Et j'en dois refuser les touchantes faveurs :
  Laissez moins sur votre sagesse
  Prendre d'empire à vos douleurs,
Et cessez d'honorer mon destin par des pleurs 580
Qui dans le cœur d'un roi montrent de la faiblesse.

LE ROI

Ah! ma fille, à ces pleurs laisse mes yeux ouverts;
Mon deuil est raisonnable, encor qu'il soit extrême;
Et lorsque pour toujours on perd ce que je perds,
La sagesse, crois-moi, peut pleurer elle-même. 585
  En vain l'orgueil du diadème
Veut qu'on soit insensible à ces cruels revers,
En vain de la raison les secours sont offerts,
Pour vouloir d'un œil sec voir mourir ce qu'on aime :
L'effort en est barbare aux yeux de l'univers, 590
Et c'est brutalité plus que vertu suprême.
  Je ne veux point dans cette adversité
  Parer mon cœur d'insensibilité,
   Et cacher l'ennui qui me touche :
   Je renonce à la vanité 595
   De cette dureté farouche
   Que l'on appelle fermeté.
   Et de quelque façon qu'on nomme

Cette vive douleur dont je ressens les coups,
Je veux bien l'étaler, ma fille, aux yeux de tous,   600
Et dans le cœur d'un roi montrer le cœur d'un homme.

PSYCHÉ

Je ne mérite pas cette grande douleur :
Opposez, opposez un peu de résistance
          Aux droits qu'elle prend sur un cœur
Dont mille événements ont marqué la puissance.   605
Quoi ? faut-il que pour moi vous renonciez, Seigneur,
          A cette royale constance
Dont vous avez fait voir dans les coups du malheur
          Une fameuse expérience ?

LE ROI

La constance est facile en mille occasions.   610
          Toutes les révolutions
Où nous peut exposer la fortune inhumaine,
La perte des grandeurs, les persécutions,
Le poison de l'envie, et les traits de la haine,
          N'ont rien que ne puissent sans peine   615
          Braver les résolutions
D'une âme où la raison est un peu souveraine;
          Mais ce qui porte des rigueurs
          A faire succomber les cœurs
          Sous le poids des douleurs amères,   620
          Ce sont, ce sont les rudes traits
          De ces fatalités sévères
          Qui nous enlèvent pour jamais
          Les personnes qui nous sont chères.
          La raison contre de tels coups   625
          N'offre point d'armes secourables;
          Et voilà des Dieux en courroux
          Les foudres les plus redoutables
          Qui se puissent lancer sur nous.

PSYCHÉ

Seigneur, une douceur ici vous est offerte :   630
Votre hymen a reçu plus d'un présent des Dieux,
          Et, par une faveur ouverte,
Ils ne vous ôtent rien, en m'ôtant à vos yeux,
Dont ils n'aient pris le soin de réparer la perte.
Il vous reste de quoi consoler vos douleurs;   635
Et cette loi du Ciel que vous nommez cruelle

Dans les deux Princesses mes sœurs
Laisse à l'amitié paternelle
Où placer toutes ses douceurs.

LE ROI

Ah! de mes maux soulagement frivole!   640
Rien, rien ne s'offre à moi qui de toi me console;
C'est sur mes déplaisirs que j'ai les yeux ouverts,
Et dans un destin si funeste
Je regarde ce que je perds,
Et ne vois point ce qui me reste.   645

PSYCHÉ

Vous savez mieux que moi qu'aux volontés des Dieux,
Seigneur, il faut régler les nôtres,
Et je ne puis vous dire, en ces tristes adieux,
Que ce que beaucoup mieux vous pouvez dire aux autres.
Ces Dieux sont maîtres souverains   650
Des présents qu'ils daignent nous faire;
Ils ne les laissent dans nos mains
Qu'autant de temps qu'il peut leur plaire :
Lorsqu'ils viennent les retirer,
On n'a nul droit de murmurer   655
Des grâces que leur main ne veut plus nous étendre.
Seigneur, je suis un don qu'ils ont fait à vos vœux;
Et quand par cet arrêt ils veulent me reprendre,
Ils ne vous ôtent rien que vous ne teniez d'eux,
Et c'est sans murmurer que vous devez me rendre.   660

LE ROI

Ah! cherche un meilleur fondement
Aux consolations que ton cœur me présente,
Et de la fausseté de ce raisonnement
Ne fais point un accablement
A cette douleur si cuisante   665
Dont je souffre ici le tourment.
Crois-tu là me donner une raison puissante
Pour ne me plaindre point de cet arrêt des Cieux ?
Et dans le procédé des Dieux
Dont tu veux que je me contente,   670
Une rigueur assassinante
Ne paraît-elle pas aux yeux ?
Vois l'état où ces Dieux me forcent à te rendre,
Et l'autre où te reçut mon cœur infortuné :
Tu connaîtras par là qu'ils me viennent reprendre   675

Bien plus que ce qu'ils m'ont donné.
    Je reçus d'eux en toi, ma fille,
Un présent que mon cœur ne leur demandait pas;
    J'y trouvais alors peu d'appas,
Et leur en vis sans joie accroître ma famille.   680
    Mais mon cœur, ainsi que mes yeux,
S'est fait de ce présent une douce habitude :
J'ai mis quinze ans de soins, de veilles et d'étude
    A me le rendre précieux;
    Je l'ai paré de l'aimable richesse   685
    De mille brillantes vertus;
En lui j'ai renfermé par des soins assidus
Tous les plus beaux trésors que fournit la sagesse;
A lui j'ai de mon âme attaché la tendresse;
J'en ai fait de ce cœur le charme et l'allégresse,   690
La consolation de mes sens abattus,
    Le doux espoir de ma vieillesse.
    Ils m'ôtent tout cela, ces Dieux,
Et tu veux que je n'aie aucun sujet de plainte
Sur cet affreux arrêt dont je souffre l'atteinte ?   695
Ah! leur pouvoir se joue avec trop de rigueur
    Des tendresses de notre cœur :
Pour m'ôter leur présent, leur fallait-il attendre
    Que j'en eusse fait tout mon bien ?
Ou plutôt, s'ils avaient dessein de le reprendre,   700
N'eût-il pas été mieux de ne me donner rien ?

                        PSYCHÉ

Seigneur, redoutez la colère
De ces Dieux contre qui vous osez éclater.

                        LE ROI

    Après ce coup que peuvent-ils me faire ?
Ils m'ont mis en état de ne rien redouter.   705

                        PSYCHÉ

    Ah! seigneur, je tremble des crimes
Que je vous fais commettre, et je dois me haïr...

                        LE ROI

Ah! qu'ils souffrent du moins mes plaintes légitimes :
Ce m'est assez d'effort que de leur obéir;
Ce doit leur être assez que mon cœur t'abandonne   710
Au barbare respect qu'il faut qu'on ait pour eux,
Sans prétendre gêner la douleur que me donne
L'épouvantable arrêt d'un sort si rigoureux.

Mon juste désespoir ne saurait se contraindre;
Je veux, je veux garder ma douleur à jamais,   715
Je veux sentir toujours la perte que je fais,
De la rigueur du Ciel je veux toujours me plaindre,
Je veux jusqu'au trépas incessamment pleurer
Ce que tout l'univers ne peut me réparer.

PSYCHÉ

Ah! de grâce, Seigneur, épargnez ma faiblesse :   720
J'ai besoin de constance en l'état où je suis;
Ne fortifiez point l'excès de mes ennuis
    Des larmes de votre tendresse;
Seuls, ils sont assez forts, et c'est trop pour mon cœur
    De mon destin et de votre douleur.   725

LE ROI

Oui, je dois t'épargner mon deuil inconsolable.
Voici l'instant fatal de m'arracher de toi :
Mais comment prononcer ce mot épouvantable ?
Il le faut toutefois, le Ciel m'en fait la loi;
    Une rigueur inévitable   730
M'oblige à te laisser en ce funeste lieu.
    Adieu : je vais... Adieu.

*Ce qui suit, jusqu'à la fin de la pièce, est de M.C..., à la réserve de
la première scène du troisième acte, qui est de la même main que ce qui a
précédé.*

SCÈNE II

PSYCHÉ, AGLAURE, CIDIPPE

PSYCHÉ

Suivez le Roi, mes sœurs : vous essuierez ses larmes,
    Vous adoucirez ses douleurs;
      Et vous l'accableriez d'alarmes   735
Si vous vous exposiez encore à mes malheurs.
    Conservez-lui ce qui lui reste :
Le serpent que j'attends peut vous être funeste,
    Vous envelopper dans mon sort,
Et me porter en vous une seconde mort.   740
    Le Ciel m'a seule condamnée
    A son haleine empoisonnée;
    Rien ne saurait me secourir.
Et je n'ai pas besoin d'exemple pour mourir.

AGLAURE

Ne nous enviez pas ce cruel avantage   745
De confondre nos pleurs avec vos déplaisirs,
De mêler nos soupirs à vos derniers soupirs :
D'une tendre amitié souffrez ce dernier gage.

PSYCHÉ

C'est vous perdre inutilement.

CIDIPPE

C'est en votre faveur espérer un miracle,   750
Ou vous accompagner jusques au monument.

PSYCHÉ

Que peut-on se promettre après un tel oracle ?

AGLAURE

Un oracle jamais n'est sans obscurité :
On l'entend d'autant moins que mieux on croit l'entendre,
Et peut-être, après tout, n'en devez-vous attendre   755
          Que gloire et que félicité.
Laissez-nous voir, ma sœur, par une digne issue,
Cette frayeur mortelle heureusement déçue,
          Ou mourir du moins avec vous,
Si le Ciel à nos vœux ne se montre plus doux.   760

PSYCHÉ

Ma sœur, écoutez mieux la voix de la nature
          Qui vous appelle auprès du Roi.
     Vous m'aimez trop, le devoir en murmure;
     Vous en savez l'indispensable loi :
Un père vous doit être encor plus cher que moi.   765
Rendez-vous toutes deux l'appui de sa vieillesse :
Vous lui devez chacune un gendre et des neveux;
Mille rois à l'envi vous gardent leur tendresse,
Mille rois à l'envi vous offriront leurs vœux.
L'oracle me veut seule, et seule aussi je veux   770
          Mourir, si je puis, sans faiblesse,
Ou ne vous avoir pas pour témoins toutes deux
De ce que, malgré moi, la nature m'en laisse.

AGLAURE

Partager vos malheurs, c'est vous importuner ?

CIDIPPE

J'ose dire un peu plus, ma sœur, c'est vous déplaire ?   775

Psyché

Non, mais enfin c'est me gêner,
Et peut-être du Ciel redoubler la colère.

Aglaure

Vous le voulez, et nous partons.
Daigne ce même Ciel, plus juste et moins sévère,
Vous envoyer le sort que nous vous souhaitons,   780
Et que notre amitié sincère,
En dépit de l'oracle et malgré vous, espère.

Psyché

Adieu. C'est un espoir, ma sœur, et des souhaits
Qu'aucun des Dieux ne remplira jamais.

SCÈNE III

PSYCHÉ, *seule.*

Enfin, seule et toute à moi-même,   785
Je puis envisager cet affreux changement
Qui du haut d'une gloire extrême
Me précipite au monument.
Cette gloire était sans seconde,
L'éclat s'en répandait jusqu'aux deux bouts du monde;   790
Tout ce qu'il a de rois semblaient faits pour m'aimer;
Tous leurs sujets, me prenant pour déesse,
Commençaient à m'accoutumer
Aux encens qu'ils m'offraient sans cesse;
Leurs soupirs me suivaient sans qu'il m'en coûtât rien;   795
Mon âme restait libre en captivant tant d'âmes,
Et j'étais, parmi tant de flammes,
Reine de tous les cœurs, et maîtresse du mien.
O Ciel! m'auriez-vous fait un crime
De cette insensibilité?   800
Déployez-vous sur moi tant de sévérité,
Pour n'avoir à leurs vœux rendu que de l'estime?
Si vous m'imposiez cette loi
Qu'il fallût faire un choix pour ne pas vous déplaire,
Puisque je ne pouvais le faire,   805
Que ne le faisiez-vous pour moi?
Que ne m'inspiriez-vous ce qu'inspire à tant d'autres
Le mérite, l'amour, et... Mais que vois-je ici?

SCÈNE IV

CLÉOMÈNE, AGÉNOR, PSYCHÉ

CLÉOMÈNE

Deux amis, deux rivaux, dont l'unique souci
Est d'exposer leurs jours pour conserver les vôtres.   810

PSYCHÉ

Puis-je vous écouter, quand j'ai chassé deux sœurs ?
Princes, contre le Ciel pensez-vous me défendre ?
Vous livrer au serpent qu'ici je dois attendre,
Ce n'est qu'un désespoir qui sied mal aux grands cœurs;
Et mourir alors que je meurs,   815
C'est accabler une âme tendre
Qui n'a que trop de ses douleurs.

AGÉNOR

Un serpent n'est pas invincible :
Cadmus, qui n'aimait rien, défit celui de Mars.
Nous aimons, et l'Amour sait rendre tout possible   820
Au cœur qui suit ses étendards,
A la main dont lui-même il conduit tous les dards.

PSYCHÉ

Voulez-vous qu'il vous serve en faveur d'une ingrate
Que tous ses traits n'ont pu toucher ?
Qu'il dompte sa vengeance au moment qu'elle éclate,   825
Et vous aide à m'en arracher ?
Quand même vous m'auriez servie,
Quand vous m'auriez rendu la vie,
Quel fruit espérez-vous de qui ne peut aimer ?

CLÉOMÈNE

Ce n'est point par l'espoir d'un si charmant salaire   830
Que nous nous sentons animer;
Nous ne cherchons qu'à satisfaire
Aux devoirs d'un amour qui n'ose présumer
Que jamais, quoi qu'il puisse faire,
Il soit capable de vous plaire,   835
Et digne de vous enflammer.

Vivez, belle princesse, et vivez pour un autre ;
   Nous le verrons d'un œil jaloux;
  Nous en mourrons, mais d'un trépas plus doux
   Que s'il nous fallait voir le vôtre;   840
Et si nous ne mourons en vous sauvant le jour,
Quelque amour qu'à nos yeux vous préfériez au nôtre,
Nous voulons bien mourir de douleur et d'amour.

PSYCHÉ

Vivez, Princes, vivez, et de ma destinée
Ne songez plus à rompre ou partager la loi : 845
Je crois vous l'avoir dit, le Ciel ne veut que moi,
   Le Ciel m'a seule condamnée.
  Je pense ouïr déjà les mortels sifflements
   De son ministre qui s'approche;
Ma frayeur me le peint, me l'offre à tous moments 850
Et, maîtresse qu'elle est de tous mes sentiments,
Elle me le figure au haut de cette roche.
J'en tombe de faiblesse, et mon cœur abattu
Ne soutient plus qu'à peine un reste de vertu.
Adieu, Princes, fuyez, qu'il ne vous empoisonne. 855

AGÉNOR

Rien ne s'offre à nos yeux encor qui les étonne,
Et quand vous vous peignez un si proche trépas,
   Si la force vous abandonne,
   Nous avons des cœurs et des bras
   Que l'espoir n'abandonne pas.   860
Peut-être qu'un rival a dicté cet oracle,
Que l'or a fait parler celui qui l'a rendu :
   Ce ne serait pas un miracle
Que pour un dieu muet un homme eût répondu,
Et dans tous les climats on n'a que trop d'exemples 865
Qu'il est ainsi qu'ailleurs des méchants dans les temples.

CLÉOMÈNE

Laissez-nous opposer au lâche ravisseur,
A qui le sacrilège indignement vous livre,
Un amour qu'a le Ciel choisi pour défenseur
De la seule beauté pour qui nous voulons vivre. 870
Si nous n'osons prétendre à sa possession,
Du moins en son péril permettez-nous de suivre
L'ardeur et les devoirs de notre passion.

PSYCHÉ

Portez-les à d'autres moi-mêmes,
Princes, portez-les à mes sœurs,   875
Ces devoirs, ces ardeurs extrêmes
Dont pour moi sont remplis vos cœurs.
Vivez pour elles quand je meurs;
Plaignez de mon destin les funestes rigueurs,
Sans leur donner en vous de nouvelles matières :   880
Ce sont mes volontés dernières,
Et l'on a reçu de tout temps
Pour souveraines lois les ordres des mourants.

CLÉOMÈNE

Princesse...

PSYCHÉ

Encore un coup, Princes, vivez pour elles :
Tant que vous m'aimerez, vous devez m'obéir;   885
Ne me réduisez pas à vouloir vous haïr,
Et vous regarder en rebelles,
A force de m'être fidèles.
Allez, laissez-moi seule expirer en ce lieu,
Où je n'ai plus de voix que pour vous dire adieu.   890
Mais je sens qu'on m'enlève, et l'air m'ouvre une route
D'où vous n'entendrez plus cette mourante voix.
Adieu, Princes, adieu pour la dernière fois :
Voyez si de mon sort vous pouvez être en doute.

Elle est enlevée en l'air par deux Zéphires.

AGÉNOR

Nous la perdons de vue. Allons tous deux chercher   895
Sur le faîte de ce rocher,
Prince, les moyens de la suivre.

CLÉOMÈNE

Allons y chercher ceux de ne lui point survivre.

SCÈNE V

L'AMOUR, en l'air.

Allez mourir, rivaux d'un dieu jaloux,
Dont vous méritez le courroux,   900

Pour avoir eu le cœur sensible aux mêmes charmes,
Et toi, forge, Vulcain, mille brillants attraits,
   Pour orner un palais
Où l'Amour de Psyché veut essuyer les larmes,
   Et lui rendre les armes.   905

SECOND INTERMÈDE

 La scène se change en une cour magnifique, ornée de colonnes de lapis enrichies de figures d'or, qui forment un palais pompeux et brillant, que l'Amour destine pour Psyché. Six Cyclopes, avec quatre Fées, y font une entrée de ballet, où ils achèvent, en cadence, quatre gros vases d'argent que les Fées leur ont apportés. Cette entrée est entrecoupée par ce récit de Vulcain, qu'il fait à deux reprises :

  Dépêchez, préparez ces lieux
  Pour le plus aimable des Dieux;
  Que chacun pour lui s'intéresse,
  N'oubliez rien des soins qu'il faut :
   Quand l'Amour presse,   910
  On n'a jamais fait assez tôt.

  L'Amour ne veut point qu'on diffère,
   Travaillez, hâtez-vous,
   Frappez, redoublez vos coups;
   Que l'ardeur de lui plaire   915
  Fasse vos soins les plus doux.

SECOND COUPLET

  Servez bien un dieu si charmant :
  Il se plaît dans l'empressement.
  Que chacun pour lui s'intéresse,
  N'oubliez rien des soins qu'il faut :   920
   Quand l'Amour presse,
  On n'a jamais fait assez tôt.

  L'Amour ne veut point qu'on diffère,
   Travaillez, etc.

ACTE III

SCÈNE I

L'AMOUR, ZÉPHIRE

ZÉPHIRE

Oui, je me suis galamment acquitté   925
De la commission que vous m'avez donnée,
Et du haut rocher je l'ai, cette beauté,
Par le milieu des airs doucement amenée
    Dans ce beau palais enchanté,
    Où vous pouvez en liberté   930
    Disposer de sa destinée.
Mais vous me surprenez par ce grand changement
    Qu'en votre personne vous faites :
Cette taille, ces traits, et cet ajustement
    Cachent tout à fait qui vous êtes,   935
Et je donne aux plus fins à pouvoir en ce jour
    Vous reconnaître pour l'Amour.

L'AMOUR

Aussi, ne veux-je pas qu'on puisse me connaître :
Je ne veux à Psyché découvrir que mon cœur,
Rien que les beaux transports de cette vive ardeur   940
    Que ses doux charmes y font naître;
Et pour en exprimer l'amoureuse langueur,
    Et cacher ce que je puis être
    Aux yeux qui m'imposent des lois,
    J'ai pris la forme que tu vois.   945

ZÉPHIRE

    En tout vous êtes un grand maître :
    C'est ici que je le connais.
Sous des déguisements de diverse nature
    On a vu les Dieux amoureux
Chercher à soulager cette douce blessure   950
Que reçoivent les cœurs de vos traits pleins de feux;
    Mais en bons sens vous l'emportez sur eux;

Et voilà la bonne figure
Pour avoir un succès heureux
Près de l'aimable sexe où l'on porte ses vœux.   955
Oui, de ces formes-là l'assistance est bien forte;
Et sans parler ni de rang, ni d'esprit,
Qui peut trouver moyen d'être fait de la sorte
Ne soupire guère à crédit.

L'Amour

J'ai résolu, mon cher Zéphire,   960
De demeurer ainsi toujours,
Et l'on ne peut le trouver à redire
A l'aîné de tous les Amours.
Il est temps de sortir de cette longue enfance
Qui fatigue ma patience,   965
Il est temps désormais que je devienne grand.

Zéphire

Fort bien, vous ne pouvez mieux faire,
Et vous entrez dans un mystère
Qui ne demande rien d'enfant.

L'Amour

Ce changement sans doute irritera ma mère.   970

Zéphire

Je prévois là-dessus quelque peu de colère.
Bien que les disputes des ans
Ne doivent point régner parmi des Immortelles,
Votre mère Vénus est de l'humeur des belles,
Qui n'aiment point de grands enfants.   975
Mais où je la trouve outragée,
C'est dans le procédé que l'on vous voit tenir;
Et c'est l'avoir étrangement vengée
Que d'aimer la beauté qu'elle voulait punir.
Cette haine où ses vœux prétendent que réponde   980
La puissance d'un fils que redoutent les Dieux...

L'Amour

Laissons cela, Zéphire, et me dis si tes yeux
Ne trouvent pas Psyché la plus belle du monde ?
Est-il rien sur la terre, est-il rien dans les Cieux
Qui puisse lui ravir le titre glorieux   985
De beauté sans seconde ?
Mais je la vois, mon cher Zéphire,
Qui demeure surprise à l'éclat de ces lieux.

ZÉPHIRE

Vous pouvez vous montrer pour finir son martyre,
   Lui découvrir son destin glorieux,   990
Et vous dire entre vous tout ce que peuvent dire
   Les soupirs, la bouche et les yeux.
En confident discret je sais ce qu'il faut faire
Pour ne pas interrompre un amoureux mystère.

SCÈNE II

PSYCHÉ

Où suis-je ? et dans un lieu que je croyais barbare   995
Quelle savante main a bâti ce palais,
    Que l'art, que la nature pare
    De l'assemblage le plus rare
    Que l'œil puisse admirer jamais ?
    Tout rit, tout brille, tout éclate,   1000
  Dans ces jardins, dans ces appartements;
    Dont les pompeux ameublements
    N'ont rien qui n'enchante et ne flatte;
Et de quelque côté que tournent mes frayeurs,
Je ne vois sous mes pas que de l'or, ou des fleurs.   1005

Le Ciel aurait-il fait cet amas de merveilles
    Pour la demeure d'un serpent ?
Et lorsque par leur vue il amuse et suspend
De mon destin jaloux les rigueurs sans pareilles,
    Veut-il montrer qu'il s'en repent ?   1010
Non, non : c'est de sa haine, en cruautés féconde,
    Le plus noir, le plus rude trait,
Qui, par une rigueur nouvelle et sans seconde,
    N'étale ce choix qu'elle a fait
    De ce qu'a de plus beau le monde,   1015
Qu'afin que je le quitte avec plus de regret.

    Que mon espoir est ridicule,
  S'il croit par là soulager mes douleurs!
Tout autant de moments que ma mort se recule
    Sont autant de nouveaux malheurs :   1020
    Plus elle tarde, et plus de fois je meurs.

Ne me fais plus languir, viens prendre ta victime,
    Monstre qui dois me déchirer.

Veux-tu que je te cherche, et faut-il que j'anime
            Tes fureurs à me dévorer ?   1025
Si le Ciel veut ma mort, si ma vie est un crime,
De ce peu qui m'en reste ose enfin t'emparer :
            Je suis lasse de murmurer
            Contre un châtiment légitime;
            Je suis lasse de soupirer;   1030
            Viens, que j'achève d'expirer.

SCÈNE III

L'AMOUR, PSYCHÉ, ZÉPHIRE

L'AMOUR

Le voilà ce serpent, ce monstre impitoyable,
Qu'un oracle étonnant pour vous a préparé,
Et qui n'est pas peut-être à tel point effroyable
            Que vous vous l'êtes figuré.   1035

PSYCHÉ

Vous, Seigneur, vous seriez ce monstre dont l'oracle
            A menacé mes tristes jours,
Vous qui semblez plutôt un dieu qui, par miracle,
            Daigne venir lui-même à mon secours !

L'AMOUR

Quel besoin de secours au milieu d'un empire   1040
            Où tout ce qui respire
N'attend que vos regards pour en prendre la loi,
Où vous n'avez à craindre autre monstre que moi ?

PSYCHÉ

Qu'un monstre tel que vous inspire peu de crainte !
            Et que, s'il a quelque poison,   1045
            Une âme aurait peu de raison
            De hasarder la moindre plainte
            Contre une favorable atteinte
            Dont tout le cœur craindrait la guérison !
A peine je vous vois, que mes frayeurs cessées   1050
Laissent évanouir l'image du trépas,
Et que je sens couler dans mes veines glacées
Un je ne sais quel feu que je ne connais pas.
J'ai senti de l'estime et de la complaisance,
            De l'amitié, de la reconnaissance;   1055

De la compassion les chagrins innocents
       M'en ont fait sentir la puissance;
Mais je n'ai point encor senti ce que je sens.
Je ne sais ce que c'est, mais je sais qu'il me charme,
       Que je n'en conçois point d'alarme;   1060
Plus j'ai les yeux sur vous, plus je m'en sens charmer;
Tout ce que j'ai senti n'agissait point de même,
       Et je dirais que je vous aime,
Seigneur, si je savais ce que c'est que d'aimer.
Ne les détournez point, ces yeux qui m'empoisonnent,   1065
Ces yeux tendres, ces yeux perçants, mais amoureux,
Qui semblent partager le trouble qu'ils me donnent.
       Hélas! plus ils sont dangereux,
       Plus je me plais à m'attacher sur eux.
Par quel ordre du Ciel, que je ne puis comprendre,   1070
       Vous dis-je plus que je ne dois,
Moi de qui la pudeur devrait du moins attendre
Que vous m'expliquassiez le trouble où je vous vois?
Vous soupirez, Seigneur, ainsi que je soupire;
Vos sens comme les miens paraissent interdits;   1075
C'est à moi de m'en taire, à vous de me le dire,
       Et cependant c'est moi qui vous le dis.

L'AMOUR

Vous avez eu, Psyché, l'âme toujours si dure,
       Qu'il ne faut pas vous étonner
       Si, pour en réparer l'injure,   1080
L'Amour, en ce moment, se paye avec usure
       De ceux qu'elle a dû lui donner.
Ce moment est venu qu'il faut que votre bouche
Exhale des soupirs si longtemps retenus,
Et qu'en vous arrachant à cette humeur farouche,   1085
Un amas de transports aussi doux qu'inconnus
Aussi sensiblement tout à la fois vous touche
Qu'ils ont dû vous toucher durant tant de beaux jours
Dont cette âme insensible a profané le cours.

PSYCHÉ
N'aimer point, c'est donc un grand crime!   1090

L'AMOUR
En souffrez-vous un rude châtiment?

PSYCHÉ
C'est punir assez doucement.

L'Amour

C'est lui choisir sa peine légitime,
Et se faire justice en ce glorieux jour
D'un manquement d'amour par un excès d'amour.   1095

Psyché

Que n'ai-je été plus tôt punie !
J'y mets le bonheur de ma vie ;
Je devrais en rougir, ou le dire plus bas,
Mais le supplice a trop d'appas ;
Permettez que tout haut je le die et redie.   1100
Je le dirais cent fois, et n'en rougirais pas.
Ce n'est point moi qui parle, et de votre présence
L'empire surprenant, l'aimable violence,
Dès que je veux parler, s'empare de ma voix.
C'est en vain qu'en secret ma pudeur s'en offense,   1105
Que le sexe et la bienséance
Osent me faire d'autres lois ;
Vos yeux de ma réponse eux-mêmes font le choix,
Et ma bouche asservie à leur toute-puissance
Ne me consulte plus sur ce que je me dois.   1110

L'Amour

Croyez, belle Psyché, croyez ce qu'ils vous disent,
Ces yeux qui ne sont point jaloux ;
Qu'à l'envi les vôtres m'instruisent
De tout ce qui se passe en vous.
Croyez-en ce cœur qui soupire,   1115
Et qui, tant que le vôtre y voudra repartir,
Vous dira bien plus, d'un soupir,
Que cent regards ne peuvent dire :
C'est le langage le plus doux,
C'est le plus fort, c'est le plus sûr de tous.   1120

Psyché

L'intelligence en était due
A nos cœurs, pour les rendre également contents :
J'ai soupiré, vous m'avez entendue ;
Vous soupirez, je vous entends,
Mais ne me laissez plus en doute,   1125
Seigneur, et dites-moi si par la même route,
Après moi, le Zéphire ici vous a rendu,
Pour me dire ce que j'écoute.
Quand j'y suis arrivée, étiez-vous attendu ?
Et quand vous lui parlez, êtes-vous entendu ?   1130

L'AMOUR

J'ai dans ce doux climat un souverain empire,
    Comme vous l'avez sur mon cœur;
L'Amour m'est favorable, et c'est en sa faveur
Qu'à mes ordres Éole a soumis le Zéphire.
C'est l'Amour qui, pour voir mes feux récompensés,   1135
    Lui-même a dicté cet oracle
    Par qui vos beaux jours menacés
D'une foule d'amants se sont débarrassés,
Et qui m'a délivré de l'éternel obstacle
    De tant de soupirs empressés,   1140
Qui ne méritaient pas de vous être adressés.
Ne me demandez point quelle est cette province,
    Ni le nom de son prince :
    Vous le saurez quand il en sera temps.
Je veux vous acquérir, mais c'est par mes services,   1145
Par des soins assidus, et par des vœux constants,
    Par les amoureux sacrifices
    De tout ce que je suis,
    De tout ce que je puis,
Sans que l'éclat du rang pour moi vous sollicite,   1150
Sans que de mon pouvoir je me fasse un mérite;
Et, bien que souverain dans cet heureux séjour,
Je ne vous veux, Psyché, devoir qu'à mon amour.
Venez en admirer avec moi les merveilles,
Princesse, et préparez vos yeux et vos oreilles   1155
    A ce qu'il a d'enchantements.
    Vous y verrez des bois et des prairies
    Contester sur leurs agréments
    Avec l'or et les pierreries;
    Vous n'entendrez que des concerts charmants;   1160
De cent beautés vous y serez servie,
Qui vous adoreront sans vous porter envie,
    Et brigueront à tous moments
    D'une âme soumise et ravie
    L'honneur de vos commandements.   1165

PSYCHÉ

    Mes volontés suivent les vôtres :
    Je n'en saurais plus avoir d'autres;
Mais votre oracle enfin vient de me séparer
    De deux sœurs et du Roi mon père,
    Que mon trépas imaginaire   1170
    Réduit tous trois à me pleurer.

Pour dissiper l'erreur dont leur âme accablée
De mortels déplaisirs se voit pour moi comblée,
   Souffrez que mes sœurs soient témoins
   Et de ma gloire et de vos soins;   1175
Prêtez-leur comme à moi les ailes du Zéphire,
   Qui leur puissent de votre empire
   Ainsi qu'à moi faciliter l'accès;
   Faites-leur voir en quels lieux je respire,
Faites-leur de ma perte admirer le succès.   1180

L'AMOUR

Vous ne me donnez pas, Psyché, toute votre âme :
Ce tendre souvenir d'un père et de deux sœurs
   Me vole une part des douceurs
   Que je veux toutes pour ma flamme.
N'ayez d'yeux que pour moi, qui n'en ai que pour vous; 1185
Ne songez qu'à m'aimer, ne songez qu'à me plaire,
Et quand de tels soucis osent vous en distraire...

PSYCHÉ

Des tendresses du sang peut-on être jaloux ?

L'AMOUR

Je le suis, ma Psyché, de toute la nature :
Les rayons du soleil vous baisent trop souvent;   1190
Vos cheveux souffrent trop les caresses du vent :
   Dès qu'il les flatte, j'en murmure;
   L'air même que vous respirez
Avec trop de plaisir passe par votre bouche;
   Votre habit de trop près vous touche;   1195
   Et sitôt que vous soupirez,
   Je ne sais quoi qui m'effarouche
Craint parmi vos soupirs des soupirs égarés.
Mais vous voulez vos sœurs. Allez, partez, Zéphire :
   Psyché le veut, je ne l'en puis dédire.   1200

       Le Zéphire s'envole.

Quand vous leur ferez voir ce bienheureux séjour,
   De ses trésors faites-leur cent largesses,
   Prodiguez-leur caresses sur caresses,
Et du sang, s'il se peut, épuisez les tendresses,
   Pour vous rendre toute à l'amour.   1205
Je n'y mêlerai point d'importune présence;
Mais ne leur faites pas de si longs entretiens :

Vous ne sauriez pour eux avoir de complaisance
Que vous ne dérobiez aux miens.

PSYCHÉ

Votre amour me fait une grâce   1210
Dont je n'abuserai jamais.

L'AMOUR

Allons voir cependant ces jardins, ce palais,
Où vous ne verrez rien que votre éclat n'efface.
Et vous, petits Amours, et vous, jeunes Zéphyrs,
Qui pour âmes n'avez que de tendres soupirs,   1215
Montrez tous à l'envi ce qu'à voir ma princesse
Vous avez senti d'allégresse.

TROISIÈME INTERMÈDE

Il se fait une entrée de ballet de quatre Amours et quatre Zéphires
interrompue deux fois par un dialogue chanté par un Amour et un
Zéphire.

LE ZÉPHIRE

Aimable jeunesse,
Suivez la tendresse,
Joignez aux beaux jours   1220
La douceur des amours.
C'est pour vous surprendre
Qu'on vous fait entendre
Qu'il faut éviter leurs soupirs,
Et craindre leurs désirs :   1225
Laissez-vous apprendre
Quels sont leurs plaisirs.

Ils chantent ensemble :

Chacun est obligé d'aimer
A son tour;
Et plus on a de quoi charmer,   1230
Plus on doit à l'Amour.

LE ZÉPHIRE, seul.

Un cœur jeune et tendre
Est fait pour se rendre,
Il n'a point à prendre
De fâcheux détour.   1235

LES DEUX, ensemble.

Chacun est obligé d'aimer
A son tour;

Et plus on a de quoi charmer,
        Plus on doit à l'Amour.

L'AMOUR, seul.

    Pourquoi se défendre ?   1240
    Que sert-il d'attendre ?
    Quand on perd un jour,
On le perd sans retour

LES DEUX, ensemble.

Chacun est obligé d'aimer
            A son tour;   1245
Et plus on a de quoi charmer.
    Plus on doit à l'Amour.

SECOND COUPLET

LE ZÉPHIRE

    L'Amour a des charmes;
    Rendons-lui les armes :
    Ses soins et ses pleurs   1250
Ne sont pas sans douceurs.
    Un cœur, pour le suivre,
    A cent maux se livre;
Il faut, pour goûter ses appas,
    Languir jusqu'au trépas;   1255
    Mais ce n'est pas vivre
    Que de n'aimer pas.

                        Ils chantent ensemble :

S'il faut des soins et des travaux,
            En aimant,
On est payé de mille maux   1260
    Par un heureux moment.

LE ZÉPHIRE, seul.

    On craint, on espère,
    Il faut du mystère,
    Mais on n'obtient guère
    De bien sans tourment.   1265

LES DEUX, ensemble.

S'il faut des soins et des travaux,
            En aimant,
On est payé de mille maux
    Par un heureux moment.

L'Amour, *seul.*

> *Que peut-on mieux faire*   1270
> *Qu'aimer et que plaire ?*
> *C'est un soin charmant*
> *Que l'emploi d'un amant.*

Les Deux, *ensemble.*

> *S'il faut des soins et des travaux,*
> *En aimant,*   1275
> *On est payé de mille maux*
> *Par un heureux moment.*

> *Le théâtre devient un autre palais magni-*
> *fique, coupé dans le fond par un vestibule, au*
> *travers duquel on voit un jardin superbe et char-*
> *mant décoré de plusieurs vases d'orangers et*
> *d'arbres chargés de toutes sortes de fruits.*

ACTE IV

SCÈNE I

AGLAURE, CIDIPPE

AGLAURE

Je n'en puis plus, ma sœur : j'ai vu trop de merveilles ;
L'avenir aura peine à les bien concevoir ;
Le soleil qui voit tout et qui nous fait tout voir   1280
> *N'en a vu jamais de pareilles.*
Elles me chagrinent l'esprit ;
Et ce brillant palais, ce pompeux équipage
> *Font un odieux étalage,*
Qui m'accable de honte autant que de dépit.   1285
> *Que la Fortune indignement nous traite,*
> *Et que sa largesse indiscrète*
Prodigue aveuglément, épuise, unit d'efforts,
> *Pour faire de tant de trésors*
> *Le partage d'une cadette !*   1290

CIDIPPE

J'entre dans tous vos sentiments,
J'ai les mêmes chagrins, et dans ces lieux charmants

> *Tout ce qui vous déplaît me blesse;*
> *Tout ce que vous prenez pour un mortel affront*
> > *Comme vous m'accable, et me laisse*   1295
> *L'amertume dans l'âme, et la rougeur au front.*

AGLAURE

> > *Non, ma sœur, il n'est point de reines*
> *Qui dans leur propre État parlent en souveraines,*
> > *Comme Psyché parle en ces lieux.*
> *On l'y voit obéie avec exactitude,*   1300
> *Et de ses volontés une amoureuse étude*
> > *Les cherche jusque dans ses yeux.*
> > *Mille beautés s'empressent autour d'elle,*
> > *Et semblent dire à nos regards jaloux;*
> « *Quels que soient nos attraits, elle est encor plus belle;*   1305
> *Et nous qui la servons le sommes plus que vous.* »
> > *Elle prononce, on exécute;*
> *Aucun ne s'en défend, aucun ne s'en rebute;*
> > *Flore, qui s'attache à ses pas,*
> *Répand à pleines mains autour de sa personne*   1310
> > *Ce qu'elle a de plus doux appas;*
> > *Zéphire vole aux ordres qu'elle donne;*
> *Et son amante et lui, s'en laissant trop charmer,*
> *Quittent pour la servir les soins de s'entr'aimer.*

CIDIPPE

> > *Elle a des Dieux à son service,*   1315
> > *Elle aura bientôt des autels;*
> *Et nous ne commandons qu'à de chétifs mortels,*
> > *De qui l'audace et le caprice,*
> *Contre nous à toute heure en secret révoltés,*
> > *Opposent à nos volontés*   1320
> > *Ou le murmure, ou l'artifice.*

AGLAURE

> > *C'était peu que dans notre cour*
> *Tant de cœurs à l'envi nous l'eussent préférée;*
> *Ce n'était pas assez que de nuit et de jour*
> *D'une foule d'amants elle y fût adorée :*   1325
> *Quand nous nous consolions de la voir au tombeau*
> > *Par l'ordre imprévu d'un oracle,*
> *Elle a voulu de son destin nouveau*
> *Faire en notre présence éclater le miracle,*
> > *Et choisi nos yeux pour témoins*   1330
> *De ce qu'au fond du cœur nous souhaitions le moins.*

CIDIPPE

Ce qui le plus me désespère,
C'est cet amant parfait et si digne de plaire,
Qui se captive sous ses lois.
Quand nous pourrions choisir entre tous les monarques, 1335
En est-il un de tant de rois
Qui porte de si nobles marques ?
Se voir du bien par-delà ses souhaits
N'est souvent qu'un bonheur qui fait des misérables :
Il n'est ni train pompeux, ni superbes palais   1340
Qui n'ouvrent quelque porte à des maux incurables;
Mais avoir un amant d'un mérite achevé,
Et s'en voir chèrement aimée,
C'est un bonheur si haut, si relevé,
Que sa grandeur ne peut être exprimée.   1345

AGLAURE

N'en parlons plus, ma sœur, nous en mourrions d'ennui;
Songeons plutôt à la vengeance,
Et trouvons le moyen de rompre entre elle et lui
Cette adorable intelligence.
La voici. J'ai des coups tout prêts à lui porter,   1350
Qu'elle aura peine d'éviter.

SCÈNE II

PSYCHÉ, AGLAURE, CIDIPPE

PSYCHÉ

Je viens vous dire adieu : mon amant vous renvoie,
Et ne saurait plus endurer
Que vous lui retranchiez un moment de la joie
Qu'il prend de se voir seul à me considérer.   1355
Dans un simple regard, dans la moindre parole,
Son amour trouve des douceurs,
Qu'en faveur du sang je lui vole,
Quand je les partage à des sœurs.

AGLAURE

La jalousie est assez fine,   1360
Et ses délicats sentiments
Méritent bien qu'on s'imagine
Que celui qui pour vous a ces empressements
Passe le commun des amants.
Je vous en parle ainsi faute de le connaître.   1365

Vous ignorez son nom, et ceux dont il tient l'être :
  Nos esprits en sont alarmés.
Je le tiens un grand prince, et d'un pouvoir suprême,
  Bien au-delà du diadème;
Ses trésors sous vos pas confusément semés 1370
Ont de quoi faire honte à l'abondance même;
  Vous l'aimez autant qu'il vous aime;
  Il vous charme, et vous le charmez :
Votre félicité, ma sœur, serait extrême,
  Si vous saviez qui vous aimez. 1375

PSYCHÉ

  Que m'importe ? j'en suis aimée;
  Plus il me voit, plus je lui plais;
Il n'est point de plaisirs dont l'âme soit charmée
  Qui ne préviennent mes souhaits;
Et je vois mal de quoi la vôtre est alarmée, 1380
  Quand tout me sert dans ce palais.

AGLAURE

  Qu'importe qu'ici tout vous serve,
Si toujours cet amant vous cache ce qu'il est ?
Nous ne nous alarmons que pour votre intérêt.
En vain tout vous y rit, en vain tout vous y plaît : 1385
  Le véritable amour ne fait point de réserve;
    Et qui s'obstine à se cacher
Sent quelque chose en soi qu'on lui peut reprocher.
    Si cet amant devient volage,
Car souvent en amour le change est assez doux, 1390
    Et j'ose le dire entre nous,
Pour grand que soit l'éclat dont brille ce visage,
Il en peut être ailleurs d'aussi belles que vous;
Si, dis-je, un autre objet sous d'autres lois l'engage,
    Si dans l'état où je vous vois, 1395
    Seule en ses mains et sans défense,
    Il va jusqu'à la violence,
    Sur qui vous vengera le Roi,
Ou de ce changement, ou de cette insolence ?

PSYCHÉ

  Ma sœur, vous me faites trembler. 1400
Juste Ciel! pourrais-je être assez infortunée...

CIDIPPE

Que sait-on si déjà les nœuds de l'hyménée...

PSYCHÉ

N'achevez pas, ce serait m'accabler.

AGLAURE

Je n'ai plus qu'un mot à vous dire.
Ce prince qui vous aime, et qui commande aux vents,   1405
Qui nous donne pour char les ailes du Zéphire,
Et de nouveaux plaisirs vous comble à tous moments,
Quand il rompt à vos yeux l'ordre de la nature,
Peut-être à tant d'amour mêle un peu d'imposture;
Peut-être ce palais n'est qu'un enchantement,   1410
Et ces lambris dorés, ces amas de richesses
Dont il achète vos tendresses,
Dès qu'il sera lassé de souffrir vos caresses,
Disparaîtront en un moment.
Vous savez comme nous ce que peuvent les charmes.   1415

PSYCHÉ

Que je sens à mon tour de cruelles alarmes!

AGLAURE

Notre amitié ne veut que votre bien.

PSYCHÉ

Adieu, mes sœurs, finissons l'entretien :
J'aime et je crains qu'on ne s'impatiente.
Partez, et demain, si je puis,   1420
Vous me verrez ou plus contente,
Ou dans l'accablement des plus mortels ennuis.

AGLAURE

Nous allons dire au Roi quelle nouvelle gloire,
Quel excès de bonheur le Ciel répand sur vous.

CIDIPPE

Nous allons lui conter d'un changement si doux   1425
La surprenante et merveilleuse histoire.

PSYCHÉ

Ne l'inquiétez point, ma sœur, de vos soupçons,
Et quand vous lui peindrez un si charmant empire...

AGLAURE

Nous savons toutes deux ce qu'il faut taire, ou dire,
Et n'avons pas besoin sur ce point de leçons.   1430

> *Le Zéphire enlève les deux sœurs de Psyché*
> *dans un nuage qui descend jusqu'à terre, et dans*
> *lequel il les emporte avec rapidité.*

SCÈNE III

L'AMOUR, PSYCHÉ

L'Amour

Enfin vous êtes seule, et je puis vous redire,
Sans avoir pour témoins vos importunes sœurs,
Ce que des yeux si beaux ont pris sur moi d'empire,
    Et quel excès ont les douceurs
      Qu'une sincère ardeur inspire,   1435
    Sitôt qu'elle assemble deux cœurs.
Je puis vous expliquer de mon âme ravie
    Les amoureux empressements,
    Et vous jurer qu'à vous seule asservie
Elle n'a pour objet de ses ravissements   1440
Que de voir cette ardeur, de même ardeur suivie,
    Ne concevoir plus d'autre envie
Que de régler mes vœux sur vos désirs,
Et de ce qui vous plaît faire tous mes plaisirs.
    Mais d'où vient qu'un triste nuage   1445
    Semble offusquer l'éclat de ces beaux yeux ?
    Vous manque-t-il quelque chose en ces lieux ?
Des vœux qu'on vous y rend dédaignez-vous l'hommage ?

Psyché

Non, Seigneur.

L'Amour

    Qu'est-ce donc, et d'où vient mon malheur ?
J'entends moins de soupirs d'amour que de douleur,   1450
Je vois de votre teint les roses amorties
    Marquer un déplaisir secret;
    Vos sœurs à peine sont parties
    Que vous soupirez de regret !
Ah ! Psyché, de deux cœurs quand l'ardeur est la même,   1455
    Ont-ils des soupirs différents ?
Et quand on aime bien et qu'on voit ce qu'on aime,
    Peut-on songer à des parents ?

Psyché

Ce n'est point là ce qui m'afflige.

L'Amour

    Est-ce l'absence d'un rival,   1460
Et d'un rival aimé, qui fait qu'on me néglige ?

PSYCHÉ

Dans un cœur tout à vous que vous pénétrez mal!
Je vous aime, Seigneur, et mon amour s'irrite
De l'indigne soupçon que vous avez formé :
Vous ne connaissez pas quel est votre mérite,   1465
  Si vous craignez de n'être pas aimé.
Je vous aime, et depuis que j'ai vu la lumière,
  Je me suis montrée assez fière
  Pour dédaigner les vœux de plus d'un roi;
Et s'il vous faut ouvrir mon âme tout entière,   1470
Je n'ai trouvé que vous qui fût digne de moi.
  Cependant j'ai quelque tristesse,
  Qu'en vain je voudrais vous cacher;
Un noir chagrin se mêle à toute ma tendresse,
  Dont je ne la puis détacher.   1475
  Ne m'en demandez point la cause :
Peut-être, la sachant, voudrez-vous m'en punir,
Et si j'ose aspirer encore à quelque chose,
Je suis sûre du moins de ne point l'obtenir.

L'Amour

Et ne craignez-vous point qu'à mon tour je m'irrite,   1480
Que vous connaissiez mal quel est votre mérite,
  Ou feigniez de ne pas savoir
  Quel est sur moi votre absolu pouvoir ?
Ah! si vous en doutez, soyez désabusée,
Parlez.

PSYCHÉ

  J'aurai l'affront de me voir refusée.   1485

L'Amour

Prenez en ma faveur de meilleurs sentiments;
  L'expérience en est aisée;
Parlez, tout se tient prêt à vos commandements,
  Si, pour m'en croire, il vous faut des serments,
J'en jure vos beaux yeux, ces maîtres de mon âme,   1490
  Ces divins auteurs de ma flamme;
Et si ce n'est assez d'en jurer vos beaux yeux,
J'en jure par le Styx, comme jurent les Dieux.

PSYCHÉ

J'ose craindre un peu moins après cette assurance.
Seigneur, je vois ici la pompe et l'abondance;   1495
  Je vous adore, et vous m'aimez :
Mon cœur en est ravi, mes sens en sont charmés;

Mais parmi ce bonheur suprême,
J'ai le malheur de ne savoir qui j'aime.
Dissipez cet aveuglement.   1500
Et faites-moi connaître un si parfait amant.

L'AMOUR

Psyché, que venez-vous de dire ?

PSYCHÉ

Que c'est le bonheur où j'aspire,
Et si vous ne me l'accordez...

L'AMOUR

Je l'ai juré, je n'en suis plus le maître;   1505
Mais vous ne savez pas ce que vous demandez.
Laissez-moi mon secret. Si je me fais connaître,
Je vous perds, et vous me perdez.
Le seul remède est de vous en dédire.

PSYCHÉ

C'est là sur vous mon souverain empire ?   1510

L'AMOUR

Vous pouvez tout, et je suis tout à vous;
Mais si nos feux vous semblent doux.
Ne mettez point d'obstacle à leur charmante suite,
Ne me forcez point à la fuite :
C'est le moindre malheur qui nous puisse arriver   1515
D'un souhait qui vous a séduite.

PSYCHÉ

Seigneur, vous voulez m'éprouver,
Mais je sais ce que j'en dois croire.
De grâce, apprenez-moi tout l'excès de ma gloire,
Et ne me cachez plus pour quel illustre choix   1520
J'ai rejeté les vœux de tant de rois.

L'AMOUR

Le voulez-vous ?

PSYCHÉ

Souffrez que je vous en conjure.

L'AMOUR

Si vous saviez, Psyché, la cruelle aventure
Que par là vous vous attirez...

PSYCHÉ

Seigneur, vous me désespérez.   1525

L'AMOUR

Pensez-y bien, je puis encor me taire.

PSYCHÉ

Faites-vous des serments pour n'y point satisfaire ?

L'AMOUR

Hé bien, je suis le Dieu le plus puissant des Dieux,
Absolu sur la terre, absolu dans les Cieux;
Dans les eaux, dans les airs mon pouvoir est suprême; 1530
  En un mot, je suis l'Amour même,
Qui de mes propres traits m'étais blessé pour vous;
Et sans la violence, hélas! que vous me faites
Et qui vient de changer mon amour en courroux,
   Vous m'alliez avoir pour époux.   1535
   Vos volontés sont satisfaites,
   Vous avez su qui vous aimiez,
  Vous connaissez l'amant que vous charmiez :
   Psyché, voyez où vous en êtes.
Vous me forcez vous-même à vous quitter,   1540
Vous me forcez vous-même à vous ôter
   Tout l'effet de votre victoire :
Peut-être vos beaux yeux ne me reverront plus;
Ce palais, ces jardins, avec moi disparus,
Vont faire évanouir votre naissante gloire;   1545
  Vous n'avez pas voulu m'en croire,
  Et pour tout fruit de ce doute éclairci,
  Le Destin, sous qui le Ciel tremble,
Plus fort que mon amour, que tous les Dieux ensemble,
Vous va montrer sa haine, et me chasse d'ici.   1550

> *L'Amour disparaît; et, dans l'instant qu'il*
> *s'envole, le superbe jardin s'évanouit. Psyché*
> *demeure seule au milieu d'une vaste campagne,*
> *et sur le bord sauvage d'un grand fleuve où elle*
> *se veut précipiter. Le Dieu du Fleuve paraît assis*
> *sur un amas de joncs et de roseaux et appuyé*
> *sur une grande urne, d'où sort une grosse source*
> *d'eau.*

SCÈNE IV

PSYCHÉ, *le Dieu du Fleuve.*

Cruel destin! funeste inquiétude!
    Fatale curiosité!
Qu'avez-vous fait, affreuse solitude,
    De toute ma félicité ?
    J'aimais un Dieu, j'en étais adorée,   1555
Mon bonheur redoublait de moment en moment,
    Et je me vois seule, éplorée,
Au milieu d'un désert, où, pour accablement,
    Et confuse, et désespérée,
Je sens croître l'amour, quand j'ai perdu l'amant.   1560
    Le souvenir m'en charme et m'empoisonne;
Sa douceur tyrannise un cœur infortuné
Qu'aux plus cuisants chagrins ma flamme a condamné.
    O Ciel! quand l'Amour m'abandonne,
Pourquoi me laisse-t-il l'amour qu'il m'a donné ?   1565
Source de tous les biens, inépuisable et pure,
    Maître des hommes et des Dieux,
    Cher auteur des maux que j'endure,
Êtes-vous pour jamais disparu de mes yeux ?
    Je vous en ai banni moi-même;   1570
Dans un excès d'amour, dans un bonheur extrême,
D'un indigne soupçon mon cœur s'est alarmé :
Cœur ingrat, tu n'avais qu'un feu mal allumé;
Et l'on ne peut vouloir, du moment que l'on aime,
    Que ce que veut l'objet aimé.   1575
Mourons, c'est le parti qui seul me reste à suivre,
    Après la perte que je fais.
    Pour qui, grands Dieux, voudrais-je vivre,
    Et pour qui former des souhaits ?
Fleuve, de qui les eaux baignent ces tristes sables,   1580
    Ensevelis mon crime dans tes flots,
    Et pour finir des maux si déplorables,
Laisse-moi dans ton lit assurer mon repos.

Le Dieu du Fleuve

    Ton trépas souillerait mes ondes;
    Psyché, le Ciel te le défend,   1585
Et peut-être qu'après des douleurs si profondes,
    Un autre sort t'attend.

Fuis plutôt de Vénus l'implacable colère :
Je la vois qui te cherche et qui te veut punir.
L'amour du fils a fait la haine de la mère.   1590
    Fuis, je saurai la retenir.

PSYCHÉ

    J'attends ses fureurs vengeresses.
Qu'auront-elles pour moi qui ne me soit trop doux ?
Qui cherche le trépas ne craint Dieux, ni Déesses,
    Et peut braver tout leur courroux.   1595

SCÈNE V

VÉNUS, PSYCHÉ

VÉNUS

Orgueilleuse Psyché, vous m'osez donc attendre,
Après m'avoir sur terre enlevé mes honneurs,
    Après que vos traits suborneurs
Ont reçu les encens qu'aux miens seuls on doit rendre ?
    J'ai vu mes temples désertés,   1600
J'ai vu tous les mortels séduits par vos beautés
Idolâtrer en vous la beauté souveraine,
Vous offrir des respects jusqu'alors inconnus,
    Et ne se mettre pas en peine
    S'il était une autre Vénus;   1605
    Et je vous vois encor l'audace
De n'en pas redouter les justes châtiments,
    Et de me regarder en face,
Comme si c'était peu que mes ressentiments.

PSYCHÉ

Si de quelques mortels on m'a vue adorée,   1610
Est-ce un crime pour moi d'avoir eu des appas,
    Dont leur âme inconsidérée
Laissait charmer des yeux qui ne vous voyaient pas ?
    Je suis ce que le Ciel m'a faite,
Je n'ai que les beautés qu'il m'a voulu prêter :   1615
Si les vœux qu'on m'offrait vous ont mal satisfaite,
Pour forcer tous les cœurs à vous les reporter,
    Vous n'aviez qu'à vous présenter,
Qu'à ne leur cacher plus cette beauté parfaite,
    Qui pour les rendre à leur devoir,   1620
Pour se faire adorer n'a qu'à se faire voir.

VÉNUS

Il fallait vous en mieux défendre.
Ces respects, ces encens se devaient refuser;
Et pour les mieux désabuser,
Il fallait à leurs yeux vous-même me les rendre.   1625
Vous avez aimé cette erreur,
Pour qui vous ne deviez avoir que de l'horreur;
Vous avez bien fait plus : votre humeur arrogante
Sur le mépris de mille rois
Jusques aux Cieux a porté de son choix   1630
L'ambition extravagante.

PSYCHÉ

J'aurais porté mon choix, Déesse, jusqu'aux Cieux ?

VÉNUS

Votre insolence est sans seconde :
Dédaigner tous les rois du monde,
N'est-ce pas aspirer aux Dieux ?   1635

PSYCHÉ

Si l'Amour pour eux tous m'avait endurci l'âme,
Et me réservait toute à lui,
En puis-je être coupable, et faut-il qu'aujourd'hui,
Pour prix d'une si belle flamme,
Vous vouliez m'accabler d'un éternel ennui ?   1640

VÉNUS

Psyché, vous deviez mieux connaître
Qui vous étiez, et quel était ce dieu.

PSYCHÉ

Et m'en a-t-il donné ni le temps, ni le lieu,
Lui qui de tout mon cœur d'abord s'est rendu maître ?

VÉNUS

Tout votre cœur s'en est laissé charmer,   1645
Et vous l'avez aimé dès qu'il vous a dit : « J'aime. »

PSYCHÉ

Pouvais-je n'aimer pas le Dieu qui fait aimer,
Et qui me parlait pour lui-même ?
C'est votre fils, vous savez son pouvoir,
Vous en connaissez le mérite.   1650

VÉNUS

Oui, c'est mon fils, mais un fils qui m'irrite,
Un fils qui me rend mal ce qu'il me sait devoir,
        Un fils qui fait qu'on m'abandonne,
Et qui pour mieux flatter ses indignes amours,
Depuis que vous l'aimez, ne blesse plus personne   1655
Qui vienne à mes autels implorer mon secours.
        Vous m'en avez fait un rebelle :
On m'en verra vengée, et hautement, sur vous,
Et je vous apprendrai s'il faut qu'une mortelle
        Souffre qu'un Dieu soupire à ses genoux,   1660
Suivez-moi, vous verrez, par votre expérience,
        A quelle folle confiance
        Vous portait cette ambition;
Venez, et préparez autant de patience
        Qu'on vous voit de présomption.   1665

QUATRIÈME INTERMÈDE

La scène représente les Enfers. On y voit une mer toute de feu, dont les flots sont dans une perpétuelle agitation. Cette mer effroyable est bornée par des ruines enflammées; et au milieu de ses flots agités, au travers d'une gueule affreuse, paraît le palais infernal de Pluton. Huit Furies en sortent, et forment une entrée de ballet, où elles se réjouissent de la rage qu'elles ont allumée dans l'âme de la plus douce des Divinités. Un lutin mêle quantité de sauts périlleux à leurs danses, cependant que Psyché, qui a passé aux Enfers par le commandement de Vénus, repasse dans la barque de Charon, avec la boîte qu'elle a reçue de Proserpine pour cette déesse.

ACTE V

SCÈNE I

PSYCHÉ

Effroyables replis des ondes infernales,
Noirs palais où Mégère et ses sœurs font leur cour,
        Éternels ennemis du jour,
Parmi vos Ixions et parmi vos Tantales,

Parmi tant de tourments, qui n'ont point d'intervalles, 1670
  Est-il dans votre affreux séjour
  Quelques peines qui soient égales
Aux travaux où Vénus condamne mon amour ?
  Elle n'en peut être assouvie,
Et depuis qu'à ses lois je me trouve asservie, 1675
Depuis qu'elle me livre à ses ressentiments,
  Il m'a fallu dans ces cruels moments
   Plus d'une âme et plus d'une vie,
   Pour remplir ses commandements.
    Je souffrirais tout avec joie, 1680
Si, parmi les rigueurs que sa haine déploie,
Mes yeux pouvaient revoir, ne fût-ce qu'un moment,
  Ce cher, cet adorable amant.
  Je n'ose le nommer; ma bouche criminelle
   D'avoir trop exigé de lui 1685
S'en est rendue indigne, et, dans ce dur ennui,
  La souffrance la plus mortelle
Dont m'accable à toute heure un renaissant trépas,
  Est celle de ne le voir pas.
   Si son courroux durait encore, 1690
Jamais aucun malheur n'approcherait du mien;
Mais s'il avait pitié d'une âme qui l'adore,
Quoi qu'il fallût souffrir, je ne souffrirais rien.
Oui, Destins, s'il calmait cette juste colère,
  Tous mes malheurs seraient finis : 1695
Pour me rendre insensible aux fureurs de la mère,
  Il ne faut qu'un regard du fils.
Je n'en veux plus douter, il partage ma peine,
Il voit ce que je souffre, et souffre comme moi.
  Tout ce que j'endure le gêne. 1700
Lui-même il s'en impose une amoureuse loi :
En dépit de Vénus, en dépit de mon crime,
C'est lui qui me soutient, c'est lui qui me ranime
Au milieu des périls où l'on me fait courir;
Il garde la tendresse où son feu le convie, 1705
Et prend soin de me rendre une nouvelle vie,
  Chaque fois qu'il me faut mourir.
  Mais que me veulent ces deux ombres
Qu'à travers le faux jour de ces demeures sombres
  J'entrevois s'avancer vers moi ? 1710

SCÈNE II

PSYCHÉ, CLÉOMÈNE, AGÉNOR

PSYCHÉ

Cléomène, Agénor, est-ce vous que je vois ?
Qui vous a ravi la lumière ?

CLÉOMÈNE

La plus juste douleur qui d'un beau désespoir
Nous eût pu fournir la matière,
Cette pompe funèbre, où du sort le plus noir   1715
Vous attendiez la rigueur la plus fière,
L'injustice la plus entière.

AGÉNOR

Sur ce même rocher où le Ciel en courroux
Vous promettait, au lieu d'époux,
Un serpent dont soudain vous seriez dévorée,   1720
Nous tenions la main préparée
A repousser sa rage, ou mourir avec vous.
Vous le savez, Princesse; et lorsqu'à notre vue,
Par le milieu des airs vous êtes disparue,
Du haut de ce rocher, pour suivre vos beautés,   1725
Ou plutôt pour goûter cette amoureuse joie
D'offrir pour vous au monstre une première proie,
D'amour et de douleur l'un et l'autre emportés,
Nous nous sommes précipités.

CLÉOMÈNE

Heureusement déçus au sens de votre oracle,   1730
Nous en avons ici reconnu le miracle,
Et su que le serpent prêt à vous dévorer
Était le Dieu qui fait qu'on aime,
Et qui, tout Dieu qu'il est, vous adorant lui-même,
Ne pouvait endurer   1735
Qu'un mortel comme nous osât vous adorer.

AGÉNOR

Pour prix de vous avoir suivie,
Nous jouissons ici d'un trépas assez doux :
Qu'avions-nous affaire de vie,
Si nous ne pouvions être à vous;   1740

> *Nous revoyons ici vos charmes*
> *Qu'aucun des deux là-haut n'aurait revus jamais;*
> *Heureux si nous voyons la moindre de vos larmes*
> *Honorer des malheurs que vous nous avez faits.*

PSYCHÉ

> *Puis-je avoir des larmes de reste*   1745
> *Après qu'on a porté les miens au dernier point ?*
> *Unissons nos soupirs dans un sort si funeste :*
> *Les soupirs ne s'épuisent point.*
> *Mais vous soupireriez, Princes, pour une ingrate;*
> *Vous n'avez point voulu survivre à mes malheurs;*   1750
> *Et quelque douleur qui m'abatte,*
> *Ce n'est point pour vous que je meurs.*

CLÉOMÈNE

> *L'avons-nous mérité, nous dont toute la flamme*
> *N'a fait que vous lasser du récit de nos maux ?*

PSYCHÉ

> *Vous pouviez mériter, Princes, toute mon âme,*   1755
> *Si vous n'eussiez été rivaux.*
> *Ces qualités incomparables*
> *Qui de l'un et de l'autre accompagnaient les vœux,*
> *Vous rendaient tous deux trop aimables,*
> *Pour mépriser aucun des deux.*   1760

AGÉNOR

> *Vous avez pu sans être injuste ni cruelle*
> *Nous refuser un cœur réservé pour un Dieu.*
> *Mais revoyez Vénus : le Destin nous rappelle,*
> *Et nous force à vous dire adieu.*

PSYCHÉ

> *Ne vous donne-t-il point le loisir de me dire*   1765
> *Quel est ici votre séjour ?*

CLÉOMÈNE

> *Dans des bois toujours verts, où d'amour on respire,*
> *Aussitôt qu'on est mort d'amour.*
> *D'amour on y revit, d'amour on y soupire,*
> *Sous les plus douces lois de son heureux empire,*   1770
> *Et l'éternelle nuit n'ose en chasser le jour,*
> *Que lui-même il attire*
> *Sur nos fantômes, qu'il inspire,*
> *Et dont aux Enfers même il se fait une cour.*

AGÉNOR

Vos envieuses sœurs, après nous descendues,   1775
    Pour vous perdre se sont perdues;
    Et l'une et l'autre tour à tour,
Pour le prix d'un conseil qui leur coûte la vie,
A côté d'Ixion, à côté de Titye,
Souffrent tantôt la roue, et tantôt le vautour.   1780
L'Amour, par les Zéphyrs, s'est fait prompte justice
De leur envenimée et jalouse malice :
Ces ministres ailés de son juste courroux,
Sous couleur de les rendre encore auprès de vous,
Ont plongé l'une et l'autre au fond d'un précipice,   1785
Où le spectacle affreux de leurs corps déchirés
N'étale que le moindre et le premier supplice
    De ces conseils dont l'artifice
    Fait les maux dont vous soupirez.

PSYCHÉ

    Que je les plains!

CLÉOMÈNE

        Vous êtes seule à plaindre.   1790
Mais nous demeurons trop à vous entretenir :
Adieu. Puissions-nous vivre en votre souvenir!
Puissiez-vous, et bientôt, n'avoir plus rien à craindre!
Puisse, et bientôt, l'Amour vous enlever aux Cieux,
    Vous y mettre à côté des Dieux,   1795
Et, rallumant un feu qui ne se puisse éteindre,
Affranchir à jamais l'éclat de vos beaux yeux
    D'augmenter le jour en ces lieux!

SCÈNE III

PSYCHÉ

Pauvres amants! Leur amour dure encore.
    Tout morts qu'ils sont, l'un et l'autre m'adore,   1800
Moi dont la dureté reçut si mal leurs vœux.
Tu n'en fais pas ainsi, toi qui seul m'as ravie,
Amant, que j'aime encor cent fois plus que ma vie,
    Et qui brises de si beaux nœuds.
Ne me fuis plus, et souffre que j'espère   1805
Que tu pourras un jour rabaisser l'œil sur moi,
Qu'à force de souffrir j'aurai de quoi te plaire,
    De quoi me rengager ta foi.

Mais ce que j'ai souffert m'a trop défigurée,
          Pour rappeler un tel espoir;   1810
     L'œil abattu, triste, désespérée,
          Languissante, et décolorée,
          De quoi puis-je me prévaloir,
Si, par quelque miracle impossible à prévoir,
Ma beauté qui t'a plu ne se voit réparée ?   1815
     Je porte ici de quoi la réparer :
          Ce trésor de beauté divine,
Qu'en mes mains pour Vénus a remis Proserpine,
Enferme des appas dont je puis m'emparer,
          Et l'éclat en doit être extrême,   1820
          Puisque Vénus, la beauté même,
          Les demande pour se parer.
En dérober un peu serait-ce un si grand crime ?
Pour plaire aux yeux d'un Dieu qui s'est fait mon amant,
Pour regagner son cœur, et finir mon tourment,   1825
          Tout n'est-il pas trop légitime ?
Ouvrons. Quelles vapeurs m'offusquent le cerveau,
Et que vois-je sortir de cette boîte ouverte ?
Amour, si ta pitié ne s'oppose à ma perte,
Pour ne revivre plus je descends au tombeau.   1830

          Elle s'évanouit, et l'Amour descend auprès
          d'elle en volant.

SCÈNE IV

L'AMOUR, PSYCHÉ, *évanouie.*

L'AMOUR

Votre péril, Psyché, dissipe ma colère;
Ou plutôt de mes feux l'ardeur n'a point cessé,
Et, bien qu'au dernier point vous m'ayez su déplaire,
          Je ne me suis intéressé
          Que contre celle de ma mère.   1835
J'ai vu tous vos travaux, j'ai suivi vos malheurs,
Mes soupirs ont partout accompagné vos pleurs.
Tournez les yeux vers moi : je suis encor le même.
Quoi ? je dis et redis tout haut que je vous aime,
Et vous ne dites point, Psyché, que vous m'aimez !   1840
Est-ce que pour jamais vos beaux yeux sont fermés,

Qu'à jamais la clarté leur vient d'être ravie ?
O Mort, devais-tu prendre un dard si criminel,
Et, sans aucun respect pour mon être éternel,
    Attenter à ma propre vie ?   1845
    Combien de fois, ingrate Déité,
      Ai-je grossi ton noir empire,
  Par les mépris et par la cruauté
D'une orgueilleuse ou farouche beauté ?
    Combien même, s'il le faut dire,   1850
T'ai-je immolé de fidèles amants,
    A force de ravissements ?
    Va, je ne blesserai plus d'âmes,
    Je ne percerai plus de cœurs
Qu'avec des dards trempés aux divines liqueurs   1855
Qui nourrissent du Ciel les immortelles flammes,
Et n'en lancerai plus que pour faire, à tes yeux,
    Autant d'amants, autant de Dieux.
    Et vous, impitoyable mère,
    Qui la forcez à m'arracher   1860
    Tout ce que j'avais de plus cher,
Craignez à votre tour l'effet de ma colère.
    Vous me voulez faire la loi,
Vous qu'on voit si souvent la recevoir de moi !
Vous qui portez un cœur sensible comme un autre,   1865
Vous enviez au mien les délices du vôtre !
Mais dans ce même cœur j'enfoncerai des coups
Qui ne seront suivis que de chagrins jaloux;
Je vous accablerai de honteuses surprises,
Et choisirai partout à vos vœux les plus doux   1870
    Des Adonis et des Anchises
    Qui n'auront que haine pour vous.

SCÈNE V

VÉNUS, L'AMOUR, PSYCHÉ, *évanouie*

VÉNUS

  La menace est respectueuse,
Et d'un enfant qui fait le révolté
  La colère présomptueuse...   1875

L'AMOUR

Je ne suis plus enfant, et je l'ai trop été,
Et ma colère est juste autant qu'impétueuse.

VÉNUS

L'impétuosité s'en devrait retenir,
        Et vous pourriez vous souvenir
        Que vous me devez la naissance.   1880

L'AMOUR

        Et vous pourriez n'oublier pas
        Que vous avez un cœur et des appas
        Qui relèvent de ma puissance,
Que mon arc de la vôtre est l'unique soutien,
        Que sans mes traits elle n'est rien,   1885
        Et que si les cœurs les plus braves
En triomphe par vous se sont laissé traîner,
        Vous n'avez jamais fait d'esclaves
        Que ceux qu'il m'a plu d'enchaîner.
Ne me vantez donc plus ces droits de la naissance   1890
        Qui tyrannisent mes désirs;
Et si vous ne voulez perdre mille soupirs,
Songez, en me voyant, à la reconnaissance,
        Vous qui tenez de ma puissance
        Et votre gloire et vos plaisirs.   1895

VÉNUS

        Comment l'avez-vous défendue,
        Cette gloire dont vous parlez ?
        Comment me l'avez-vous rendue ?
Et quand vous avez vu mes autels désolés,
        Mes temples violés,   1900
        Mes honneurs ravalés,
Si vous avez pris part à tant d'ignominie,
        Comment en a-t-on vu punie
        Psyché, qui me les a volés ?
Je vous ai commandé de la rendre charmée   1905
        Du plus vil de tous les mortels,
Qui ne daignât répondre à son âme enflammée
        Que par des rebuts éternels,
        Par les mépris les plus cruels :
        Et vous-même l'avez aimée!   1910
Vous avez contre moi séduit des immortels;
C'est pour vous qu'à mes yeux les Zéphyrs l'ont cachée,
        Qu'Apollon même suborné,
        Par un oracle adroitement tourné,
        Me l'avait si bien arrachée   1915
        Que si sa curiosité

Par une aveugle défiance
Ne l'eût rendue à ma vengeance,
Elle échappait à mon cœur irrité.
Voyez l'état où votre amour l'a mise,   1920
Votre Psyché : son âme va partir;
Voyez, et si la vôtre en est encore éprise,
Recevez son dernier soupir.
Menacez, bravez-moi, cependant qu'elle expire :
Tant d'insolence vous sied bien,   1925
Et je dois endurer quoi qu'il vous plaise dire,
Moi qui sans vos traits ne puis rien.

L'Amour

Vous ne pouvez que trop, Déesse impitoyable :
Le Destin l'abandonne à tout votre courroux;
Mais soyez moins inexorable   1930
Aux prières, aux pleurs d'un fils à vos genoux.
Ce doit vous être un spectacle assez doux
De voir d'un œil Psyché mourante,
Et de l'autre ce fils, d'une voix suppliante
Ne vouloir plus tenir son bonheur que de vous.   1935
Rendez-moi ma Psyché, rendez-lui tous ses charmes,
Rendez-la, Déesse, à mes larmes,
Rendez à mon amour, rendez à ma douleur
Le charme de mes yeux, et le choix de mon cœur.

Vénus

Quelque amour que Psyché vous donne,   1940
De ses malheurs par moi n'attendez pas la fin :
Si le Destin me l'abandonne,
Je l'abandonne à son destin.
Ne m'importunez plus, et, dans cette infortune,
Laissez-la sans Vénus triompher, ou périr.   1945

L'Amour

Hélas! si je vous importune,
Je ne le ferais pas si je pouvais mourir.

Vénus

Cette douleur n'est pas commune,
Qui force un immortel à souhaiter la mort.

L'Amour

Voyez par son excès si mon amour est fort.   1950
Ne lui ferez-vous grâce aucune ?

VÉNUS

Je vous l'avoue, il me touche le cœur,
Votre amour; il désarme, il fléchit ma rigueur :
Votre Psyché reverra la lumière.

L'AMOUR

Que je vous vais partout faire donner d'encens!   1955

VÉNUS

Oui, vous la reverrez dans sa beauté première;
Mais de vos vœux reconnaissants
Je veux la déférence entière;
Je veux qu'un vrai respect laisse à mon amitié
Vous choisir une autre moitié.   1960

L'AMOUR

Et moi, je ne veux plus de grâce :
Je reprends toute mon audace,
Je veux Psyché, je veux sa foi,
Je veux qu'elle revive et revive pour moi,
Et tiens indifférent que votre haine lasse   1965
En faveur d'une autre se passe.
Jupiter qui paraît va juger entre nous
De mes emportements et de votre courroux.

> *Après quelques éclairs et roulements de ton-*
> *nerre, Jupiter paraît en l'air sur son aigle.*

SCÈNE DERNIÈRE

JUPITER, VÉNUS, L'AMOUR, PSYCHÉ

L'AMOUR

Vous à qui seul tout est possible,
Père des Dieux, souverain des mortels,   1970
Fléchissez la rigueur d'une mère inflexible,
Qui sans moi n'aurait point d'autels.
J'ai pleuré, j'ai prié, je soupire, menace,
Et perds menaces et soupirs :
Elle ne veut pas voir que de mes déplaisirs   1975
Dépend du monde entier l'heureuse ou triste face,
Et que si Psyché perd le jour,
Si Psyché n'est à moi, je ne suis plus l'Amour.

Oui, je romprai mon arc, je briserai mes flèches,
            J'éteindrai jusqu'à mon flambeau,   1980
Je laisserai languir la Nature au tombeau;
Ou, si je daigne aux cœurs faire encor quelques brèches,
Avec ces pointes d'or qui me font obéir,
Je vous blesserai tous là-haut pour des mortelles,
            Et ne décocherai sur elles   1985
Que des traits émoussés qui forcent à haïr,
            Et qui ne font que des rebelles,
            Des ingrates, et des cruelles.
            Par quelle tyrannique loi
Tiendrai-je à vous servir mes armes toujours prêtes   1990
Et vous ferai-je à tous conquêtes sur conquêtes,
Si vous me défendez d'en faire une pour moi ?

                    JUPITER

            Ma fille, sois-lui moins sévère.
Tu tiens de sa Psyché le destin en tes mains;
La Parque au moindre mot va suivre ta colère :   1995
Parle, et laisse-toi vaincre aux tendresses de mère,
Ou redoute un courroux que moi-même je crains.
            Veux-tu donner le monde en proie
A la haine, au désordre, à la confusion ?
            Et d'un dieu d'union,   2000
            D'un dieu de douceurs et de joie,
Faire un dieu d'amertume et de division ?
            Considère ce que nous sommes,
Et si les passions doivent nous dominer :
            Plus la vengeance a de quoi plaire aux hommes,   2005
            Plus il sied bien aux Dieux de pardonner.

                    VÉNUS

            Je pardonne à ce fils rebelle.
            Mais voulez-vous qu'il me soit reproché
            Qu'une misérable mortelle,
L'objet de mon courroux, l'orgueilleuse Psyché,   2010
            Sous ombre qu'elle est un peu belle,
            Par un hymen dont je rougis,
Souille mon alliance, et le lit de mon fils ?

                    JUPITER

            Hé bien! je la fais immortelle
            Afin d'y rendre tout égal.   2015

                    VÉNUS

Je n'ai plus de mépris ni de haine pour elle,
Et l'admets à l'honneur de ce nœud conjugal.

Psyché, reprenez la lumière,
Pour ne la reperdre jamais :
Jupiter a fait votre paix, 2020
Et je quitte cette humeur fière
Qui s'opposait à vos souhaits.

PSYCHÉ

C'est donc vous, ô grande Déesse,
Qui redonnez la vie à ce cœur innocent !

VÉNUS

Jupiter vous fait grâce, et ma colère cesse. 2025
Vivez, Vénus l'ordonne; aimez, elle y consent.

PSYCHÉ, à l'Amour.

Je vous revois enfin, cher objet de ma flamme !

L'AMOUR, à Psyché.

Je vous possède enfin, délices de mon âme !

JUPITER

Venez, amants, venez aux Cieux
Achever un si grand et si digne hyménée ; 2030
Viens-y, belle Psyché, changer de destinée,
Viens prendre place au rang des Dieux.

Deux grandes machines descendent aux deux
côtés de Jupiter, cependant qu'il dit ces der-
niers vers. Vénus avec sa suite monte dans
l'une, l'Amour avec Psyché dans l'autre, et
tous ensemble remontent au ciel.

Les divinités, qui avaient été partagées entre
Vénus et son fils, se réunissent en les voyant
d'accord ; et toutes ensemble, par des concerts,
des chants, et des danses, célèbrent la fête des
noces de l'Amour.

Apollon paraît le premier et, comme Dieu de
l'harmonie, commence à chanter, pour inviter
les autres Dieux à se réjouir.

RÉCIT D'APOLLON

Unissons-nous, troupe immortelle :
Le Dieu d'amour devient heureux amant,
Et Vénus a repris sa douceur naturelle
En faveur d'un fils si charmant; 2035
Il va goûter en paix, après un long tourment,
Une félicité qui doit être éternelle.

TOUTES LES DIVINITÉS *chantent ensemble ce couplet à la gloire*
de l'Amour.

Célébrons ce grand jour;
Célébrons tous une fête si belle;   2040
Que nos chants en tous lieux en portent la nouvelle,
Qu'ils fassent retentir le céleste séjour :
Chantons, répétons, tour à tour,
Qu'il n'est point d'âme si cruelle
Qui tôt ou tard ne se rende à l'Amour.   2045

APOLLON *continue :*

Le Dieu qui nous engage
A lui faire la cour
Défend qu'on soit trop sage :
Les plaisirs ont leur tour;
C'est leur plus doux usage   2050
Que de finir les soins du jour.
La nuit est le partage
Des jeux et de l'amour.

Ce serait grand dommage
Qu'en ce charmant séjour   2055
On eût un cœur sauvage :
Les plaisirs ont leur tour;
C'est leur plus doux usage
Que de finir les soins du jour.
La nuit est le partage   2060
Des jeux et de l'amour.

Deux Muses, qui ont toujours évité de s'enga-
ger sous les lois de l'Amour, conseillent aux
belles qui n'ont point encore aimé de s'en défendre
avec soin, à leur exemple.

CHANSON DES MUSES

Gardez-vous, beautés sévères :
Les amours font trop d'affaires;
Craignez toujours de vous laisser charmer.
Quand il faut que l'on soupire,   2065
Tout le mal n'est pas de s'enflammer :
Le martyre
De le dire
Coûte plus cent fois que d'aimer.

SECOND COUPLET DES MUSES

On ne peut aimer sans peines,   2070
Il est peu de douces chaînes,

A tout moment on se sent alarmer :
Quand il faut que l'on soupire,
Tout le mal n'est pas de s'enflammer;
Le martyre   2075
De le dire
Coûte plus cent fois que d'aimer.

> *Bacchus fait entendre qu'il n'est pas si dan-*
> *gereux que l'Amour.*

RÉCIT DE BACCHUS

Si quelquefois,
Suivant nos douces lois,
La raison se perd et s'oublie,   2080
Ce que le vin nous cause de folie
Commence et finit en un jour;
Mais quand un cœur est enivré d'amour,
Souvent c'est pour toute la vie.

ENTRÉE DE BALLET,

COMPOSÉE DE DEUX MÉNADES ET DE DEUX ÆGIPANS QUI SUIVENT BACCHUS

Mome déclare qu'il n'a point de plus doux emploi que de médire,
et que ce n'est qu'à l'Amour seul qu'il n'ose se jouer.

RÉCIT DE MOME

Je cherche à médire   2085
Sur la terre et dans les Cieux;
Je soumets à ma satire
Les plus grands des Dieux.
Il n'est dans l'univers que l'Amour qui m'étonne :
Il est le seul que j'épargne aujourd'hui;   2090
Il n'appartient qu'à lui
De n'épargner personne.

ENTRÉE DE BALLET,

COMPOSÉE DE QUATRE POLICHINELLES ET DE DEUX MATASSINS QUI
SUIVENT MOME, ET VIENNENT JOINDRE LEUR PLAISANTERIE ET LEUR
BADINAGE AUX DIVERTISSEMENTS DE CETTE GRANDE FÊTE.

Bacchus et Mome, qui les conduisent, chantent au milieu d'eux chacun une
chanson, Bacchus à la louange du vin, et Mome une chanson enjouée
sur le sujet et les avantages de la raillerie.

RÉCIT DE BACCHUS

Admirons le jus de la treille :
Qu'il est puissant! qu'il a d'attraits!
Il sert aux douceurs de la paix,   2095
Et dans la guerre il fait merveille;

Mais surtout pour les amours
Le vin est d'un grand secours.

RÉCIT DE MOME

Folâtrons, divertissons-nous,
Raillons, nous ne saurions mieux faire :   2100
La raillerie est nécessaire
    Dans les jeux les plus doux.
Sans la douceur que l'on goûte à médire,
On trouve peu de plaisirs sans ennui :
    Rien n'est si plaisant que de rire,   2105
    Quand on rit aux dépens d'autrui.
Plaisantons, ne pardonnons rien,
Rions, rien n'est plus à la mode :
On court péril d'être incommode
    En disant trop de bien.   2110
Sans la douceur que l'on goûte à médire,
On trouve peu de plaisirs sans ennui :
    Rien n'est si plaisant que de rire,
    Quand on rit aux dépens d'autrui.

Mars arrive au milieu du théâtre, suivi de
sa troupe guerrière, qu'il excite à profiter de
leur loisir en prenant part aux divertissements.

RÉCIT DE MARS

Laissons en paix toute la terre,   2115
Cherchons de doux amusements;
Parmi les jeux les plus charmants
Mêlons l'image de la guerre.

ENTRÉE DE BALLET

Suivants de Mars, qui font, en dansant avec des enseignes,
une manière d'exercice.

DERNIÈRE ENTRÉE DE BALLET

Les troupes différentes de la suite d'Apollon, de Bacchus, de Mome et de
Mars, après avoir achevé leurs entrées particulières, s'unissent ensemble,
et forment la dernière entrée, qui renferme toutes les autres.
Un chœur de toutes les voix et de tous les instruments, qui sont au nombre
de quarante, se joint à la danse générale et termine la fête des noces de
l'Amour et de Psyché.

DERNIER CHŒUR

Chantons les plaisirs charmants
    Des heureux amants;   2120

Que tout le Ciel s'empresse
A leur faire sa cour;
Célébrons ce beau jour
Par mille doux chants d'allégresse,
Célébrons ce beau jour   2125
Par mille doux chants pleins d'amour.

*Dans le grand salon du palais des Tuileries,
où* Psyché *a été représentée devant Leurs Majes-
tés, il y avait des timbales, des trompettes et
des tambours mêlés dans ces derniers concerts,
et ce dernier couplet se chantait ainsi :*

Chantons les plaisirs charmants
Des heureux amants.
Répondez-nous, trompettes,
Timbales et tambours;   2130
Accordez-vous toujours
Avec le doux son des musettes,
Accordez-vous toujours
Avec le doux chant des amours.

NOTICE
LES FOURBERIES DE SCAPIN

En attendant la fin des travaux de réfection de la salle du Palais-Royal pour la représentation de *Psyché*, Molière composa, sans doute en hâte, *les Fourberies de Scapin*. Il puisa un peu partout, reprit peut-être une de ses premières farces, perdue pour nous, *Gorgibus dans le sac*, s'inspira du *Phormion* de Térence, de la tradition populaire de Tabarin, se souvint de *la Sœur* de Rotrou, de *la Dupe amoureuse* de Rosimond et emprunta deux scènes au *Pédant joué* de son ami Cyrano de Bergerac. Mais de tous ces morceaux épars, grâce au rythme que son génie imprime à la farce, il fait des *Fourberies de Scapin* une pièce homogène, d'un mouvement croissant, dans laquelle les comédiens d'aujourd'hui voient le théâtre « à l'état pur ». Aucun souci de psychologie ou de peinture de mœurs ne vient gêner le mécanisme admirablement réglé de la farce. Tous les personnages sont des fantoches, des types de la comédie italienne, peut-être encore masqués, Scapin lui-même d'abord, valet fourbe et rusé emprunté à Beltrame, les couples d'amoureux et les ganaches de pères qui tournent autour de lui, en un ballet endiablé, comme hypnotisés par ce meneur de jeu sans pareil. Molière, après les grandes œuvres et au déclin de sa carrière, a retrouvé d'instinct le mouvement, la verve, les ressorts de la farce qu'il ressuscita dans sa jeunesse et qui laisse des traces jusque dans ses plus hautes œuvres. Laissons Boileau préférer *le Misanthrope* aux *Fourberies de Scapin* et ne comparons que des choses comparables. Ce qui est sûr, c'est que la seconde pièce, dans son genre bien entendu, est aussi réussie que la première dans le sien. La meilleure preuve en est qu'à la représentation cette farce, réglée comme un mouvement d'horlogerie de haute précision, produit devant n'importe quel auditoire un effet irrésistible. Le rythme, les retourne-

ments de situation, la virtuosité du dialogue et le jaillisse-
ment perpétuel de l'invention balaient toutes les objections.

La pièce, créée au Palais-Royal le 24 mai 1671, n'eut qu'un
médiocre succès, car elle fut bientôt effacée par le triomphe
de *Psyché*, et ne fut jouée que dix-huit fois. Mais, dans l'histoire posthume du théâtre de Molière, elle tient une place
des plus honorables. Tous les grands comiques ont voulu
s'essayer dans le rôle de Scapin; toutes les jeunes compagnies tiennent aujourd'hui à honneur d'avoir *les Fourberies de Scapin* à leur répertoire.

LES FOURBERIES DE SCAPIN

COMÉDIE

REPRÉSENTÉE POUR LA PREMIÈRE FOIS
A PARIS
SUR LE THÉÂTRE DE LA SALLE DU PALAIS-ROYAL
LE 24ᵉ MAI 1671
PAR LA

TROUPE DU ROI

PERSONNAGES

ARGANTE, père d'Octave et de Zerbinette.

GÉRONTE, père de Léandre et de Hyacinte.

OCTAVE, fils d'Argante, et amant de Hyacinte.

LÉANDRE, fils de Géronte, et amant de Zerbinette.

ZERBINETTE, crue Égyptienne, et reconnue fille d'Argante, et amante de Léandre.

HYACINTE, fille de Géronte, et amante d'Octave.

SCAPIN, valet de Léandre, et fourbe.

SILVESTRE, valet d'Octave.

NÉRINE, nourrice de Hyacinte.

CARLE, fourbe.

DEUX PORTEURS.

La scène est à Naples.

ACTE PREMIER

SCÈNE I

OCTAVE, SILVESTRE

Octave. — Ah! fâcheuses nouvelles pour un cœur amoureux! Dures extrémités où je me vois réduit! Tu viens, Silvestre, d'apprendre au port que mon père revient?

Silvestre. — Oui.

Octave. — Qu'il arrive ce matin même?

Silvestre. — Ce matin même.

Octave. — Et qu'il revient dans la résolution de me marier?

Silvestre. — Oui.

Octave. — Avec une fille du seigneur Géronte?

Silvestre. — Du seigneur Géronte.

Octave. — Et que cette fille est mandée de Tarente ici pour cela?

Silvestre. — Oui.

Octave. — Et tu tiens ces nouvelles de mon oncle?

Silvestre. — De votre oncle.

Octave. — A qui mon père les a mandées par une lettre?

Silvestre. — Par une lettre.

Octave. — Et cet oncle, dis-tu, suit toutes nos affaires.

Silvestre. — Toutes nos affaires.

Octave. — Ah! parle, si tu veux, et ne te fais point, de la sorte, arracher les mots de la bouche.

Silvestre. — Qu'ai-je à parler davantage? Vous n'oubliez aucune circonstance, et vous dites les choses tout justement comme elles sont.

Octave. — Conseille-moi, du moins, et me dis ce que je dois faire dans ces cruelles conjonctures.

SILVESTRE. — Ma foi! je m'y trouve autant embarrassé que vous, et j'aurais bon besoin que l'on me conseillât moi-même.

OCTAVE. — Je suis assassiné par ce maudit retour.

SILVESTRE. — Je ne le suis pas moins.

OCTAVE. — Lorsque mon père apprendra les choses, je vais voir fondre sur moi un orage soudain d'impétueuses réprimandes.

SILVESTRE. — Les réprimandes ne sont rien; et plût au Ciel que j'en fusse quitte à ce prix! mais j'ai bien la mine, pour moi, de payer plus cher vos folies, et je vois se former de loin un nuage de coups de bâton qui crèvera sur mes épaules.

OCTAVE. — O Ciel! par où sortir de l'embarras où je me trouve?

SILVESTRE. — C'est à quoi vous deviez songer, avant que de vous y jeter.

OCTAVE. — Ah! tu me fais mourir par tes leçons hors de saison.

SILVESTRE. — Vous me faites bien plus mourir par vos actions étourdies.

OCTAVE. — Que dois-je faire? Quelle résolution prendre? A quel remède recourir?

SCÈNE II

SCAPIN, OCTAVE, SILVESTRE

SCAPIN. — Qu'est-ce, seigneur Octave, qu'avez-vous? Qu'y a-t-il? Quel désordre est-ce là? Je vous vois tout troublé.

OCTAVE. — Ah! mon pauvre Scapin, je suis perdu, je suis désespéré, je suis le plus infortuné de tous les hommes.

SCAPIN. — Comment?

OCTAVE. — N'as-tu rien appris de ce qui me regarde?

SCAPIN. — Non.

OCTAVE. — Mon père arrive avec le seigneur Géronte, et ils me veulent marier.

SCAPIN. — Hé bien! qu'y a-t-il là de si funeste?

OCTAVE. — Hélas! tu ne sais pas la cause de mon inquiétude?

SCAPIN. — Non; mais il ne tiendra qu'à vous que je ne la

sache bientôt; et je suis homme consolatif, homme à m'intéresser aux affaires des jeunes gens.

OCTAVE. — Ah! Scapin, si tu pouvais trouver quelque invention, forger quelque machine, pour me tirer de la peine où je suis, je croirais t'être redevable de plus que de la vie.

SCAPIN. — A vous dire la vérité, il y a peu de choses qui me soient impossibles, quand je m'en veux mêler. J'ai sans doute reçu du Ciel un génie assez beau pour toutes les fabriques de ces gentillesses d'esprit, de ces galanteries ingénieuses à qui le vulgaire ignorant donne le nom de fourberies; et je puis dire, sans vanité, qu'on n'a guère vu d'homme qui fût plus habile ouvrier de ressorts et d'intrigues, qui ait acquis plus de gloire que moi dans ce noble métier; mais, ma foi! le mérite est trop maltraité aujourd'hui, et j'ai renoncé à toutes choses depuis certain chagrin d'une affaire qui m'arriva.

OCTAVE. — Comment ? quelle affaire, Scapin ?

SCAPIN. — Une aventure où je me brouillai avec la justice.

OCTAVE. — La justice!

SCAPIN. — Oui, nous eûmes un petit démêlé ensemble.

SILVESTRE. — Toi et la justice!

SCAPIN. — Oui. Elle en usa fort mal avec moi, et je me dépitai de telle sorte contre l'ingratitude du siècle que je résolus de ne plus rien faire. Baste! Ne laissez pas de me conter votre aventure.

OCTAVE. — Tu sais, Scapin, qu'il y a deux mois que le seigneur Géronte et mon père s'embarquèrent ensemble pour un voyage qui regarde certain commerce où leurs intérêts sont mêlés.

SCAPIN. — Je sais cela.

OCTAVE. — Et que Léandre et moi nous fûmes laissés par nos pères, moi sous la conduite de Silvestre, et Léandre sous ta direction.

SCAPIN. — Oui : je me suis fort bien acquitté de ma charge.

OCTAVE. — Quelque temps après, Léandre fit rencontre d'une jeune Égyptienne dont il devint amoureux.

SCAPIN. — Je sais cela encore.

OCTAVE. — Comme nous sommes grands amis, il me fit aussitôt confidence de son amour, et me mena voir cette fille, que je trouvai belle à la vérité, mais non pas tant qu'il voulait que je la trouvasse. Il ne m'entretenait que d'elle chaque jour; m'exagérait à tous moments sa beauté et sa grâce ; me louait son esprit, et me parlait avec transport des charmes de son entretien, dont il me rapportait jusqu'aux moindres paroles, qu'il s'efforçait toujours de me faire trouver les plus spirituelles du monde. Il me querellait quelquefois de n'être pas assez sensible aux choses qu'il me venait dire, et me blâmait sans cesse de l'indifférence où j'étais pour les feux de l'amour.

SCAPIN. — Je ne vois pas encore où ceci veut aller.

OCTAVE. — Un jour que je l'accompagnais pour aller chez les gens qui gardent l'objet de ses vœux, nous entendîmes, dans une petite maison d'une rue écartée, quelques plaintes mêlées de beaucoup de sanglots. Nous demandons ce que c'est. Une femme nous dit, en soupirant, que nous pouvions voir là quelque chose de pitoyable en des personnes étrangères, et qu'à moins que d'être insensibles, nous en serions touchés.

SCAPIN. — Où est-ce que cela nous mène ?

OCTAVE. — La curiosité me fit presser Léandre de voir ce que c'était. Nous entrons dans une salle, où nous voyons une vieille femme mourante, assistée d'une servante qui faisait des regrets, et d'une jeune fille toute fondante en larmes, la plus belle et la plus touchante qu'on puisse jamais voir.

SCAPIN. — Ah, ah !

OCTAVE. — Un autre aurait paru effroyable en l'état où elle était ; car elle n'avait pour habillement qu'une méchante petite jupe avec des brassières de nuit qui étaient de simple futaine ; et sa coiffure était une cornette jaune, retroussée au haut de sa tête, qui laissait tomber en désordre ses cheveux sur ses épaules ; et cependant, faite comme cela, elle brillait de mille attraits, et ce n'était qu'agréments et que charmes que toute sa personne.

SCAPIN. — Je sens venir les choses.

OCTAVE. — Si tu l'avais vue, Scapin, en l'état que je dis, tu l'aurais trouvée admirable.

SCAPIN. — Oh ! je n'en doute point ; et, sans l'avoir vue, je vois bien qu'elle était tout à fait charmante.

OCTAVE. — Ses larmes n'étaient point de ces larmes désagréables qui défigurent un visage ; elle avait à pleurer une grâce touchante, et sa douleur était la plus belle du monde.

SCAPIN. — Je vois tout cela.

OCTAVE. — Elle faisait fondre chacun en larmes, en se jetant amoureusement sur le corps de cette mourante, qu'elle appelait sa chère mère ; et il n'y avait personne qui n'eût l'âme percée de voir un si bon naturel.

SCAPIN. — En effet, cela est touchant ; et je vois bien que ce bon naturel-là vous la fit aimer.

OCTAVE. — Ah ! Scapin, un barbare l'aurait aimée.

SCAPIN. — Assurément : le moyen de s'en empêcher ?

OCTAVE. — Après quelques paroles, dont je tâchai d'adoucir la douleur de cette charmante affligée, nous sortîmes de là ; et demandant à Léandre ce qu'il lui semblait de cette personne, il me répondit froidement qu'il la trouvait assez jolie. Je fus piqué de la froideur avec laquelle il m'en parlait, et je ne voulus point lui découvrir l'effet que ses beautés avaient fait sur mon âme.

SILVESTRE. — Si vous n'abrégez ce récit, nous en voilà pour jusqu'à demain. Laissez-le-moi finir en deux mots. Son cœur prend feu dès ce moment. Il ne saurait plus vivre, qu'il n'aille consoler son aimable affligée. Ses fréquentes visites sont rejetées de la servante, devenue la gouvernante par le trépas de la mère : voilà mon homme au désespoir. Il presse, supplie, conjure : point d'affaire. On lui dit que la fille, quoique sans bien, et sans appui, est de famille honnête ; et qu'à moins que de l'épouser, on ne peut souffrir ses poursuites. Voilà son amour augmenté par les difficultés. Il consulte dans sa tête, agite, raisonne, balance, prend sa résolution : le voilà marié avec elle depuis trois jours.

SCAPIN. — J'entends.

SILVESTRE. — Maintenant mets avec cela le retour imprévu du père, qu'on n'attendait que dans deux mois ; la découverte que l'oncle a faite du secret de notre mariage, et l'autre mariage qu'on veut faire de lui avec la fille que le seigneur Géronte a eue d'une seconde femme qu'on dit qu'il a épousée à Tarente.

OCTAVE. — Et par-dessus tout cela mets encore l'indigence où se trouve cette aimable personne, et l'impuissance où je me vois d'avoir de quoi la secourir.

SCAPIN. — Est-ce là tout ? Vous voilà bien embarrassés tous deux pour une bagatelle. C'est bien là de quoi se tant alarmer. N'as-tu point de honte, toi, de demeurer court à si peu de chose ? Que diable ! te voilà grand et gros comme père et mère, et tu ne saurais trouver dans ta tête, forger dans ton esprit quelque ruse galante, quelque honnête petit stratagème, pour ajuster vos affaires ? Fi ! peste soit du butor ! Je voudrais bien que l'on m'eût donné autrefois nos vieillards à duper ; je les aurais joués tous deux par-dessous la jambe ; et je n'étais pas plus grand que cela que je me signalais déjà par cent tours d'adresse jolis.

SILVESTRE. — J'avoue que le Ciel ne m'a pas donné tes talents, et que je n'ai pas l'esprit, comme toi, de me brouiller avec la justice.

OCTAVE. — Voici mon aimable Hyacinte.

SCÈNE III

HYACINTE, OCTAVE, SCAPIN, SILVESTRE

HYACINTE. — Ah! Octave, est-il vrai ce que Silvestre vient de dire à Nérine ? que votre père est de retour, et qu'il veut vous marier ?

OCTAVE. — Oui, belle Hyacinte, et ces nouvelles m'ont donné une atteinte cruelle. Mais que vois-je ? vous pleurez! Pourquoi ces larmes ? Me soupçonnez-vous, dites-moi, de quelque infidélité, et n'êtes-vous pas assurée de l'amour que j'ai pour vous ?

HYACINTE. — Oui, Octave, je suis sûre que vous m'aimez; mais je ne le suis pas que vous m'aimiez toujours.

OCTAVE. — Eh! peut-on vous aimer qu'on ne vous aime toute sa vie ?

HYACINTE. — J'ai ouï dire, Octave, que votre sexe aime moins longtemps que le nôtre, et que les ardeurs que les hommes font voir sont des feux qui s'éteignent aussi facilement qu'ils naissent.

OCTAVE. — Ah! ma chère Hyacinte, mon cœur n'est donc pas fait comme celui des autres hommes, et je sens bien pour moi que je vous aimerai jusqu'au tombeau.

HYACINTE. — Je veux croire que vous sentez ce que vous dites, et je ne doute point que vos paroles ne soient sincères; mais je crains un pouvoir qui combattra dans votre cœur les tendres sentiments que vous pouvez avoir pour moi. Vous dépendez d'un père, qui veut vous marier à une autre personne; et je suis sûre que je mourrai, si ce malheur m'arrive.

OCTAVE. — Non, belle Hyacinte, il n'y a point de père qui puisse me contraindre à vous manquer de foi, et je me résoudrai à quitter mon pays, et le jour même, s'il est besoin, plutôt qu'à vous quitter. J'ai déjà pris, sans l'avoir vue, une aversion effroyable pour celle que l'on me destine; et, sans être cruel, je souhaiterais que la mer l'écartât d'ici pour jamais. Ne pleurez donc point, je vous prie, mon aimable Hyacinte, car vos larmes me tuent, et je ne les puis voir sans me sentir percer le cœur.

HYACINTE. — Puisque vous le voulez, je veux bien essuyer mes pleurs, et j'attendrai d'un œil constant ce qu'il plaira au Ciel de résoudre de moi.

OCTAVE. — Le Ciel nous sera favorable.

HYACINTE. — Il ne saurait m'être contraire, si vous m'êtes fidèle.

OCTAVE. — Je le serai assurément.

HYACINTE. — Je serai donc heureuse.

SCAPIN, *à part.* — Elle n'est pas tant sotte, ma foi! et je la trouve assez passable.

OCTAVE, *montrant Scapin.* — Voici un homme qui pourrait bien, s'il le voulait, nous être, dans tous nos besoins, d'un secours merveilleux.

SCAPIN. — J'ai fait de grands serments de ne me mêler plus du monde; mais, si vous m'en priez bien fort tous deux, peut-être...

OCTAVE. — Ah! s'il ne tient qu'à te prier bien fort pour obtenir ton aide, je te conjure de tout mon cœur de prendre la conduite de notre barque.

SCAPIN, *à Hyacinte.* — Et vous, ne me dites-vous rien?

HYACINTE. — Je vous conjure, à son exemple, par tout ce qui vous est le plus cher au monde, de vouloir servir notre amour.

SCAPIN. — Il faut se laisser vaincre, et avoir de l'humanité. Allez, je veux m'employer pour vous.

OCTAVE. — Crois que...

SCAPIN. — Chut! *(A Hyacinte.)* Allez-vous-en, vous, et soyez en repos. *(A Octave.)* Et vous, préparez-vous à soutenir avec fermeté l'abord de votre père.

OCTAVE. — Je t'avoue que cet abord me fait trembler par avance, et j'ai une timidité naturelle que je ne saurais vaincre.

SCAPIN. — Il faut pourtant paraître ferme au premier choc, de peur que, sur votre faiblesse, il ne prenne le pied de vous mener comme un enfant. Là, tâchez de vous composer par étude un peu de hardiesse, et songez à répondre résolument sur tout ce qu'il pourra vous dire.

OCTAVE. — Je ferai du mieux que je pourrai.

SCAPIN. — Çà, essayons un peu, pour vous accoutumer. Répétons un peu votre rôle et voyons si vous ferez bien. Allons. La mine résolue, la tête haute, les regards assurés.

OCTAVE. — Comme cela?

SCAPIN. — Encore un peu davantage.

OCTAVE. — Ainsi?

SCAPIN. — Bon. Imaginez-vous que je suis votre père qui

arrive, et répondez-moi fermement, comme si c'était à lui-
même. « Comment, pendard, vaurien, infâme, fils indigne
d'un père comme moi, oses-tu bien paraître devant mes
yeux, après tes bons déportements, après le lâche tour que
tu m'as joué pendant mon absence ? Est-ce là le fruit de
mes soins, maraud ? est-ce là le fruit de mes soins ? le
respect qui m'est dû ? le respect que tu me conserves ? »
Allons donc. « Tu as l'insolence, fripon, de t'engager sans
le consentement de ton père, de contracter un mariage
clandestin ? Réponds-moi, coquin, réponds-moi. Voyons
un peu tes belles raisons. » Oh ! que diable ! vous demeurez
interdit !

OCTAVE. — C'est que je m'imagine que c'est mon père
que j'entends.

SCAPIN. — Eh ! oui. C'est par cette raison qu'il ne faut
pas être comme un innocent.

OCTAVE. — Je m'en vais prendre plus de résolution, et
je répondrai fermement.

SCAPIN. — Assurément ?

OCTAVE. — Assurément.

SILVESTRE. — Voilà votre père qui vient.

OCTAVE. — O Ciel ! je suis perdu.

SCAPIN. — Holà ! Octave, demeurez. Octave ! Le voilà
enfui. Quelle pauvre espèce d'homme ! Ne laissons pas
d'attendre le vieillard.

SILVESTRE. — Que lui dirai-je ?

SCAPIN. — Laisse-moi dire, moi, et ne fais que me suivre.

SCÈNE IV

ARGANTE, SCAPIN, SILVESTRE

ARGANTE, *se croyant seul.* — A-t-on jamais ouï parler
d'une action pareille à celle-là ?

SCAPIN, *à Silvestre.* — Il a déjà appris l'affaire, et elle
lui tient si fort en tête que tout seul il en parle haut.

ARGANTE, *se croyant seul.* — Voilà une témérité bien
grande !

SCAPIN, *à Silvestre.* — Écoutons-le un peu.

ARGANTE, *se croyant seul.* — Je voudrais bien savoir ce
qu'ils me pourront dire sur ce beau mariage.

SCAPIN, *à part.* — Nous y avons songé.

ARGANTE, *se croyant seul.* — Tâcheront-ils de me nier la
chose ?

SCAPIN, *à part*. — Non, nous n'y pensons pas.

ARGANTE, *se croyant seul*. — Ou s'ils entreprendront de l'excuser ?

SCAPIN, *à part*. — Celui-là se pourra faire.

ARGANTE, *se croyant seul*. — Prétendront-ils m'amuser par des contes en l'air ?

SCAPIN, *à part*. — Peut-être.

ARGANTE, *se croyant seul*. — Tous leurs discours seront inutiles.

SCAPIN, *à part*. — Nous allons voir.

ARGANTE, *se croyant seul*. — Ils ne m'en donneront point à garder.

SCAPIN, *à part*. — Ne jurons de rien.

ARGANTE, *se croyant seul*. — Je saurai mettre mon pendard de fils en lieu de sûreté.

SCAPIN, *à part*. — Nous y pourvoirons.

ARGANTE, *se croyant seul*. — Et pour le coquin de Silvestre, je le rouerai de coups.

SILVESTRE, *à Scapin*. — J'étais bien étonné s'il m'oubliait.

ARGANTE, *apercevant Silvestre*. — Ah! ah! vous voilà donc, sage gouverneur de famille, beau directeur de jeunes gens.

SCAPIN. — Monsieur, je suis ravi de vous voir de retour.

ARGANTE. — Bonjour, Scapin. *(A Silvestre.)* Vous avez suivi mes ordres vraiment d'une belle manière, et mon fils s'est comporté fort sagement pendant mon absence.

SCAPIN. — Vous vous portez bien, à ce que je vois ?

ARGANTE. — Assez bien. *(A Silvestre.)* Tu ne dis mot, coquin, tu ne dis mot.

SCAPIN. — Votre voyage a-t-il été bon ?

ARGANTE. — Mon Dieu! fort bon. Laisse-moi un peu quereller en repos.

SCAPIN. — Vous voulez quereller ?

ARGANTE. — Oui, je veux quereller.

SCAPIN. — Et qui, Monsieur ?

ARGANTE, *montrant Silvestre*. — Ce maraud-là.

SCAPIN. — Pourquoi ?

ARGANTE. — Tu n'as pas ouï parler de ce qui s'est passé dans mon absence ?

SCAPIN. — J'ai bien ouï parler de quelque petite chose.

ARGANTE. — Comment quelque petite chose! Une action de cette nature ?

SCAPIN. — Vous avez quelque raison.

ARGANTE. — Une hardiesse pareille à celle-là ?

SCAPIN. — Cela est vrai.

ARGANTE. — Un fils qui se marie sans le consentement de son père ?

SCAPIN. — Oui, il y a quelque chose à dire à cela. Mais je serais d'avis que vous ne fissiez point de bruit.

ARGANTE. — Je ne suis pas de cet avis, moi, et je veux faire du bruit tout mon soûl. Quoi ? tu ne trouves pas que j'aie tous les sujets du monde d'être en colère ?

SCAPIN. — Si fait. J'y ai d'abord été, moi, lorsque j'ai su la chose, et je me suis intéressé pour vous, jusqu'à quereller votre fils. Demandez-lui un peu quelles belles réprimandes je lui ai faites, et comme je l'ai chapitré sur le peu de respect qu'il gardait à un père dont il devait baiser les pas ? On ne peut pas lui mieux parler, quand ce serait vous-même. Mais quoi ? je me suis rendu à la raison, et j'ai considéré que, dans le fond, il n'a pas tant de tort qu'on pourrait croire.

ARGANTE. — Que me viens-tu conter ? Il n'a pas tant de tort de s'aller marier de but en blanc avec une inconnue ?

SCAPIN. — Que voulez-vous ? il y a été poussé par sa destinée.

ARGANTE. — Ah! ah! voici une raison la plus belle du monde. On n'a plus qu'à commettre tous les crimes imaginables, tromper, voler, assassiner, et dire pour excuse qu'on y a été poussé par sa destinée.

SCAPIN. — Mon Dieu! vous prenez mes paroles trop en philosophe. Je veux dire qu'il s'est trouvé fatalement engagé dans cette affaire.

ARGANTE. — Et pourquoi s'y engageait-il ?

SCAPIN. — Voulez-vous qu'il soit aussi sage que vous ? Les jeunes gens sont jeunes, et n'ont pas toute la prudence qu'il leur faudrait pour ne rien faire que de raisonnable : témoin notre Léandre, qui, malgré toutes mes leçons, malgré toutes mes remontrances, est allé faire de son côté pis encore que votre fils. Je voudrais bien savoir si vous-même n'avez pas été jeune, et n'avez pas, dans votre temps, fait des fredaines comme les autres. J'ai ouï dire, moi, que vous avez été autrefois un compagnon parmi les femmes, que vous faisiez de votre drôle avec les plus galantes de ce temps-là, et que vous n'en approchiez point que vous ne poussassiez à bout.

ARGANTE. — Cela est vrai, j'en demeure d'accord; mais je m'en suis toujours tenu à la galanterie, et je n'ai point été jusqu'à faire ce qu'il a fait.

SCAPIN. — Que vouliez-vous qu'il fît ? Il voit une jeune personne qui lui veut du bien (car il tient cela de vous,

d'être aimé de toutes les femmes). Il la trouve charmante.
Il lui rend des visites, lui conte des douceurs, soupire
galamment, fait le passionné. Elle se rend à sa poursuite.
Il pousse sa fortune. Le voilà surpris avec elle par ses
parents, qui, la force à la main, le contraignent de l'épouser.

SILVESTRE, *à part*. — L'habile fourbe que voilà !

SCAPIN. — Eussiez-vous voulu qu'il se fût laissé tuer ?
Il vaut mieux encore être marié qu'être mort.

ARGANTE. — On ne m'a pas dit que l'affaire se soit ainsi
passée.

SCAPIN, *montrant Silvestre*. — Demandez-lui plutôt : il
ne vous dira pas le contraire.

ARGANTE, *à Silvestre*. — C'est par force qu'il a été marié ?

SILVESTRE. — Oui, Monsieur.

SCAPIN. — Voudrais-je vous mentir ?

ARGANTE. — Il devait donc aller tout aussitôt protester
de violence chez un notaire.

SCAPIN. — C'est ce qu'il n'a pas voulu faire.

ARGANTE. — Cela m'aurait donné plus de facilité à
rompre ce mariage.

SCAPIN. — Rompre ce mariage !

ARGANTE. — Oui.

SCAPIN. — Vous ne le romprez point.

ARGANTE. — Je ne le romprai point ?

SCAPIN. — Non.

ARGANTE. — Quoi ? je n'aurai pas pour moi les droits
de père, et la raison de la violence qu'on a faite à mon fils ?

SCAPIN. — C'est une chose dont il ne demeurera pas
d'accord.

ARGANTE. — Il n'en demeurera pas d'accord ?

SCAPIN. — Non.

ARGANTE. — Mon fils ?

SCAPIN. — Votre fils. Voulez-vous qu'il confesse qu'il
ait été capable de crainte, et que ce soit par force qu'on lui
ait fait faire les choses ? Il n'a garde d'aller avouer cela.
Ce serait se faire tort, et se montrer indigne d'un père
comme vous.

ARGANTE. — Je me moque de cela.

SCAPIN. — Il faut, pour son honneur, et pour le vôtre,
qu'il dise dans le monde que c'est de bon gré qu'il l'a
épousée.

ARGANTE. — Et je veux, moi, pour mon honneur et pour
le sien, qu'il dise le contraire.

SCAPIN. — Non, je suis sûr qu'il ne le fera pas.

ARGANTE. — Je l'y forcerai bien.

Scapin. — Il ne le fera pas, vous dis-je.

Argante. — Il le fera, ou je le déshériterai.

Scapin. — Vous ?

Argante. — Moi.

Scapin. — Bon.

Argante. — Comment, bon !

Scapin. — Vous ne le déshériterez point.

Argante. — Je ne le déshériterai point ?

Scapin. — Non.

Argante. — Non ?

Scapin. — Non.

Argante. — Hoy ! Voici qui est plaisant : je ne déshériterai pas mon fils.

Scapin. — Non, vous dis-je.

Argante. — Qui m'en empêchera ?

Scapin. — Vous-même.

Argante. — Moi ?

Scapin. — Oui. Vous n'aurez pas ce cœur-là.

Argante. — Je l'aurai.

Scapin. — Vous vous moquez.

Argante. — Je ne me moque point.

Scapin. — La tendresse paternelle fera son office.

Argante. — Elle ne fera rien.

Scapin. — Oui, oui.

Argante. — Je vous dis que cela sera.

Scapin. — Bagatelles.

Argante. — Il ne faut point dire bagatelles.

Scapin. — Mon Dieu ! je vous connais, vous êtes bon
naturellement.

Argante. — Je ne suis point bon, et je suis méchant
quand je veux. Finissons ce discours qui m'échauffe la
bile. *(A Silvestre.)* Va-t'en, pendard, va-t'en me chercher
mon fripon, tandis que j'irai rejoindre le seigneur Géronte,
pour lui conter ma disgrâce.

Scapin. — Monsieur, si je puis vous être utile en quelque
chose, vous n'avez qu'à me commander.

Argante. — Je vous remercie. *(A part.)* Ah ! pourquoi
faut-il qu'il soit fils unique ! et que n'ai-je à cette heure la
fille que le Ciel m'a ôtée, pour la faire mon héritière !

SCÈNE V

SCAPIN, SILVESTRE

SILVESTRE. — J'avoue que tu es un grand homme, et voilà l'affaire en bon train; mais l'argent, d'autre part, nous presse pour notre subsistance, et nous avons, de tous côtés, des gens qui aboient après nous.

SCAPIN. — Laisse-moi faire, la machine est trouvée. Je cherche seulement dans ma tête un homme qui nous soit affidé, pour jouer un personnage dont j'ai besoin. Attends. Tiens-toi un peu. Enfonce ton bonnet en méchant garçon. Campe-toi sur un pied. Mets la main au côté. Fais les yeux furibonds. Marche un peu en roi de théâtre. Voilà qui est bien. Suis-moi. J'ai des secrets pour déguiser ton visage et ta voix.

SILVESTRE. — Je te conjure au moins de ne m'aller point brouiller avec la justice.

SCAPIN. — Va, va : nous partagerons les périls en frères; et trois ans de galère de plus ou de moins ne sont pas pour arrêter un noble cœur.

ACTE II

SCÈNE I

GÉRONTE, ARGANTE

GÉRONTE. — Oui, sans doute, par le temps qu'il fait, nous aurons ici nos gens aujourd'hui; et un matelot qui vient de Tarente m'a assuré qu'il avait vu mon homme qui était près de s'embarquer. Mais l'arrivée de ma fille trouvera les choses mal disposées à ce que nous nous proposions; et ce que vous venez de m'apprendre de votre fils rompt étrangement les mesures que nous avions prises ensemble.

ARGANTE. — Ne vous mettez pas en peine : je vous réponds de renverser tout cet obstacle, et j'y vais travailler de ce pas.

GÉRONTE. — Ma foi! seigneur Argante, voulez-vous
que je vous dise? l'éducation des enfants est une chose à
quoi il faut s'attacher fortement.

ARGANTE. — Sans doute. A quel propos cela?

GÉRONTE. — A propos de ce que les mauvais déportements des jeunes gens viennent le plus souvent de la mauvaise éducation que leurs pères leur donnent.

ARGANTE. — Cela arrive parfois. Mais que voulez-vous
dire par là?

GÉRONTE. — Ce que je veux dire par là?

ARGANTE. — Oui.

GÉRONTE. — Que si vous aviez, en brave père, bien morigéné votre fils, il ne vous aurait pas joué le tour qu'il vous
a fait.

ARGANTE. — Fort bien. De sorte donc que vous avez
bien mieux morigéné le vôtre?

GÉRONTE. — Sans doute, et je serais bien fâché qu'il
m'eût rien fait approchant de cela.

ARGANTE. — Et si ce fils que vous avez, en brave père,
si bien morigéné, avait fait pis encore que le mien? Eh?

GÉRONTE. — Comment?

ARGANTE. — Comment?

GÉRONTE. — Qu'est-ce que cela veut dire?

ARGANTE. — Cela veut dire, seigneur Géronte, qu'il ne
faut pas être si prompt à condamner la conduite des
autres; et que ceux qui veulent gloser doivent bien regarder
chez eux s'il n'y a rien qui cloche.

GÉRONTE. — Je n'entends point cette énigme.

ARGANTE. — On vous l'expliquera.

GÉRONTE. — Est-ce que vous auriez ouï dire quelque
chose de mon fils?

ARGANTE. — Cela se peut faire.

GÉRONTE. — Et quoi encore?

ARGANTE. — Votre Scapin, dans mon dépit, ne m'a dit
la chose qu'en gros; et vous pourrez de lui, ou de quelque
autre, être instruit du détail. Pour moi, je vais vite consulter
un avocat, et aviser des biais que j'ai à prendre. Jusqu'au
revoir.

SCÈNE II

LÉANDRE, GÉRONTE

GÉRONTE, *seul*. — Que pourrait-ce être que cette affaire-
ci? Pis encore que le sien? Pour moi, je ne vois pas ce

que l'on peut faire de pis; et je trouve que se marier sans le consentement de son père est une action qui passe tout ce qu'on peut s'imaginer. Ah! vous voilà.

LÉANDRE, *en courant à lui pour l'embrasser.* — Ah! mon père, que j'ai de joie de vous voir de retour!

GÉRONTE, *refusant de l'embrasser.* — Doucement. Parlons un peu d'affaire.

LÉANDRE. — Souffrez que je vous embrasse, et que...

GÉRONTE, *le repoussant encore.* — Doucement, vous dis-je.

LÉANDRE. — Quoi? vous me refusez, mon père, de vous exprimer mon transport par mes embrassements!

GÉRONTE. — Oui! nous avons quelque chose à démêler ensemble.

LÉANDRE. — Et quoi?

GÉRONTE. — Tenez-vous, que je vous voie en face.

LÉANDRE. — Comment?

GÉRONTE. — Regardez-moi entre deux yeux.

LÉANDRE. — Hé bien?

GÉRONTE. — Qu'est-ce donc qu'il s'est passé ici?

LÉANDRE. — Ce qui s'est passé?

GÉRONTE. — Oui. Qu'avez-vous fait dans mon absence?

LÉANDRE. — Que voulez-vous, mon père, que j'aie fait?

GÉRONTE. — Ce n'est pas moi qui veux que vous ayez fait, mais qui demande ce que c'est que vous avez fait.

LÉANDRE. — Moi, je n'ai fait aucune chose dont vous ayez lieu de vous plaindre.

GÉRONTE. — Aucune chose?

LÉANDRE. — Non.

GÉRONTE. — Vous êtes bien résolu.

LÉANDRE. — C'est que je suis sûr de mon innocence.

GÉRONTE. — Scapin pourtant a dit de vos nouvelles.

LÉANDRE. — Scapin!

GÉRONTE. — Ah! ah! ce mot vous fait rougir.

LÉANDRE. — Il vous a dit quelque chose de moi?

GÉRONTE. — Ce lieu n'est pas tout à fait propre à vider cette affaire, et nous allons l'examiner ailleurs. Qu'on se rende au logis. J'y vais revenir tout à l'heure. Ah! traître, s'il faut que tu me déshonores, je te renonce pour mon fils, et tu peux bien pour jamais te résoudre à fuir de ma présence.

SCÈNE III

OCTAVE, SCAPIN, LÉANDRE

LÉANDRE. — Me trahir de cette manière! Un coquin, qui doit, par cent raisons, être le premier à cacher les choses que je lui confie, est le premier à les aller découvrir à mon père. Ah! je jure le Ciel que cette trahison ne demeurera pas impunie.

OCTAVE. — Mon cher Scapin, que ne dois-je point à tes soins! Que tu es un homme admirable! et que le Ciel m'est favorable de t'envoyer à mon secours!

LÉANDRE. — Ah! ah! vous voilà. Je suis ravi de vous trouver, Monsieur le coquin.

SCAPIN. — Monsieur, votre serviteur. C'est trop d'honneur que vous me faites.

LÉANDRE, *en mettant l'épée à la main.* — Vous faites le méchant plaisant. Ah! je vous apprendrai...

SCAPIN, *se mettant à genoux.* — Monsieur.

OCTAVE, *se mettant entre deux pour empêcher Léandre de le frapper.* — Ah! Léandre.

LÉANDRE. — Non, Octave, ne me retenez point, je vous prie.

SCAPIN. — Eh! Monsieur.

OCTAVE, *le retenant.* — De grâce!

LÉANDRE, *voulant frapper Scapin.* — Laissez-moi contenter mon ressentiment.

OCTAVE. — Au nom de l'amitié, Léandre, ne le maltraitez point.

SCAPIN. — Monsieur, que vous ai-je fait?

LÉANDRE, *voulant le frapper.* — Ce que tu m'as fait, traître!

OCTAVE, *le retenant.* — Eh! doucement.

LÉANDRE. — Non, Octave, je veux qu'il me confesse lui-même tout à l'heure la perfidie qu'il m'a faite. Oui, coquin, je sais le trait que tu m'as joué, on vient de me l'apprendre; et tu ne croyais pas peut-être que l'on me dût révéler ce secret; mais je veux en avoir la confession de ta propre bouche, ou je vais te passer cette épée au travers du corps.

SCAPIN. — Ah! Monsieur, auriez-vous bien ce cœur-là?

LÉANDRE. — Parle donc.

SCAPIN. — Je vous ai fait quelque chose, Monsieur?

Léandre. — Oui, coquin, et ta conscience ne te dit que trop ce que c'est.

Scapin. — Je vous assure que je l'ignore.

Léandre, *s'avançant pour le frapper.* — Tu l'ignores!

Octave, *le retenant.* — Léandre.

Scapin. — Hé bien! Monsieur, puisque vous le voulez, je vous confesse que j'ai bu avec mes amis ce petit quartaut de vin d'Espagne dont on vous fit présent il y a quelques jours; et que c'est moi qui fis une fente au tonneau, et répandis de l'eau autour, pour faire croire que le vin s'était échappé.

Léandre. — C'est toi, pendard, qui m'as bu mon vin d'Espagne, et qui as été cause que j'ai tant querellé la servante, croyant que c'était elle qui m'avait fait le tour?

Scapin. — Oui, Monsieur : je vous en demande pardon.

Léandre. — Je suis bien aise d'apprendre cela; mais ce n'est pas l'affaire dont il est question maintenant.

Scapin. — Ce n'est pas cela, Monsieur?

Léandre. — Non : c'est une autre affaire qui me touche bien plus, et je veux que tu me la dises.

Scapin. — Monsieur, je ne me souviens pas d'avoir fait autre chose.

Léandre, *le voulant frapper.* — Tu ne veux pas parler?

Scapin. — Eh!

Octave, *le retenant.* — Tout doux.

Scapin. — Oui, Monsieur, il est vrai qu'il y a trois semaines que vous m'envoyâtes porter, le soir, une petite montre à la jeune Égyptienne que vous aimez. Je revins au logis mes habits tout couverts de boue, et le visage plein de sang, et vous dis que j'avais trouvé des voleurs qui m'avaient bien battu, et m'avaient dérobé la montre. C'était moi, Monsieur, qui l'avais retenue.

Léandre. — C'est toi qui as retenu ma montre?

Scapin. — Oui, Monsieur, afin de voir quelle heure il est.

Léandre. — Ah! ah! j'apprends ici de jolies choses, et j'ai un serviteur fort fidèle vraiment. Mais ce n'est pas encore cela que je demande.

Scapin. — Ce n'est pas cela?

Léandre. — Non, infâme : c'est autre chose encore que je veux que tu me confesses.

Scapin. — Peste!

Léandre. — Parle vite, j'ai hâte.

Scapin. — Monsieur, voilà tout ce que j'ai fait.

Léandre, *voulant frapper Scapin.* — Voilà tout?

Octave, *se mettant au-devant.* — Eh!

SCAPIN. — Hé bien ! oui, Monsieur : vous vous souvenez de ce loup-garou, il y a six mois, qui vous donna tant de coups de bâton la nuit, et vous pensa faire rompre le cou dans une cave où vous tombâtes en fuyant.

LÉANDRE. — Hé bien !

SCAPIN. — C'était moi, Monsieur, qui faisais le loup-garou.

LÉANDRE. — C'était toi, traître, qui faisais le loup-garou ?

SCAPIN. — Oui, Monsieur, seulement pour vous faire peur, et vous ôter l'envie de nous faire courir, toutes les nuits, comme vous aviez de coutume.

LÉANDRE. — Je saurai me souvenir, en temps et lieu, de tout ce que je viens d'apprendre. Mais je veux venir au fait, et que tu me confesses ce que tu as dit à mon père.

SCAPIN. — A votre père ?

LÉANDRE. — Oui, fripon, à mon père.

SCAPIN. — Je ne l'ai pas seulement vu depuis son retour.

LÉANDRE. — Tu ne l'as pas vu ?

SCAPIN. — Non, Monsieur.

LÉANDRE. — Assurément ?

SCAPIN. — Assurément. C'est une chose que je vais vous faire dire par lui-même.

LÉANDRE. — C'est de sa bouche que je le tiens pourtant.

SCAPIN. — Avec votre permission, il n'a pas dit la vérité.

SCÈNE IV

CARLE, SCAPIN, LÉANDRE, OCTAVE

CARLE. — Monsieur, je vous apporte une nouvelle qui est fâcheuse pour votre amour.

LÉANDRE. — Comment ?

CARLE. — Vos Égyptiens sont sur le point de vous enlever Zerbinette, et elle-même, les larmes aux yeux, m'a chargé de venir promptement vous dire que si, dans deux heures, vous ne songez à leur porter l'argent qu'ils vous ont demandé pour elle, vous l'allez perdre pour jamais.

LÉANDRE. — Dans deux heures ?

CARLE. — Dans deux heures.

LÉANDRE. — Ah ! mon pauvre Scapin, j'implore ton secours !

SCAPIN, *passant devant lui avec un air fier*. — « Ah ! mon pauvre Scapin. » Je suis « mon pauvre Scapin » à cette heure qu'on a besoin de moi.

LÉANDRE. — Va, je te pardonne tout ce que tu viens de me dire, et pis encore, si tu me l'as fait.

SCAPIN. — Non, non, ne me pardonnez rien. Passez-moi votre épée au travers du corps. Je serai ravi que vous me tuiez.

LÉANDRE. — Non. Je te conjure plutôt de me donner la vie, en servant mon amour.

SCAPIN. — Point, point : vous ferez mieux de me tuer.

LÉANDRE. — Tu m'es trop précieux ; et je te prie de vouloir employer pour moi ce génie admirable, qui vient à bout de toute chose.

SCAPIN. — Non : tuez-moi, vous dis-je.

LÉANDRE. — Ah ! de grâce, ne songe plus à tout cela, et pense à me donner le secours que je te demande !

OCTAVE. — Scapin, il faut faire quelque chose pour lui.

SCAPIN. — Le moyen, après une avanie de la sorte ?

LÉANDRE. — Je te conjure d'oublier mon emportement et de me prêter ton adresse.

OCTAVE. — Je joins mes prières aux siennes.

SCAPIN. — J'ai cette insulte-là sur le cœur.

OCTAVE. — Il faut quitter ton ressentiment.

LÉANDRE. — Voudrais-tu m'abandonner, Scapin, dans la cruelle extrémité où se voit mon amour ?

SCAPIN. — Me venir faire, à l'improviste, un affront comme celui-là !

LÉANDRE. — J'ai tort, je le confesse.

SCAPIN. — Me traiter de coquin, de fripon, de pendard, d'infâme !

LÉANDRE. — J'en ai tous les regrets du monde.

SCAPIN. — Me vouloir passer son épée au travers du corps !

LÉANDRE. — Je t'en demande pardon de tout mon cœur ; et s'il ne tient qu'à me jeter à tes genoux, tu m'y vois, Scapin, pour te conjurer encore une fois de ne me point abandonner.

OCTAVE. — Ah ! ma foi ! Scapin, il se faut rendre à cela.

SCAPIN. — Levez-vous. Une autre fois, ne soyez point si prompt.

LÉANDRE. — Me promets-tu de travailler pour moi ?

SCAPIN. — On y songera.

LÉANDRE. — Mais tu sais que le temps presse.

SCAPIN. — Ne vous mettez pas en peine. Combien est-ce
qu'il vous faut ?

LÉANDRE. — Cinq cents écus.

SCAPIN. — Et à vous ?

OCTAVE. — Deux cents pistoles.

SCAPIN. — Je veux tirer cet argent de vos pères. (A
Octave.) Pour ce qui est du vôtre, la machine est déjà toute
trouvée ; (à Léandre) et quant au vôtre, bien qu'avare au
dernier degré, il y faudra moins de façons encore, car vous
savez que, pour l'esprit, il n'en a pas, grâces à Dieu ! grande
provision et je le livre pour une espèce d'homme à qui l'on
fera toujours croire tout ce que l'on voudra. Cela ne vous
offense point : il ne tombe entre lui et vous aucun soupçon
de ressemblance ; et vous savez assez l'opinion de tout le
monde, qui veut qu'il ne soit votre père que pour la
forme.

LÉANDRE. — Tout beau, Scapin.

SCAPIN. — Bon, bon, on fait bien scrupule de cela :
vous moquez-vous ? Mais j'aperçois venir le père d'Octave.
Commençons par lui, puisqu'il se présente. Allez-vous-en
tous deux. (A Octave.) Et vous, avertissez votre Silvestre de
venir vite jouer son rôle.

SCÈNE V

ARGANTE, SCAPIN

SCAPIN, à part. — Le voilà qui rumine.

ARGANTE, se croyant seul. — Avoir si peu de conduite et
de considération ! s'aller jeter dans un engagement comme
celui-là ! Ah, ah ! jeunesse impertinente !

SCAPIN. — Monsieur, votre serviteur.

ARGANTE. — Bonjour, Scapin.

SCAPIN. — Vous rêvez à l'affaire de votre fils.

ARGANTE. — Je t'avoue que cela me donne un furieux
chagrin.

SCAPIN. — Monsieur, la vie est mêlée de traverses. Il est
bon de s'y tenir sans cesse préparé ; et j'ai ouï dire, il y a
longtemps, une parole d'un ancien que j'ai toujours retenue.

ARGANTE. — Quoi ?

SCAPIN. — Que pour peu qu'un père de famille ait été
absent de chez lui, il doit promener son esprit sur tous les
fâcheux accidents que son retour peut rencontrer : se
figurer sa maison brûlée, son argent dérobé, sa femme

morte, son fils estropié, sa fille subornée; et ce qu'il trouve qu'il ne lui est point arrivé, l'imputer à bonne fortune. Pour moi, j'ai pratiqué toujours cette leçon dans ma petite philosophie; et je ne suis jamais revenu au logis, que je ne me sois tenu prêt à la colère de mes maîtres, aux réprimandes, aux injures, aux coups de pied au cul, aux bastonnades, aux étrivières; et ce qui a manqué à m'arriver, j'en ai rendu grâce à mon bon destin.

ARGANTE. — Voilà qui est bien. Mais ce mariage impertinent qui trouble celui que nous voulons faire est une chose que je ne puis souffrir, et je viens de consulter des avocats pour le faire casser.

SCAPIN. — Ma foi! Monsieur, si vous m'en croyez, vous tâcherez, par quelque autre voie, d'accommoder l'affaire. Vous savez ce que c'est que les procès en ce pays-ci, et vous allez vous enfoncer dans d'étranges épines.

ARGANTE. — Tu as raison, je le vois bien. Mais quelle autre voie?

SCAPIN. — Je pense que j'en ai trouvé une. La compassion que m'a donnée tantôt votre chagrin m'a obligé à chercher dans ma tête quelque moyen pour vous tirer d'inquiétude; car je ne saurais voir d'honnêtes pères chagrinés par leurs enfants que cela ne m'émeuve; et, de tout temps, je me suis senti pour votre personne une inclination particulière.

ARGANTE. — Je te suis obligé.

SCAPIN. — J'ai donc été trouver le frère de cette fille qui a été épousée. C'est un de ces braves de profession, de ces gens qui sont tout coups d'épée, qui ne parlent que d'échiner, et ne font non plus de conscience de tuer un homme que d'avaler un verre de vin. Je l'ai mis sur ce mariage, lui ai fait voir quelle facilité offrait la raison de la violence pour le faire casser, vos prérogatives du nom de père, et l'appui que vous donneraient auprès de la justice et votre droit, et votre argent, et vos amis. Enfin je l'ai tant tourné de tous les côtés, qu'il a prêté l'oreille aux propositions que je lui ai faites d'ajuster l'affaire pour quelque somme; et il donnera son consentement à rompre le mariage, pourvu que vous lui donniez de l'argent.

ARGANTE. — Et qu'a-t-il demandé?

SCAPIN. — Oh! d'abord, des choses par-dessus les maisons.

ARGANTE. — Et quoi?

SCAPIN. — Des choses extravagantes.

ARGANTE. — Mais encore?

Scapin. — Il ne parlait pas moins que de cinq ou six cents pistoles.

Argante. — Cinq ou six cents fièvres quartaines qui le puissent serrer! Se moque-t-il des gens ?

Scapin. — C'est ce que je lui ai dit. J'ai rejeté bien loin de pareilles propositions, et je lui ai bien fait entendre que vous n'étiez point une dupe, pour vous demander des cinq ou six cents pistoles. Enfin, après plusieurs discours, voici où s'est réduit le résultat de notre conférence. « Nous voilà au temps, m'a-t-il dit, que je dois partir pour l'armée. Je suis après à m'équiper, et le besoin que j'ai de quelque argent me fait consentir, malgré moi, à ce qu'on me propose. Il me faut un cheval de service, et je n'en saurais avoir un qui soit tant soit peu raisonnable à moins de soixante pistoles. »

Argante. — Hé bien! pour soixante pistoles, je les donne.

Scapin. — « Il faudra le harnais et les pistolets; et cela ira bien à vingt pistoles encore. »

Argante. — Vingt pistoles, et soixante, ce serait quatre-vingts.

Scapin. — Justement.

Argante. — C'est beaucoup; mais soit, je consens à cela.

Scapin. — « Il me faut aussi un cheval pour monter mon valet, qui coûtera bien trente pistoles. »

Argante. — Comment, diantre! Qu'il se promène! il n'aura rien du tout.

Scapin. — Monsieur.

Argante. — Non, c'est un impertinent.

Scapin. — Voulez-vous que son valet aille à pied ?

Argante. — Qu'il aille comme il lui plaira, et le maître aussi.

Scapin. — Mon Dieu! Monsieur, ne vous arrêtez point à peu de chose. N'allez point plaider, je vous prie, et donnez tout pour vous sauver des mains de la justice.

Argante. — Hé bien! soit, je me résous à donner encore ces trente pistoles.

Scapin. — « Il me faut encore, a-t-il dit, un mulet pour porter... »

Argante. — Oh! qu'il aille au diable avec son mulet! C'en est trop, et nous irons devant les juges.

Scapin. — De grâce, Monsieur...

Argante. — Non, je n'en ferai rien.

Scapin. — Monsieur, un petit mulet.

Argante. — Je ne lui donnerais pas seulement un âne.

Scapin. — Considérez...

ARGANTE. — Non! j'aime mieux plaider.

SCAPIN. — Eh! Monsieur, de quoi parlez-vous là, et à quoi vous résolvez-vous ? Jetez les yeux sur les détours de la justice; voyez combien d'appels et de degrés de juridiction, combien de procédures embarrassantes, combien d'animaux ravissants par les griffes desquels il vous faudra passer, sergents, procureurs, avocats, greffiers, substituts, rapporteurs, juges, et leurs clercs. Il n'y a pas un de tous ces gens-là qui, pour la moindre chose, ne soit capable de donner un soufflet au meilleur droit du monde. Un sergent baillera de faux exploits, sur quoi vous serez condamné sans que vous le sachiez. Votre procureur s'entendra avec votre partie, et vous vendra à beaux deniers comptants. Votre avocat, gagné de même, ne se trouvera point lorsqu'on plaidera votre cause, ou dira des raisons qui ne feront que battre la campagne, et n'iront point au fait. Le greffier délivrera par contumace des sentences et arrêts contre vous. Le clerc du rapporteur soustraira des pièces, ou le rapporteur même ne dira pas ce qu'il a vu. Et quand, par les plus grandes précautions du monde, vous aurez paré tout cela, vous serez ébahi que vos juges auront été sollicités contre vous, ou par des gens dévots, ou par des femmes qu'ils aimeront. Eh! Monsieur, si vous le pouvez, sauvez-vous de cet enfer-là. C'est être damné dès ce monde que d'avoir à plaider; et la seule pensée d'un procès serait capable de me faire fuir jusqu'aux Indes.

ARGANTE. — A combien est-ce qu'il fait monter le mulet ?

SCAPIN. — Monsieur, pour le mulet, pour son cheval, et celui de son homme, pour le harnais et les pistolets, et pour payer quelque petite chose qu'il doit à son hôtesse, il demande en tout deux cents pistoles.

ARGANTE. — Deux cents pistoles ?

SCAPIN. — Oui.

ARGANTE, *se promenant en colère le long du théâtre*. — Allons, allons, nous plaiderons.

SCAPIN. — Faites réflexion...

ARGANTE. — Je plaiderai.

SCAPIN. — Ne vous allez point jeter...

ARGANTE. — Je veux plaider.

SCAPIN. — Mais, pour plaider, il vous faudra de l'argent : il vous en faudra pour l'exploit; il vous en faudra pour le contrôle; il vous en faudra pour la procuration, pour la présentation, conseils, productions, et journées du procureur; il vous en faudra pour les consultations et plaidoiries des avocats, pour le droit de retirer le sac, et pour les grosses d'écritures; il vous en faudra pour le rapport des substituts; pour les épices de conclusion; pour l'enregistrement du greffier, façon d'appointement, sentences et arrêts, contrôles, signatures, et expéditions de leurs clercs, sans parler de tous les présents qu'il vous faudra faire. Donnez cet argent-là à cet homme-ci, vous voilà hors d'affaire.

ARGANTE. — Comment, deux cents pistoles ?

SCAPIN. — Oui : vous y gagnerez. J'ai fait un petit calcul en moi-même de tous les frais de la justice; et j'ai trouvé qu'en donnant deux cents pistoles à votre homme, vous en aurez de reste pour le moins cent cinquante, sans compter les soins, les pas, et les chagrins que vous épargnerez. Quand il n'y aurait à essuyer que les sottises que disent devant tout le monde de méchants plaisants d'avocats, j'aimerais mieux donner trois cents pistoles que de plaider.

ARGANTE. — Je me moque de cela, et je défie les avocats de rien dire de moi.

SCAPIN. — Vous ferez ce qu'il vous plaira; mais si j'étais que de vous, je fuirais les procès.

ARGANTE. — Je ne donnerai point deux cents pistoles.

SCAPIN. — Voici l'homme dont il s'agit.

SCÈNE VI

SILVESTRE, ARGANTE, SCAPIN

SILVESTRE. — Scapin, fais-moi connaître un peu cet Argante, qui est père d'Octave.

SCAPIN. — Pourquoi, Monsieur ?

SILVESTRE. — Je viens d'apprendre qu'il veut me mettre en procès, et faire rompre par justice le mariage de ma sœur.

SCAPIN. — Je ne sais pas s'il a cette pensée; mais il ne veut point consentir aux deux cents pistoles que vous voulez, et il dit que c'est trop.

SILVESTRE. — Par la mort! par la tête! par le ventre! si je le trouve, je le veux échiner, dussé-je être roué tout vif.

Argante, pour n'être point vu, se tient, en tremblant, couvert de Scapin.

SCAPIN. — Monsieur, ce père d'Octave a du cœur, et peut-être ne vous craindra-t-il point.

SILVESTRE. — Lui ? lui ? Par le sang! par la tête! s'il était là, je lui donnerais tout à l'heure de l'épée dans le ventre. Qui est cet homme-là ?

SCAPIN. — Ce n'est pas lui, Monsieur, ce n'est pas lui.

SILVESTRE. — N'est-ce point quelqu'un de ses amis ?

SCAPIN. — Non, Monsieur, au contraire, c'est son ennemi capital.

SILVESTRE. — Son ennemi capital ?

SCAPIN. — Oui.

SILVESTRE. — Ah, parbleu! j'en suis ravi. Vous êtes ennemi, Monsieur, de ce faquin d'Argante, eh ?

SCAPIN. — Oui, oui, je vous en réponds.

SILVESTRE *lui prend rudement la main.* — Touchez là, touchez. Je vous donne ma parole, et vous jure sur mon honneur, par l'épée que je porte, par tous les serments que je saurais faire, qu'avant la fin du jour je vous déferai de ce maraud fieffé, de ce faquin d'Argante. Reposez-vous sur moi.

SCAPIN. — Monsieur, les violences en ce pays-ci ne sont guère souffertes.

SILVESTRE. — Je me moque de tout, et je n'ai rien à perdre.

SCAPIN. — Il se tiendra sur ses gardes assurément; et il a des parents, des amis, et des domestiques, dont il se fera un secours contre votre ressentiment.

SILVESTRE. — C'est ce que je demande, morbleu! c'est ce que je demande. *(Il met l'épée à la main et pousse de tous les côtés, comme s'il y avait plusieurs personnes devant lui.)* Ah, tête! ah, ventre! Que ne le trouvé-je à cette heure avec tout son secours! Que ne paraît-il à mes yeux au milieu de trente personnes! Que ne les vois-je fondre sur moi les armes à la main! Comment, marauds, vous avez la hardiesse de vous attaquer à moi ? Allons, morbleu! tue, point de quartier. Donnons. Ferme. Poussons. Bon pied, bon œil, Ah! coquins, ah! canaille, vous en voulez par là; je vous en ferai tâter votre soûl. Soutenez, marauds, soutenez. Allons. A cette botte. A cette autre. A celle-ci. A celle-là. Comment, vous reculez ? Pied ferme, morbleu! pied ferme.

SCAPIN. — Eh, eh, eh! Monsieur, nous n'en sommes pas.

SILVESTRE. — Voilà qui vous apprendra à vous oser jouer de moi.

SCAPIN. — Hé bien, vous voyez combien de personnes tuées pour deux cents pistoles. Oh sus! je vous souhaite une bonne fortune.

ARGANTE, *tout tremblant*. — Scapin.

SCAPIN. — Plaît-il ?

ARGANTE. — Je me résous à donner les deux cents pistoles.

SCAPIN. — J'en suis ravi, pour l'amour de vous.

ARGANTE. — Allons le trouver, je les ai sur moi.

SCAPIN. — Vous n'avez qu'à me les donner. Il ne faut pas pour votre honneur que vous paraissiez là, après avoir passé ici pour autre que ce que vous êtes; et de plus, je craindrais qu'en vous faisant connaître il n'allât s'aviser de vous demander davantage.

ARGANTE. — Oui; mais j'aurais été bien aise de voir comme je donne mon argent.

SCAPIN. — Est-ce que vous vous défiez de moi ?

ARGANTE. — Non pas; mais...

SCAPIN. — Parbleu, Monsieur, je suis un fourbe, ou je suis honnête homme : c'est l'un des deux. Est-ce que je voudrais vous tromper, et que dans tout ceci j'ai d'autre intérêt que le vôtre, et celui de mon maître, à qui vous voulez vous allier ? Si je vous suis suspect, je ne me mêle plus de rien, et vous n'avez qu'à chercher, dès cette heure, qui accommodera vos affaires.

ARGANTE. — Tiens donc.

SCAPIN. — Non, Monsieur, ne me confiez point votre argent. Je serai bien aise que vous vous serviez de quelque autre.

ARGANTE. — Mon Dieu! tiens.

SCAPIN. — Non, vous dis-je, ne vous fiez point à moi. Que sait-on si je ne veux point vous attraper votre argent ?

ARGANTE. — Tiens, te dis-je, ne me fais point contester davantage. Mais songe à bien prendre tes sûretés avec lui.

SCAPIN. — Laissez-moi faire, il n'a pas affaire à un sot.

ARGANTE. — Je vais t'attendre chez moi.

SCAPIN. — Je ne manquerai pas d'y aller. *(Seul.)* Et un. Je n'ai qu'à chercher l'autre. Ah! ma foi! le voici. Il semble que le Ciel, l'un après l'autre, les amène dans mes filets.

SCÈNE VII

GÉRONTE, SCAPIN

SCAPIN. — O Ciel! ô disgrâce imprévue! ô misérable père! Pauvre Géronte, que feras-tu ?

GÉRONTE. — Que dit-il là de moi, avec ce visage affligé ?

SCAPIN. — N'y a-t-il personne qui puisse me dire où est le seigneur Géronte ?

GÉRONTE. — Qu'y a-t-il, Scapin ?

SCAPIN. — Où pourrai-je le rencontrer, pour lui dire cette infortune ?

GÉRONTE. — Qu'est-ce que c'est donc ?

SCAPIN. — En vain je cours de tous côtés pour le pouvoir trouver.

GÉRONTE. — Me voici.

SCAPIN. — Il faut qu'il soit caché en quelque endroit qu'on ne puisse point deviner.

GÉRONTE. — Holà ! es-tu aveugle, que tu ne me vois pas ?

SCAPIN. — Ah ! Monsieur, il n'y a pas moyen de vous rencontrer.

GÉRONTE. — Il y a une heure que je suis devant toi. Qu'est-ce que c'est donc qu'il y a ?

SCAPIN. — Monsieur...

GÉRONTE. — Quoi ?

SCAPIN. — Monsieur, votre fils...

GÉRONTE. — Hé bien ! mon fils...

SCAPIN. — Est tombé dans une disgrâce la plus étrange du monde.

GÉRONTE. — Et quelle ?

SCAPIN. — Je l'ai trouvé tantôt tout triste, de je ne sais quoi que vous lui avez dit, où vous m'avez mêlé assez mal à propos ; et, cherchant à divertir cette tristesse, nous nous sommes allés promener sur le port. Là, entre autres plusieurs choses, nous avons arrêté nos yeux sur une galère turque assez bien équipée. Un jeune Turc de bonne mine nous a invités d'y entrer, et nous a présenté la main. Nous y avons passé ; il nous a fait mille civilités, nous a donné la collation, où nous avons mangé des fruits les plus excellents qui se puissent voir, et bu du vin que nous avons trouvé le meilleur du monde.

GÉRONTE. — Qu'y a-t-il de si affligeant à tout cela ?

SCAPIN. — Attendez, Monsieur, nous y voici. Pendant que nous mangions, il a fait mettre la galère en mer, et, se voyant éloigné du port, il m'a fait mettre dans un esquif, et m'envoie vous dire que, si vous ne lui envoyez par moi tout à l'heure cinq cents écus, il va vous emmener votre fils en Alger.

GÉRONTE. — Comment, diantre ! cinq cents écus ?

SCAPIN. — Oui, Monsieur ; et de plus, il ne m'a donné pour cela que deux heures.

GÉRONTE. — Ah! le pendard de Turc, m'assassiner de la façon!

SCAPIN. — C'est à vous, Monsieur, d'aviser promptement aux moyens de sauver des fers un fils que vous aimez avec tant de tendresse.

GÉRONTE. — Que diable allait-il faire dans cette galère?

SCAPIN. — Il ne songeait pas à ce qui est arrivé.

GÉRONTE. — Va-t'en, Scapin, va-t'en vite dire à ce Turc que je vais envoyer la justice après lui.

SCAPIN. — La justice en pleine mer! Vous moquez-vous des gens?

GÉRONTE. — Que diable allait-il faire dans cette galère?

SCAPIN. — Une méchante destinée conduit quelquefois les personnes.

GÉRONTE. — Il faut, Scapin, il faut que tu fasses ici l'action d'un serviteur fidèle.

SCAPIN. — Quoi, Monsieur?

GÉRONTE. — Que tu ailles dire à ce Turc qu'il me renvoie mon fils, et que tu te mets à sa place jusqu'à ce que j'aie amassé la somme qu'il demande.

SCAPIN. — Eh! Monsieur, songez-vous à ce que vous dites? et vous figurez-vous que ce Turc ait si peu de sens que d'aller recevoir un misérable comme moi à la place de votre fils?

GÉRONTE. — Que diable allait-il faire dans cette galère?

SCAPIN. — Il ne devinait pas ce malheur. Songez, Monsieur, qu'il ne m'a donné que deux heures.

GÉRONTE. — Tu dis qu'il demande...

SCAPIN. — Cinq cents écus.

GÉRONTE. — Cinq cents écus! N'a-t-il point de conscience?

SCAPIN. — Vraiment oui, de la conscience à un Turc.

GÉRONTE. — Sait-il bien ce que c'est que cinq cents écus?

SCAPIN. — Oui, Monsieur, il sait que c'est mille cinq cents livres.

GÉRONTE. — Croit-il, le traître, que mille cinq cents livres se trouvent dans le pas d'un cheval?

SCAPIN. — Ce sont des gens qui n'entendent point de raison.

GÉRONTE. — Mais que diable allait-il faire à cette galère?

SCAPIN. — Il est vrai; mais quoi? on ne prévoyait pas les choses. De grâce, Monsieur, dépêchez.

GÉRONTE. — Tiens, voilà la clef de mon armoire.

SCAPIN. — Bon.

GÉRONTE. — Tu l'ouvriras.

SCAPIN. — Fort bien.

GÉRONTE. — Tu trouveras une grosse clef du côté gauche, qui est celle de mon grenier.

SCAPIN. — Oui.

GÉRONTE. — Tu iras prendre toutes les hardes qui sont dans cette grande manne, et tu les vendras aux fripiers, pour aller racheter mon fils.

SCAPIN, *en lui rendant la clef.* — Eh! Monsieur, rêvez-vous? Je n'aurais pas cent francs de tout ce que vous dites; et de plus, vous savez le peu de temps qu'on m'a donné.

GÉRONTE. — Mais que diable allait-il faire à cette galère?

SCAPIN. — Oh! que de paroles perdues! Laissez là cette galère, et songez que le temps presse, et que vous courez risque de perdre votre fils. Hélas! mon pauvre maître, peut-être que je ne te verrai de ma vie, et qu'à l'heure que je parle, on t'emmène esclave en Alger. Mais le Ciel me sera témoin que j'ai fait pour toi tout ce que j'ai pu; et que si tu manques à être racheté, il n'en faut accuser que le peu d'amitié d'un père.

GÉRONTE. — Attends, Scapin, je m'en vais quérir cette somme.

SCAPIN. — Dépêchez donc vite, Monsieur, je tremble que l'heure ne sonne.

GÉRONTE. — N'est-ce pas quatre cents écus que tu dis?

SCAPIN. — Non : cinq cents écus.

GÉRONTE. — Cinq cents écus?

SCAPIN. — Oui.

GÉRONTE. — Que diable allait-il faire à cette galère?

SCAPIN. — Vous avez raison, mais hâtez-vous.

GÉRONTE. — N'y avait-il point d'autre promenade?

SCAPIN. — Cela est vrai. Mais faites promptement.

GÉRONTE. — Ah! maudite galère!

SCAPIN. — Cette galère lui tient au cœur.

GÉRONTE. — Tiens, Scapin, je ne me souvenais pas que je viens justement de recevoir cette somme en or, et je ne croyais pas qu'elle dût m'être si tôt ravie. *(Il lui présente sa bourse, qu'il ne laisse pourtant pas aller; et, dans ses transports, il fait aller son bras de côté et d'autre, et Scapin le sien pour avoir la bourse.)* Tiens. Va-t'en racheter mon fils.

SCAPIN. — Oui, Monsieur.

GÉRONTE. — Mais dis à ce Turc que c'est un scélérat.

SCAPIN. — Oui.

GÉRONTE. — Un infâme.

SCAPIN. — Oui.

GÉRONTE. — Un homme sans foi, un voleur.

SCAPIN. — Laissez-moi faire.

GÉRONTE. — Qu'il me tire cinq cents écus contre toute sorte de droit.

SCAPIN. — Oui.

GÉRONTE. — Que je ne les lui donne ni à la mort, ni à la vie.

SCAPIN. — Fort bien.

GÉRONTE. — Et que si jamais je l'attrape, je saurai me venger de lui.

SCAPIN. — Oui.

GÉRONTE *remet la bourse dans sa poche, et s'en va.* — Va, va vite requérir mon fils.

SCAPIN, *allant après lui.* — Holà! Monsieur.

GÉRONTE. — Quoi ?

SCAPIN. — Où est donc cet argent ?

GÉRONTE. — Ne te l'ai-je pas donné ?

SCAPIN. — Non vraiment, vous l'avez remis dans votre poche.

GÉRONTE. — Ah! c'est la douleur qui me trouble l'esprit.

SCAPIN. — Je le vois bien.

GÉRONTE. — Que diable allait-il faire dans cette galère ? Ah! maudite galère! traître de Turc à tous les diables!

SCAPIN. — Il ne peut digérer les cinq cents écus que je lui arrache; mais il n'est pas quitte envers moi, et je veux qu'il me paye en une autre monnaie l'imposture qu'il m'a faite auprès de son fils.

SCÈNE VIII

OCTAVE, LÉANDRE, SCAPIN

OCTAVE. — Hé bien! Scapin, as-tu réussi pour moi dans ton entreprise ?

LÉANDRE. — As-tu fait quelque chose pour tirer mon amour de la peine où il est ?

SCAPIN. — Voilà deux cents pistoles que j'ai tirées de votre père.

OCTAVE. — Ah! que tu me donnes de joie!

SCAPIN — Pour vous, je n'ai pu faire rien.

LÉANDRE *veut s'en aller.* — Il faut donc que j'aille mourir; et je n'ai que faire de vivre si Zerbinette m'est ôtée.

SCAPIN. — Holà! holà! tout doucement. Comme diantre vous allez vite!

LÉANDRE se retourne. — Que veux-tu que je devienne ?

SCAPIN. — Allez, j'ai votre affaire ici.

LÉANDRE revient. — Ah! tu me redonnes la vie.

SCAPIN. — Mais à condition que vous me permettrez à moi une petite vengeance contre votre père, pour le tour qu'il m'a fait.

LÉANDRE. — Tout ce que tu voudras.

SCAPIN. — Vous me le promettez devant témoin.

LÉANDRE. — Oui.

SCAPIN. — Tenez, voilà cinq cents écus.

LÉANDRE. — Allons-en promptement acheter celle que j'adore.

ACTE III

SCÈNE I

ZERBINETTE, HYACINTE, SCAPIN, SILVESTRE

SILVESTRE. — Oui, vos amants ont arrêté entre eux que vous fussiez ensemble; et nous nous acquittons de l'ordre qu'ils nous ont donné.

HYACINTE. — Un tel ordre n'a rien qui ne me soit fort agréable. Je reçois avec joie une compagnie de la sorte; et il ne tiendra pas à moi que l'amitié qui est entre les personnes que nous aimons ne se répande entre nous deux.

ZERBINETTE. — J'accepte la proposition, et ne suis point personne à reculer, lorsqu'on m'attaque d'amitié.

SCAPIN. — Et lorsque c'est d'amour qu'on vous attaque ?

ZERBINETTE. — Pour l'amour, c'est une autre chose; on y court un peu plus de risque, et je n'y suis pas si hardie.

SCAPIN. — Vous l'êtes, que je crois, contre mon maître maintenant; et ce qu'il vient de faire pour vous doit vous donner du cœur pour répondre comme il faut à sa passion.

ZERBINETTE. — Je ne m'y fie encore que de la bonne sorte; et ce n'est pas assez pour m'assurer entièrement que ce qu'il vient de faire. J'ai l'humeur enjouée, et sans cesse je ris; mais tout en riant, je suis sérieuse sur de certains

chapitres; et ton maître s'abusera, s'il croit qu'il lui
suffise de m'avoir achetée pour me voir toute à lui. Il doit
lui en coûter autre chose que de l'argent; et pour répondre
à son amour de la manière qu'il souhaite, il me faut un
don de sa foi qui soit assaisonné de certaines cérémonies
qu'on trouve nécessaires.

SCAPIN. — C'est là aussi comme il l'entend. Il ne prétend
à vous qu'en tout bien et en tout honneur; et je n'aurais pas
été homme à me mêler de cette affaire, s'il avait une autre
pensée.

ZERBINETTE. — C'est ce que je veux croire, puisque
vous me le dites; mais, du côté du père, j'y prévois des
empêchements.

SCAPIN. — Nous trouverons moyen d'accommoder les
choses.

HYACINTE. — La ressemblance de nos destins doit
contribuer encore à faire naître notre amitié; et nous nous
voyons toutes deux dans les mêmes alarmes, toutes deux
exposées à la même infortune.

ZERBINETTE. — Vous avez cet avantage, au moins, que
vous savez de qui vous êtes née; et que l'appui de vos
parents, que vous pouvez faire connaître, est capable
d'ajuster tout, peut assurer votre bonheur, et faire donner
un consentement au mariage qu'on trouve fait. Mais pour
moi, je ne rencontre aucun secours dans ce que je puis
être, et l'on me voit dans un état qui n'adoucira pas les
volontés d'un père qui ne regarde que le bien.

HYACINTE. — Mais aussi avez-vous cet avantage, que
l'on ne tente point par un autre parti celui que vous aimez.

ZERBINETTE. — Le changement du cœur d'un amant
n'est pas ce qu'on peut le plus craindre. On se peut naturellement croire assez de mérite pour garder sa conquête;
et ce que je vois de plus redoutable dans ces sortes d'affaires, c'est la puissance paternelle, auprès de qui tout le
mérite ne sert de rien.

HYACINTE. — Hélas! pourquoi faut-il que de justes
inclinations se trouvent traversées? La douce chose que
d'aimer, lorsque l'on ne voit point d'obstacle à ces aimables
chaînes dont deux cœurs se lient ensemble!

SCAPIN. — Vous vous moquez: la tranquillité en amour
est un calme désagréable; un bonheur tout uni nous devient
ennuyeux; il faut du haut et du bas dans la vie; et les
difficultés qui se mêlent aux choses réveillent les ardeurs,
augmentent les plaisirs.

ZERBINETTE. — Mon Dieu, Scapin, fais-nous un peu ce

récit, qu'on m'a dit qui est si plaisant, du stratagème dont tu t'es avisé pour tirer de l'argent de ton vieillard avare. Tu sais qu'on ne perd point sa peine lorsqu'on me fait un conte, et que je le paye assez bien par la joie qu'on m'y voit prendre.

SCAPIN. — Voilà Silvestre qui s'en acquittera aussi bien que moi. J'ai dans la tête certaine petite vengeance, dont je vais goûter le plaisir.

SILVESTRE. — Pourquoi, de gaieté de cœur, veux-tu chercher à t'attirer de méchantes affaires ?

SCAPIN. — Je me plais à tenter des entreprises hasardeuses.

SILVESTRE. — Je te l'ai déjà dit, tu quitterais le dessein que tu as, si tu m'en voulais croire.

SCAPIN. — Oui, mais c'est moi que j'en croirai.

SILVESTRE. — A quoi diable te vas-tu amuser ?

SCAPIN. — De quoi diable te mets-tu en peine ?

SILVESTRE. — C'est que je vois que, sans nécessité, tu vas courir risque de t'attirer une venue de coups de bâton.

SCAPIN. — Hé bien ! c'est aux dépens de mon dos, et non pas du tien.

SILVESTRE. — Il est vrai que tu es maître de tes épaules, et tu en disposeras comme il te plaira.

SCAPIN. — Ces sortes de périls ne m'ont jamais arrêté, et je hais ces cœurs pusillanimes qui, pour trop prévoir les suites des choses, n'osent rien entreprendre.

ZERBINETTE. — Nous aurons besoin de tes soins.

SCAPIN. — Allez : je vous irai bientôt rejoindre. Il ne sera pas dit qu'impunément on m'ait mis en état de me trahir moi-même, et de découvrir des secrets qu'il était bon qu'on ne sût pas.

SCÈNE II

GÉRONTE, SCAPIN

GÉRONTE. — Hé bien, Scapin, comment va l'affaire de mon fils ?

SCAPIN. — Votre fils, Monsieur, est en lieu de sûreté; mais vous courez maintenant, vous, le péril le plus grand du monde, et je voudrais pour beaucoup que vous fussiez dans votre logis.

GÉRONTE. — Comment donc ?

SCAPIN. — A l'heure que je parle, on vous cherche de toutes parts pour vous tuer.

GÉRONTE. — Moi ?

SCAPIN. — Oui.

GÉRONTE. — Et qui ?

SCAPIN. — Le frère de cette personne qu'Octave a épousée. Il croit que le dessein que vous avez de mettre votre fille à la place que tient sa sœur est ce qui pousse le plus fort à faire rompre leur mariage ; et, dans cette pensée, il a résolu hautement de décharger son désespoir sur vous et vous ôter la vie pour venger son honneur. Tous ses amis, gens d'épée comme lui, vous cherchent de tous les côtés et demandent de vos nouvelles. J'ai vu même de çà et de là des soldats de sa compagnie qui interrogent ceux qu'ils trouvent, et occupent par pelotons toutes les avenues de votre maison. De sorte que vous ne sauriez aller chez vous, vous ne sauriez faire un pas ni à droit, ni à gauche, que vous ne tombiez dans leurs mains.

GÉRONTE. — Que ferai-je, mon pauvre Scapin ?

SCAPIN. — Je ne sais pas, Monsieur, et voici une étrange affaire. Je tremble pour vous depuis les pieds jusqu'à la tête, et... Attendez. *(Il se retourne, et fait semblant d'aller voir au bout du théâtre s'il n'y a personne.)*

GÉRONTE, *en tremblant.* — Eh ?

SCAPIN, *en revenant.* — Non, non, non, ce n'est rien.

GÉRONTE. — Ne saurais-tu trouver quelque moyen pour me tirer de peine ?

SCAPIN. — J'en imagine bien un ; mais je courrais risque, moi, de me faire assommer.

GÉRONTE. — Eh ! Scapin, montre-toi serviteur zélé : ne m'abandonne pas, je te prie.

SCAPIN. — Je le veux bien. J'ai une tendresse pour vous qui ne saurait souffrir que je vous laisse sans secours.

GÉRONTE. — Tu en seras récompensé, je t'assure ; et je te promets cet habit-ci, quand je l'aurai un peu usé.

SCAPIN. — Attendez. Voici une affaire que je me suis trouvée fort à propos pour vous sauver. Il faut que vous vous mettiez dans ce sac et que...

GÉRONTE, *croyant voir quelqu'un.* — Ah !

SCAPIN. — Non, non, non, non, ce n'est personne. Il faut, dis-je, que vous vous mettiez là-dedans, et que vous gardiez de remuer en aucune façon. Je vous chargerai sur mon dos, comme un paquet de quelque chose, et je vous porterai ainsi au travers de vos ennemis, jusque dans votre maison,

où quand nous serons une fois, nous pourrons nous barri-
cader, et envoyer quérir main-forte contre la violence.

GÉRONTE. — L'invention est bonne.

SCAPIN. — La meilleure du monde. Vous allez voir.
(A part.) Tu me paieras l'imposture.

GÉRONTE. — Eh ?

SCAPIN. — Je dis que vos ennemis seront bien attrapés.
Mettez-vous bien jusqu'au fond, et surtout prenez garde
de ne vous point montrer, et de ne branler pas, quelque
chose qui puisse arriver.

GÉRONTE. — Laisse-moi faire. Je saurai me tenir...

SCAPIN. — Cachez-vous : voici un spadassin qui vous
cherche. *(En contrefaisant sa voix.)* « Quoi ? jé n'aurai pas
l'abantage dé tuer cé Geronte, et quelqu'un par charité
né m'enseignera pas où il est ? » *(A Géronte de sa voix
ordinaire.)* Ne branlez pas. *(Reprenant son ton contrefait.)*
« Cadédis, jé lé trouberai, sé cachât-il au centre dé la terre. »
(A Géronte avec son ton naturel.) Ne vous montrez pas.
*(Tout le langage gascon est supposé de celui qu'il contrefait,
et le reste de lui.)* « Oh, l'homme au sac ! » Monsieur. « Jé
té vaille un louis, et m'enseigne où put être Geronte. »
Vous cherchez le seigneur Géronte? « Oui, mordi! jé lé
cherche. » Et pour quelle affaire, Monsieur ? « Pour quelle
affaire ? » Oui. « Jé beux, cadédis, lé faire mourir sous les
coups de vaton. » Oh! Monsieur, les coups de bâton ne se
donnent point à des gens comme lui, et ce n'est pas un
homme à être traité de la sorte. « Qui, cé fat dé Geronte, cé
maraut, cé velître ? » Le seigneur Géronte, Monsieur, n'est
ni fat, ni maraud, ni bélître, et vous devriez, s'il vous plaît,
parler d'autre façon. « Comment, tu mé traites, à moi,
avec cette hautur ? » Je défends, comme je dois, un homme
d'honneur qu'on offense. « Est-ce que tu es des amis dé cé
Geronte ? » Oui, Monsieur, j'en suis. « Ah! cadédis, tu es
de ses amis, à la vonne hure. » *(Il donne plusieurs coups de
bâton sur le sac.)* « Tiens. Boilà cé que jé té vaille pour lui. »
Ah, ah, ah! ah, Monsieur! Ah, ah, Monsieur! tout beau.
Ah, doucement, ah, ah, ah! « Va, porte-lui cela de ma part.
Adiusias. » Ah! diable soit le Gascon. Ah! *(En se plaignant
et remuant le dos, comme s'il avait reçu les coups de bâton.)*

GÉRONTE, *mettant la tête hors du sac.* — Ah! Scapin, je
n'en puis plus!

SCAPIN. — Ah! Monsieur, je suis tout moulu, et les
épaules me font un mal épouvantable.

GÉRONTE. — Comment ? c'est sur les miennes qu'il a
frappé.

Scapin. — Nenni, Monsieur, c'était sur mon dos qu'il frappait.

Géronte. — Que veux-tu dire ? J'ai bien senti les coups, et les sens bien encore.

Scapin. — Non, vous dis-je, ce n'est que le bout du bâton qui a été jusque sur vos épaules.

Géronte. — Tu devais donc te retirer un peu plus loin, pour m'épargner...

Scapin *lui remet la tête dans le sac.* — Prenez garde. En voici un autre qui a la mine d'un étranger. *(Cet endroit est de même celui du Gascon, pour le changement de langage, et le jeu de théâtre.)* « Parti ! moi courir comme une Basque, et moi ne pouvre point troufair de tout le jour sti tiable de Gironte ? » Cachez-vous bien. « Dites-moi un peu, fous, Monsir l'homme, s'il ve plaist, fous savoir point où l'est sti Gironte que moi cherchair ? » Non, Monsieur, je ne sais point où est Géronte. « Dites-moi-le, fous, frenchemente, moi li fouloir pas grande chose à lui. L'est seulemente pour li donnair un petite régal sur le dos d'un' douzaine de coups de bastonne, et de trois ou quatre petites coups d'épée au trafers de son poitrine. » Je vous assure, Monsieur, que je ne sais pas où il est. « Il me semble que j'y fois remuair quelque chose dans sti sac. » Pardonnez-moi, Monsieur. « Li est assurémente quelque histoire là-tetans. » Point du tout, Monsieur. « Moi l'avoir enfie de tonner ain coup d'épée dans ste sac. » Ah ! Monsieur, gardez-vous-en bien. « Montre-le-moi un peu, fous, ce que c'estre là. » Tout beau, Monsieur. « Quement ? tout beau ? » Vous n'avez que faire de vouloir voir ce que je porte. « Et moi, je le fouloir foir, moi. » Vous ne le verrez point. « Ahi ! que de badinemente ! » Ce sont hardes qui m'appartiennent. « Montre-moi, fous, te dis-je. » Je n'en ferai rien. « Toi ne faire rien ? » Non. « Moi pailler de ste bastonne dessus les épaules de toi. » Je me moque de cela « Ah ! toi faire le trole. » Ahi, ahi, ahi ; ah, Monsieur, ah, ah, ah, ah. « Jusqu'au refoir : l'estre là un petit leçon pour li apprendre à toi à parlair insolentemente ! » Ah ! peste soit du baragouineux ! Ah !

Géronte, *sortant sa tête du sac.* — Ah ! je suis roué !

Scapin. — Ah ! je suis mort !

Géronte. — Pourquoi diantre faut-il qu'ils frappent sur mon dos ?

Scapin, *lui remettant sa tête dans le sac.* — Prenez garde, voici une demi-douzaine de soldats tout ensemble. *(Il contrefait plusieurs personnes ensemble.)* « Allons, tâchons à trouver ce Géronte, cherchons partout. N'épargnons point nos pas. Courons toute la ville. N'oublions aucun lieu. Visitons tout. Furetons de tous les côtés. Par où irons-nous ? Tournons par là. Non, par ici. A gauche. A droit. Nenni. Si fait. » Cachez-vous bien. « Ah! camarades, voici son valet. Allons, coquin, il faut que tu nous enseignes où est ton maître. » Eh! Messieurs, ne me maltraitez point. « Allons, dis-nous où il est. Parle. Hâte-toi. Expédions. Dépêche vite. Tôt. » Eh! Messieurs, doucement. *(Géronte met doucement la tête hors du sac et aperçoit la fourberie de Scapin.)* « Si tu ne nous fais trouver ton maître tout à l'heure, nous allons faire pleuvoir sur toi une ondée de coups de bâton. » J'aime mieux souffrir toute chose que de vous découvrir mon maître. « Nous allons t'assommer. » Faites tout ce qu'il vous plaira. « Tu as envie d'être battu. » Je ne trahirai point mon maître. « Ah! tu en veux tâter ? Voilà... » Oh! *(Comme il est prêt de frapper, Géronte sort du sac, et Scapin s'enfuit.)*

GÉRONTE. — Ah, infâme! ah, traître! ah, scélérat! C'est ainsi que tu m'assassines!

SCÈNE III

ZERBINETTE, GÉRONTE

ZERBINETTE, *riant, sans voir Géronte.* — Ah, ah, je veux prendre un peu l'air.

GÉRONTE, *à part, sans voir Zerbinette.* — Tu me le paieras, je te jure.

ZERBINETTE, *sans voir Géronte.* — Ah! ah, ah, ah, la plaisante histoire! et la bonne dupe que ce vieillard!

GÉRONTE. — Il n'y a rien de plaisant à cela; et vous n'avez que faire d'en rire.

ZERBINETTE. — Quoi ? Que voulez-vous dire, Monsieur ?

GÉRONTE. — Je veux dire que vous ne devez pas vous moquer de moi.

ZERBINETTE. — De vous ?

GÉRONTE. — Oui.

ZERBINETTE. — Comment ? qui songe à se moquer de vous ?

GÉRONTE. — Pourquoi venez-vous ici me rire au nez ?

ZERBINETTE. — Cela ne vous regarde point, et je ris toute seule d'un conte qu'on vient de me faire, le plus

plaisant qu'on puisse entendre. Je ne sais pas si c'est parce
que je suis intéressée dans la chose; mais je n'ai jamais
trouvé rien de si drôle qu'un tour qui vient d'être joué par
un fils à son père, pour en attraper de l'argent.

GÉRONTE. — Par un fils à son père, pour en attraper de
l'argent ?

ZERBINETTE. — Oui. Pour peu que vous me pressiez, vous
me trouverez assez disposée à vous dire l'affaire, et j'ai une
démangeaison naturelle à faire part des contes que je
sais.

GÉRONTE. — Je vous prie de me dire cette histoire.

ZERBINETTE. — Je le veux bien. Je ne risquerai pas grand-
chose à vous la dire, et c'est une aventure qui n'est pas
pour être longtemps secrète. La destinée a voulu que je
me trouvasse parmi une bande de ces personnes qu'on
appelle Égyptiens, et qui, rôdant de province en province,
se mêlent de dire la bonne fortune, et quelquefois de beaucoup d'autres choses. En arrivant dans cette ville, un jeune
homme me vit, et conçut pour moi de l'amour. Dès ce
moment, il s'attache à mes pas, et le voilà d'abord comme
tous les jeunes gens, qui croient qu'il n'y a qu'à parler, et
qu'au moindre mot qu'ils nous disent, leurs affaires sont
faites; mais il trouva une fierté qui lui fit un peu corriger
ses premières pensées. Il fit connaître sa passion aux gens
qui me tenaient, et il les trouva disposés à me laisser à lui
moyennant quelque somme. Mais le mal de l'affaire était
que mon amant se trouvait dans l'état où l'on voit très
souvent la plupart des fils de famille, c'est-à-dire qu'il
était un peu dénué d'argent; et il a un père qui, quoique
riche, est un avaricieux fieffé, le plus vilain homme du
monde. Attendez. Ne me saurais-je souvenir de son nom ?
Haye! Aidez-moi un peu. Ne pouvez-vous me nommer
quelqu'un de cette ville qui soit connu pour être avare au
dernier point ?

GÉRONTE. — Non.

ZERBINETTE. — Il y a à son nom du ron... ronte. Or...
Oronte. Non. Gé... Géronte; oui, Géronte, justement;
voilà mon vilain, je l'ai trouvé, c'est ce ladre-là que je dis.
Pour venir à notre conte, nos gens ont voulu aujourd'hui
partir de cette ville; et mon amant m'allait perdre faute
d'argent, si, pour en tirer de son père, il n'avait trouvé du
secours dans l'industrie d'un serviteur qu'il a. Pour le
nom du serviteur, je le sais à merveille : il s'appelle Scapin;
c'est un homme incomparable, et il mérite toutes les
louanges qu'on peut donner.

GÉRONTE, *à part.* — Ah! coquin que tu es!

ZERBINETTE. — Voici le stratagème dont il s'est servi pour attraper sa dupe. Ah, ah, ah, ah. Je ne saurais m'en souvenir, que je ne rie de tout mon cœur. Ah, ah, ah, Il est allé trouver ce chien d'avare, ah, ah, ah; et lui a dit qu'en se promenant sur le port avec son fils, hi, hi, ils avaient vu une galère turque où on les avait invités d'entrer; qu'un jeune Turc leur y avait donné la collation, ah; que, tandis qu'ils mangeaient, on avait mis la galère en mer; et que le Turc l'avait renvoyé, lui seul, à terre dans un esquif, avec ordre de dire au père de son maître qu'il emmenait son fils en Alger, s'il ne lui envoyait tout à l'heure cinq cents écus. Ah, ah, ah. Voilà mon ladre, mon vilain dans de furieuses angoisses; et la tendresse qu'il a pour son fils fait un combat étrange avec son avarice. Cinq cents écus qu'on lui demande sont justement cinq cents coups de poignard qu'on lui donne. Ah, ah, ah. Il ne peut se résoudre à tirer cette somme de ses entrailles; et la peine qu'il souffre lui fait trouver cent moyens ridicules pour ravoir son fils. Ah, ah, ah. Il veut envoyer la justice en mer après la galère du Turc. Ah, ah, ah. Il sollicite son valet de s'aller offrir à tenir la place de son fils, jusqu'à ce qu'il ait amassé l'argent qu'il n'a pas envie de donner. Ah, ah, ah. Il abandonne, pour faire les cinq cents écus, quatre ou cinq vieux habits qui n'en valent pas trente. Ah, ah, ah. Le valet lui fait comprendre, à tous coups, l'impertinence de ses propositions, et chaque réflexion est douloureusement accompagnée d'un : « Mais que diable allait-il faire à cette galère ? Ah! maudite galère! Traître de Turc! » Enfin, après plusieurs détours, après avoir longtemps gémi et soupiré... Mais il me semble que vous ne riez point de mon conte. Qu'en dites-vous ?

GÉRONTE. — Je dis que le jeune homme est un pendard, un insolent, qui sera puni par son père du tour qu'il lui a fait; que l'Égyptienne est une malavisée, une impertinente, de dire des injures à un homme d'honneur, qui saura lui apprendre à venir ici débaucher les enfants de famille; et que le valet est un scélérat, qui sera par Géronte envoyé au gibet avant qu'il soit demain.

SCÈNE IV

SILVESTRE, ZERBINETTE

SILVESTRE. — Où est-ce donc que vous vous échappez ? Savez-vous bien que vous venez de parler là au père de votre amant ?

ZERBINETTE. — Je viens de m'en douter, et je me suis adressée à lui-même sans y penser, pour lui conter son histoire.

SILVESTRE. — Comment, son histoire ?

ZERBINETTE. — Oui, j'étais toute remplie du conte, et je brûlais de le redire. Mais qu'importe ? Tant pis pour lui. Je ne vois pas que les choses pour nous en puissent être ni pis ni mieux.

SILVESTRE. — Vous aviez grande envie de babiller ; et c'est avoir bien de la langue que de ne pouvoir se taire de ses propres affaires.

ZERBINETTE. — N'aurait-il pas appris cela de quelque autre ?

SCÈNE V

ARGANTE, SILVESTRE

ARGANTE. — Holà ! Silvestre.

SILVESTRE, à Zerbinette. — Rentrez dans la maison. Voilà mon maître qui m'appelle.

ARGANTE. — Vous vous êtes donc accordés, coquin ; vous vous êtes accordés, Scapin, vous, et mon fils, pour me fourber et vous croyez que je l'endure ?

SILVESTRE. — Ma foi ! Monsieur, si Scapin vous fourbe, je m'en lave les mains, et vous assure que je n'y trempe en aucune façon.

ARGANTE. — Nous verrons cette affaire, pendard, nous verrons cette affaire, et je ne prétends pas qu'on me fasse passer la plume par le bec.

SCÈNE VI

GÉRONTE, ARGANTE, SILVESTRE

GÉRONTE. — Ah! seigneur Argante, vous me voyez accablé de disgrâce.

ARGANTE. — Vous me voyez aussi dans un accablement horrible.

GÉRONTE. — Le pendard de Scapin, par une fourberie, m'a attrapé cinq cents écus.

ARGANTE. — Le même pendard de Scapin, par une fourberie aussi, m'a attrapé deux cents pistoles.

GÉRONTE. — Il ne s'est pas contenté de m'attraper cinq cents écus : il m'a traité d'une manière que j'ai honte de dire. Mais il me la paiera.

ARGANTE. — Je veux qu'il me fasse raison de la pièce qu'il m'a jouée.

GÉRONTE. — Et je prétends faire de lui une vengeance exemplaire.

SILVESTRE, à part. — Plaise au Ciel que dans tout ceci je n'aie point ma part!

GÉRONTE. — Mais ce n'est pas encore tout, seigneur Argante, et un malheur nous est toujours l'avant-coureur d'un autre. Je me réjouissais aujourd'hui de l'espérance d'avoir ma fille, dont je faisais toute ma consolation; et je viens d'apprendre de mon homme qu'elle est partie il y a longtemps de Tarente, et qu'on y croit qu'elle a péri dans le vaisseau où elle s'embarqua.

ARGANTE. — Mais pourquoi, s'il vous plaît, la tenir à Tarente, et ne vous être pas donné la joie de l'avoir avec vous?

GÉRONTE. — J'ai eu mes raisons pour cela; et des intérêts de famille m'ont obligé jusques ici à tenir fort secret ce second mariage. Mais que vois-je?

SCÈNE VII

NÉRINE, ARGANTE, GÉRONTE, SILVESTRE

GÉRONTE. — Ah! te voilà, Nourrice.

NÉRINE, se jetant à ses genoux. — Ah! seigneur Pandolphe, que...

GÉRONTE. — Appelle-moi Géronte, et ne te sers plus de ce nom. Les raisons ont cessé qui m'avaient obligé à le prendre parmi vous à Tarente.

NÉRINE. — Las! que ce changement de nom nous a causé de troubles et d'inquiétudes dans les soins que nous avons pris de vous venir chercher ici!

GÉRONTE. — Où est ma fille, et sa mère?

NÉRINE. — Votre fille, Monsieur, n'est pas loin d'ici. Mais avant que de vous la faire voir, il faut que je vous demande pardon de l'avoir mariée, dans l'abandonnement où, faute de vous rencontrer, je me suis trouvée avec elle.

GÉRONTE. — Ma fille mariée!

NÉRINE. — Oui, Monsieur.

GÉRONTE. — Et avec qui?

NÉRINE. — Avec un jeune homme nommé Octave, fils d'un certain seigneur Argante.

GÉRONTE. — O Ciel!

ARGANTE. — Quelle rencontre!

GÉRONTE. — Mène-nous, mène-nous promptement où elle est.

NÉRINE. — Vous n'avez qu'à entrer dans ce logis.

GÉRONTE. — Passe devant. Suivez-moi, suivez-moi, seigneur Argante.

SILVESTRE, *seul*. — Voilà une aventure qui est tout à fait surprenante.

SCÈNE VIII

SCAPIN, SILVESTRE

SCAPIN. — Hé bien! Silvestre, que font nos gens?

SILVESTRE. — J'ai deux avis à te donner. L'un, que l'affaire d'Octave est accommodée. Notre Hyacinte s'est trouvée la fille du seigneur Géronte; et le hasard a fait ce que la prudence des pères avait délibéré. L'autre avis, c'est que les deux vieillards font contre toi des menaces épouvantables, et surtout le seigneur Géronte.

SCAPIN. — Cela n'est rien. Les menaces ne m'ont jamais fait mal; et ce sont des nuées qui passent bien loin sur nos têtes.

SILVESTRE. — Prends garde à toi : les fils se pourraient bien raccommoder avec les pères, et toi demeurer dans la nasse.

SCAPIN. — Laisse-moi faire, je trouverai moyen d'apaiser leur courroux, et...

SILVESTRE. — Retire-toi, les voilà qui sortent.

SCÈNE IX

GÉRONTE, ARGANTE, SILVESTRE, NÉRINE, HYACINTE

GÉRONTE. — Allons, ma fille, venez chez moi. Ma joie aurait été parfaite, si j'y avais pu voir votre mère avec vous.

ARGANTE. — Voici Octave, tout à propos.

SCÈNE X

OCTAVE, ARGANTE, GÉRONTE, HYACINTE, NÉRINE, ZERBINETTE, SILVESTRE

ARGANTE. — Venez, mon fils, venez vous réjouir avec nous de l'heureuse aventure de votre mariage. Le Ciel...

OCTAVE, *sans voir Hyacinte.* — Non, mon père, toutes vos propositions de mariage ne serviront de rien. Je dois lever le masque avec vous, et l'on vous a dit mon engagement.

ARGANTE. — Oui; mais tu ne sais pas...

OCTAVE. — Je sais tout ce qu'il faut savoir.

ARGANTE. — Je veux te dire que la fille du seigneur Géronte...

OCTAVE. — La fille du seigneur Géronte ne me sera jamais de rien.

GÉRONTE. — C'est elle...

OCTAVE. — Non, Monsieur; je vous demande pardon, mes résolutions sont prises.

SILVESTRE. — Écoutez...

OCTAVE. — Non : tais-toi, je n'écoute rien.

ARGANTE. — Ta femme...

OCTAVE. — Non, vous dis-je, mon père, je mourrai plutôt que de quitter mon aimable Hyacinte. (*Traversant le théâtre pour aller à elle.*) Oui, vous avez beau faire, la voilà celle à qui ma foi est engagée; je l'aimerai toute ma vie et je ne veux point d'autre femme.

ARGANTE. — Hé bien! c'est elle qu'on te donne. Quel diable d'étourdi, qui suit toujours sa pointe!

HYACINTE. — Oui, Octave, voilà mon père que j'ai trouvé, et nous nous voyons hors de peine.

GÉRONTE. — Allons chez moi : nous serons mieux qu'ici pour nous entretenir.

HYACINTE. — Ah! mon père, je vous demande par grâce que je ne sois point séparée de l'aimable personne que vous voyez; elle a un mérite qui vous fera concevoir de l'estime pour elle, quand il sera connu de vous.

GÉRONTE. — Tu veux que je tienne chez moi une personne qui est aimée de ton frère, et qui m'a dit tantôt au nez mille sottises de moi-même ?

ZERBINETTE. — Monsieur, je vous prie de m'excuser. Je n'aurais pas parlé de la sorte, si j'avais su que c'était vous, et je ne vous connaissais que de réputation.

GÉRONTE. — Comment, que de réputation ?

HYACINTE. — Mon père, la passion que mon frère a pour elle n'a rien de criminel, et je réponds de sa vertu.

GÉRONTE. — Voilà qui est fort bien. Ne voudrait-on point que je mariasse mon fils avec elle ? Une fille inconnue, qui fait le métier de coureuse.

SCÈNE XI

LÉANDRE, OCTAVE, HYACINTE,
ZERBINETTE, ARGANTE, GÉRONTE, SILVESTRE, NÉRINE

LÉANDRE. — Mon père, ne vous plaignez point que j'aime une inconnue, sans naissance et sans bien. Ceux de qui je l'ai rachetée viennent de me découvrir qu'elle est de cette ville, et d'honnête famille; que ce sont eux qui l'y ont dérobée à l'âge de quatre ans; et voici un bracelet, qu'ils m'ont donné, qui pourra nous aider à trouver ses parents.

ARGANTE. — Hélas! à voir ce bracelet, c'est ma fille, que je perdis à l'âge que vous dites.

GÉRONTE. — Votre fille ?

ARGANTE. — Oui, ce l'est, et j'y vois tous les traits qui m'en peuvent rendre assuré.

HYACINTE. — O Ciel! que d'aventures extraordinaires!

SCÈNE XII

CARLE, LÉANDRE, OCTAVE, GÉRONTE, ARGANTE, HYACINTE, ZERBINETTE, SILVESTRE, NÉRINE

CARLE. — Ah! Messieurs, il vient d'arriver un accident étrange.

GÉRONTE. — Quoi ?

CARLE. — Le pauvre Scapin...

GÉRONTE. — C'est un coquin que je veux faire pendre.

CARLE. — Hélas! Monsieur, vous ne serez pas en peine de cela. En passant contre un bâtiment, il lui est tombé sur la tête un marteau de tailleur de pierre, qui lui a brisé l'os et découvert toute la cervelle. Il se meurt, et il a prié qu'on l'apportât ici pour vous pouvoir parler avant que de mourir.

ARGANTE. — Où est-il ?

CARLE. — Le voilà.

SCÈNE DERNIÈRE

SCAPIN, CARLE, GÉRONTE, ARGANTE, etc.

SCAPIN, *apporté par deux hommes et la tête entourée de linges, comme s'il avait été bien blessé.* — Ahi, ahi, Messieurs, vous me voyez... ahi, vous me voyez dans un étrange état. Ahi. Je n'ai pas voulu mourir sans venir demander pardon à toutes les personnes que je puis avoir offensées. Ahi. Oui, Messieurs, avant que de rendre le dernier soupir, je vous conjure de tout mon cœur de vouloir me pardonner tout ce que je puis vous avoir fait, et principalement le seigneur Argante, et le seigneur Géronte. Ahi.

ARGANTE. — Pour moi, je te pardonne; va, meurs en repos.

SCAPIN. — C'est vous, Monsieur, que j'ai le plus offensé, par les coups de bâton que...

GÉRONTE. — Ne parle point davantage, je te pardonne aussi.

SCAPIN. — Ç'a été une témérité bien grande à moi, que les coups de bâton que je...

GÉRONTE. — Laissons cela.

SCAPIN. — J'ai, en mourant, une douleur inconcevable des coups de bâton que...

GÉRONTE. — Mon Dieu! tais-toi.

SCAPIN. — Les malheureux coups de bâton que je vous...

GÉRONTE. — Tais-toi, te dis-je, j'oublie tout.

SCAPIN. — Hélas! quelle bonté! Mais est-ce de bon cœur, Monsieur, que vous me pardonnez ces coups de bâton que...

GÉRONTE. — Eh! oui. Ne parlons plus de rien; je te pardonne tout, voilà qui est fait.

SCAPIN. — Ah! Monsieur, je me sens tout soulagé depuis cette parole.

GÉRONTE. — Oui; mais je te pardonne à la charge que tu mourras.

SCAPIN. — Comment, Monsieur?

GÉRONTE. — Je me dédis de ma parole, si tu réchappes.

SCAPIN. — Ahi, ahi. Voilà mes faiblesses qui me reprennent.

ARGANTE. — Seigneur Géronte, en faveur de notre joie, il faut lui pardonner sans condition.

GÉRONTE. — Soit.

ARGANTE. — Allons souper ensemble, pour mieux goûter notre plaisir.

SCAPIN. — Et moi, qu'on me porte au bout de la table, en attendant que je meure.

NOTICE
SUR
LA COMTESSE D'ESCARBAGNAS

En 1671, Monsieur, frère du roi, veuf d'Henriette d'Angleterre, se remariait avec la princesse Palatine de Bavière. Louis XIV lui réserva un accueil chaleureux et décida d'offrir à sa nouvelle belle-sœur un divertissement tel qu'aucune cour allemande n'eût pu lui en montrer de pareil. Sous le titre de *Ballet des Ballets*, on cousit ensemble des intermèdes de *Psyché*, des *Amants magnifiques*, de *George Dandin*, du *Ballet des Muses* et du *Bourgeois Gentilhomme*. En somme, une revue rétrospective, condensée, des récentes fêtes de cour où triomphait la musique de Lulli. Molière, pour donner un piquant de nouveauté à ce rapetassage, écrivit, une fois de plus, une pastorale qui fut incluse dans le spectacle, mais dont personne, même pas l'auteur, ne pensa à nous laisser le texte.

En outre, Molière pensa qu'il serait agréable d'insérer tout ce spectacle varié de chant et de danse dans une petite comédie. Comme il était en train d'écrire *les Femmes savantes*, il songea à donner à Philaminte, Armande et Bélise une sœur provinciale. Ce fut *la Comtesse d'Escarbagnas*, dont les neuf scènes encadrèrent le ballet et la pastorale.

Dernière pièce de circonstance écrite par Molière, cette œuvrette nous montrait une provinciale, entichée de son titre, de ses prérogatives et des bonnes manières qu'elle se vantait d'avoir apprises à Paris. Angoulême fournissait un pendant à Monsieur de Pourceaugnac de Limoges, et à M. de Sotenville. Une fois de plus les nobles de province étaient livrés aux sarcasmes de la noblesse de cour. Ce n'était qu'une esquisse, une pochade, d'un réalisme d'ailleurs amusant, évoquant la tyrannie qu'une précieuse provinciale, autoritaire et mal dégrossie, entend faire régner sur ses divers prétendants, le vicomte, le robin et le financier, à la vérité bien croqués.

Jouée à Saint-Germain-en-Laye, le 2 décembre 1671, *la Comtesse d'Escarbagnas*, encadrant *le Ballet des Ballets*, connut plusieurs représentations à la Cour. Molière la reprit au Palais-Royal à partir du 8 juillet 1672. Il la joua quatorze fois en juillet et août avec *le Mariage forcé*, quatre fois en octobre d'abord avec *l'Amour médecin*, puis avec *le Fin Lourdaud*, dont nous ne connaissons que le titre. Mais il ne la fit pas imprimer, la considérant sans doute comme indigne de cet honneur. Elle ne parut qu'en 1682 dans l'édition posthume de ses œuvres.

LA COMTESSE D'ESCARBAGNAS

COMÉDIE

REPRÉSENTÉE POUR LE ROI
A SAINT-GERMAIN-EN-LAYE LE 2ᵉ DÉCEMBRE 1671
ET DONNÉE AU PUBLIC
SUR LE THÉATRE DE LA SALLE DU PALAIS-ROYAL
POUR LA PREMIÈRE FOIS LE 8ᵉ JUILLET 1672
PAR LA

TROUPE DU ROI

PERSONNAGES

LA COMTESSE D'ESCARBAGNAS.
LE COMTE, son fils.
LE VICOMTE, amant de Julie.
JULIE, amante du Vicomte.
MONSIEUR TIBAUDIER, conseiller, amant de la Comtesse.
MONSIEUR HARPIN, receveur des tailles, autre amant de la Comtesse.
MONSIEUR BOBINET, précepteur de Monsieur le Comte.
ANDRÉE, suivante de la Comtesse.
JEANNOT, laquais de Monsieur Tibaudier.
CRIQUET, laquais de la Comtesse.

La scène est à Angoulême.

SCÈNE I

JULIE, LE VICOMTE

LE VICOMTE. — Hé quoi ? Madame, vous êtes déjà ici ?

JULIE. — Oui, vous en devriez rougir, Cléante, et il n'est guère honnête à un amant de venir le dernier au rendez-vous.

LE VICOMTE. — Je serais ici il y a une heure, s'il n'y avait point de fâcheux au monde, et j'ai été arrêté, en chemin, par un vieux importun de qualité, qui m'a demandé tout exprès des nouvelles de la cour, pour trouver moyen de m'en dire des plus extravagantes qu'on puisse débiter ; et c'est là, comme vous savez, le fléau des petites villes, que ces grands nouvellistes qui cherchent partout où répandre les contes qu'ils ramassent. Celui-ci m'a montré d'abord deux feuilles de papier, pleines jusques aux bords d'un grand fatras de balivernes, qui viennent, m'a-t-il dit, de l'endroit le plus sûr du monde. Ensuite, comme d'une chose fort curieuse, il m'a fait, avec grand mystère, une fatigante lecture de toutes les sottises de la Gazette de Hollande, et de là s'est jeté, à corps perdu, dans le raisonnement du Ministère, d'où j'ai cru qu'il ne sortirait point. A l'entendre parler, il sait les secrets du Cabinet, mieux que ceux qui les font. La politique de l'État lui laisse voir tous ses desseins, et elle ne fait pas un pas dont il ne pénètre les intentions. Il nous apprend les ressorts cachés de tout ce qui se fait, nous découvre les vues de la prudence de nos voisins, et remue, à sa fantaisie, toutes les affaires de l'Europe. Ses intelligences même s'étendent jusques en Afrique, et en Asie, et il est informé de tout ce qui s'agite dans le Conseil d'en haut du Prêtre-Jean et du Grand Mogol.

JULIE. — Vous parez votre excuse du mieux que vous pouvez, afin de la rendre agréable, et faire qu'elle soit plus aisément reçue.

LE VICOMTE. — C'est là, belle Julie, la véritable cause de mon retardement; et si je voulais y donner une excuse galante, je n'aurais qu'à vous dire que le rendez-vous que vous voulez prendre peut autoriser la paresse dont vous me querellez; que m'engager à faire l'amant de la maîtresse du logis, c'est me mettre en état de craindre de me trouver ici le premier; que cette feinte où je me force n'étant que pour vous plaire, j'ai lieu de ne vouloir en souffrir la contrainte que devant les yeux qui s'en divertissent; que j'évite le tête-à-tête avec cette comtesse ridicule dont vous m'embarrassez; et, en un mot, que ne venant ici que pour vous, j'ai toutes les raisons du monde d'attendre que vous y soyez.

JULIE. — Nous savons bien que vous ne manquerez jamais d'esprit pour donner de belles couleurs aux fautes que vous pourrez faire. Cependant, si vous étiez venu une demi-heure plus tôt, nous aurions profité de tous ces moments; car j'ai trouvé, en arrivant, que la Comtesse était sortie, et je ne doute point qu'elle ne soit allée par la ville se faire honneur de la comédie que vous me donnez sous son nom.

LE VICOMTE. — Mais tout de bon, Madame, quand voulez-vous mettre fin à cette contrainte, et me faire moins acheter le bonheur de vous voir.

JULIE. — Quand nos parents pourront être d'accord, ce que je n'ose espérer. Vous savez, comme moi, que les démêlés de nos deux familles ne nous permettent point de nous voir autre part, et que mes frères, non plus que votre père, ne sont pas assez raisonnables pour souffrir notre attachement.

LE VICOMTE. — Mais pourquoi ne pas mieux jouir du rendez-vous que leur inimitié nous laisse, et me contraindre à perdre en une sotte feinte les moments que j'ai près de vous ?

JULIE. — Pour mieux cacher notre amour; et puis, à vous dire la vérité, cette feinte dont vous parlez m'est une comédie fort agréable, et je ne sais si celle que vous nous donnez aujourd'hui me divertira davantage. Notre comtesse d'Escarbagnas, avec son perpétuel entêtement de qualité, est un aussi bon personnage qu'on en puisse mettre sur le théâtre. Le petit voyage qu'elle a fait à Paris l'a ramenée dans Angoulême plus achevée qu'elle n'était. L'approche

de l'air de la cour a donné à son ridicule de nouveaux agréments, et sa sottise tous les jours ne fait que croître et
embellir.

Le Vicomte. — Oui; mais vous ne considérez pas que
le jeu qui vous divertit tient mon cœur au supplice, et
qu'on n'est point capable de se jouer longtemps, lorsqu'on
a dans l'esprit une passion aussi sérieuse que celle que je
sens pour vous. Il est cruel, belle Julie, que cet amusement
dérobe à mon amour un temps qu'il voudrait employer à
vous expliquer son ardeur; et, cette nuit, j'ai fait là-dessus
quelques vers, que je ne puis m'empêcher de vous réciter,
sans que vous me le demandiez, tant la démangeaison de
dire ses ouvrages est un vice attaché à la qualité de poète.

C'est trop longtemps, Iris, me mettre à la torture :

Iris, comme vous le voyez, est mis là pour Julie.

C'est trop longtemps, Iris, me mettre à la torture,
Et si je suis vos lois, je les blâme tout bas
De me forcer à taire un tourment que j'endure,
Pour déclarer un mal que je ne ressens pas.

Faut-il que vos beaux yeux, à qui je rends les armes,
Veuillent se divertir de mes tristes soupirs ?
Et n'est-ce pas assez de souffrir pour vos charmes,
Sans me faire souffrir encor pour vos plaisirs ?

C'en est trop à la fois que ce double martyre;
Et ce qu'il me faut taire, et ce qu'il me faut dire
Exerce sur mon cœur pareille cruauté.

L'amour le met en feu, la contrainte le tue;
Et si par la pitié vous n'êtes combattue,
Je meurs et de la feinte, et de la vérité.

Julie. — Je vois que vous vous faites là bien plus maltraité que vous n'êtes; mais c'est une licence que prennent
Messieurs les poètes de mentir de gaieté de cœur, et de
donner à leurs maîtresses des cruautés qu'elles n'ont pas,
pour s'accommoder aux pensées qui leur peuvent venir.
Cependant je serai bien aise que vous me donniez ces vers
par écrit.

Le Vicomte. — C'est assez de vous les avoir dits, et
je dois en demeurer là : il est permis d'être parfois assez
fou pour faire des vers, mais non pour vouloir qu'ils soient
vus.

JULIE. — C'est en vain que vous vous retranchez sur une fausse modestie; on sait dans le monde que vous avez de l'esprit, et je ne vois pas la raison qui vous oblige à cacher les vôtres.

LE VICOMTE. — Mon Dieu! Madame, marchons là-dessus, s'il vous plaît, avec beaucoup de retenue; il est dangereux dans le monde de se mêler d'avoir de l'esprit. Il y a là-dedans un certain ridicule qu'il est facile d'attraper, et nous avons de nos amis qui me font craindre leur exemple.

JULIE. — Mon Dieu! Cléante, vous avez beau dire, je vois, avec tout cela, que vous mourez d'envie de me les donner, et je vous embarrasserais si je faisais semblant de ne m'en pas soucier.

LE VICOMTE. — Moi, Madame? vous vous moquez, et je ne suis pas si poète que vous pourriez bien croire, pour... Mais voici votre Madame la comtesse d'Escarbagnas; je sors par l'autre porte pour ne la point trouver, et vais disposer tout mon monde au divertissement que je vous ai promis.

SCÈNE II

LA COMTESSE, JULIE

LA COMTESSE. — Ah, mon Dieu! Madame, vous voilà toute seule? Quelle pitié est-ce là! toute seule? Il me semble que mes gens m'avaient dit que le Vicomte était ici?

JULIE. — Il est vrai qu'il y est venu; mais c'est assez pour lui de savoir que vous n'y étiez pas pour l'obliger à sortir.

LA COMTESSE. — Comment, il vous a vue?

JULIE. — Oui.

LA COMTESSE. — Et il ne vous a rien dit?

JULIE. — Non, Madame; et il a voulu témoigner par là qu'il est tout entier à vos charmes.

LA COMTESSE. — Vraiment je le veux quereller de cette action; quelque amour que l'on ait pour moi, j'aime que ceux qui m'aiment rendent ce qu'ils doivent au sexe; et je ne suis point de l'humeur de ces femmes injustes qui s'applaudissent des incivilités que leurs amants font aux autres belles.

JULIE. — Il ne faut point, Madame, que vous soyez surprise de son procédé. L'amour que vous lui donnez éclate dans toutes ses actions, et l'empêche d'avoir des yeux que pour vous.

LA COMTESSE. — Je crois être en état de pouvoir faire naître une passion assez forte, et je me trouve pour cela assez de beauté, de jeunesse, et de qualité, Dieu merci; mais cela n'empêche pas qu'avec ce que j'inspire, on ne puisse garder de l'honnêteté et de la complaisance pour les autres. Que faites-vous donc là, laquais? Est-ce qu'il n'y a pas une antichambre où se tenir, pour venir quand on vous appelle? Cela est étrange, qu'on ne puisse avoir en province un laquais qui sache son monde. A qui est-ce donc que je parle? voulez-vous vous en aller là dehors, petit fripon? Filles, approchez.

ANDRÉE. — Que vous plaît-il, Madame?

LA COMTESSE. — Otez-moi mes coiffes. Doucement donc, maladroite, comme vous me saboulez la tête avec vos mains pesantes!

ANDRÉE. — Je fais, Madame, le plus doucement que je puis.

LA COMTESSE. — Oui; mais le plus doucement que vous pouvez est fort rudement pour ma tête, et vous me l'avez déboîtée. Tenez encore ce manchon, ne laissez point traîner tout cela, et portez-le dans ma garde-robe. Hé bien, où va-t-elle? où va-t-elle? que veut-elle faire, cet oison bridé?

ANDRÉE. — Je veux, Madame, comme vous m'avez dit, porter cela aux garde-robes.

LA COMTESSE. — Ah! mon Dieu! l'impertinente. Je vous demande pardon, Madame. Je vous ai dit ma garde-robe, grosse bête, c'est-à-dire où sont mes habits.

ANDRÉE. — Est-ce, Madame, qu'à la cour une armoire s'appelle une garde-robe!

LA COMTESSE. — Oui, butorde, on appelle ainsi le lieu où l'on met les habits.

ANDRÉE. — Je m'en ressouviendrai, Madame, aussi bien que de votre grenier qu'il faut appeler garde-meuble.

LA COMTESSE. — Quelle peine il faut prendre pour instruire ces animaux-là!

JULIE. — Je les trouve bien heureux, Madame, d'être sous votre discipline.

LA COMTESSE. — C'est une fille de ma mère nourrice, que j'ai mise à la chambre, et elle est toute neuve encore.

JULIE. — Cela est d'une belle âme, Madame, et il est glorieux de faire ainsi des créatures.

LA COMTESSE. — Allons, des sièges. Holà! laquais,

laquais, laquais. En vérité, voilà qui est violent, de ne
pouvoir pas avoir un laquais, pour donner des sièges.
Filles, laquais, laquais, filles, quelqu'un. Je pense que
tous mes gens sont morts, et que nous serons contraintes
de nous donner des sièges nous-mêmes.

ANDRÉE. — Que voulez-vous, Madame ?

LA COMTESSE. — Il se faut bien égosiller avec vous
autres.

ANDRÉE. — J'enfermais votre manchon et vos coiffes
dans votre armoi..., dis-je, dans votre garde-robe.

LA COMTESSE. — Appelez-moi ce petit fripon de laquais.

ANDRÉE. — Holà! Criquet.

LA COMTESSE. — Laissez là votre Criquet, bouvière, et
appelez laquais.

ANDRÉE. — Laquais donc, et non pas Criquet, venez
parler à Madame. Je pense qu'il est sourd : Criq... laquais,
laquais.

CRIQUET. — Plaît-il ?

LA COMTESSE. — Où étiez-vous donc, petit coquin ?

CRIQUET. — Dans la rue, Madame.

LA COMTESSE. — Et pourquoi dans la rue ?

CRIQUET. — Vous m'avez dit d'aller là dehors.

LA COMTESSE. — Vous êtes un petit impertinent, mon
ami, et vous devez savoir que là dehors, en termes de
personnes de qualité, veut dire l'antichambre. Andrée,
ayez soin tantôt de faire donner le fouet à ce petit fripon-
là, par mon écuyer : c'est un petit incorrigible.

ANDRÉE. — Qu'est-ce que c'est, Madame, que votre
écuyer ? Est-ce maître Charles que vous appelez comme
cela !

LA COMTESSE. — Taisez-vous, sotte que vous êtes : vous
ne sauriez ouvrir la bouche que vous ne disiez une impertinence. Des sièges. Et vous, allumez deux bougies dans
mes flambeaux d'argent : il se fait déjà tard. Qu'est-ce
que c'est donc que vous me regardez tout effarée ?

ANDRÉE. — Madame...

LA COMTESSE. — Hé bien, Madame ? Qu'y a-t-il ?

ANDRÉE. — C'est que...

LA COMTESSE. — Quoi ?

ANDRÉE. — C'est que je n'ai point de bougie.

LA COMTESSE. — Comment, vous n'en avez point ?

ANDRÉE. — Non, Madame, si ce n'est des bougies de
suif.

LA COMTESSE. — La bouvière! Et où est donc la cire
que je fis acheter ces jours passés ?

ANDRÉE. — Je n'en ai point vu depuis que je suis céans.

LA COMTESSE. — Otez-vous de là, insolente; je vous renverrai chez vos parents. Apportez-moi un verre d'eau. Madame. *(Faisant des cérémonies pour s'asseoir.)*

JULIE. — Madame.

LA COMTESSE. — Ah! Madame.

JULIE. — Ah! Madame.

LA COMTESSE. — Mon Dieu! Madame.

JULIE. — Mon Dieu! Madame.

LA COMTESSE. — Oh! Madame.

JULIE. — Oh! Madame.

LA COMTESSE. — Eh! Madame.

JULIE. — Eh! Madame.

LA COMTESSE. — Hé! allons donc, Madame.

JULIE. — Hé! allons donc, Madame.

LA COMTESSE. — Je suis chez moi, Madame, nous sommes demeurées d'accord de cela. Me prenez-vous pour une provinciale, Madame?

JULIE. — Dieu m'en garde, Madame!

LA COMTESSE. — Allez, impertinente, je bois avec une soucoupe. Je vous dis que vous m'alliez quérir une soucoupe pour boire.

ANDRÉE. — Criquet, qu'est-ce que c'est qu'une soucoupe?

CRIQUET. — Une soucoupe?

ANDRÉE. — Oui.

CRIQUET. — Je ne sais.

LA COMTESSE. — Vous ne vous grouillez pas?

ANDRÉE. — Nous ne savons tous deux, Madame, ce que c'est qu'une soucoupe.

LA COMTESSE. — Apprenez que c'est une assiette sur laquelle on met le verre. Vive Paris pour être bien servie! on vous entend là au moindre coup d'œil. Hé bien! vous ai-je dit comme cela, tête de bœuf? C'est dessous qu'il faut mettre l'assiette.

ANDRÉE. — Cela est bien aisé. *(Andrée casse le verre.)*

LA COMTESSE. — Hé bien! ne voilà pas l'étourdie? En vérité vous me paierez mon verre.

ANDRÉE. — Hé bien! oui, Madame, je le paierai.

LA COMTESSE. — Mais voyez cette maladroite, cette bouvière, cette butorde, cette...

ANDRÉE, *s'en allant.* — Dame, Madame, si je le paye, je ne veux point être querellée.

LA COMTESSE. — Otez-vous de devant mes yeux. En vérité, Madame, c'est une chose étrange que les petites villes; on n'y sait point du tout son monde; et je viens de faire deux ou trois visites, où ils ont pensé me désespérer par le peu de respect qu'ils rendent à ma qualité.

JULIE. — Où auraient-ils appris à vivre ? Ils n'ont point fait de voyage à Paris.

LA COMTESSE. — Ils ne laisseraient pas de l'apprendre, s'ils voulaient écouter les personnes; mais le mal que j'y trouve, c'est qu'ils veulent en savoir autant que moi, qui ai été deux mois à Paris, et vu toute la cour.

JULIE. — Les sottes gens que voilà !

LA COMTESSE. — Ils sont insupportables avec les impertinentes égalités dont ils traitent les gens. Car enfin il faut qu'il y ait de la subordination dans les choses, et ce qui me met hors de moi, c'est qu'un gentilhomme de ville de deux jours, ou de deux cents ans, aura l'effronterie de dire qu'il est aussi bien gentilhomme que feu Monsieur mon mari, qui demeurait à la campagne, qui avait meute de chiens courants, et qui prenait la qualité de comte dans tous les contrats qu'il passait.

JULIE. — On sait bien mieux vivre à Paris, dans ces hôtels dont la mémoire doit être si chère. Cet hôtel de Mouhy, Madame, cet hôtel de Lyon, cet hôtel de Hollande ! les agréables demeures que voilà !

LA COMTESSE. — Il est vrai qu'il y a bien de la différence de ces lieux-là à tout ceci. On y voit venir du beau monde, qui ne marchande point à vous rendre tous les respects qu'on saurait souhaiter. On ne s'en lève pas, si l'on veut, de dessus son siège; et lorsque l'on veut voir la revue, ou le grand ballet de *Psyché*, on est servie à point nommé.

JULIE. — Je pense, Madame, que, durant votre séjour à Paris, vous avez fait bien des conquêtes de qualité.

LA COMTESSE. — Vous pouvez bien croire, Madame, que tout ce qui s'appelle les galants de la cour n'a pas manqué de venir à ma porte, et de m'en conter; et je garde dans ma cassette de leurs billets, qui peuvent faire voir quelles propositions j'ai refusées; il n'est pas nécessaire de vous dire leurs noms; on sait ce qu'on veut dire par les galants de la cour.

JULIE. — Je m'étonne, Madame, que de tous ces grands noms, que je devine, vous ayez pu redescendre à un Monsieur Tibaudier, le conseiller, et à un Monsieur Harpin, le receveur des tailles. La chute est grande, je vous l'avoue. Car pour Monsieur votre vicomte, quoique vicomte de province, c'est toujours un vicomte, et il peut faire un voyage à Paris, s'il n'en a point fait; mais un conseiller, et un receveur sont des amants un peu bien minces, pour une grande comtesse comme vous.

LA COMTESSE. — Ce sont gens qu'on ménage dans les provinces pour le besoin qu'on en peut avoir; ils servent au moins à remplir les vides de la galanterie, à faire nombre de soupirants; et il est bon, Madame, de ne pas laisser un amant seul maître du terrain, de peur que, faute de rivaux, son amour ne s'endorme sur trop de confiance.

JULIE. — Je vous avoue, Madame, qu'il y a merveilleusement à profiter de tout ce que vous dites; c'est une école que votre conversation, et j'y viens tous les jours attraper quelque chose.

SCÈNE III

CRIQUET, LA COMTESSE, JULIE, ANDRÉE, JEANNOT

CRIQUET. — Voilà Jeannot de Monsieur le Conseiller qui vous demande, Madame.

LA COMTESSE. — Hé bien! petit coquin, voilà encore de vos âneries : un laquais qui saurait vivre aurait été parler tout bas à la demoiselle suivante, qui serait venue dire doucement à l'oreille de sa maîtresse : « Madame, voilà le laquais de Monsieur un tel qui demande à vous dire un mot »; à quoi la maîtresse aurait répondu : « Faites-le entrer. »

CRIQUET. — Entrez, Jeannot.

LA COMTESSE. — Autre lourderie. Qu'y a-t-il, laquais ? Que portes-tu là ?

JEANNOT. — C'est Monsieur le Conseiller, Madame, qui vous souhaite le bon jour, et auparavant que de venir, vous envoie des poires de son jardin, avec ce petit mot d'écrit.

LA COMTESSE. — C'est du bon-chrétien, qui est fort beau. Andrée, faites porter cela à l'office. Tiens, mon enfant, voilà pour boire.

JEANNOT. — Oh! non, Madame!

LA COMTESSE. — Tiens, te dis-je.

JEANNOT. — Mon maître m'a défendu, Madame, de rien prendre de vous.

LA COMTESSE. — Cela ne fait rien.

JEANNOT. — Pardonnez-moi, Madame.

CRIQUET. — Hé! prenez, Jeannot; si vous n'en voulez pas, vous me le baillerez.

LA COMTESSE. — Dis à ton maître que je le remercie.

CRIQUET. — Donne-moi donc cela.

JEANNOT. — Oui, quelque sot!

CRIQUET. — C'est moi qui te l'ai fait prendre.

JEANNOT. — Je l'aurais bien pris sans toi.

LA COMTESSE. — Ce qui me plaît de ce Monsieur Tibaudier, c'est qu'il sait vivre avec les personnes de ma qualité, et qu'il est fort respectueux.

SCÈNE IV

LE VICOMTE, LA COMTESSE, JULIE, CRIQUET, ANDRÉE

LE VICOMTE. — Madame, je viens vous avertir que la comédie sera bientôt prête, et que, dans un quart d'heure, nous pouvons passer dans la salle.

LA COMTESSE. — Je ne veux point de cohue, au moins. Que l'on dise à mon Suisse qu'il ne laisse entrer personne.

LE VICOMTE. — En ce cas, Madame, je vous déclare que je renonce à la comédie, et je n'y saurais prendre de plaisir lorsque la compagnie n'est pas nombreuse. Croyez-moi, si vous voulez vous bien divertir, qu'on dise à vos gens de laisser entrer toute la ville.

LA COMTESSE. — Laquais, un siège. Vous voilà venu à propos pour recevoir un petit sacrifice que je veux bien vous faire. Tenez, c'est un billet de Monsieur Tibaudier, qui m'envoie des poires. Je vous donne la liberté de le lire tout haut, je ne l'ai point encore vu.

LE VICOMTE. — Voici un billet du beau style, Madame, et qui mérite d'être bien écouté. *(Il lit.) Madame, je n'aurais pas pu vous faire le présent que je vous envoie, si je ne recueillais pas plus de fruit de mon jardin que je n'en recueille de mon amour.*

LA COMTESSE. — Cela vous marque clairement qu'il ne se passe rien entre nous.

LE VICOMTE continue. — *Les poires ne sont pas encore bien mûres, mais elles en cadrent mieux avec la dureté de votre âme, qui, par ses continuels dédains, ne me promet pas poires molles. Trouvez bon, Madame, que sans m'engager dans une énumération de vos perfections et charmes, qui me jetterait dans un progrès à l'infini, je conclue ce mot, en vous faisant considérer que je suis d'un aussi franc chrétien que les poires que je vous envoie, puisque je rends le bien pour le mal, c'est-à-*

dire, Madame, pour m'expliquer plus intelligiblement, puisque je vous présente des poires de bon-chrétien pour des poires d'angoisse, que vos cruautés me font avaler tous les jours.

TIBAUDIER, *votre esclave indigne.*

Voilà, Madame, un billet à garder.

LA COMTESSE. — Il y a peut-être quelque mot qui n'est pas de l'Académie; mais j'y remarque un certain respect qui me plaît beaucoup.

JULIE. — Vous avez raison, Madame, et Monsieur le Vicomte dût-il s'en offenser, j'aimerais un homme qui m'écrirait comme cela.

SCÈNE V

MONSIEUR TIBAUDIER, LE VICOMTE, LA COMTESSE, JULIE, ANDRÉE, CRIQUET

LA COMTESSE. — Approchez, Monsieur Tibaudier, ne craignez point d'entrer. Votre billet a été bien reçu, aussi bien que vos poires, et voilà Madame qui parle pour vous contre votre rival.

MONSIEUR TIBAUDIER. — Je lui suis bien obligé, Madame, et si elle a jamais quelque procès en notre siège, elle verra que je n'oublierai pas l'honneur qu'elle me fait de se rendre auprès de vos beautés l'avocat de ma flamme.

JULIE. — Vous n'avez pas besoin d'avocat, Monsieur, et votre cause est juste.

MONSIEUR TIBAUDIER. — Ce néanmoins, Madame, bon droit a besoin d'aide et j'ai sujet d'appréhender de me voir supplanté par un tel rival, et que Madame ne soit circonvenue par la qualité de vicomte.

LE VICOMTE. — J'espérais quelque chose, Monsieur Tibaudier, avant votre billet; mais il me fait craindre pour mon amour.

MONSIEUR TIBAUDIER. — Voici encore, Madame, deux petits versets, ou couplets, que j'ai composés à votre honneur et gloire.

LE VICOMTE. — Ah! je ne pensais pas que Monsieur Tibaudier fût poète, et voilà pour m'achever que ces deux petits versets-là.

LA COMTESSE. — Il veut dire deux strophes. Laquais, donnez un siège à Monsieur Tibaudier. Un pliant, petit animal. Monsieur Tibaudier, mettez-vous là, et nous lisez vos strophes.

MONSIEUR TIBAUDIER.
Une personne de qualité
Ravit mon âme;
Elle a de la beauté,
J'ai de la flamme;
Mais je la blâme
D'avoir de la fierté.

LE VICOMTE. — Je suis perdu après cela.

LA COMTESSE. — Le premier vers est beau : *Une personne de qualité.*

JULIE. — Je crois qu'il est un peu trop long, mais on peut prendre une licence pour dire une belle pensée.

LA COMTESSE. — Voyons l'autre strophe.

MONSIEUR TIBAUDIER
Je ne sais pas si vous doutez de mon parfait amour;
Mais je sais bien que mon cœur, à toute heure,
Veut quitter sa chagrine demeure,
Pour aller par respect faire au vôtre sa cour :
Après cela pourtant, sûre de ma tendresse,
Et de ma foi, dont unique est l'espèce,
Vous devriez à votre tour,
Vous contentant d'être comtesse,
Vous dépouiller, en ma faveur, d'une peau de tigresse,
Qui couvre vos appas la nuit comme le jour.

LE VICOMTE. — Me voilà supplanté, moi, par Monsieur Tibaudier.

LA COMTESSE. — Ne pensez pas vous moquer : pour des vers faits dans la province, ces vers-là sont fort beaux.

LE VICOMTE. — Comment, Madame, me moquer ? Quoique son rival, je trouve ces vers admirables, et ne les appelle pas seulement deux strophes, comme vous, mais deux épigrammes, aussi bonnes que toutes celles de Martial.

LA COMTESSE. — Quoi ? Martial fait-il des vers ? Je pensais qu'il ne fît que des gants ?

MONSIEUR TIBAUDIER. — Ce n'est pas ce Martial-là, Madame; c'est un auteur qui vivait il y a trente ou quarante ans.

LE VICOMTE. — Monsieur Tibaudier a lu les auteurs, comme vous le voyez. Mais allons voir, Madame, si ma musique et ma comédie, avec mes entrées de ballet, pourront combattre dans votre esprit les progrès des deux strophes et du billet que nous venons de voir.

LA COMTESSE. — Il faut que mon fils le Comte soit de la partie; car il est arrivé ce matin de mon château avec son précepteur, que je vois là-dedans.

SCÈNE VI

MONSIEUR BOBINET, MONSIEUR TIBAUDIER,
LA COMTESSE, LE VICOMTE, JULIE, ANDRÉE, CRIQUET

LA COMTESSE. — Holà! Monsieur Bobinet, Monsieur Bobinet, approchez-vous du monde.

MONSIEUR BOBINET. — Je donne le bon vêpres à toute l'honorable compagnie. Que désire Madame la comtesse d'Escarbagnas de son très humble serviteur Bobinet?

LA COMTESSE. — A quelle heure, Monsieur Bobinet, êtes-vous parti d'Escarbagnas, avec mon fils le Comte?

MONSIEUR BOBINET. — A huit heures trois quarts, Madame, comme votre commandement me l'avait ordonné.

LA COMTESSE. — Comment se portent mes deux autres fils, le Marquis et le Commandeur?

MONSIEUR BOBINET. — Ils sont, Dieu grâce, Madame, en parfaite santé.

LA COMTESSE. — Où est le Comte?

MONSIEUR BOBINET. — Dans votre belle chambre à alcôve, Madame.

LA COMTESSE. — Que fait-il, Monsieur Bobinet?

MONSIEUR BOBINET. — Il compose un thème, Madame, que je viens de lui dicter, sur une épître de Cicéron.

LA COMTESSE. — Faites-le venir, Monsieur Bobinet.

MONSIEUR BOBINET. — Soit fait, Madame, ainsi que vous le commandez.

LE VICOMTE. — Ce Monsieur Bobinet, Madame, a la mine fort sage, et je crois qu'il a de l'esprit.

SCÈNE VII

LA COMTESSE, LE VICOMTE, JULIE,
LE COMTE, MONSIEUR BOBINET,
MONSIEUR TIBAUDIER, ANDRÉE, CRIQUET

MONSIEUR BOBINET. — Allons, Monsieur le Comte, faites voir que vous profitez des bons documents qu'on vous donne. La révérence à toute l'honnête assemblée.

LA COMTESSE. — Comte, saluez Madame. Faites la révérence à Monsieur le Vicomte. Saluez Monsieur le Conseiller.

MONSIEUR TIBAUDIER. — Je suis ravi, Madame, que vous me concédiez la grâce d'embrasser Monsieur le Comte votre fils. On ne peut pas aimer le tronc qu'on n'aime aussi les branches.

LA COMTESSE. — Mon Dieu! Monsieur Tibaudier, de quelle comparaison vous servez-vous là ?

JULIE. — En vérité, Madame, Monsieur le Comte a tout à fait bon air.

LE VICOMTE. — Voilà un jeune gentilhomme qui vient bien dans le monde.

JULIE. — Qui dirait que Madame eût un si grand enfant ?

LA COMTESSE. — Hélas! quand je le fis, j'étais si jeune que je me jouais encore avec une poupée.

JULIE. — C'est Monsieur votre frère, et non pas Monsieur votre fils.

LA COMTESSE. — Monsieur Bobinet, ayez bien soin au moins de son éducation.

MONSIEUR BOBINET. — Madame, je n'oublierai aucune chose pour cultiver cette jeune plante, dont vos bontés m'ont fait l'honneur de me confier la conduite, et je tâcherai de lui inculquer les semences de la vertu.

LA COMTESSE. — Monsieur Bobinet, faites-lui un peu dire quelque petite galanterie de ce que vous lui apprenez.

MONSIEUR BOBINET. — Allons, Monsieur le Comte, récitez votre leçon d'hier au matin.

LE COMTE

Omne viro soli quod convenit esto virile.
Omne viri...

LA COMTESSE. — Fi! Monsieur Bobinet, quelles sottises est-ce que vous lui apprenez là ?

MONSIEUR BOBINET. — C'est du latin, Madame, et la première règle de Jean Despautère.

LA COMTESSE. — Mon Dieu! ce Jean Despautère-là est un insolent, et je vous prie de lui enseigner du latin plus honnête que celui-là.

MONSIEUR BOBINET. — Si vous voulez, Madame, qu'il achève, la glose expliquera ce que cela veut dire.

LA COMTESSE. — Non, non, cela s'explique assez.

CRIQUET. — Les comédiens envoient dire qu'ils sont tout prêts.

LA COMTESSE. — Allons nous placer. Monsieur Tibaudier, prenez Madame.

LE VICOMTE. — Il est nécessaire de dire que cette comédie n'a été faite que pour lier ensemble les différents morceaux de musique, et de danse, dont on a voulu composer ce divertissement, et que...

La Comtesse. — Mon Dieu! voyons l'affaire : on a assez d'esprit pour comprendre les choses.

Le Vicomte. — Qu'on commence le plus tôt qu'on pourra, et qu'on empêche, s'il se peut, qu'aucun fâcheux ne vienne troubler notre divertissement.

Après que les violons ont quelque peu joué,
et que toute la compagnie est assise.

SCÈNE VIII

LA COMTESSE, LE COMTE, LE VICOMTE, JULIE,
MONSIEUR HARPIN, MONSIEUR TIBAUDIER,
aux pieds de la comtesse, MONSIEUR BOBINET, ANDRÉE,

Monsieur Harpin. — Parbleu! la chose est belle, et je me réjouis de voir ce que je vois.

La Comtesse. — Holà! Monsieur le Receveur, que voulez-vous donc dire avec l'action que vous faites ? Vient-on interrompre comme cela une comédie ?

Monsieur Harpin. — Morbleu! Madame, je suis ravi de cette aventure, et ceci me fait voir ce que je dois croire de vous, et l'assurance qu'il y a au don de votre cœur et aux serments que vous m'avez faits de sa fidélité.

La Comtesse. — Mais vraiment, on ne vient point ainsi se jeter au travers d'une comédie, et troubler un acteur qui parle.

Monsieur Harpin. — En têtebleu! la véritable comédie qui se fait ici, c'est celle que vous jouez; et si je vous trouble, c'est de quoi je me soucie peu.

La Comtesse. — En vérité, vous ne savez ce que vous dites.

Monsieur Harpin. — Si fait, morbleu! je le sais bien; je le sais bien, morbleu! et...

La Comtesse. — Eh fi! Monsieur, que cela est vilain de jurer de la sorte!

Monsieur Harpin. — Eh ventrebleu! s'il y a ici quelque chose de vilain, ce ne sont point mes jurements, ce sont vos actions, et il vaudrait bien mieux que vous jurassiez, vous, la tête, la mort et le sang, que de faire ce que vous faites avec Monsieur le Vicomte.

Le Vicomte. — Je ne sais pas, Monsieur le Receveur, de quoi vous vous plaignez, et si...

MONSIEUR HARPIN. — Pour vous, Monsieur, je n'ai rien à vous dire : vous faites bien de pousser votre pointe, cela est naturel, je ne le trouve point étrange, et je vous demande pardon si j'interromps votre comédie; mais vous ne devez point trouver étrange aussi que je me plaigne de son procédé, et nous avons raison tous deux de faire ce que nous faisons.

LE VICOMTE. — Je n'ai rien à dire à cela, et ne sais point les sujets de plaintes que vous pouvez avoir contre Madame la comtesse d'Escarbagnas.

LA COMTESSE. — Quand on a des chagrins jaloux, on n'en use point de la sorte, et l'on vient doucement se plaindre à la personne que l'on aime.

MONSIEUR HARPIN. — Moi, me plaindre doucement ?

LA COMTESSE. — Oui. L'on ne vient point crier de dessus un théâtre ce qui se doit dire en particulier.

MONSIEUR HARPIN. — J'y viens moi, morbleu! tout exprès, c'est le lieu qu'il me faut, et je souhaiterais que ce fût un théâtre public, pour vous dire avec plus d'éclat toutes vos vérités.

LA COMTESSE. — Faut-il faire un si grand vacarme pour une comédie que Monsieur le Vicomte me donne ? Vous voyez que Monsieur Tibaudier, qui m'aime, en use plus respectueusement que vous.

MONSIEUR HARPIN. — Monsieur Tibaudier en use comme il lui plaît, je ne sais pas de quelle façon Monsieur Tibaudier a été avec vous, mais Monsieur Tibaudier n'est pas un exemple pour moi, et je ne suis point d'humeur à payer les violons pour faire danser les autres.

LA COMTESSE. — Mais vraiment, Monsieur le Receveur, vous ne songez pas à ce que vous dites : on ne traite point de la sorte les femmes de qualité, et ceux qui vous entendent croiraient qu'il y a quelque chose d'étrange entre vous et moi.

MONSIEUR HARPIN. — Hé, ventrebleu! Madame, quittons la faribole.

LA COMTESSE. — Que voulez-vous donc dire, avec votre « quittons la faribole » ?

MONSIEUR HARPIN. — Je veux dire que je ne trouve point étrange que vous vous rendiez au mérite de Monsieur le Vicomte : vous n'êtes pas la première femme qui joue dans le monde de ces sortes de caractères, et qui ait auprès d'elle un Monsieur le Receveur, dont on lui voit trahir et la passion et la bourse, pour le premier venu qui lui donnera dans la vue; mais ne trouvez point étrange aussi que je ne sois point la dupe d'une infidélité si ordinaire aux coquettes du temps, et que je vienne vous assurer devant bonne compagnie que je romps commerce avec vous, et que Monsieur le Receveur ne sera plus pour vous Monsieur le Donneur.

La Comtesse. — Cela est merveilleux, comme les amants emportés deviennent à la mode, on ne voit autre chose de tous côtés. La, la, Monsieur le Receveur, quittez votre colère, et venez prendre place pour voir la comédie.

Monsieur Harpin. — Moi, morbleu! prendre place! cherchez vos benêts à vos pieds. Je vous laisse, Madame la Comtesse, à Monsieur le Vicomte, et ce sera à lui que j'enverrai tantôt vos lettres. Voilà ma scène faite, voilà mon rôle joué. Serviteur à la compagnie.

Monsieur Tibaudier. — Monsieur le Receveur, nous nous verrons autre part qu'ici; et je vous ferai voir que je suis au poil et à la plume.

Monsieur Harpin. — Tu as raison, Monsieur Tibaudier.

La Comtesse. — Pour moi, je suis confuse de cette insolence.

Le Vicomte. — Les jaloux, Madame, sont comme ceux qui perdent leur procès : ils ont permission de tout dire. Prêtons silence à la comédie.

SCÈNE DERNIÈRE

LA COMTESSE, LE VICOMTE,
LE COMTE, JULIE, MONSIEUR TIBAUDIER, MONSIEUR
BOBINET, ANDRÉE, JEANNOT, CRIQUET

Jeannot. — Voilà un billet, Monsieur, qu'on nous a dit de vous donner vite.

Le Vicomte lit. — *En cas que vous ayez quelque mesure à prendre, je vous envoie promptement un avis. La querelle de vos parents et de ceux de Julie vient d'être accommodée, et les conditions de cet accord, c'est le mariage de vous et d'elle. Bonsoir.* Ma foi! Madame, voilà notre comédie achevée aussi.

Julie. — Ah! Cléante, quel bonheur! Notre amour eût-il osé espérer un si heureux succès ?

La Comtesse. — Comment donc ? qu'est-ce que cela veut dire ?

Le Vicomte. — Cela veut dire, Madame, que j'épouse

Julie; et, si vous m'en croyez, pour rendre la comédie
complète de tout point, vous épouserez Monsieur Tibaudier, et donnerez Mademoiselle Andrée à son laquais,
dont il fera son valet de chambre.

LA COMTESSE. — Quoi ? jouer de la sorte une personne
de ma qualité ?

LE VICOMTE. — C'est sans vous offenser, Madame, et les
comédies veulent de ces sortes de choses.

LA COMTESSE. — Oui, Monsieur Tibaudier, je vous
épouse pour faire enrager tout le monde.

MONSIEUR TIBAUDIER. — Ce m'est bien de l'honneur,
Madame.

LE VICOMTE. — Souffrez, Madame, qu'en enrageant
nous puissions voir ici le reste du spectacle.

NOTICE
SUR
LES FEMMES SAVANTES

Après tant de pièces de circonstance écrites sur commande et en hâte, voici enfin une pièce mûrie, à laquelle Molière apporta tous ses soins et dont il voulait qu'elle fût « tout à fait achevée ». Il y travaillait, à en croire Donneau de Visé, dès 1668; à la fin de 1670, elle était sans doute presque achevée, puisqu'il prit un privilège pour l'impression. Cependant, la représentation publique des *Femmes savantes* tarda jusqu'au 11 mars 1672. Manifestement, avec cette comédie en cinq actes et en vers, Molière entendait donner une sœur cadette au *Tartuffe* et au *Misanthrope*.

Bien qu'elle ait remporté à la création un succès plus qu'honorable, elle n'a pas fait la même carrière que les deux autres grandes comédies de mœurs et de caractère qui l'avaient précédée. Certains critiques et historiens l'ont jugée sévèrement, allant, à son propos, jusqu'à parler d'*ennui*, ce qui est excessif.

La raison principale de ces jugements défavorables réside peut-être dans le fait que *les Femmes savantes* traitent à la fois trois sujets différents, qui apparaissent plutôt juxtaposés que fondus en une action unique; d'où une dispersion de l'intérêt du spectateur que Molière avait habitué à plus de mouvement, à un rythme plus vif. Peut-être les soins trop zélés qu'il apporta à la rédaction de sa pièce, le ton soutenu de la « grande comédie », ont-ils ralenti sa verve coutumière.

Et pourtant, chacun des trois thèmes traités avait de quoi plaire au public. Le premier, qui servit peut-être à l'écrivain de point de départ, est la caricature fameuse de l'abbé Cotin et de Ménage, sous les noms de Trissotin et de Vadius (Ménage se prénommait Gilles, en latin Ægidius). Contre Cotin, Molière avait des griefs sérieux. Ce prédicateur mondain, homme d'ailleurs savant, avait eu le

tort de rimer de fades poésies galantes, qui faisaient les
délices des ruelles précieuses. C'est dans ses œuvres mêmes
qu'il alla chercher les deux madrigaux dont Trissotin donne
lecture devant les trois femmes savantes extasiées.

Mais Molière avait des raisons plus personnelles de s'en
prendre à l'abbé Cotin. Avant lui en effet, son ami Boileau,
dans ses *Satires*, avait attaqué Cotin, qui lui avait vertement
répliqué dans deux pamphlets, *la Critique désintéressée
sur les Satires du temps* et *Despréaux ou la Satire des satires*,
qui est bien, quoi qu'on en ait dit, de l'abbé. Or, dans le
premier libelle, Cotin appelait les autorités à sévir contre le
satirique et s'en prenait aux comédiens que l'Église décla-
rait alors « infâmes ». De même, *la Satire des satires* compor-
tait quelques vers injurieux à l'adresse de Molière, nom-
mément désigné cette fois. La création de Trissotin — qui
d'ailleurs, dit-on, s'appelait primitivement Tricotin —
était pour Molière l'occasion d'un joyeux règlement de
comptes, d'une exécution publique qui devait mettre les
rieurs de son côté. Peut-être seulement pourrait-on lui
reprocher d'avoir poussé au noir sa caricature de l'abbé,
en faisant de Cotin un sinistre coquin, tel qu'il apparaît
dans sa grande scène avec Henriette. Aucun document en
effet ne nous permet de mettre en doute l'honorabilité de ce
petit abbé de ruelles.

En revanche, Molière n'avait aucun grief contre l'éru-
dit Ménage; s'il l'a mis en scène aux côtés de Cotin, c'est
parce qu'une querelle fameuse, et qui avait diverti naguère
les milieux littéraires, avait opposé les deux hommes, ce
qui avait amené Cotin à écrire contre son adversaire un
terrible pamphlet, *la Ménagerie*.

Telle est donc la part que faisait Molière à l'actualité
dans sa comédie. Ce n'était pas la première fois qu'il
transportait sur la scène des personnages réels, reconnais-
sables pour tous sous leurs noms de théâtre transparents.

Le second sujet est celui-là même qu'indique le titre,
les Femmes savantes, nouvelle mouture des Précieuses
ridicules, qui tenait compte de l'évolution intervenue. Les
précieuses ne s'occupaient que de langage, de galanterie
et de casuistique amoureuse. Depuis l'heure de leur
grande vogue, les femmes avaient élargi le champ de leurs
préoccupations intellectuelles; elles s'occupaient de
sciences physiques et naturelles, d'astronomie, de philosophie aussi. Mlle de Scudéry était en correspondance
avec une nièce de Descartes et des philosophes mondains,
comme Lesclache, mettaient à la mode dans les cercles

féminins le cartésianisme, que l'enseignement officiel repoussait encore.

Dans la peinture de ses trois pédantes, Molière a fait preuve d'une très fine psychologie ; l'étude est beaucoup plus poussée que dans *les Précieuses ridicules*, où Cathos et Madelon se ressemblent comme deux sottes aveuglées par la mode. Ici les trois femmes sont parfaitement individualisées : Armande est une fausse philosophe, qui a du goût pour les réalités de l'amour, sans vouloir l'avouer ; elle reste prisonnière et victime de ses rigueurs passées ; Bélise, elle, est un amusant fantoche de femme toquée, dépassée par des connaissances qu'elle n'a pas assimilées, une folle qui s'imagine que tous les hommes lui font la cour ; dominant largement le trio, Philaminte enfin est une véritable femme savante, malheureusement pédante, et une philosophe stoïcienne, qui donne sa mesure et domine vraiment la catastrophe à l'heure de la ruine de sa maison. Elle apparaît alors comme la seule qui soit capable de mettre sa philosophie en action.

Enfin, le troisième sujet traité par Molière dans ses *Femmes savantes* est celui d'un drame bourgeois, qui nous ramène à la comédie de mœurs : qui, de Chrysale ou de Philaminte, affirmera son autorité, notamment à propos du mariage d'Henriette ?

Telle est cette comédie complexe, multiple, au style particulièrement travaillé, à laquelle il n'a sans doute manqué qu'un peu de dynamisme pour être reconnue l'égale des grands chefs-d'œuvre de Molière.

féminine la sauvegarde, que l'enseignement officiel négligeait encore.

Dans la peinture de ses trois pédantes, Molière a fait preuve d'une très fine psychologie ; l'érudite est beaucoup plus pensée que dans la *Précieuse ridicule* ou *Cathos* et *Madelon* se répandaient comme leur sottes analogues par la mode ; les trois érudites sont parfaitement individualisées. Armande est une fausse philosophe, qui n'a du goût pour les réalités de l'amour, que veulent l'envier, elle reste prisonnière et victime de ses rigueurs passées ; Bélise, elle est un monstre, sauf de la femme toujours déprimée qui dès connaissance... qu'elle n'a pas assimilée ; une folle, dont l'imagination tous ses amants lui font la cour ; dominant largement le type. Philaminte enfin est une véritable femme savante, malhonnête même ; et une philosophe, jusqu'au donne la mesure, ta dignité vraiment la ménagère à l'heure de la crise de sa maison, elle apparaît alors comme la seule qui soit capable de mener sa part résolue à l'action.

Enfin, la première suicide créée par Molière dans ses pièces, reparaît celui d'un drame bourgeois, qui nous ramène à la comédie de mœurs, régl... de Chrysale badec... Fanfiminte, humilie à son amant, donne une réponse à... courage d'Henriette.

Telle est cette comédie complexe, multiple, au style de... légèrement... auquel, à laquelle il n'a sans doute manqué... un peu de dynamisme pour être reconnue l'égale des grands chefs-d'œuvre de Molière.

LES FEMMES SAVANTES

COMÉDIE

REPRÉSENTÉE POUR LA PREMIÈRE FOIS
A PARIS
SUR LE THÉATRE DE LA SALLE DU PALAIS-ROYAL
LE 11ᵉ MARS 1672
PAR LA

TROUPE DU ROI

PERSONNAGES

CHRYSALE, bon bourgeois.
PHILAMINTE, femme de Chrysale.
ARMANDE, HENRIETTE, filles de Chrysale et de Philaminte.
ARISTE, frère de Chrysale.
BÉLISE, sœur de Chrysale.
CLITANDRE, amant d'Henriette.
TRISSOTIN, bel esprit.
VADIUS, savant.
MARTINE, servante de cuisine.
L'ÉPINE, laquais.
JULIEN, valet de Vadius.
LE NOTAIRE.

La scène est à Paris.

ACTE PREMIER

SCÈNE I

ARMANDE, HENRIETTE

ARMANDE

Quoi ? le beau nom de fille est un titre, ma sœur,
Dont vous voulez quitter la charmante douceur,
Et de vous marier vous osez faire fête ?
Ce vulgaire dessein vous peut monter en tête ?

HENRIETTE

Oui, ma sœur.

ARMANDE

       Ah ! ce « oui » se peut-il supporter,   5
Et sans un mal de cœur saurait-on l'écouter ?

HENRIETTE

Qu'a donc le mariage en soi qui vous oblige,
Ma sœur... ?

ARMANDE

      Ah, mon Dieu ! fi !

HENRIETTE

          Comment ?

ARMANDE

                 Ah, fi ! vous dis-je.
Ne concevez-vous point ce que, dès qu'on l'entend,
Un tel mot à l'esprit offre de dégoûtant ?   10
De quelle étrange image on est par lui blessée ?
Sur quelle sale vue il traîne la pensée ?

N'en frissonnez-vous point ? et pouvez-vous, ma sœur,
Aux suites de ce mot résoudre votre cœur ?

Henriette

Les suites de ce mot, quand je les envisage,   15
Me font voir un mari, des enfants, un ménage ;
Et je ne vois rien là, si j'en puis raisonner,
Qui blesse la pensée et fasse frissonner.

Armande

De tels attachements, ô Ciel ! sont pour vous plaire ?

Henriette

Et qu'est-ce qu'à mon âge on a de mieux à faire   20
Que d'attacher à soi, par le titre d'époux,
Un homme qui vous aime et soit aimé de vous,
Et de cette union, de tendresse suivie,
Se faire les douceurs d'une innocente vie ?
Ce nœud, bien assorti, n'a-t-il pas des appas ?   25

Armande

Mon Dieu, que votre esprit est d'un étage bas !
Que vous jouez au monde un petit personnage,
De vous claquemurer aux choses du ménage,
Et de n'entrevoir point de plaisirs plus touchants
Qu'un idole d'époux et des marmots d'enfants !   30
Laissez aux gens grossiers, aux personnes vulgaires,
Les bas amusements de ces sortes d'affaires ;
A de plus hauts objets élevez vos désirs,
Songez à prendre un goût des plus nobles plaisirs,
Et traitant de mépris les sens et la matière,   35
A l'esprit, comme nous, donnez-vous tout entière.
Vous avez notre mère en exemple à vos yeux,
Que du nom de savante on honore en tous lieux :
Tâchez ainsi que moi de vous montrer sa fille,
Aspirez aux clartés qui sont dans la famille,   40
Et vous rendez sensible aux charmantes douceurs
Que l'amour de l'étude épanche dans les cœurs ;
Loin d'être aux lois d'un homme en esclave asservie,
Mariez-vous, ma sœur, à la philosophie,
Qui nous monte au-dessus de tout le genre humain,   45
Et donne à la raison l'empire souverain,
Soumettant à ses lois la partie animale,
Dont l'appétit grossier aux bêtes nous ravale.

Ce sont là les beaux feux, les doux attachements,
Qui doivent de la vie occuper les moments;   50
Et les soins où je vois tant de femmes sensibles
Me paraissent aux yeux des pauvretés horribles.

HENRIETTE

Le Ciel, dont nous voyons que l'ordre est tout-puissant,
Pour différents emplois nous fabrique en naissant;
Et tout esprit n'est pas composé d'une étoffe   55
Qui se trouve taillée à faire un philosophe.
Si le vôtre est né propre aux élévations
Où montent des savants les spéculations,
Le mien est fait, ma sœur, pour aller terre à terre,
Et dans les petits soins son faible se resserre.   60
Ne troublons point du ciel les justes règlements,
Et de nos deux instincts suivons les mouvements :
Habitez, par l'essor d'un grand et beau génie,
Les hautes régions de la philosophie,
Tandis que mon esprit, se tenant ici-bas,   65
Goûtera de l'hymen les terrestres appas.
Ainsi, dans nos desseins l'une à l'autre contraire,
Nous saurons toutes deux imiter notre mère :
Vous, du côté de l'âme et des nobles désirs,
Moi, du côté des sens et des grossiers plaisirs;   70
Vous, aux productions d'esprit et de lumière,
Moi, dans celles, ma sœur, qui sont de la matière.

ARMANDE

Quand sur une personne on prétend se régler,
C'est par les beaux côtés qu'il lui faut ressembler;
Et ce n'est point du tout la prendre pour modèle,   75
Ma sœur, que de tousser et de cracher comme elle.

HENRIETTE

Mais vous ne seriez pas ce dont vous vous vantez,
Si ma mère n'eût eu que de ces beaux côtés;
Et bien vous prend, ma sœur, que son noble génie
N'ait pas vaqué toujours à la philosophie.   80
De grâce, souffrez-moi, par un peu de bonté,
Des bassesses à qui vous devez la clarté;
Et ne supprimez point, voulant qu'on vous seconde,
Quelque petit savant qui veut venir au monde.

ARMANDE

Je vois que votre esprit ne peut être guéri   85
Du fol entêtement de vous faire un mari;

Mais sachons, s'il vous plaît, qui vous songez à prendre;
Votre visée au moins n'est pas mise à Clitandre ?

HENRIETTE

Et par quelle raison n'y serait-elle pas ?
Manque-t-il de mérite ? est-ce un choix qui soit bas ?   90

ARMANDE

Non; mais c'est un dessein qui serait malhonnête,
Que de vouloir d'un autre enlever la conquête;
Et ce n'est pas un fait dans le monde ignoré
Que Clitandre ait pour moi hautement soupiré.

HENRIETTE

Oui; mais tous ces soupirs chez vous sont choses vaines,   95
Et vous ne tombez point aux bassesses humaines;
Votre esprit à l'hymen renonce pour toujours,
Et la philosophie a toutes vos amours:
Ainsi, n'ayant au cœur nul dessein pour Clitandre,
Que vous importe-t-il qu'on y puisse prétendre ?   100

ARMANDE

Cet empire que tient la raison sur les sens
Ne fait pas renoncer aux douceurs des encens,
Et l'on peut pour époux refuser un mérite
Que pour adorateur on veut bien à sa suite.

HENRIETTE

Je n'ai pas empêché qu'à vos perfections   105
Il n'ait continué ses adorations;
Et je n'ai fait que prendre, au refus de votre âme,
Ce qu'est venu m'offrir l'hommage de sa flamme.

ARMANDE

Mais à l'offre des vœux d'un amant dépité
Trouvez-vous, je vous prie, entière sûreté ?   110
Croyez-vous pour vos yeux sa passion bien forte,
Et qu'en son cœur pour moi toute flamme soit morte ?

HENRIETTE

Il me le dit, ma sœur, et, pour moi, je le crois.

ARMANDE

Ne soyez pas, ma sœur, d'une si bonne foi,
Et croyez, quand il dit qu'il me quitte et vous aime,   115
Qu'il n'y songe pas bien et se trompe lui-même.

HENRIETTE

Je ne sais ; mais enfin, si c'est votre plaisir,
Il nous est bien aisé de nous en éclaircir :
Je l'aperçois qui vient, et sur cette matière
Il pourra nous donner une pleine lumière.　　120

SCÈNE II

CLITANDRE, ARMANDE, HENRIETTE

HENRIETTE

Pour me tirer d'un doute où me jette ma sœur,
Entre elle et moi, Clitandre, expliquez votre cœur ;
Découvrez-en le fond, et nous daignez apprendre
Qui de nous à vos vœux est en droit de prétendre.

ARMANDE

Non, non : je ne veux point à votre passion　　125
Imposer la rigueur d'une explication ;
Je ménage les gens, et sais comme embarrasse
Le contraignant effort de ces aveux en face.

CLITANDRE

Non, Madame, mon cœur, qui dissimule peu,
Ne sent nulle contrainte à faire un libre aveu ;　　130
Dans aucun embarras un tel pas ne me jette,
Et j'avouerai tout haut, d'une âme franche et nette,
Que les tendres liens où je suis arrêté,
Mon amour et mes vœux sont tout de ce côté.
Qu'à nulle émotion cet aveu ne vous porte :　　135
Vous avez bien voulu les choses de la sorte.
Vos attraits m'avaient pris, et mes tendres soupirs
Vous ont assez prouvé l'ardeur de mes désirs ;
Mon cœur vous consacrait une flamme immortelle ;
Mais vos yeux n'ont pas cru leur conquête assez belle.　　140
J'ai souffert sous leur joug cent mépris différents,
Ils régnaient sur mon âme en superbes tyrans,
Et je me suis cherché, lassé de tant de peines,
Des vainqueurs plus humains et de moins rudes chaînes :
Je les ai rencontrés, Madame, dans ces yeux,　　145
Et leurs traits à jamais me seront précieux ;
D'un regard pitoyable ils ont séché mes larmes,
Et n'ont pas dédaigné le rebut de vos charmes ;

De si rares bontés m'ont si bien su toucher
Qu'il n'est rien qui me puisse à mes fers arracher;   150
Et j'ose maintenant vous conjurer, Madame,
De ne vouloir tenter nul effort sur ma flamme,
De ne point essayer à rappeler un cœur
Résolu de mourir dans cette douce ardeur.

ARMANDE

Eh! qui vous dit, Monsieur, que l'on ait cette envie,   155
Et que de vous enfin si fort on se soucie ?
Je vous trouve plaisant de vous le figurer,
Et bien impertinent de me le déclarer.

HENRIETTE

Eh! doucement, ma sœur. Où donc est la morale
Qui sait si bien régir la partie animale,   160
Et retenir la bride aux efforts du courroux ?

ARMANDE

Mais vous qui m'en parlez, où la pratiquez-vous,
De répondre à l'amour que l'on vous fait paraître
Sans le congé de ceux qui vous ont donné l'être ?
Sachez que le devoir vous soumet à leurs lois,   165
Qu'il ne vous est permis d'aimer que par leur choix.
Qu'ils ont sur votre cœur l'autorité suprême,
Et qu'il est criminel d'en disposer vous-même.

HENRIETTE

Je rends grâce aux bontés que vous me faites voir
De m'enseigner si bien les choses du devoir;   170
Mon cœur sur vos leçons veut régler sa conduite;
Et pour vous faire voir, ma sœur, que j'en profite,
Clitandre, prenez soin d'appuyer votre amour
De l'agrément de ceux dont j'ai reçu le jour;
Faites-vous sur mes vœux un pouvoir légitime,   175
Et me donnez moyen de vous aimer sans crime.

CLITANDRE

J'y vais de tous mes soins travailler hautement,
Et j'attendais de vous ce doux consentement.

ARMANDE

Vous triomphez, ma sœur, et faites une mine
A vous imaginer que cela me chagrine.   180

HENRIETTE

Moi, ma sœur, point du tout : je sais que sur vos sens
Les droits de la raison sont toujours tout-puissants;
Et que par les leçons qu'on prend dans la sagesse,
Vous êtes au-dessus d'une telle faiblesse.
Loin de vous soupçonner d'aucun chagrin, je crois　185
Qu'ici vous daignerez vous employer pour moi,
Appuyer sa demande, et de votre suffrage
Presser l'heureux moment de notre mariage.
Je vous en sollicite; et pour y travailler...

ARMANDE

Votre petit esprit se mêle de railler,　190
Et d'un cœur qu'on vous jette on vous voit toute fière.

HENRIETTE

Tout jeté qu'est ce cœur, il ne vous déplaît guère;
Et si vos yeux sur moi le pouvaient ramasser,
Ils prendraient aisément le soin de se baisser.

ARMANDE

A répondre à cela je ne daigne descendre,　195
Et ce sont sots discours qu'il ne faut pas entendre.

HENRIETTE

C'est fort bien fait à vous, et vous nous faites voir
Des modérations qu'on ne peut concevoir.

SCÈNE III

CLITANDRE, HENRIETTE

HENRIETTE

Votre sincère aveu ne l'a pas peu surprise.

CLITANDRE

Elle mérite assez une telle franchise,　200
Et toutes les hauteurs de sa folle fierté
Sont dignes tout au moins de ma sincérité.
Mais puisqu'il m'est permis, je vais à votre père,
Madame...

HENRIETTE

　　　　　Le plus sûr est de gagner ma mère :
Mon père est d'une humeur à consentir à tout,　205
Mais il met peu de poids aux choses qu'il résout;

Il a reçu du Ciel certaine bonté d'âme,
Qui le soumet d'abord à ce que veut sa femme;
C'est elle qui gouverne, et d'un ton absolu
Elle dicte pour loi ce qu'elle a résolu.   210
Je voudrais bien vous voir pour elle, et pour ma tante,
Une âme, je l'avoue, un peu plus complaisante,
Un esprit qui, flattant les visions du leur,
Vous pût de leur estime attirer la chaleur.

CLITANDRE

Mon cœur n'a jamais pu, tant il est né sincère,   215
Même dans votre sœur flatter leur caractère,
Et les femmes docteurs ne sont point de mon goût.
Je consens qu'une femme ait des clartés de tout;
Mais je ne lui veux point la passion choquante
De se rendre savante afin d'être savante;   220
Et j'aime que souvent, aux questions qu'on fait,
Elle sache ignorer les choses qu'elle sait;
De son étude enfin je veux qu'elle se cache,
Et qu'elle ait du savoir sans vouloir qu'on le sache,
Sans citer les auteurs, sans dire de grands mots,   225
Et clouer de l'esprit à ses moindres propos.
Je respecte beaucoup Madame votre mère;
Mais je ne puis du tout approuver sa chimère,
Et me rendre l'écho des choses qu'elle dit,
Aux encens qu'elle donne à son héros d'esprit.   230
Son Monsieur Trissotin me chagrine, m'assomme,
Et j'enrage de voir qu'elle estime un tel homme,
Qu'elle nous mette au rang des grands et beaux esprits
Un benêt dont partout on siffle les écrits,
Un pédant dont on voit la plume libérale,   235
D'officieux papiers fournir toute la halle.

HENRIETTE

Ses écrits, ses discours, tout m'en semble ennuyeux,
Et je me trouve assez votre goût et vos yeux;
Mais, comme sur ma mère il a grande puissance,
Vous devez vous forcer à quelque complaisance.   240
Un amant fait sa cour où s'attache son cœur,
Il veut de tout le monde y gagner la faveur;
Et, pour n'avoir personne à sa flamme contraire
Jusqu'au chien du logis il s'efforce de plaire.

CLITANDRE

Oui, vous avez raison; mais Monsieur Trissotin   245
M'inspire au fond de l'âme un dominant chagrin.

Je ne puis consentir, pour gagner ses suffrages,
A me déshonorer en prisant ses ouvrages ;
C'est par eux qu'à mes yeux il a d'abord paru,
Et je le connaissais avant que l'avoir vu.   250
Je vis, dans le fatras des écrits qu'il nous donne,
Ce qu'étale en tous lieux sa pédante personne :
La constante hauteur de sa présomption,
Cette intrépidité de bonne opinion,
Cet indolent état de confiance extrême   255
Qui le rend en tout temps si content de soi-même,
Qui fait qu'à son mérite incessamment il rit,
Qu'il se sait si bon gré de tout ce qu'il écrit,
Et qu'il ne voudrait pas changer sa renommée
Contre tous les honneurs d'un général d'armée.   260

HENRIETTE

C'est avoir de bons yeux que de voir tout cela.

CLITANDRE

Jusques à sa figure encor la chose alla,
Et je vis par les vers qu'à la tête il nous jette
De quel air il fallait que fût fait le poète ;
Et j'en avais si bien deviné tous les traits   265
Que rencontrant un homme un jour dans le Palais,
Je gageai que c'était Trissotin en personne,
Et je vis qu'en effet la gageure était bonne.

HENRIETTE

Quel conte !

CLITANDRE

     Non ; je dis la chose comme elle est.
Mais je vois votre tante. Agréez, s'il vous plaît,   270
Que mon cœur lui déclare ici notre mystère,
Et gagne sa faveur auprès de votre mère.

SCÈNE IV

CLITANDRE, BÉLISE

CLITANDRE

Souffrez, pour vous parler, Madame, qu'un amant
Prenne l'occasion de cet heureux moment,
Et se découvre à vous de la sincère flamme...   275

BÉLISE

Ah! tout beau, gardez-vous de m'ouvrir trop votre âme :
Si je vous ai su mettre au rang de mes amants,
Contentez-vous des yeux pour vos seuls truchements,
Et ne m'expliquez point par un autre langage
Des désirs qui chez moi passent pour un outrage;   280
Aimez-moi, soupirez, brûlez pour mes appas,
Mais qu'il me soit permis de ne le savoir pas :
Je puis fermer les yeux sur vos flammes secrètes,
Tant que vous vous tiendrez aux muets interprètes;
Mais si la bouche vient à s'en vouloir mêler,   285
Pour jamais de ma vue il vous faut exiler.

CLITANDRE

Des projets de mon cœur ne prenez point d'alarme :
Henriette, Madame, est l'objet qui me charme,
Et je viens ardemment conjurer vos bontés
De seconder l'amour que j'ai pour ses beautés.   290

BÉLISE

Ah! certes le détour est d'esprit, je l'avoue :
Ce subtil faux-fuyant mérite qu'on le loue,
Et, dans tous les romans où j'ai jeté les yeux,
Je n'ai rien rencontré de plus ingénieux.

CLITANDRE

Ceci n'est point du tout un trait d'esprit, Madame,   295
Et c'est un pur aveu de ce que j'ai dans l'âme.
Les Cieux, par les liens d'une immuable ardeur,
Aux beautés d'Henriette ont attaché mon cœur;
Henriette me tient sous son aimable empire,
Et l'hymen d'Henriette est le bien où j'aspire :   300
Vous y pouvez beaucoup, et tout ce que je veux,
C'est que vous y daigniez favoriser mes vœux.

BÉLISE

Je vois où doucement veut aller la demande,
Et je sais sous ce nom ce qu'il faut que j'entende;
La figure est adroite, et, pour n'en point sortir   305
Aux choses que mon cœur m'offre à vous repartir,
Je dirai qu'Henriette à l'hymen est rebelle,
Et que sans rien prétendre il faut brûler pour elle.

CLITANDRE

Eh! Madame, à quoi bon un pareil embarras,
Et pourquoi voulez-vous penser ce qui n'est pas ?   310

BÉLISE

Mon Dieu! point de façons; cessez de vous défendre
De ce que vos regards m'ont souvent fait entendre :
Il suffit que l'on est contente du détour
Dont s'est adroitement avisé votre amour,
Et que, sous la figure où le respect l'engage,   315
On veut bien se résoudre à souffrir son hommage,
Pourvu que ses transports, par l'honneur éclairés,
N'offrent à mes autels que des vœux épurés.

CLITANDRE

Mais...

BÉLISE

Adieu, pour ce coup, ceci doit vous suffire,
Et je vous ai plus dit que je ne voulais dire.   320

CLITANDRE

Mais votre erreur...

BÉLISE

Laissez, je rougis maintenant,
Et ma pudeur s'est fait un effort surprenant.

CLITANDRE

Je veux être pendu si je vous aime, et sage...

BÉLISE

Non, non, je ne veux rien entendre davantage.

CLITANDRE

Diantre soit de la folle avec ses visions!   325
A-t-on rien vu d'égal à ces préventions ?
Allons commettre un autre au soin que l'on me donne,
Et prenons le secours d'une sage personne.

ACTE II

SCÈNE I

ARISTE

Oui, je vous porterai la réponse au plus tôt;
J'appuierai, presserai, ferai tout ce qu'il faut.   330
Qu'un amant, pour un mot, a de choses à dire!
Et qu'impatiemment il veut ce qu'il désire!
Jamais...

SCÈNE II

CHRYSALE, ARISTE

ARISTE

Ah! Dieu vous gard', mon frère!

CHRYSALE

Et vous aussi,

Mon frère.

ARISTE

Savez-vous ce qui m'amène ici?

CHRYSALE

Non; mais, si vous voulez, je suis prêt à l'apprendre. 335

ARISTE

Depuis assez longtemps vous connaissez Clitandre?

CHRYSALE

Sans doute, et je le vois qui fréquente chez nous.

ARISTE

En quelle estime est-il, mon frère, auprès de vous?

CHRYSALE

D'homme d'honneur, d'esprit, de cœur, et de conduite;
Et je vois peu de gens qui soient de son mérite.   340

ARISTE

Certain désir qu'il a conduit ici mes pas,
Et je me réjouis que vous en fassiez cas.

CHRYSALE

Je connus feu son père en mon voyage à Rome.

ARISTE

Fort bien.

CHRYSALE

C'était, mon frère, un fort bon gentilhomme.

ARISTE

On le dit.

CHRYSALE

Nous n'avions alors que vingt-huit ans,   345
Et nous étions, ma foi ! tous deux de verts galants.

ARISTE

Je le crois.

CHRYSALE

Nous donnions chez les dames romaines,
Et tout le monde là parlait de nos fredaines :
Nous faisions des jaloux.

ARISTE

Voilà qui va des mieux.
Mais venons au sujet qui m'amène en ces lieux.   350

SCÈNE III

BÉLISE, CHRYSALE, ARISTE

ARISTE

Clitandre auprès de vous me fait son interprète,
Et son cœur est épris des grâces d'Henriette.

CHRYSALE

Quoi, de ma fille ?

ARISTE

Oui, Clitandre en est charmé,
Et je ne vis jamais amant plus enflammé.

BÉLISE

Non, non : je vous entends, vous ignorez l'histoire,   355
Et l'affaire n'est pas ce que vous pouvez croire.

ARISTE

Comment, ma sœur ?

BÉLISE

Clitandre abuse vos esprits,
Et c'est d'un autre objet que son cœur est épris.

ARISTE

Vous raillez. Ce n'est pas Henriette qu'il aime ?

BÉLISE

Non ; j'en suis assurée.

ARISTE

Il me l'a dit lui-même.   360

BÉLISE

Eh, oui!

ARISTE

Vous me voyez, ma sœur, chargé par lui
D'en faire la demande à son père aujourd'hui.

BÉLISE

Fort bien.

ARISTE

Et son amour même m'a fait instance
De presser les moments d'une telle alliance.

BÉLISE

Encor mieux. On ne peut tromper plus galamment.   365
Henriette, entre nous, est un amusement,
Un voile ingénieux, un prétexte, mon frère,
A couvrir d'autres feux, dont je sais le mystère;
Et je veux bien tous deux vous mettre hors d'erreur.

ARISTE

Mais, puisque vous savez tant de choses, ma sœur,   370
Dites-nous, s'il vous plaît, cet autre objet qu'il aime.

BÉLISE

Vous le voulez savoir ?

ARISTE

Oui. Quoi ?

BÉLISE

Moi.

ARISTE

Vous ?

BÉLISE

Moi-même.

ARISTE

Hay, ma sœur!

BÉLISE

Qu'est-ce donc que veut dire ce « hay »,
Et qu'a de surprenant le discours que je fais ?
On est faite d'un air, je pense, à pouvoir dire   375
Qu'on n'a pas pour un cœur soumis à son empire;

Et Dorante, Damis, Cléonte et Lycidas
Peuvent bien faire voir qu'on a quelques appas.

ARISTE

Ces gens vous aiment ?

BÉLISE

Oui, de toute leur puissance.

ARISTE

Ils vous l'ont dit ?

BÉLISE

Aucun n'a pris cette licence :   380
Ils m'ont su révérer si fort jusqu'à ce jour
Qu'ils ne m'ont jamais dit un mot de leur amour;
Mais pour m'offrir leur cœur et vouer leur service,
Les muets truchements ont tous fait leur office.

ARISTE

On ne voit presque point céans venir Damis.   385

BÉLISE

C'est pour me faire voir un respect plus soumis.

ARISTE

De mots piquants partout Dorante vous outrage.

BÉLISE

Ce sont emportements d'une jalouse rage.

ARISTE

Cléonte et Lycidas ont pris femme tous deux.

BÉLISE

C'est par un désespoir où j'ai réduit leurs feux.   390

ARISTE

Ma foi ! ma chère sœur, vision toute claire.

CHRYSALE

De ces chimères-là vous devez vous défaire.

BÉLISE

Ah, chimères ! ce sont des chimères, dit-on !
Chimères, moi ! Vraiment chimères est fort bon !
Je me réjouis fort de chimères, mes frères,   395
Et je ne savais pas que j'eusse des chimères.

SCÈNE IV

CHRYSALE, ARISTE

CHRYSALE

Notre sœur est folle, oui.

ARISTE

Cela croît tous les jours.
Mais, encore une fois, reprenons le discours.
Clitandre vous demande Henriette pour femme :
Voyez quelle réponse on doit faire à sa flamme.   400

CHRYSALE

Faut-il le demander ? J'y consens de bon cœur,
Et tiens son alliance à singulier honneur.

ARISTE

Vous savez que de bien il n'a pas l'abondance,
Que...

CHRYSALE

C'est un intérêt qui n'est pas d'importance :
Il est riche en vertu, cela vaut des trésors,   405
Et puis son père et moi n'étions qu'un en deux corps.

ARISTE

Parlons à votre femme, et voyons à la rendre
Favorable...

CHRYSALE

Il suffit : je l'accepte pour gendre.

ARISTE

Oui; mais pour appuyer votre consentement,
Mon frère, il n'est pas mal d'avoir son agrément;   410
Allons...

CHRYSALE

Vous moquez-vous ? Il n'est pas nécessaire :
Je réponds de ma femme, et prends sur moi l'affaire.

ARISTE

Mais...

CHRYSALE

Laissez faire, dis-je, et n'appréhendez pas :
Je la vais disposer aux choses de ce pas.

ARISTE

Soit. Je vais là-dessus sonder votre Henriette,   415
Et reviendrai savoir...

CHRYSALE

C'est une affaire faite,
Et je vais à ma femme en parler sans délai.

SCÈNE V

MARTINE, CHRYSALE

MARTINE

Me voilà bien chanceuse! Hélas! l'an dit bien vrai :
Qui veut noyer son chien l'accuse de la rage,
Et service d'autrui n'est pas un héritage.   420

CHRYSALE

Qu'est-ce donc ? Qu'avez-vous, Martine ?

MARTINE

Ce que j'ai ?

CHRYSALE

Oui.

MARTINE

J'ai que l'an me donne aujourd'hui mon congé,
Monsieur.

CHRYSALE

Votre congé!

MARTINE

Oui, Madame me chasse.

CHRYSALE

Je n'entends pas cela. Comment ?

MARTINE

On me menace,
Si je ne sors d'ici, de me bailler cent coups.   425

CHRYSALE

Non, vous demeurerez : je suis content de vous.
Ma femme bien souvent a la tête un peu chaude,
Et je ne veux pas, moi...

SCÈNE VI

PHILAMINTE, BÉLISE, CHRYSALE, MARTINE

PHILAMINTE

Quoi ? je vous vois, maraude ?
Vite, sortez, friponne ; allons, quittez ces lieux,
Et ne vous présentez jamais devant mes yeux.   430

CHRYSALE

Tout doux.

PHILAMINTE

Non, c'en est fait.

CHRYSALE

Eh !

PHILAMINTE

Je veux qu'elle sorte.

CHRYSALE

Mais qu'a-t-elle commis, pour vouloir de la sorte...

PHILAMINTE

Quoi ? vous la soutenez ?

CHRYSALE

En aucune façon.

PHILAMINTE

Prenez-vous son parti contre moi ?

CHRYSALE

Mon Dieu ! non :
Je ne fais seulement que demander son crime.   435

PHILAMINTE

Suis-je pour la chasser sans cause légitime ?

CHRYSALE

Je ne dis pas cela ; mais il faut de nos gens...

PHILAMINTE

Non ; elle sortira, vous dis-je, de céans.

CHRYSALE

Hé bien! oui : vous dit-on quelque chose là contre ?

PHILAMINTE

Je ne veux point d'obstacle aux désirs que je montre. 440

CHRYSALE

D'accord.

PHILAMINTE

  Et vous devez, en raisonnable époux,
Être pour moi contre elle, et prendre mon courroux.

CHRYSALE

Aussi fais-je. Oui, ma femme avec raison vous chasse,
Coquine, et votre crime est indigne de grâce.

MARTINE

Qu'est-ce donc que j'ai fait ?

CHRYSALE

    Ma foi! je ne sais pas. 445

PHILAMINTE

Elle est d'humeur encore à n'en faire aucun cas.

CHRYSALE

A-t-elle, pour donner matière à votre haine,
Cassé quelque miroir ou quelque porcelaine ?

PHILAMINTE

Voudrais-je la chasser, et vous figurez-vous
Que pour si peu de chose on se mette en courroux ? 450

CHRYSALE

Qu'est-ce à dire ? L'affaire est donc considérable ?

PHILAMINTE

Sans doute. Me voit-on femme déraisonnable ?

CHRYSALE

Est-ce qu'elle a laissé, d'un esprit négligent,
Dérober quelque aiguière ou quelque plat d'argent ?

PHILAMINTE

Cela ne serait rien.

CHRYSALE

Oh, oh! peste, la belle!   455
Quoi ? l'avez-vous surprise à n'être pas fidèle ?

PHILAMINTE

C'est pis que tout cela.

CHRYSALE

Pis que tout cela ?

PHILAMINTE

Pis.

CHRYSALE

Comment diantre, friponne! Euh ? a-t-elle commis...

PHILAMINTE

Elle a, d'une insolence à nulle autre pareille,
Après trente leçons, insulté mon oreille   460
Par l'impropriété d'un mot sauvage et bas
Qu'en termes décisifs condamne Vaugelas.

CHRYSALE

Est-ce là...

PHILAMINTE

Quoi ? toujours, malgré nos remontrances,
Heurter le fondement de toutes les sciences,
La grammaire, qui sait régenter jusqu'aux rois,   465
Et les fait la main haute obéir à ses lois ?

CHRYSALE

Du plus grand des forfaits je la croyais coupable.

PHILAMINTE

Quoi ? Vous ne trouvez pas ce crime impardonnable ?

CHRYSALE

Si fait.

PHILAMINTE

Je voudrais bien que vous l'excusassiez.

CHRYSALE

Je n'ai garde.

BÉLISE

Il est vrai que ce sont des pitiés :   470
Toute construction est par elle détruite,
Et des lois du langage on l'a cent fois instruite.

MARTINE

Tout ce que vous prêchez est, je crois, bel et bon;
Mais je ne saurais, moi, parler votre jargon.

PHILAMINTE

L'impudente! appeler un jargon le langage   475
Fondé sur la raison et sur le bel usage!

MARTINE

Quand on se fait entendre, on parle toujours bien,
Et tous vos biaux dictons ne servent pas de rien.

PHILAMINTE

Hé bien! ne voilà pas encore de son style ?
Ne servent pas de rien!

BÉLISE

O cervelle indocile!   480
Faut-il qu'avec les soins qu'on prend incessamment,
On ne te puisse apprendre à parler congrûment ?
De *pas* mis avec *rien* tu fais la récidive,
Et c'est, comme on t'a dit, trop d'une négative.

MARTINE

Mon Dieu! je n'avons pas étugué comme vous,   485
Et je parlons tout droit comme on parle cheux nous.

PHILAMINTE

Ah! peut-on y tenir ?

BÉLISE

Quel solécisme horrible!

PHILAMINTE

En voilà pour tuer une oreille sensible.

BÉLISE

Ton esprit, je l'avoue, est bien matériel.
Je n'est qu'un singulier, *avons* est pluriel.   490
Veux-tu toute ta vie offenser la grammaire ?

MARTINE

Qui parle d'offenser grand-mère ni grand-père ?

PHILAMINTE

O Ciel!

BÉLISE

Grammaire est prise à contresens par toi,
Et je t'ai dit déjà d'où vient ce mot.

MARTINE

                                        Ma foi !
Qu'il vienne de Chaillot, d'Auteuil, ou de Pontoise,   495
Cela ne me fait rien.

BÉLISE

                        Quelle âme villageoise !
La grammaire, du verbe et du nominatif,
Comme de l'adjectif avec le substantif,
Nous enseigne les lois.

MARTINE

                        J'ai, Madame, à vous dire
Que je ne connais point ces gens-là.

PHILAMINTE

                                    Quel martyre !   500

BÉLISE

Ce sont les noms des mots, et l'on doit regarder
En quoi c'est qu'il les faut faire ensemble accorder.

MARTINE

Qu'ils s'accordent entre eux, ou se gourment, qu'importe ?

PHILAMINTE, *à sa sœur.*

Eh ! mon Dieu ! finissez un discours de la sorte.
    (A son mari.)
Vous ne voulez pas, vous, me la faire sortir ?   505

CHRYSALE

Si fait. A son caprice il me faut consentir.
Va, ne l'irrite point : retire-toi, Martine.

PHILAMINTE

Comment ? vous avez peur d'offenser la coquine ?
Vous lui parlez d'un ton tout à fait obligeant ?

CHRYSALE

Moi ? point. Allons, sortez. *(Bas.)* Va-t'en, ma pauvre
                                    [enfant. 510

SCÈNE VII

PHILAMINTE, CHRYSALE, BÉLISE

CHRYSALE

Vous êtes satisfaite, et la voilà partie ;
Mais je n'approuve point une telle sortie ;
C'est une fille propre aux choses qu'elle fait,
Et vous me la chassez pour un maigre sujet.

PHILAMINTE

Vous voulez que toujours je l'aie à mon service   515
Pour mettre incessamment mon oreille au supplice ?
Pour rompre toute loi d'usage et de raison,
Par un barbare amas de vices d'oraison,
De mots estropiés, cousus par intervalles,
De proverbes traînés dans les ruisseaux des Halles ?   520

BÉLISE

Il est vrai que l'on sue à souffrir ses discours :
Elle y met Vaugelas en pièces tous les jours ;
Et les moindres défauts de ce grossier génie
Sont ou le pléonasme, ou la cacophonie.

CHRYSALE

Qu'importe qu'elle manque aux lois de Vaugelas,   525
Pourvu qu'à la cuisine elle ne manque pas ?
J'aime bien mieux, pour moi, qu'en épluchant ses herbes,
Elle accommode mal les noms avec les verbes,
Et redise cent fois un bas ou méchant mot,
Que de brûler ma viande, ou saler trop mon pot.   530
Je vis de bonne soupe, et non de beau langage.
Vaugelas n'apprend point à bien faire un potage ;
Et Malherbe et Balzac, si savants en beaux mots,
En cuisine peut-être auraient été des sots.

PHILAMINTE

Que ce discours grossier terriblement assomme !   535
Et quelle indignité pour ce qui s'appelle homme
D'être baissé sans cesse aux soins matériels,
Au lieu de se hausser vers les spirituels !
Le corps, cette guenille, est-il d'une importance,
D'un prix à mériter seulement qu'on y pense,   540
Et ne devons-nous pas laisser cela bien loin ?

CHRYSALE

Oui, mon corps est moi-même, et j'en veux prendre soin.
Guenille si l'on veut, ma guenille m'est chère.

BÉLISE

Le corps avec l'esprit fait figure, mon frère ;
Mais si vous en croyez tout le monde savant,   545
L'esprit doit sur le corps prendre le pas devant ;
Et notre plus grand soin, notre première instance,
Doit être à le nourrir du suc de la science.

CHRYSALE

Ma foi ! si vous songez à nourrir votre esprit,
C'est de viande bien creuse, à ce que chacun dit,   550
Et vous n'avez nul soin, nulle sollicitude
Pour...

PHILAMINTE

　　　　Ah ! *sollicitude* à mon oreille est rude :
Il pue étrangement son ancienneté.

BÉLISE

Il est vrai que le mot est bien collet monté.

CHRYSALE

Voulez-vous que je dise ? il faut qu'enfin j'éclate,   555
Que je lève le masque, et décharge ma rate :
De folles on vous traite, et j'ai fort sur le cœur...

PHILAMINTE

Comment donc ?

CHRYSALE

　　　　　　　　C'est à vous que je parle, ma sœur.
Le moindre solécisme en parlant vous irrite ;
Mais vous en faites, vous, d'étranges en conduite.   560
Vos livres éternels ne me contentent pas,
Et hors un gros Plutarque à mettre mes rabats,
Vous devriez brûler tout ce meuble inutile,
Et laisser la science aux docteurs de la ville ;
M'ôter, pour faire bien, du grenier de céans   565
Cette longue lunette à faire peur aux gens,
Et cent brimborions dont l'aspect importune ;
Ne point aller chercher ce qu'on fait dans la lune,
Et vous mêler un peu de ce qu'on fait chez vous,

Où nous voyons aller tout sens dessus dessous.   570
Il n'est pas bien honnête, et pour beaucoup de causes,
Qu'une femme étudie et sache tant de choses.
Former aux bonnes mœurs l'esprit de ses enfants,
Faire aller son ménage, avoir l'œil sur ses gens,
Et régler la dépense avec économie,   575
Doit être son étude et sa philosophie.
Nos pères sur ce point étaient gens bien sensés,
Qui disaient qu'une femme en sait toujours assez
Quand la capacité de son esprit se hausse
A connaître un pourpoint d'avec un haut-de-chausses.   580
Les leurs ne lisaient point, mais elles vivaient bien;
Leurs ménages étaient tout leur docte entretien,
Et leurs livres un dé, du fil et des aiguilles,
Dont elles travaillaient au trousseau de leurs filles.
Les femmes d'à présent sont bien loin de ces mœurs :   585
Elles veulent écrire, et devenir auteurs.
Nulle science n'est pour elles trop profonde,
Et céans beaucoup plus qu'en aucun lieu du monde :
Les secrets les plus hauts s'y laissent concevoir,
Et l'on sait tout chez moi, hors ce qu'il faut savoir;   590
On y sait comme vont lune, étoile polaire,
Vénus, Saturne et Mars, dont je n'ai point affaire;
Et, dans ce vain savoir, qu'on va chercher si loin,
On ne sait comme va mon pot, dont j'ai besoin.
Mes gens à la science aspirent pour vous plaire,   595
Et tous ne font rien moins que ce qu'ils ont à faire;
Raisonner est l'emploi de toute ma maison,
Et le raisonnement en bannit la raison :
L'un me brûle mon rôt en lisant quelque histoire;
L'autre rêve à des vers quand je demande à boire;   600
Enfin je vois par eux votre exemple suivi,
Et j'ai des serviteurs, et ne suis point servi.
Une pauvre servante au moins m'était restée,
Qui de ce mauvais air n'était point infectée,
Et voilà qu'on la chasse avec un grand fracas,   605
A cause qu'elle manque à parler Vaugelas.
Je vous le dis, ma sœur, tout ce train-là me blesse
(Car c'est, comme j'ai dit, à vous que je m'adresse),
Je n'aime point céans tous vos gens à latin,
Et principalement ce Monsieur Trissotin :   610
C'est lui qui dans des vers vous a tympanisées;
Tous les propos qu'il tient sont des billevesées;
On cherche ce qu'il dit après qu'il a parlé,
Et je lui crois, pour moi, le timbre un peu fêlé.

PHILAMINTE

Quelle bassesse, ô Ciel! et d'âme, et de langage!   615

BÉLISE

Est-il de petits corps un plus lourd assemblage!
Un esprit composé d'atomes plus bourgeois!
Et de ce même sang se peut-il que je sois!
Je me veux mal de mort d'être de votre race,
Et de confusion j'abandonne la place.   620

SCÈNE VIII

PHILAMINTE, CHRYSALE

PHILAMINTE

Avez-vous à lâcher encore quelque trait?

CHRYSALE

Moi? Non. Ne parlons plus de querelle : c'est fait.
Discourons d'autre affaire. A votre fille aînée
On voit quelque dégoût pour les nœuds d'hyménée :
C'est une philosophe enfin, je n'en dis rien,   625
Elle est bien gouvernée, et vous faites fort bien.
Mais de tout autre humeur se trouve sa cadette,
Et je crois qu'il est bon de pourvoir Henriette,
De choisir un mari...

PHILAMINTE

        C'est à quoi j'ai songé,
Et je veux vous ouvrir l'intention que j'ai.   630
Ce Monsieur Trissotin dont on nous fait un crime,
Et qui n'a pas l'honneur d'être dans votre estime,
Est celui que je prends pour l'époux qu'il lui faut,
Et je sais mieux que vous juger de ce qu'il vaut :
La contestation est ici superflue,   635
Et de tout point chez moi l'affaire est résolue.
Au moins ne dites mot du choix de cet époux :
Je veux à votre fille en parler avant vous;
J'ai des raisons à faire approuver ma conduite,
Et je connaîtrai bien si vous l'aurez instruite.   640

SCÈNE IX

ARISTE, CHRYSALE

ARISTE

Hé bien ? la femme sort, mon frère, et je vois bien
Que vous venez d'avoir ensemble un entretien.

CHRYSALE

Oui.

ARISTE

Quel est le succès ? Aurons-nous Henriette ?
A-t-elle consenti ? L'affaire est-elle faite ?

CHRYSALE

Pas tout à fait encor.

ARISTE

Refuse-t-elle ?

CHRYSALE

Non.   645

ARISTE

Est-ce qu'elle balance ?

CHRYSALE

En aucune façon.

ARISTE

Quoi donc ?

CHRYSALE

C'est que pour gendre elle m'offre un autre homme.

ARISTE

Un autre homme pour gendre !

CHRYSALE

Un autre.

ARISTE

Qui se nomme ?

CHRYSALE

Monsieur Trissotin.

ARISTE

Quoi ? ce Monsieur Trissotin...

CHRYSALE

Oui, qui parle toujours de vers et de latin.   650

ARISTE

Vous l'avez accepté ?

CHRYSALE

Moi, point, à Dieu ne plaise.

ARISTE

Qu'avez-vous répondu ?

CHRYSALE

Rien; et je suis bien aise
De n'avoir point parlé, pour ne m'engager pas.

ARISTE

La raison est fort belle, et c'est faire un grand pas.
Avez-vous su du moins lui proposer Clitandre ?   655

CHRYSALE

Non; car, comme j'ai vu qu'on parlait d'autre gendre,
J'ai cru qu'il était mieux de ne m'avancer point.

ARISTE

Certes votre prudence est rare au dernier point!
N'avez-vous point de honte avec votre mollesse ?
Et se peut-il qu'un homme ait assez de faiblesse   660
Pour laisser à sa femme un pouvoir absolu,
Et n'oser attaquer ce qu'elle a résolu ?

CHRYSALE

Mon Dieu! vous en parlez, mon frère, bien à l'aise,
Et vous ne savez pas comme le bruit me pèse.
J'aime fort le repos, la paix, et la douceur,   665
Et ma femme est terrible avecque son humeur.
Du nom de philosophe elle fait grand mystère;
Mais elle n'en est pas pour cela moins colère;
Et sa morale, faite à mépriser le bien,
Sur l'aigreur de sa bile opère comme rien.   670
Pour peu que l'on s'oppose à ce que veut sa tête,
On en a pour huit jours d'effroyable tempête.
Elle me fait trembler dès qu'elle prend son ton;
Je ne sais où me mettre, et c'est un vrai dragon;
Et cependant, avec toute sa diablerie,   675
Il faut que je l'appelle et « mon cœur » et « ma mie ».

ARISTE

Allez, c'est se moquer. Votre femme, entre nous,
Est par vos lâchetés souveraine sur vous.
Son pouvoir n'est fondé que sur votre faiblesse,
C'est de vous qu'elle prend le titre de maîtresse;   680
Vous-même à ses hauteurs vous vous abandonnez,
Et vous faites mener en bête par le nez.
Quoi ? vous ne pouvez pas, voyant comme on vous nomme,
Vous résoudre une fois à vouloir être un homme ?
A faire condescendre une femme à vos vœux,   685
Et prendre assez de cœur pour dire un : « Je le veux » ?
Vous laisserez sans honte immoler votre fille
Aux folles visions qui tiennent la famille,
Et de tout votre bien revêtir un nigaud,
Pour six mots de latin qu'il leur fait sonner haut,   690
Un pédant qu'à tous coups votre femme apostrophe
Du nom de bel esprit, et de grand philosophe,
D'homme qu'en vers galants jamais on n'égala,
Et qui n'est, comme on sait, rien moins que tout cela ?
Allez, encore un coup, c'est une moquerie,   695
Et votre lâcheté mérite qu'on en rie.

CHRYSALE

Oui, vous avez raison, et je vois que j'ai tort.
Allons, il faut enfin montrer un cœur plus fort,
Mon frère.
                    ARISTE

          C'est bien dit.

CHRYSALE

                         C'est une chose infâme
Que d'être si soumis au pouvoir d'une femme.   700

ARISTE

Fort bien.
                    CHRYSALE

          De ma douceur elle a trop profité.

ARISTE

Il est vrai.
                    CHRYSALE

          Trop joui de ma facilité.

ARISTE

Sans doute.

CHRYSALE

Et je lui veux faire aujourd'hui connaître
Que ma fille est ma fille, et que j'en suis le maître
Pour lui prendre un mari qui soit selon mes vœux.   705

ARISTE

Vous voilà raisonnable, et comme je vous veux.

CHRYSALE

Vous êtes pour Clitandre, et savez sa demeure :
Faites-le-moi venir, mon frère, tout à l'heure.

ARISTE

J'y cours tout de ce pas.

CHRYSALE

                                        C'est souffrir trop longtemps,
Et je m'en vais être homme à la barbe des gens.   710

ACTE III

SCÈNE I

PHILAMINTE, ARMANDE, BÉLISE, TRISSOTIN, L'ÉPINE

PHILAMINTE

Ah! mettons-nous ici, pour écouter à l'aise
Ces vers que mot à mot il est besoin qu'on pèse.

ARMANDE

Je brûle de les voir.

BÉLISE

                                Et l'on s'en meurt chez nous.

PHILAMINTE

Ce sont charmes pour moi que ce qui part de vous.

ARMANDE

Ce m'est une douceur à nulle autre pareille.   715

BÉLISE

Ce sont repas friands qu'on donne à mon oreille.

PHILAMINTE

Ne faites point languir de si pressants désirs.

ARMANDE

Dépêchez.

BÉLISE

Faites tôt, et hâtez nos plaisirs.

PHILAMINTE

A notre impatience offrez votre épigramme.

TRISSOTIN

Hélas ! c'est un enfant tout nouveau-né, Madame.   720
Son sort assurément a lieu de vous toucher,
Et c'est dans votre cour que j'en viens d'accoucher.

PHILAMINTE

Pour me le rendre cher, il suffit de son père.

TRISSOTIN

Votre approbation lui peut servir de mère.

BÉLISE

Qu'il a d'esprit !

SCÈNE II

HENRIETTE, PHILAMINTE, ARMANDE
BÉLISE, TRISSOTIN, L'ÉPINE

PHILAMINTE

Holà ! pourquoi donc fuyez-vous ?   725

HENRIETTE

C'est de peur de troubler un entretien si doux.

PHILAMINTE

Approchez, et venez, de toutes vos oreilles,
Prendre part au plaisir d'entendre des merveilles.

HENRIETTE

Je sais peu les beautés de tout ce qu'on écrit,
Et ce n'est pas mon fait que les choses d'esprit.   730

PHILAMINTE

Il n'importe : aussi bien ai-je à vous dire ensuite
Un secret dont il faut que vous soyez instruite.

TRISSOTIN

Les sciences n'ont rien qui vous puisse enflammer,
Et vous ne vous piquez que de savoir charmer.

HENRIETTE

Aussi peu l'un que l'autre, et je n'ai nulle envie...   735

BÉLISE

Ah! songeons à l'enfant nouveau-né, je vous prie.

PHILAMINTE

Allons, petit garçon, vite de quoi s'asseoir.

Le laquais tombe avec la chaise.

Voyez l'impertinent! Est-ce que l'on doit choir,
Après avoir appris l'équilibre des choses ?

BÉLISE

De ta chute, ignorant, ne vois-tu pas les causes,   740
Et qu'elle vient d'avoir du point fixe écarté
Ce que nous appelons centre de gravité ?

L'ÉPINE

Je m'en suis aperçu, Madame, étant par terre.

PHILAMINTE

Le lourdaud !

TRISSOTIN

Bien lui prend de n'être pas de verre.

ARMANDE

Ah! de l'esprit partout !

BÉLISE

Cela ne tarit pas.   745

PHILAMINTE

Servez-nous promptement votre aimable repas.

TRISSOTIN

Pour cette grande faim qu'à mes yeux on expose,
Un plat seul de huit vers me semble peu de chose,
Et je pense qu'ici je ne ferai pas mal
De joindre à l'épigramme, ou bien au madrigal,   750
Le ragoût d'un sonnet, qui chez une princesse
A passé pour avoir quelque délicatesse.

Il est de sel attique assaisonné partout,
Et vous le trouverez, je crois, d'assez bon goût.

ARMANDE

Ah ! je n'en doute point.

PHILAMINTE

Donnons vite audience.   755

BÉLISE

A chaque fois qu'il veut lire, elle l'interrompt.

Je sens d'aise mon cœur tressaillir par avance.
J'aime la poésie avec entêtement,
Et surtout quand les vers sont tournés galamment.

PHILAMINTE

Si nous parlons toujours, il ne pourra rien dire.

TRISSOTIN

SO...

BÉLISE

Silence ! ma nièce.   760

TRISSOTIN

SONNET A LA PRINCESSE URANIE SUR SA FIÈVRE
Votre prudence est endormie,
De traiter magnifiquement
Et de loger superbement
Votre plus cruelle ennemie.

BÉLISE

Ah ! le joli début !

ARMANDE

Qu'il a le tour galant !   765

PHILAMINTE

Lui seul des vers aisés possède le talent !

ARMANDE

A prudence endormie il faut rendre les armes.

BÉLISE

Loger son ennemie est pour moi plein de charmes.

PHILAMINTE

J'aime *superbement* et *magnifiquement* :
Ces deux adverbes joints font admirablement.   770

BÉLISE

Prêtons l'oreille au reste.

TRISSOTIN

> *Votre prudence est endormie,*
> *De traiter magnifiquement*
> *Et de loger superbement*
> *Votre plus cruelle ennemie.*

ARMANDE

Prudence endormie!

BÉLISE

Loger son ennemie!

PHILAMINTE

Superbement et *magnifiquement!*

TRISSOTIN

> *Faites-la sortir, quoi qu'on die,*
> *De votre riche appartement,*
> *Où cette ingrate insolemment*
> *Attaque votre belle vie.*   775

BÉLISE

Ah! tout doux, laissez-moi, de grâce, respirer.

ARMANDE

Donnez-nous, s'il vous plaît, le loisir d'admirer.

PHILAMINTE

On se sent à ces vers, jusques au fond de l'âme,
Couler je ne sais quoi qui fait que l'on se pâme.

ARMANDE

> *Faites-la sortir, quoi qu'on die,*
> *De votre riche appartement.*
Que *riche appartement* est là joliment dit!   780
Et que la métaphore est mise avec esprit!

PHILAMINTE

> *Faites-la sortir, quoi qu'on die.*
Ah! que ce *quoi qu'on die* est d'un goût admirable!
C'est, à mon sentiment, un endroit impayable.

ARMANDE

De *quoi qu'on die* aussi mon cœur est amoureux.

BÉLISE

Je suis de votre avis, *quoi qu'on die* est heureux.   785

ARMANDE

Je voudrais l'avoir fait.

BÉLISE

                    Il vaut toute une pièce.

PHILAMINTE

Mais en comprend-on bien, comme moi, la finesse ?

ARMANDE *et* BÉLISE

Oh, oh !

PHILAMINTE

              Faites-la sortir, quoi qu'on die :
Que de la fièvre, on prenne ici les intérêts :
N'ayez aucun égard, moquez-vous des caquets.
              Faites-la sortir, quoi qu'on die.
              Quoi qu'on die, quoi qu'on die.
Ce *quoi qu'on die* en dit beaucoup plus qu'il ne semble. 790
Je ne sais pas, pour moi, si chacun me ressemble ;
Mais j'entends là-dessous un million de mots.

BÉLISE

Il est vrai qu'il dit plus de choses qu'il n'est gros.

PHILAMINTE

Mais quand vous avez fait ce charmant *quoi qu'on die,*
Avez-vous compris, vous, toute son énergie ?   795
Songiez-vous bien vous-même à tout ce qu'il nous dit,
Et pensiez-vous alors y mettre tant d'esprit ?

TRISSOTIN

Hay, hay.

ARMANDE

              J'ai fort aussi l'*ingrate* dans la tête :
Cette ingrate de fièvre, injuste, malhonnête,
Qui traite mal les gens qui la logent chez eux.   800

PHILAMINTE

Enfin les quatrains sont admirables tous deux.
Venons-en promptement aux tiercets, je vous prie.

ARMANDE

Ah ! s'il vous plaît, encore une fois *quoi qu'on die.*

TRISSOTIN

              Faites-la sortir, quoi qu'on die,

PHILAMINTE, ARMANDE et BÉLISE

Quoi qu'on die!

TRISSOTIN

De votre riche appartement,

PHILAMINTE, ARMANDE et BÉLISE

Riche appartement!

TRISSOTIN

Où cette ingrate insolemment

PHILAMINTE, ARMANDE et BÉLISE

Cette *ingrate* de fièvre!

TRISSOTIN

Attaque votre belle vie.

PHILAMINTE

Votre belle vie!

ARMANDE et BÉLISE

Ah!

TRISSOTIN

Quoi ? sans respecter votre rang,
Elle se prend à votre sang,   805

PHILAMINTE, ARMANDE et BÉLISE

Ah!

TRISSOTIN

Et nuit et jour vous fait outrage!

Si vous la conduisez aux bains,
Sans la marchander davantage,
Noyez-la de vos propres mains.

PHILAMINTE

On n'en peut plus.

BÉLISE

On pâme.

ARMANDE

On se meurt de plaisir. 810

PHILAMINTE

De mille doux frissons vous vous sentez saisir.

ARMANDE

Si vous la conduisez aux bains,

BÉLISE

Sans la marchander davantage,

PHILAMINTE

Noyez-la de vos propres mains :
De vos propres mains, là, noyez-la dans les bains.

ARMANDE

Chaque pas dans vos vers rencontre un trait charmant.

BÉLISE

Partout on s'y promène avec ravissement.

PHILAMINTE

On n'y saurait marcher que sur de belles choses.   815

ARMANDE

Ce sont petits chemins tout parsemés de roses.

TRISSOTIN

Le sonnet donc vous semble...

PHILAMINTE

                              Admirable, nouveau,
Et personne jamais n'a rien fait de si beau.

BÉLISE

Quoi ? sans émotion pendant cette lecture ?
Vous faites là, ma nièce, une étrange figure !   820

HENRIETTE

Chacun fait ici-bas la figure qu'il peut,
Ma tante ; et bel esprit, il ne l'est pas qui veut.

TRISSOTIN

Peut-être que mes vers importunent Madame.

HENRIETTE

Point : je n'écoute pas.

PHILAMINTE

                        Ah ! voyons l'épigramme.

TRISSOTIN

SUR UN CARROSSE DE COULEUR AMARANTE
DONNÉ A UNE DAME DE SES AMIES,

PHILAMINTE

Ses titres ont toujours quelque chose de rare.   825

ARMANDE

A cent beaux traits d'esprit leur nouveauté prépare.

TRISSOTIN

L'Amour si chèrement m'a vendu son lien

BÉLISE, ARMANDE *et* PHILAMINTE

Ah!

TRISSOTIN

Qu'il m'en coûte déjà la moitié de mon bien;
Et quand tu vois ce beau carrosse,
Où tant d'or se relève en bosse   830
Qu'il étonne tout le pays,
Et fait pompeusement triompher ma Laïs,

PHILAMINTE

Ah! *ma Laïs!* voilà de l'érudition.

BÉLISE

L'enveloppe est jolie, et vaut un million.

TRISSOTIN

Et quand tu vois ce beau carrosse,
Où tant d'or se relève en bosse
Qu'il étonne tout le pays,
Et fait pompeusement triompher ma Laïs,
Ne dis plus qu'il est amarante :   835
Dis plutôt qu'il est de ma rente.

ARMANDE

Oh, oh, oh! celui-là ne s'attend point du tout.

PHILAMINTE

On n'a que lui qui puisse écrire de ce goût.

BÉLISE

Ne dis plus qu'il est amarante :
Dis plutôt qu'il est de ma rente.
Voilà qui se décline : *ma rente, de ma rente, à ma rente.*

PHILAMINTE

Je ne sais, du moment que je vous ai connu,
Si sur votre sujet j'ai l'esprit prévenu,   840
Mais j'admire partout vos vers et votre prose.

TRISSOTIN

Si vous vouliez de vous nous montrer quelque chose,
A notre tour aussi nous pourrions admirer.

PHILAMINTE

Je n'ai rien fait en vers, mais j'ai lieu d'espérer
Que je pourrai bientôt vous montrer, en amie,   845
Huit chapitres du plan de notre académie.
Platon s'est au projet simplement arrêté,
Quand de sa République il a fait le traité ;
Mais à l'effet entier je veux pousser l'idée
Que j'ai sur le papier en prose accommodée.   850
Car enfin je me sens un étrange dépit
Du tort que l'on nous fait du côté de l'esprit,
Et je veux nous venger, toutes tant que nous sommes,
De cette indigne classe où nous rangent les hommes,
De borner nos talents à des futilités,   855
Et nous fermer la porte aux sublimes clartés.

ARMANDE

C'est faire à notre sexe une trop grande offense,
De n'étendre l'effort de notre intelligence
Qu'à juger d'une jupe et de l'air d'un manteau,
Ou des beautés d'un point, ou d'un brocart nouveau. 860

BÉLISE

Il faut se relever de ce honteux partage,
Et mettre hautement notre esprit hors de page.

TRISSOTIN

Pour les dames on sait mon respect en tous lieux ;
Et, si je rends hommage aux brillants de leurs yeux,
De leur esprit aussi j'honore les lumières.   865

PHILAMINTE

Le sexe aussi vous rend justice en ces matières ;
Mais nous voulons montrer à de certains esprits,
Dont l'orgueilleux savoir nous traite avec mépris,
Que de science aussi les femmes sont meublées ;
Qu'on peut faire comme eux de doctes assemblées,   870
Conduites en cela par des ordres meilleurs,
Qu'on y veut réunir ce qu'on sépare ailleurs,
Mêler le beau langage et les hautes sciences,
Découvrir la nature en mille expériences,
Et sur les questions qu'on pourra proposer   875
Faire entrer chaque secte, et n'en point épouser.

TRISSOTIN

Je m'attache pour l'ordre au péripatétisme.

PHILAMINTE

Pour les abstractions, j'aime le platonisme.

ARMANDE

Épicure me plaît, et ses dogmes sont forts.

BÉLISE

Je m'accommode assez pour moi des petits corps;   880
Mais le vide à souffrir me semble difficile,
Et je goûte bien mieux la matière subtile.

TRISSOTIN

Descartes pour l'aimant donne fort dans mon sens.

ARMANDE

J'aime ses tourbillons.

PHILAMINTE

                          Moi, ses mondes tombants.

ARMANDE

Il me tarde de voir notre assemblée ouverte,   885
Et de nous signaler par quelque découverte.

TRISSOTIN

On en attend beaucoup de vos vives clartés,
Et pour vous la nature a peu d'obscurités.

PHILAMINTE

Pour moi, sans me flatter, j'en ai déjà fait une,
Et j'ai vu clairement des hommes dans la lune.   890

BÉLISE

Je n'ai point encor vu d'hommes, comme je crois;
Mais j'ai vu des clochers tout comme je vous vois.

ARMANDE

Nous approfondirons, ainsi que la physique,
Grammaire, histoire, vers, morale et politique.

PHILAMINTE

La morale a des traits dont mon cœur est épris,   895
Et c'était autrefois l'amour des grands esprits;

Mais aux Stoïciens je donne l'avantage,
Et je ne trouve rien de si beau que leur sage.

ARMANDE

Pour la langue, on verra dans peu nos règlements,
Et nous y prétendons faire des remuements.   900
Par une antipathie ou juste, ou naturelle,
Nous avons pris chacune une haine mortelle
Pour un nombre de mots, soit ou verbes ou noms,
Que mutuellement nous nous abandonnons;
Contre eux nous préparons de mortelles sentences,   905
Et nous devons ouvrir nos doctes conférences
Par les proscriptions de tous ces mots divers
Dont nous voulons purger et la prose et les vers.

PHILAMINTE

Mais le plus beau projet de notre académie,
Une entreprise noble, et dont je suis ravie,   910
Un dessein plein de gloire, et qui sera vanté
Chez tous les beaux esprits de la postérité,
C'est le retranchement de ces syllabes sales,
Qui dans les plus beaux mots produisent des scandales,
Ces jouets éternels des sots de tous les temps,   915
Ces fades lieux communs de nos méchants plaisants,
Ces sources d'un amas d'équivoques infâmes,
Dont on vient faire insulte à la pudeur des femmes.

TRISSOTIN

Voilà certainement d'admirables projets!

BÉLISE

Vous verrez nos statuts, quand ils seront tous faits.   920

TRISSOTIN

Ils ne sauraient manquer d'être tous beaux et sages.

ARMANDE

Nous serons par nos lois les juges des ouvrages;
Par nos lois, prose et vers, tout nous sera soumis;
Nul n'aura de l'esprit hors nous et nos amis;
Nous chercherons partout à trouver à redire,   925
Et ne verrons que nous qui sache bien écrire.

SCÈNE III

TRISSOTIN, PHILAMINTE,
BÉLISE, ARMANDE, HENRIETTE, VADIUS, L'ÉPINE

L'ÉPINE

Monsieur, un homme est là qui veut parler à vous ;
Il est vêtu de noir, et parle d'un ton doux.

TRISSOTIN

C'est cet ami savant qui m'a fait tant d'instance
De lui donner l'honneur de votre connaissance.   930

PHILAMINTE

Pour le faire venir vous avez tout crédit.
Faisons bien les honneurs au moins de notre esprit.
Holà ! Je vous ai dit en paroles bien claires
Que j'ai besoin de vous.

HENRIETTE

                          Mais pour quelles affaires ?

PHILAMINTE

Venez, on va dans peu vous les faire savoir.   935

TRISSOTIN

Voici l'homme qui meurt du désir de vous voir.
En vous le produisant, je ne crains point le blâme
D'avoir admis chez vous un profane, Madame :
Il peut tenir son coin parmi de beaux esprits.

PHILAMINTE

La main qui le présente en dit assez le prix.   940

TRISSOTIN

Il a des vieux auteurs la pleine intelligence,
Et sait du grec, Madame, autant qu'homme de France.

PHILAMINTE

Du grec, ô Ciel ! du grec ! Il sait du grec, ma sœur !

BÉLISE

Ah ! ma nièce, du grec !

ARMANDE

Du grec! quelle douceur!

PHILAMINTE

Quoi ? Monsieur sait du grec ? Ah! permettez, de grâce, 945
Que pour l'amour du grec, Monsieur, on vous embrasse.

Il les baise toutes, jusques à Henriette, qui
le refuse.

HENRIETTE

Excusez-moi, Monsieur, je n'entends pas le grec.

PHILAMINTE

J'ai pour les livres grecs un merveilleux respect.

VADIUS

Je crains d'être fâcheux par l'ardeur qui m'engage
A vous rendre aujourd'hui, Madame, mon hommage,   950
Et j'aurai pu troubler quelque docte entretien.

PHILAMINTE

Monsieur, avec du grec on ne peut gâter rien.

TRISSOTIN

Au reste, il fait merveille en vers ainsi qu'en prose,
Et pourrait, s'il voulait, vous montrer quelque chose.

VADIUS

Le défaut des auteurs, dans leurs productions,   955
C'est d'en tyranniser les conversations,
D'être au Palais, au Cours, aux ruelles, aux tables,
De leurs vers fatigants lecteurs infatigables.
Pour moi, je ne vois rien de plus sot à mon sens
Qu'un auteur qui partout va gueuser des encens,   960
Qui des premiers venus saisissant les oreilles,
En fait le plus souvent les martyrs de ses veilles.
On ne m'a jamais vu ce fol entêtement;
Et d'un Grec là-dessus je suis le sentiment,
Qui, par un dogme exprès, défend à tous ses sages   965
L'indigne empressement de lire leurs ouvrages.
Voici de petits vers pour de jeunes amants,
Sur quoi je voudrais bien avoir vos sentiments.

TRISSOTIN

Vos vers ont des beautés que n'ont point tous les autres.

VADIUS

Les Grâces et Vénus règnent dans tous les vôtres.   970

TRISSOTIN

Vous avez le tour libre, et le beau choix des mots.

VADIUS

On voit partout chez vous l'*ithos* et le *pathos*.

TRISSOTIN

Nous avons vu de vous des églogues d'un style
Qui passe en doux attraits Théocrite et Virgile.

VADIUS

Vos odes ont un air noble, galant et doux,   975
Qui laisse de bien loin votre Horace après vous.

TRISSOTIN

Est-il rien d'amoureux comme vos chansonnettes ?

VADIUS

Peut-on voir rien d'égal aux sonnets que vous faites ?

TRISSOTIN

Rien qui soit plus charmant que vos petits rondeaux ?

VADIUS

Rien de si plein d'esprit que tous vos madrigaux ?   980

TRISSOTIN

Aux ballades surtout vous êtes admirable.

VADIUS

Et dans les bouts-rimés je vous trouve adorable.

TRISSOTIN

Si la France pouvait connaître votre prix,

VADIUS

Si le siècle rendait justice aux beaux esprits,

TRISSOTIN

En carrosse doré vous iriez par les rues.   985

VADIUS

On verrait le public vous dresser des statues.
Hom! C'est une ballade, et je veux que tout net
Vous m'en...

TRISSOTIN

Avez-vous vu certain petit sonnet
Sur la fièvre qui tient la princesse Uranie?

VADIUS

Oui, hier il me fut lu dans une compagnie.   990

TRISSOTIN

Vous en savez l'auteur?

VADIUS

Non; mais je sais fort bien
Qu'à ne le point flatter son sonnet ne vaut rien.

TRISSOTIN

Beaucoup de gens pourtant le trouvent admirable.

VADIUS

Cela n'empêche pas qu'il ne soit misérable;
Et, si vous l'avez vu, vous serez de mon goût.   995

TRISSOTIN

Je sais que là-dessus je n'en suis point du tout,
Et que d'un tel sonnet peu de gens sont capables.

VADIUS

Me préserve le Ciel d'en faire de semblables!

TRISSOTIN

Je soutiens qu'on ne peut en faire de meilleur;
Et ma grande raison, c'est que j'en suis l'auteur.   1000

VADIUS

Vous!

TRISSOTIN

Moi.

VADIUS

Je ne sais donc comment se fit l'affaire.

TRISSOTIN

C'est qu'on fut malheureux de ne pouvoir vous plaire.

VADIUS

Il faut qu'en écoutant j'aie eu l'esprit distrait,
Ou bien que le lecteur m'ait gâté le sonnet.
Mais laissons ce discours et voyons ma ballade.   1005

TRISSOTIN

La ballade, à mon goût, est une chose fade.
Ce n'en est plus la mode; elle sent son vieux temps.

VADIUS

La ballade pourtant charme beaucoup de gens.

TRISSOTIN

Cela n'empêche pas qu'elle ne me déplaise.

VADIUS

Elle n'en reste pas pour cela plus mauvaise.   1010

TRISSOTIN

Elle a pour les pédants de merveilleux appas.

VADIUS

Cependant nous voyons qu'elle ne vous plaît pas.

TRISSOTIN

Vous donnez sottement vos qualités aux autres.

VADIUS

Fort impertinemment vous me jetez les vôtres.

TRISSOTIN

Allez, petit grimaud, barbouilleur de papier.   1015

VADIUS

Allez, rimeur de balle, opprobre du métier.

TRISSOTIN

Allez, fripier d'écrits, impudent plagiaire.

VADIUS

Allez, cuistre...

PHILAMINTE

          Eh! Messieurs, que prétendez-vous faire ?

TRISSOTIN

Va, va restituer tous les honteux larcins
Que réclament sur toi les Grecs et les Latins.   1020

VADIUS

Va, va-t'en faire amende honorable au Parnasse
D'avoir fait à tes vers estropier Horace.

TRISSOTIN

Souviens-toi de ton livre et de son peu de bruit.

VADIUS

Et toi, de ton libraire à l'hôpital réduit.

TRISSOTIN

Ma gloire est établie; en vain tu la déchires.   1025

VADIUS

Oui, oui, je te renvoie à l'auteur des *Satires*.

TRISSOTIN

Je t'y renvoie aussi.

VADIUS

J'ai le contentement
Qu'on voit qu'il m'a traité plus honorablement :
Il me donne, en passant, une atteinte légère
Parmi plusieurs auteurs qu'au Palais on révère;   1030
Mais jamais, dans ses vers, il ne te laisse en paix,
Et l'on t'y voit partout être en butte à ses traits.

TRISSOTIN

C'est par là que j'y tiens un rang plus honorable.
Il te met dans la foule, ainsi qu'un misérable.
Il croit que c'est assez d'un coup pour t'accabler,   1035
Et ne t'a jamais fait l'honneur de redoubler;
Mais il m'attaque à part, comme un noble adversaire
Sur qui tout son effort lui semble nécessaire;
Et ses coups contre moi redoublés en tous lieux
Montrent qu'il ne se croit jamais victorieux.   1040

VADIUS

Ma plume t'apprendra quel homme je puis être.

TRISSOTIN

Et la mienne saura te faire voir ton maître.

VADIUS

Je te défie en vers, prose, grec et latin.

TRISSOTIN

Hé bien, nous nous verrons seul à seul chez Barbin.

SCÈNE IV

TRISSOTIN, PHILAMINTE, ARMANDE,
BÉLISE, HENRIETTE

TRISSOTIN

A mon emportement ne donnez aucun blâme :   1045
C'est votre jugement que je défends, Madame,
Dans le sonnet qu'il a l'audace d'attaquer.

PHILAMINTE

A vous remettre bien je me veux appliquer.
Mais parlons d'autre affaire. Approchez, Henriette.
Depuis assez longtemps mon âme s'inquiète   1050
De ce qu'aucun esprit en vous ne se fait voir,
Mais je trouve un moyen de vous en faire avoir.

HENRIETTE

C'est prendre un soin pour moi qui n'est pas nécessaire :
Les doctes entretiens ne sont point mon affaire;
J'aime à vivre aisément, et, dans tout ce qu'on dit,   1055
Il faut se trop peiner pour avoir de l'esprit.
C'est une ambition que je n'ai point en tête;
Je me trouve fort bien, ma mère, d'être bête,
Et j'aime mieux n'avoir que de communs propos,
Que de me tourmenter pour dire de beaux mots.   1060

PHILAMINTE

Oui, mais j'y suis blessée, et ce n'est pas mon compte
De souffrir dans mon sang une pareille honte.
La beauté du visage est un frêle ornement,
Une fleur passagère, un éclat d'un moment,
Et qui n'est attaché qu'à la simple épiderme;   1065
Mais celle de l'esprit est inhérente et ferme.
J'ai donc cherché longtemps un biais de vous donner
La beauté que les ans ne peuvent moissonner,
De faire entrer chez vous le désir des sciences,
De vous insinuer les belles connaissances;   1070
Et la pensée enfin où mes vœux ont souscrit,
C'est d'attacher à vous un homme plein d'esprit;
Et cet homme est Monsieur, que je vous détermine
A voir comme l'époux que mon choix vous destine.

HENRIETTE

Moi, ma mère ?

PHILAMINTE

Oui, vous. Faites la sotte un peu.   1075

BÉLISE

Je vous entends : vos yeux demandent mon aveu,
Pour engager ailleurs un cœur que je possède.
Allez, je le veux bien. A ce nœud je vous cède :
C'est un hymen qui fait votre établissement.

TRISSOTIN

Je ne sais que vous dire en mon ravissement,   1080
Madame, et cet hymen dont je vois qu'on m'honore
Me met...

HENRIETTE

Tout beau, Monsieur, il n'est pas fait encore :
Ne vous pressez pas tant.

PHILAMINTE

Comme vous répondez !
Savez-vous bien que si... Suffit, vous m'entendez.
Elle se rendra sage ; allons, laissons-la faire.   1085

SCÈNE V

HENRIETTE, ARMANDE

ARMANDE

On voit briller pour vous les soins de notre mère,
Et son choix ne pouvait d'un plus illustre époux...

HENRIETTE

Si le choix est si beau, que ne le prenez-vous ?

ARMANDE

C'est à vous, non à moi, que sa main est donnée.

HENRIETTE

Je vous le cède tout, comme à ma sœur aînée.   1090

ARMANDE

Si l'hymen, comme à vous, me paraissait charmant,
J'accepterais votre offre avec ravissement.

HENRIETTE

Si j'avais, comme vous, les pédants dans la tête,
Je pourrais le trouver un parti fort honnête.

ARMANDE

Cependant, bien qu'ici nos goûts soient différents,   1095
Nous devons obéir, ma sœur, à nos parents :
Une mère a sur nous une entière puissance,
Et vous croyez en vain par votre résistance...

SCÈNE VI

CHRYSALE, ARISTE, CLITANDRE,
HENRIETTE, ARMANDE

CHRYSALE

Allons, ma fille, il faut approuver mon dessein :
Otez ce gant; touchez à Monsieur dans la main,   1100
Et le considérez désormais dans votre âme
En homme dont je veux que vous soyez la femme.

ARMANDE

De ce côté, ma sœur, vos penchants sont fort grands.

HENRIETTE

Il nous faut obéir, ma sœur, à nos parents.
Un père a sur nos vœux une entière puissance.   1105

ARMANDE

Une mère a sa part à notre obéissance.

CHRYSALE

Qu'est-ce à dire ?

ARMANDE

                    Je dis que j'appréhende fort
Qu'ici ma mère et vous ne soyez pas d'accord;
Et c'est un autre époux...

CHRYSALE

                    Taisez-vous, péronnelle !
Allez philosopher tout le soûl avec elle,   1110
Et de mes actions ne vous mêlez en rien.
Dites-lui ma pensée, et l'avertissez bien
Qu'elle ne vienne pas m'échauffer les oreilles :
Allons vite.

ARISTE

Fort bien : vous faites des merveilles.

CLITANDRE

Quel transport! quelle joie! ah! que mon sort est doux! 1115

CHRYSALE

Allons, prenez sa main, et passez devant nous,
Menez-la dans sa chambre. Ah! les douces caresses!
Tenez, mon cœur s'émeut à toutes ces tendresses,
Cela ragaillardit tout à fait mes vieux jours,
Et je me ressouviens de mes jeunes amours.   1120

ACTE IV

SCÈNE I

ARMANDE, PHILAMINTE

ARMANDE

Oui, rien n'a retenu son esprit en balance :
Elle a fait vanité de son obéissance.
Son cœur, pour se livrer, à peine devant moi
S'est-il donné le temps d'en recevoir la loi,
Et semblait suivre moins les volontés d'un père   1125
Qu'affecter de braver les ordres d'une mère.

PHILAMINTE

Je lui montrerai bien aux lois de qui des deux
Les droits de la raison soumettent tous ses vœux,
Et qui doit gouverner, ou sa mère ou son père,
Ou l'esprit ou le corps, la forme ou la matière.   1130

ARMANDE

On vous en devait bien au moins un compliment;
Et ce petit Monsieur en use étrangement,
De vouloir malgré vous devenir votre gendre.

PHILAMINTE

Il n'en est pas encore où son cœur peut prétendre.

Je le trouvais bien fait, et j'aimais vos amours;   1135
Mais dans ses procédés il m'a déplu toujours.
Il sait que, Dieu merci, je me mêle d'écrire,
Et jamais il ne m'a prié de lui rien lire.

SCÈNE II

CLITANDRE, ARMANDE, PHILAMINTE

ARMANDE

Je ne souffrirais point, si j'étais que de vous,
Que jamais d'Henriette il pût être l'époux.   1140
On me ferait grand tort d'avoir quelque pensée
Que là-dessus je parle en fille intéressée,
Et que le lâche tour que l'on voit qu'il me fait
Jette au fond de mon cœur quelque dépit secret :
Contre de pareils coups l'âme se fortifie   1145
Du solide secours de la philosophie,
Et par elle on se peut mettre au-dessus de tout.
Mais vous traiter ainsi, c'est vous pousser à bout :
Il est de votre honneur d'être à ses vœux contraire,
Et c'est un homme enfin qui ne doit point vous plaire.
Jamais je n'ai connu, discourant entre nous,   [1150
Qu'il eût au fond du cœur de l'estime pour vous.

PHILAMINTE

Petit sot !

ARMANDE

Quelque bruit que votre gloire fasse,
Toujours à vous louer il a paru de glace.

PHILAMINTE

Le brutal !

ARMANDE

Et vingt fois, comme ouvrages nouveaux,   1155
J'ai lu des vers de vous qu'il n'a point trouvé beaux.

PHILAMINTE

L'impertinent !

ARMANDE

Souvent nous en étions aux prises;
Et vous ne croiriez point de combien de sottises...

CLITANDRE

Eh ! doucement, de grâce : un peu de charité,
Madame, ou tout au moins un peu d'honnêteté.   1160

Quel mal vous ai-je fait ? et quelle est mon offense,
Pour armer contre moi toute votre éloquence ?
Pour vouloir me détruire, et prendre tant de soin
De me rendre odieux aux gens dont j'ai besoin ?
Parlez, dites, d'où vient ce courroux effroyable ?   1165
Je veux bien que Madame en soit juge équitable.

ARMANDE

Si j'avais le courroux dont on veut m'accuser,
Je trouverais assez de quoi l'autoriser :
Vous en seriez trop digne, et les premières flammes
S'établissent des droits si sacrés sur les âmes   1170
Qu'il faut perdre fortune, et renoncer au jour,
Plutôt que de brûler des feux d'un autre amour;
Au changement de vœux nulle horreur ne s'égale,
Et tout cœur infidèle est un monstre en morale.

CLITANDRE

Appelez-vous, Madame, une infidélité   1175
Ce que m'a de votre âme ordonné la fierté ?
Je ne fais qu'obéir aux lois qu'elle m'impose;
Et si je vous offense, elle seule en est cause.
Vos charmes ont d'abord possédé tout mon cœur;
Il a brûlé deux ans d'une constante ardeur;   1180
Il n'est soins empressés, devoirs, respects, services,
Dont il ne vous ait fait d'amoureux sacrifices.
Tous mes feux, tous mes soins ne peuvent rien sur vous;
Je vous trouve contraire à mes vœux les plus doux.
Ce que vous refusez, je l'offre au choix d'une autre.   1185
Voyez : est-ce, Madame, ou ma faute, ou la vôtre ?
Mon cœur court-il au change, ou si vous l'y poussez ?
Est-ce moi qui vous quitte, ou vous qui me chassez ?

ARMANDE

Appelez-vous, Monsieur, être à vos vœux contraire,
Que de leur arracher ce qu'ils ont de vulgaire,   1190
Et vouloir les réduire à cette pureté
Où du parfait amour consiste la beauté ?
Vous ne sauriez pour moi tenir votre pensée
Du commerce des sens nette et débarrassée ?
Et vous ne goûtez point, dans ses plus doux appas,   1195
Cette union des cœurs où les corps n'entrent pas ?
Vous ne pouvez aimer que d'une amour grossière ?
Qu'avec tout l'attirail des nœuds de la matière ?

Et pour nourrir les feux que chez vous on produit,
Il faut un mariage, et tout ce qui s'ensuit ?   1200
Ah! quel étrange amour! et que les belles âmes
Sont bien loin de brûler de ces terrestres flammes!
Les sens n'ont point de part à toutes leurs ardeurs,
Et ce beau feu ne veut marier que les cœurs;
Comme une chose indigne, il laisse là le reste.   1205
C'est un feu pur et net comme le feu céleste;
On ne pousse, avec lui, que d'honnêtes soupirs,
Et l'on ne penche point vers les sales désirs;
Rien d'impur ne se mêle au but qu'on se propose;
On aime pour aimer, et non pour autre chose;   1210
Ce n'est qu'à l'esprit seul que vont tous les transports,
Et l'on ne s'aperçoit jamais qu'on ait un corps.

CLITANDRE

Pour moi, par un malheur, je m'aperçois, Madame,
Que j'ai, ne vous déplaise, un corps tout comme une âme :
Je sens qu'il y tient trop pour le laisser à part;   1215
De ces détachements je ne connais point l'art :
Le Ciel m'a dénié cette philosophie,
Et mon âme et mon corps marchent de compagnie.
Il n'est rien de plus beau, comme vous avez dit,
Que ces vœux épurés qui ne vont qu'à l'esprit,   1220
Ces unions de cœurs, et ces tendres pensées
Du commerce des sens si bien débarrassées.
Mais ces amours pour moi sont trop subtilisés;
Je suis un peu grossier, comme vous m'accusez;   [1225
J'aime avec tout moi-même, et l'amour qu'on me donne
En veut, je le confesse, à toute la personne.
Ce n'est pas là matière à de grands châtiments;
Et, sans faire de tort à vos beaux sentiments,
Je vois que dans le monde on suit fort ma méthode,
Et que le mariage est assez à la mode,   1230
Passe pour un lien assez honnête et doux
Pour avoir désiré de me voir votre époux,
Sans que la liberté d'une telle pensée
Ait dû vous donner lieu d'en paraître offensée.

ARMANDE

Hé bien, Monsieur! hé bien! puisque, sans m'écouter,
Vos sentiments brutaux veulent se contenter;   [1235
Puisque, pour vous réduire à des ardeurs fidèles,
Il faut des nœuds de chair, des chaînes corporelles,

Si ma mère le veut, je résous mon esprit
A consentir pour vous à ce dont il s'agit.   1240

CLITANDRE

Il n'est plus temps, Madame : une autre a pris la place;
Et par un tel retour j'aurais mauvaise grâce
De maltraiter l'asile et blesser les bontés
Où je me suis sauvé de toutes vos fiertés.

PHILAMINTE

Mais enfin comptez-vous, Monsieur, sur mon suffrage,
Quand vous vous promettez cet autre mariage ?   [1245
Et, dans vos visions, savez-vous, s'il vous plaît,
Que j'ai pour Henriette un autre époux tout prêt ?

CLITANDRE

Eh, Madame ! voyez votre choix, je vous prie :
Exposez-moi, de grâce, à moins d'ignominie,   1250
Et ne me rangez pas à l'indigne destin
De me voir le rival de Monsieur Trissotin.
L'amour des beaux esprits, qui chez vous m'est contraire,
Ne pouvait m'opposer un moins noble adversaire.
Il en est, et plusieurs, que pour le bel esprit   1255
Le mauvais goût du siècle a su mettre en crédit;
Mais Monsieur Trissotin n'a pu duper personne,
Et chacun rend justice aux écrits qu'il nous donne :
Hors céans, on le prise en tous lieux ce qu'il vaut;
Et ce qui m'a vingt fois fait tomber de mon haut,   1260
C'est de vous voir au ciel élever des sornettes
Que vous désavoueriez, si vous les aviez faites.

PHILAMINTE

Si vous jugez de lui tout autrement que nous,
C'est que nous le voyons par d'autres yeux que vous.

SCÈNE III

TRISSOTIN, ARMANDE, PHILAMINTE, CLITANDRE

TRISSOTIN

Je viens vous annoncer une grande nouvelle.   1265
Nous l'avons en dormant, Madame, échappé belle :
Un monde près de nous a passé tout du long,
Est chu tout au travers de notre tourbillon;

Et s'il eût en chemin rencontré notre terre,
Elle eût été brisée en morceaux comme verre.   1270

PHILAMINTE

Remettons ce discours pour une autre saison :
Monsieur n'y trouverait ni rime, ni raison ;
Il fait profession de chérir l'ignorance,
Et de haïr surtout l'esprit et la science.

CLITANDRE

Cette vérité veut quelque adoucissement.   1275
Je m'explique, Madame, et je hais seulement
La science et l'esprit qui gâtent les personnes.
Ce sont choses de soi qui sont belles et bonnes ;
Mais j'aimerais mieux être au rang des ignorants
Que de me voir savant comme certaines gens.   1280

TRISSOTIN

Pour moi, je ne tiens pas, quelque effet qu'on suppose,
Que la science soit pour gâter quelque chose.

CLITANDRE

Et c'est mon sentiment qu'en faits, comme en propos,
La science est sujette à faire de grands sots.

TRISSOTIN

Le paradoxe est fort.
                        CLITANDRE
                        Sans être fort habile,   1285
La preuve m'en serait, je pense, assez facile :
Si les raisons manquaient, je suis sûr qu'en tout cas
Les exemples fameux ne me manqueraient pas.

TRISSOTIN

Vous en pourriez citer qui ne concluraient guère.

CLITANDRE

Je n'irais pas bien loin pour trouver mon affaire.   1290

TRISSOTIN

Pour moi, je ne vois pas ces exemples fameux.

CLITANDRE

Moi, je les vois si bien qu'ils me crèvent les yeux.

TRISSOTIN

J'ai cru jusques ici que c'était l'ignorance
Qui faisait les grands sots, et non pas la science.

CLITANDRE

Vous avez cru fort mal, et je vous suis garant   1295
Qu'un sot savant est sot plus qu'un sot ignorant.

TRISSOTIN

Le sentiment commun est contre vos maximes,
Puisque ignorant et sot sont termes synonymes.

CLITANDRE

Si vous le voulez prendre aux usages du mot,
L'alliance est plus grande entre pédant et sot.   1300

TRISSOTIN

La sottise dans l'un se fait voir toute pure.

CLITANDRE

Et l'étude dans l'autre ajoute à la nature.

TRISSOTIN

Le savoir garde en soi son mérite éminent.

CLITANDRE

Le savoir dans un fat devient impertinent.

TRISSOTIN

Il faut que l'ignorance ait pour vous de grands charmes,
Puisque pour elle ainsi vous prenez tant les armes. [1305

CLITANDRE

Si pour moi l'ignorance a des charmes bien grands,
C'est depuis qu'à mes yeux s'offrent certains savants.

TRISSOTIN

Ces certains savants-là peuvent, à les connaître,
Valoir certaines gens que nous voyons paraître.   1310

CLITANDRE

Oui, si l'on s'en rapporte à ces certains savants;
Mais on n'en convient pas chez ces certaines gens.

PHILAMINTE

Il me semble, Monsieur...

CLITANDRE

Eh, Madame! de grâce :
Monsieur est assez fort, sans qu'à son aide on passe;
Je n'ai déjà que trop d'un si rude assaillant,   1315
Et si je me défends, ce n'est qu'en reculant.

ARMANDE

Mais l'offensante aigreur de chaque repartie
Dont vous...

CLITANDRE

Autre second : je quitte la partie.

PHILAMINTE

On souffre aux entretiens ces sortes de combats,
Pourvu qu'à la personne on ne s'attaque pas.   1320

CLITANDRE

Eh, mon Dieu! tout cela n'a rien dont il s'offense :
Il entend raillerie autant qu'homme de France;
Et de bien d'autres traits il s'est senti piquer,
Sans que jamais sa gloire ait fait que s'en moquer.

TRISSOTIN

Je ne m'étonne pas, au combat que j'essuie,   1325
De voir prendre à Monsieur la thèse qu'il appuie.
Il est fort enfoncé dans la cour, c'est tout dit :
La cour, comme l'on sait, ne tient pas pour l'esprit;
Elle a quelque intérêt d'appuyer l'ignorance,
Et c'est en courtisan qu'il en prend la défense.   1330

CLITANDRE

Vous en voulez beaucoup à cette pauvre cour,
Et son malheur est grand de voir que chaque jour
Vous autres beaux esprits vous déclamiez contre elle,
Que de tous vos chagrins vous lui fassiez querelle,
Et, sur son méchant goût lui faisant son procès,   1335
N'accusiez que lui seul de vos méchants succès.
Permettez-moi, Monsieur Trissotin, de vous dire,
Avec tout le respect que votre nom m'inspire,
Que vous feriez fort bien, vos confrères et vous,
De parler de la cour d'un ton un peu plus doux;   1340
Qu'à le bien prendre, au fond, elle n'est pas si bête
Que vous autres Messieurs vous vous mettez en tête;

Qu'elle a du sens commun pour se connaître à tout ;
Que chez elle on se peut former quelque bon goût ;
Et que l'esprit du monde y vaut, sans flatterie,   1345
Tout le savoir obscur de la pédanterie.

TRISSOTIN

De son bon goût, Monsieur, nous voyons des effets.

CLITANDRE

Où voyez-vous, Monsieur, qu'elle l'ait si mauvais ?

TRISSOTIN

Ce que je vois, Monsieur, c'est que pour la science
Rasius et Baldus font honneur à la France,   1350
Et que tout leur mérite, exposé fort au jour,
N'attire point les yeux et les dons de la cour.

CLITANDRE

Je vois votre chagrin, et que par modestie
Vous ne vous mettez point, Monsieur, de la partie ;
Et pour ne vous point mettre aussi dans le propos,   1355
Que font-ils pour l'Etat, vos habiles héros ?
Qu'est-ce que leurs écrits lui rendent de service,
Pour accuser la cour d'une horrible injustice,
Et se plaindre en tous lieux que sur leurs doctes noms
Elle manque à verser la faveur de ses dons ?   1360
Leur savoir à la France est beaucoup nécessaire,
Et des livres qu'ils font la cour a bien affaire.
Il semble à trois gredins, dans leur petit cerveau,
Que, pour être imprimés, et reliés en veau,
Les voilà dans l'État d'importantes personnes ;   1365
Qu'avec leur plume ils font les destins des couronnes ;
Qu'au moindre petit bruit de leurs productions
Ils doivent voir chez eux voler les pensions ;
Que sur eux l'univers a la vue attachée ;
Que partout de leur nom la gloire est épanchée,   1370
Et qu'en science ils sont des prodiges fameux,
Pour savoir ce qu'ont dit les autres avant eux,
Pour avoir eu trente ans des yeux et des oreilles,
Pour avoir employé neuf ou dix mille veilles
A se bien barbouiller de grec et de latin,   1375
Et se charger l'esprit d'un ténébreux butin
De tous les vieux fatras qui traînent dans les livres :
Gens qui de leur savoir paraissent toujours ivres,
Riches, pour tout mérite, en babil importun,
Inhabiles à tout, vides de sens commun,   1380

Et pleins d'un ridicule et d'une impertinence
A décrier partout l'esprit et la science.

PHILAMINTE

Votre chaleur est grande, et cet emportement
De la nature en vous marque le mouvement :
C'est le nom de rival qui dans votre âme excite...   1385

SCÈNE IV

JULIEN, TRISSOTIN, PHILAMINTE, CLITANDRE, ARMANDE

JULIEN

Le savant qui tantôt vous a rendu visite,
Et de qui j'ai l'honneur de me voir le valet,
Madame, vous exhorte à lire ce billet.

PHILAMINTE

Quelque important que soit ce qu'on veut que je lise,
Apprenez, mon ami, que c'est une sottise   1390
De se venir jeter au travers d'un discours,
Et qu'aux gens d'un logis il faut avoir recours,
Afin de s'introduire en valet qui sait vivre.

JULIEN

Je noterai cela, Madame, dans mon livre.

PHILAMINTE *lit* :

Trissotin s'est vanté, Madame, qu'il épouserait votre fille. Je vous donne avis que sa philosophie n'en veut qu'à vos richesses, et que vous ferez bien de ne point conclure ce mariage que vous n'ayez vu le poème que je compose contre lui. En attendant cette peinture, où je prétends vous le dépeindre de toutes ses couleurs, je vous envoie Horace, Virgile, Térence, et Catulle, où vous verrez notés en marge tous les endroits qu'il a pillés.

Voilà sur cet hymen que je me suis promis   1395
Un mérite attaqué de beaucoup d'ennemis;
Et ce déchaînement aujourd'hui me convie
A faire une action qui confonde l'envie,
Qui lui fasse sentir que l'effort qu'elle fait
De ce qu'elle veut rompre aura pressé l'effet.   1400

Reportez tout cela sur l'heure à votre maître,
Et lui dites qu'afin de lui faire connaître
Quel grand état je fais de ses nobles avis
Et comme je les crois dignes d'être suivis,
Dès ce soir à Monsieur je marierai ma fille.   1405
Vous, Monsieur, comme ami de toute la famille,
A signer leur contrat vous pourrez assister,
Et je vous y veux bien, de ma part, inviter.
Armande, prenez soin d'envoyer au Notaire,
Et d'aller avertir votre sœur de l'affaire.   1410

ARMANDE

Pour avertir ma sœur, il n'en est pas besoin,
Et Monsieur que voilà saura prendre le soin
De courir lui porter bientôt cette nouvelle,
Et disposer son cœur à vous être rebelle.

PHILAMINTE

Nous verrons qui sur elle aura plus de pouvoir,   1415
Et si je la saurai réduire à son devoir.

Elle s'en va.

ARMANDE

J'ai grand regret, Monsieur, de voir qu'à vos visées
Les choses ne soient pas tout à fait disposées.

CLITANDRE

Je m'en vais travailler, Madame, avec ardeur,
A ne vous point laisser ce grand regret au cœur.   1420

ARMANDE

J'ai peur que votre effort n'ait pas trop bonne issue.

CLITANDRE

Peut-être verrez-vous votre crainte déçue.

ARMANDE

Je le souhaite ainsi.

CLITANDRE

                    J'en suis persuadé,
Et que de votre appui je serai secondé.

ARMANDE

Oui, je vais vous servir de toute ma puissance.   1425

CLITANDRE

Et ce service est sûr de ma reconnaissance.

SCÈNE V

CHRYSALE, ARISTE, HENRIETTE, CLITANDRE

CLITANDRE

Sans votre appui, Monsieur, je serai malheureux :
Madame votre femme a rejeté mes vœux,
Et son cœur prévenu veut Trissotin pour gendre.

CHRYSALE

Mais quelle fantaisie a-t-elle donc pu prendre ?   1430
Pourquoi diantre vouloir ce Monsieur Trissotin ?

ARISTE

C'est par l'honneur qu'il a de rimer à latin
Qu'il a sur son rival emporté l'avantage.

CLITANDRE

Elle veut dès ce soir faire ce mariage.

CHRYSALE

Dès ce soir ?

CLITANDRE

Dès ce soir.

CHRYSALE

Et dès ce soir je veux,   1435
Pour la contrecarrer, vous marier vous deux.

CLITANDRE

Pour dresser le contrat, elle envoie au Notaire.

CHRYSALE

Et je vais le quérir pour celui qu'il doit faire.

CLITANDRE

Et Madame doit être instruite par sa sœur
De l'hymen où l'on veut qu'elle apprête son cœur.   1440

CHRYSALE

Et moi, je lui commande avec pleine puissance
De préparer sa main à cette autre alliance.
Ah ! je leur ferai voir si, pour donner la loi,

Il est dans ma maison d'autre maître que moi.
Nous allons revenir, songez à nous attendre.   1445
Allons, suivez mes pas, mon frère, et vous, mon gendre.

HENRIETTE

Hélas! dans cette humeur conservez-le toujours.

ARISTE

J'emploierai toute chose à servir vos amours.

CLITANDRE

Quelque secours puissant qu'on promette à ma flamme,
Mon plus solide espoir, c'est votre cœur, Madame.   1450

HENRIETTE

Pour mon cœur, vous pouvez vous assurer de lui.

CLITANDRE

Je ne puis qu'être heureux, quand j'aurai son appui.

HENRIETTE

Vous voyez à quels nœuds on prétend le contraindre.

CLITANDRE

Tant qu'il sera pour moi, je ne vois rien à craindre.

HENRIETTE

Je vais tout essayer pour nos vœux les plus doux :   1455
Et si tous mes efforts ne me donnent à vous,
Il est une retraite où notre âme se donne
Qui m'empêchera d'être à toute autre personne.

CLITANDRE

Veuille le juste Ciel me garder en ce jour
De recevoir de vous cette preuve d'amour!   1460

ACTE V

SCÈNE I

HENRIETTE, TRISSOTIN

HENRIETTE

C'est sur le mariage où ma mère s'apprête
Que j'ai voulu, Monsieur, vous parler tête à tête;
Et j'ai cru, dans le trouble où je vois la maison,
Que je pourrais vous faire écouter la raison.
Je sais qu'avec mes vœux vous me jugez capable   1465
De vous porter en dot un bien considérable;
Mais l'argent, dont on voit tant de gens faire cas,
Pour un vrai philosophe a d'indignes appas;
Et le mépris du bien et des grandeurs frivoles
Ne doit point éclater dans vos seules paroles.   1470

TRISSOTIN

Aussi n'est-ce point là ce qui me charme en vous;
Et vos brillants attraits, vos yeux perçants et doux,
Votre grâce, et votre air, sont les biens, les richesses,
Qui vous ont attiré mes vœux et mes tendresses :
C'est de ces seuls trésors que je suis amoureux.   1475

HENRIETTE

Je suis fort redevable à vos feux généreux :
Cet obligeant amour a de quoi me confondre,
Et j'ai regret, Monsieur, de n'y pouvoir répondre.
Je vous estime autant qu'on saurait estimer;
Mais je trouve un obstacle à vous pouvoir aimer :   1480
Un cœur, vous le savez, à deux ne saurait être,
Et je sens que du mien Clitandre s'est fait maître.
Je sais qu'il a bien moins de mérite que vous,
Que j'ai de méchants yeux pour le choix d'un époux,
Que par cent beaux talents vous devriez me plaire;   1485
Je vois bien que j'ai tort, mais je n'y puis que faire;
Et tout ce que sur moi peut le raisonnement,
C'est de me vouloir mal d'un tel aveuglement.

TRISSOTIN

Le don de votre main où l'on me fait prétendre
Me livrera ce cœur que possède Clitandre ;   1490
Et par mille doux soins j'ai lieu de présumer
Que je pourrai trouver l'art de me faire aimer.

HENRIETTE

Non : à ses premiers vœux mon âme est attachée,
Et ne peut de vos soins, Monsieur, être touchée.
Avec vous librement j'ose ici m'expliquer,   1495
Et mon aveu n'a rien qui vous doive choquer.
Cette amoureuse ardeur qui dans les cœurs s'excite
N'est point, comme l'on sait, un effet du mérite :
Le caprice y prend part, et quand quelqu'un nous plaît,
Souvent nous avons peine à dire pourquoi c'est.   1500
Si l'on aimait, Monsieur, par choix et par sagesse,
Vous auriez tout mon cœur et toute ma tendresse ;
Mais on voit que l'amour se gouverne autrement.
Laissez-moi, je vous prie, à mon aveuglement,
Et ne vous servez point de cette violence   1505
Que pour vous on veut faire à mon obéissance.
Quand on est honnête homme, on ne veut rien devoir
A ce que des parents ont sur nous de pouvoir ;
On répugne à se faire immoler ce qu'on aime,
Et l'on veut n'obtenir un cœur que de lui-même.   1510
Ne poussez point ma mère à vouloir par son choix
Exercer sur mes vœux la rigueur de ses droits ;
Otez-moi votre amour, et portez à quelque autre
Les hommages d'un cœur aussi cher que le vôtre.

TRISSOTIN

Le moyen que ce cœur puisse vous contenter ?   1515
Imposez-lui des lois qu'il puisse exécuter.
De ne vous point aimer peut-il être capable,
A moins que vous cessiez, Madame, d'être aimable,
Et d'étaler aux yeux les célestes appas...

HENRIETTE

Eh, Monsieur ! laissons là ce galimatias.   1520
Vous avez tant d'Iris, de Philis, d'Amarantes,
Que partout dans vos vers vous peignez si charmantes,
Et pour qui vous jurez tant d'amoureuse ardeur...

TRISSOTIN

C'est mon esprit qui parle, et ce n'est pas mon cœur.

D'elles on ne me voit amoureux qu'en poète;   1525
Mais j'aime tout de bon l'adorable Henriette.

HENRIETTE

Eh! de grâce, Monsieur...

TRISSOTIN

                        Si c'est vous offenser,
Mon offense envers vous n'est pas prête à cesser.
Cette ardeur, jusqu'ici de vos yeux ignorée,
Vous consacre des vœux d'éternelle durée;   1530
Rien n'en peut arrêter les aimables transports;
Et, bien que vos beautés condamnent mes efforts,
Je ne puis refuser le secours d'une mère
Qui prétend couronner une flamme si chère;
Et pourvu que j'obtienne un bonheur si charmant, 1535
Pourvu que je vous aie, il n'importe comment.

HENRIETTE

Mais savez-vous qu'on risque un peu plus qu'on ne pense
A vouloir sur un cœur user de violence?
Qu'il ne fait pas bien sûr, à vous le trancher net,
D'épouser une fille en dépit qu'elle en ait,   1540
Et qu'elle peut aller, en se voyant contraindre,
A des ressentiments que le mari doit craindre?

TRISSOTIN

Un tel discours n'a rien dont je sois altéré;
A tous événements le sage est préparé;
Guéri par la raison des faiblesses vulgaires,   1545
Il se met au-dessus de ces sortes d'affaires,
Et n'a garde de prendre aucune ombre d'ennui
De tout ce qui n'est pas pour dépendre de lui.

HENRIETTE

En vérité, Monsieur, je suis de vous ravie;
Et je ne pensais pas que la philosophie   1550
Fût si belle qu'elle est, d'instruire ainsi les gens
A porter constamment de pareils accidents.
Cette fermeté d'âme, à vous si singulière,
Mérite qu'on lui donne une illustre matière,
Est digne de trouver qui prenne avec amour   1555
Les soins continuels de la mettre en son jour;
Et comme, à dire vrai, je n'oserais me croire
Bien propre à lui donner tout l'éclat de sa gloire,

Je le laisse à quelque autre, et vous jure entre nous
Que je renonce au bien de vous voir mon époux.   1560

TRISSOTIN

Nous allons voir bientôt comment ira l'affaire,
Et l'on a là-dedans fait venir le Notaire.

SCÈNE II

CHRYSALE, CLITANDRE, MARTINE, HENRIETTE

CHRYSALE

Ah, ma fille! je suis bien aise de vous voir.
Allons, venez-vous-en faire votre devoir,
Et soumettre vos vœux aux volontés d'un père.   1565
Je veux, je veux apprendre à vivre à votre mère,
Et, pour la mieux braver, voilà, malgré ses dents,
Martine que j'amène, et rétablis céans.

HENRIETTE

Vos résolutions sont dignes de louange.
Gardez que cette humeur, mon père, ne vous change,   1570
Soyez ferme à vouloir ce que vous souhaitez,
Et ne vous laissez point séduire à vos bontés;
Ne vous relâchez pas, et faites bien en sorte
D'empêcher que sur vous ma mère ne l'emporte.

CHRYSALE

Comment ? Me prenez-vous ici pour un benêt ?   1575

HENRIETTE

M'en préserve le Ciel!

CHRYSALE

Suis-je un fat, s'il vous plaît ?

HENRIETTE

Je ne dis pas cela.

CHRYSALE

Me croit-on incapable
Des fermes sentiments d'un homme raisonnable ?

HENRIETTE

Non, mon père.

CHRYSALE

Est-ce donc qu'à l'âge où je me vois,
Je n'aurais pas l'esprit d'être maître chez moi ?   1580

HENRIETTE

Si fait.

CHRYSALE

Et que j'aurais cette faiblesse d'âme,
De me laisser mener par le nez à ma femme ?

HENRIETTE

Eh ! non, mon père.

CHRYSALE

Ouais ! qu'est-ce donc que ceci ?
Je vous trouve plaisante à me parler ainsi.

HENRIETTE

Si je vous ai choqué, ce n'est pas mon envie.   1585

CHRYSALE

Ma volonté céans doit être en tout suivie.

HENRIETTE

Fort bien, mon père.

CHRYSALE

Aucun, hors moi, dans la maison,
N'a droit de commander.

HENRIETTE

Oui, vous avez raison.

CHRYSALE

C'est moi qui tiens le rang de chef de la famille.

HENRIETTE

D'accord.

CHRYSALE

C'est moi qui dois disposer de ma fille.   1590

HENRIETTE

Eh ! oui.

CHRYSALE

Le Ciel me donne un plein pouvoir sur vous.

HENRIETTE

Qui vous dit le contraire?

CHRYSALE

        Et pour prendre un époux,
Je vous ferai bien voir que c'est à votre père
Qu'il vous faut obéir, non pas à votre mère.

HENRIETTE

Hélas! vous flattez là les plus doux de mes vœux.   1595
Veuillez être obéi, c'est tout ce que je veux.

CHRYSALE

Nous verrons si ma femme, à mes désirs rebelle...

CLITANDRE

La voici qui conduit le Notaire avec elle.

CHRYSALE

Secondez-moi bien tous.

MARTINE

        Laissez-moi, j'aurai soin
De vous encourager, s'il en est de besoin.   1600

SCÈNE III

PHILAMINTE, BÉLISE, ARMANDE, TRISSOTIN, LE NOTAIRE,
CHRYSALE, CLITANDRE, HENRIETTE, MARTINE

PHILAMINTE

Vous ne sauriez changer votre style sauvage,
Et nous faire un contrat qui soit en beau langage ?

LE NOTAIRE

Notre style est très bon, et je serais un sot,
Madame, de vouloir y changer un seul mot.

BÉLISE

Ah! quelle barbarie au milieu de la France!   1605
Mais au moins, en faveur, Monsieur, de la science,
Veuillez, au lieu d'écus, de livres et de francs,
Nous exprimer la dot en mines et talents,
Et dater par les mots d'ides et de calendes.

LE NOTAIRE

Moi ? Si j'allais, Madame, accorder vos demandes,   1610
Je me ferais siffler de tous mes compagnons.

PHILAMINTE

De cette barbarie en vain nous nous plaignons.
Allons, Monsieur, prenez la table pour écrire.
Ah! ah! cette impudente ose encor se produire ?
Pourquoi donc, s'il vous plaît, la ramener chez moi ? 1615

CHRYSALE

Tantôt, avec loisir, on vous dira pourquoi.
Nous avons maintenant autre chose à conclure.

LE NOTAIRE

Procédons au contrat. Où donc est la future ?

PHILAMINTE

Celle que je marie est la cadette.

LE NOTAIRE

                            Bon.

CHRYSALE

Oui. La voilà, Monsieur; Henriette est son nom.   1620

LE NOTAIRE

Fort bien. Et le futur ?

PHILAMINTE

                    L'époux que je lui donne
Est Monsieur.

CHRYSALE

                    Et celui, moi, qu'en propre personne
Je prétends qu'elle épouse, est Monsieur.

LE NOTAIRE

                                    Deux époux!
C'est trop pour la coutume.

PHILAMINTE

                        Où vous arrêtez-vous ?
Mettez, mettez, Monsieur, Trissotin pour mon gendre.

[1625

CHRYSALE

Pour mon gendre, mettez, mettez, Monsieur, Clitandre.

LE NOTAIRE

Mettez-vous donc d'accord, et d'un jugement mûr
Voyez à convenir entre vous du futur.

PHILAMINTE

Suivez, suivez, Monsieur, le choix où je m'arrête.

CHRYSALE

Faites, faites, Monsieur, les choses à ma tête.   1630

LE NOTAIRE

Dites-moi donc à qui j'obéirai des deux ?

PHILAMINTE

Quoi donc! Vous combattez les choses que je veux ?

CHRYSALE

Je ne saurais souffrir qu'on ne cherche ma fille
Que pour l'amour du bien qu'on voit dans ma famille.

PHILAMINTE

Vraiment, à votre bien on songe bien ici,   1635
Et c'est là pour un sage un fort digne souci!

CHRYSALE

Enfin, pour son époux j'ai fait choix de Clitandre.

PHILAMINTE

Et moi, pour son époux, voici qui je veux prendre :
Mon choix sera suivi, c'est un point résolu.

CHRYSALE

Ouais! vous le prenez là d'un ton bien absolu.   1640

MARTINE

Ce n'est point à la femme à prescrire, et je sommes
Pour céder le dessus en toute chose aux hommes.

CHRYSALE

C'est bien dit.

MARTINE

              Mon congé cent fois me fût-il hoc,
La poule ne doit point chanter devant le coq.

CHRYSALE

Sans doute.

MARTINE

  Et nous voyons que d'un homme on se gausse,
Quand sa femme chez lui porte le haut-de-chausses. [1645

CHRYSALE

Il est vrai.

MARTINE

  Si j'avais un mari, je le dis,
Je voudrais qu'il se fît le maître du logis;
Je ne l'aimerais point, s'il faisait le jocrisse;
Et si je contestais contre lui par caprice,   1650
Si je parlais trop haut, je trouverais fort bon
Qu'avec quelques soufflets il rabaissât mon ton.

CHRYSALE

C'est parler comme il faut.

MARTINE

     Monsieur est raisonnable
De vouloir pour sa fille un mari convenable.

CHRYSALE

Oui.

MARTINE

  Par quelle raison, jeune et bien fait qu'il est, 1655
Lui refuser Clitandre ? Et pourquoi, s'il vous plaît,
Lui bailler un savant, qui sans cesse épilogue ?
Il lui faut un mari, non pas un pédagogue;
Et ne voulant savoir le grais, ni le latin,
Elle n'a pas besoin de Monsieur Trissotin.   1660

CHRYSALE

Fort bien.

PHILAMINTE

  Il faut souffrir qu'elle jase à son aise.

MARTINE

Les savants ne sont bons que pour prêcher en chaise;
Et pour mon mari, moi, mille fois je l'ai dit,
Je ne voudrais jamais prendre un homme d'esprit.
L'esprit n'est point du tout ce qu'il faut en ménage; 1665
Les livres cadrent mal avec le mariage;
Et je veux, si jamais on engage ma foi,
Un mari qui n'ait point d'autre livre que moi,

Qui ne sache A ne B, n'en déplaise à Madame,
Et ne soit en un mot docteur que pour sa femme.   1670

PHILAMINTE

Est-ce fait ? et sans trouble ai-je assez écouté
Votre digne interprète ?

CHRYSALE

Elle a dit vérité.

PHILAMINTE

Et moi, pour trancher court toute cette dispute,
Il faut qu'absolument mon désir s'exécute.
Henriette et Monsieur seront joints de ce pas :   1675
Je l'ai dit, je le veux : ne me répliquez pas ;
Et si votre parole à Clitandre est donnée,
Offrez-lui le parti d'épouser son aînée.

CHRYSALE

Voilà dans cette affaire un accommodement.
Voyez, y donnez-vous votre consentement ?   1680

HENRIETTE

Eh, mon père !

CLITANDRE

Eh, Monsieur !

BÉLISE

On pourrait bien lui faire
Des propositions qui pourraient mieux lui plaire :
Mais nous établissons une espèce d'amour
Qui doit être épuré comme l'astre du jour :
La substance qui pense y peut être reçue,   1685
Mais nous en bannissons la substance étendue.

SCÈNE DERNIÈRE

ARISTE, CHRYSALE, PHILAMINTE, BÉLISE, HENRIETTE,
ARMANDE, TRISSOTIN, Le NOTAIRE, CLITANDRE, MARTINE

ARISTE

J'ai regret de troubler un mystère joyeux
Par le chagrin qu'il faut que j'apporte en ces lieux.

Ces deux lettres me font porteur de deux nouvelles,
Dont j'ai senti pour vous les atteintes cruelles :   1690
L'une, pour vous, me vient de votre procureur;
L'autre, pour vous, me vient de Lyon.

PHILAMINTE

                                Quel malheur,
Digne de nous troubler, pourrait-on nous écrire ?

ARISTE

Cette lettre en contient un que vous pouvez lire.

PHILAMINTE

*Madame, j'ai prié Monsieur votre frère de vous rendre cette
lettre, qui vous dira ce que je n'ai osé vous aller dire. La grande
négligence que vous avez pour vos affaires a été cause que le
clerc de votre rapporteur ne m'a point averti, et vous avez
perdu absolument votre procès que vous deviez gagner.*

CHRYSALE

Votre procès perdu !

PHILAMINTE

                        Vous vous troublez beaucoup !   1695
Mon cœur n'est point du tout ébranlé de ce coup.
Faites, faites paraître une âme moins commune,
A braver, comme moi, les traits de la fortune.

*Le peu de soin que vous avez vous coûte quarante mille écus,
et c'est à payer cette somme, avec les dépens, que vous êtes
condamnée par arrêt de la Cour.*

Condamnée ! Ah ! ce mot est choquant, et n'est fait
Que pour les criminels.

ARISTE

                        Il a tort en effet,   1700
Et vous vous êtes là justement récriée.
Il devait avoir mis que vous êtes priée,
Par arrêt de la Cour, de payer au plus tôt,
Quarante mille écus, et les dépens qu'il faut.

PHILAMINTE

Voyons l'autre.

CHRYSALE *lit.*

*Monsieur, l'amitié qui me lie à Monsieur votre frère me
fait prendre intérêt à tout ce qui vous touche. Je sais que vous*

avez mis votre bien entre les mains d'Argante et de Damon, et
je vous donne avis qu'en même jour ils ont fait tous deux
banqueroute.

O Ciel! tout à la fois perdre ainsi tout mon bien!   1705

PHILAMINTE

Ah! quel honteux transport! Fi! tout cela n'est rien.
Il n'est pour le vrai sage aucun revers funeste,
Et perdant toute chose, à soi-même il se reste.
Achevons notre affaire, et quittez votre ennui :
Son bien peut nous suffire, et pour nous, et pour lui. 1710

TRISSOTIN

Non, Madame : cessez de presser cette affaire.
Je vois qu'à cet hymen tout le monde est contraire,
Et mon dessein n'est point de contraindre les gens.

PHILAMINTE

Cette réflexion vous vient en peu de temps!
Elle suit de bien près, Monsieur, notre disgrâce.   1715

TRISSOTIN

De tant de résistance à la fin je me lasse.
J'aime mieux renoncer à tout cet embarras,
Et ne veux point d'un cœur qui ne se donne pas.

PHILAMINTE

Je vois, je vois de vous, non pas pour votre gloire,
Ce que jusques ici j'ai refusé de croire.   1720

TRISSOTIN

Vous pouvez voir de moi tout ce que vous voudrez,
Et je regarde peu comment vous le prendrez.
Mais je ne suis point homme à souffrir l'infamie
Des refus offensants qu'il faut qu'ici j'essuie;
Je vaux bien que de moi l'on fasse plus de cas,   1725
Et je baise les mains à qui ne me veut pas.

PHILAMINTE

Qu'il a bien découvert son âme mercenaire!
Et que peu philosophe est ce qu'il vient de faire!

CLITANDRE

Je ne me vante point de l'être, mais enfin
Je m'attache, Madame, à tout votre destin.   1730

Et j'ose vous offrir avecque ma personne
Ce qu'on sait que de bien la fortune me donne.

PHILAMINTE

Vous me charmez, Monsieur, par ce trait généreux,
Et je veux couronner vos désirs amoureux.
Oui, j'accorde Henriette à l'ardeur empressée...   1735

HENRIETTE

Non, ma mère : je change à présent de pensée.
Souffrez que je résiste à votre volonté.

CLITANDRE

Quoi ? vous vous opposez à ma félicité ?
Et lorsqu'à mon amour je vois chacun se rendre...

HENRIETTE

Je sais le peu de bien que vous avez, Clitandre,   1740
Et je vous ai toujours souhaité pour époux,
Lorsqu'en satisfaisant à mes vœux les plus doux,
J'ai vu que mon hymen ajustait vos affaires;
Mais lorsque nous avons les destins si contraires,
Je vous chéris assez dans cette extrémité   1745
Pour ne vous charger point de notre adversité.

CLITANDRE

Tout destin, avec vous, me peut être agréable;
Tout destin me serait, sans vous, insupportable.

HENRIETTE

L'amour dans son transport parle toujours ainsi.
Des retours importuns évitons le souci :   1750
Rien n'use tant l'ardeur de ce nœud qui nous lie
Que les fâcheux besoins des choses de la vie;
Et l'on en vient souvent à s'accuser tous deux
De tous les noirs chagrins qui suivent de tels feux.

ARISTE

N'est-ce que le motif que nous venons d'entendre   1755
Qui vous fait résister à l'hymen de Clitandre ?

HENRIETTE

Sans cela, vous verriez tout mon cœur y courir,
Et je ne fuis sa main que pour le trop chérir.

ARISTE

Laissez-vous donc lier par des chaînes si belles.
Je ne vous ai porté que de fausses nouvelles;   1760
Et c'est un stratagème, un surprenant secours,
Que j'ai voulu tenter pour servir vos amours,
Pour détromper ma sœur, et lui faire connaître
Ce que son philosophe à l'essai pouvait être.

CHRYSALE

Le Ciel en soit loué!

PHILAMINTE

                    J'en ai la joie au cœur,   1765
Par le chagrin qu'aura ce lâche déserteur.
Voilà le châtiment de sa basse avarice,
De voir qu'avec éclat cet hymen s'accomplisse.

CHRYSALE

Je le savais bien, moi, que vous l'épouseriez.

ARMANDE

Ainsi donc à leurs vœux vous me sacrifiez ?   1770

PHILAMINTE

Ce ne sera point vous que je leur sacrifie,
Et vous avez l'appui de la philosophie,
Pour voir d'un œil content couronner leur ardeur.

BÉLISE

Qu'il prenne garde au moins que je suis dans son cœur :
Par un prompt désespoir souvent on se marie,   1775
Qu'on s'en repent après tout le temps de sa vie.

CHRYSALE

Allons, Monsieur, suivez l'ordre que j'ai prescrit,
Et faites le contrat ainsi que je l'ai dit.

NOTICE

SUR

LE MALADE IMAGINAIRE

Les dernières années de Molière sont affreusement tristes. Il est accablé « de douleurs et de déplaisirs ». En 1670, un ennemi, Le Boulanger de Chalussay, malveillant mais bien renseigné, le met en scène sous le nom transparent d'*Elomire hypocondre*. Le 17 février 1672, un an, jour pour jour, avant sa propre mort, il perd l'amie de toute sa vie, Madeleine Béjart, sa première inspiratrice et sa collaboratrice efficace et dévouée. Il tente un rapprochement avec sa femme, Armande Béjart, dont il est pratiquement séparé. Le 15 septembre 1672, naît un fils, qui porte les prénoms de son père et de sa mère : Jean-Baptiste, Armand. L'enfant meurt le 10 octobre.

Pour couronner le tout, Molière voit s'éloigner de lui la faveur royale qui l'a si longtemps soutenu. Il est victime des intrigues de Lulli. Le Florentin a obtenu du roi un privilège exclusif qui lui donne le monopole de la musique au théâtre. Molière, dont le théâtre est menacé, proteste, mais en vain. Il se fâche avec Lulli, qui est cependant son obligé, car Molière lui a prêté de l'argent. C'est Charpentier qui écrit la musique de *la Comtesse d'Escarbagnas* pour la représentation de cette pièce au Palais-Royal en juillet 1672 et celle du *Malade imaginaire*. Cette dernière comédie-ballet, Molière l'avait destinée aux fêtes qui, pendant le carnaval, devaient célébrer à la cour les dernières victoires de Louis XIV en Hollande. Le premier prologue de la comédie en fait foi ; cependant elle ne parut pas devant le roi, mais seulement au Palais-Royal le 10 février 1673.

Enfin, la santé du poète s'était aggravée ; sa « fluxion » ne le lâchait plus et cette toux persistante, dont il s'était lui-même moqué dans *l'Avare*, allait bientôt l'emporter, presque en scène. Atteint très vraisemblablement de tuberculose, Molière, âgé de cinquante et un ans, et épuisé par trente années d'un dur métier, où l'auteur avait dû trouver le temps de se faire acteur et directeur de troupe, allait succomber à la tâche.

Telle était la triste situation de l'homme qui allait faire rire de lui-même une dernière fois, en interprétant le rôle d'Argan. Le plus extraordinaire reste qu'au milieu de tant de maux et de peines, Molière, comme s'il avait regroupé toutes ses forces dans un suprême effort de volonté, va retrouver cette merveilleuse puissance comique, qui avait paru fléchir dans *les Femmes savantes*. Reprenant une fois encore le thème de la médecine et de son ignorance impuissante, il créait de nouveaux types grotesques, Purgon, Fleurant et les deux Diafoirus ; en opposition avec l'odieuse figure de Béline, il peignait en Angélique la dernière de ces jeunes filles pures et sincères qu'il avait toujours défendues depuis Agnès ; il n'est pas jusqu'à la petite Louison qui n'affirme son goût pour l'enfance.

Mais, ce qui est le plus important, c'est de noter que cette nouvelle attaque contre la médecine allait prendre une résonance qu'elle n'avait encore jamais eue. Ce n'était plus seulement l'ignorance bouffonne des médecins, leur verbiage farci de latin, qui était en cause. C'était la médecine elle-même, en tant que science, que Molière contestait dans son principe même.

En 1671, son ami Boileau avait publié un *Arrêt burlesque* contre la Faculté de théologie, moquant la scolastique aristotélicienne où elle se cantonnait. Molière avait songé à faire une comédie sur le même sujet. Mais il jugea finalement plus expédient de lancer ses flèches contre la Faculté de médecine, dont l'enseignement était aussi rétrograde. Bien avant la querelle des Anciens et des Modernes, il attaquait l'autorité excessive dont jouissaient les médecins de l'antiquité, le crédit aveugle fait à Aristote, à Hippocrate et à Galien. Il prenait parti pour la circulation du sang, découverte par Harvey en 1619 et encore contestée. Aux Anciens, il opposait les découvertes des « gens de maintenant », qui seules, selon lui, pouvaient véritablement faire avancer la science.

Mais, dans son état actuel, elle restait impuissante à guérir un malade, car la Nature *jusqu'ici* — restriction importante qui laisse intacte la foi dans le progrès humain— n'avait pas encore livré ses secrets à l'homme. Seule, elle pouvait agir co..re la maladie, en rétablissant l'équilibre détruit des fonctions vitales. Il ne s'agissait plus de rire des clystères et des chapeaux pointus des docteurs, mais de prononcer, au milieu d'une bouffonnerie burlesque, une condamnation philosophique de la médecine du XVIIe siècle.

C'est à la quatrième représentation du *Malade imaginaire*, le 17 février 1673, qu'en prononçant le *Juro* de la cérémonie de réception en latin macaronique, Molière eut une première convulsion qu'en comédien consommé il dissimula sous une grimace ; il mourut chez lui le soir même, dans sa maison de la rue de Richelieu, sans avoir reçu la visite du prêtre dont il avait demandé le secours. Ainsi la comédie-ballet s'achevait en tragédie.

La veuve de Molière, qui eut toutes les peines du monde pour arracher à l'Église « un peu de terre obtenu par prière », afin d'y ensevelir dignement son mari, ne fit pas imprimer *le Malade imaginaire*, pour conserver à sa troupe le monopole des représentations. Diverses éditions, d'ailleurs fautives, parurent cependant, à Amsterdam, Cologne et Paris notamment. Mais le texte authentique de la pièce ne fut connu que par l'édition posthume des œuvres de Molière publiée en 1682.

LE MALADE IMAGINAIRE

COMÉDIE

MÊLÉE DE MUSIQUE ET DE DANSES
REPRÉSENTÉE POUR LA PREMIÈRE FOIS
SUR LE THÉÂTRE DE LA SALLE DU PALAIS-ROYAL
LE 10ᵉ FÉVRIER 1673
PAR LA

TROUPE DU ROI

PERSONNAGES

ARGAN, malade imaginaire.
BÉLINE, seconde femme d'Argan.
ANGÉLIQUE, fille d'Argan, et amante de Cléante.
LOUISON, petite-fille d'Argan, et sœur d'Angélique.
BÉRALDE, frère d'Argan.
CLÉANTE, amant d'Angélique.
MONSIEUR DIAFOIRUS, médecin.
THOMAS DIAFOIRUS, son fils, et amant d'Angélique.
MONSIEUR PURGON, médecin d'Argan.
MONSIEUR FLEURANT, apothicaire.
MONSIEUR BONNEFOY, notaire.
TOINETTE, servante.

La scène est à Paris.

LE PROLOGUE

Après les glorieuses fatigues et les exploits victorieux de notre auguste monarque, il est bien juste que tous ceux qui se mêlent d'écrire travaillent ou à ses louanges, ou à son divertissement. C'est ce qu'ici l'on a voulu faire, et ce prologue est un essai des louanges de ce grand prince, qui donne entrée à la comédie du *Malade imaginaire*, dont le projet a été fait pour le délasser de ses nobles travaux.

La décoration représente un lieu champêtre fort agréable.

ÉGLOGUE

EN MUSIQUE ET EN DANSE

FLORE, PAN, CLIMÈNE, DAPHNÉ, TIRCIS, DORILAS, DEUX ZÉPHIRS, TROUPE DE BERGÈRES ET DE BERGERS.

FLORE

Quittez, quittez vos troupeaux,
Venez, Bergers, venez, Bergères,
Accourez, accourez sous ces tendres ormeaux :
Je viens vous annoncer des nouvelles bien chères,
Et réjouir tous ces hameaux.
Quittez, quittez vos troupeaux,
Venez, Bergers, venez, Bergères,
Accourez, accourez sous ces tendres ormeaux.

CLIMÈNE ET DAPHNÉ

Berger, laissons là tes feux,
Voilà Flore qui nous appelle.

TIRCIS ET DORILAS

Mais au moins dis-moi, cruelle,

TIRCIS

Si d'un peu d'amitié tu payeras mes vœux ?

DORILAS
Si tu seras sensible à mon ardeur fidèle ?

CLIMÈNE ET DAPHNÉ
Voilà Flore qui nous appelle.

TIRCIS ET DORILAS
Ce n'est qu'un mot, un mot, un seul mot que je veux.

TIRCIS
Languirai-je toujours dans ma peine mortelle ?

DORILAS
Puis-je espérer qu'un jour tu me rendras heureux ?

CLIMÈNE ET DAPHNÉ
Voilà Flore qui nous appelle.

ENTRÉE DE BALLET

Toute la troupe des Bergers et des Bergères
va se placer en cadence autour de Flore.

CLIMÈNE
Quelle nouvelle parmi nous,
Déesse, doit jeter tant de réjouissance ?

DAPHNÉ
Nous brûlons d'apprendre de vous
Cette nouvelle d'importance.

DORILAS
D'ardeur nous en soupirons tous.

TOUS
Nous en mourons d'impatience.

FLORE
La voici : silence, silence !
Vos vœux sont exaucés, LOUIS est de retour,
Il ramène en ces lieux les plaisirs et l'amour,
Et vous voyez finir vos mortelles alarmes.
Par ses vastes exploits son bras voit tout soumis :
Il quitte les armes,
Faute d'ennemis.

TOUS
Ah ! quelle douce nouvelle !
Qu'elle est grande ! qu'elle est belle !

Que de plaisirs! que de ris! que de jeux!
Que de succès heureux!
Et que le Ciel a bien rempli nos vœux!
Ah! quelle douce nouvelle!
Qu'elle est grande, qu'elle est belle!

ENTRÉE DE BALLET

Tous les Bergers et Bergères expriment par des danses les transports de leur joie.

FLORE

De vos flûtes bocagères
Réveillez les plus beaux sons :
Louis offre à vos chansons
La plus belle des matières.
Après cent combats,
Où cueille son bras
Une ample victoire,
Formez entre vous
Cent combats plus doux,
Pour chanter sa gloire.

TOUS

Formons entre nous
Cent combats plus doux,
Pour chanter sa gloire.

FLORE

Mon jeune amant, dans ce bois,
Des présents de mon empire
Prépare un prix à la voix
Qui saura le mieux nous dire
Les vertus et les exploits
Du plus auguste des rois.

CLIMÈNE

Si Tircis a l'avantage,

DAPHNÉ

Si Dorilas est vainqueur,

CLIMÈNE

A le chérir je m'engage.

DAPHNÉ
Je me donne à son ardeur.

TIRCIS
O très chère espérance !

DORILAS
O mot plein de douceur !

TOUS DEUX
Plus beau sujet, plus belle récompense
Peuvent-ils animer un cœur ?

> *Les violons jouent un air pour animer les*
> *deux Bergers au combat, tandis que Flore,*
> *comme juge, va se placer au pied de l'arbre,*
> *avec deux zéphirs, et que le reste, comme spec-*
> *tateurs, va occuper les deux coins du théâtre.*

TIRCIS
Quand la neige fondue enfle un torrent fameux,
Contre l'effort soudain de ses flots écumeux
  Il n'est rien d'assez solide ;
  Digues, châteaux, villes et bois,
  Hommes et troupeaux à la fois,
  Tout cède au courant qui le guide :
  Tel, et plus fier, et plus rapide,
  Marche LOUIS dans ses exploits.

BALLET
> *Les Bergers et Bergères de son côté dansent*
> *autour de lui, sur une ritournelle, pour expri-*
> *mer leurs applaudissements.*

DORILAS
Le foudre menaçant, qui perce avec fureur
L'affreuse obscurité de la nue enflammée,
  Fait d'épouvante et d'horreur
  Trembler le plus ferme cœur :
  Mais à la tête d'une armée
  Louis jette plus de terreur.

BALLET
> *Les Bergers et Bergères de son côté font de*
> *même que les autres.*

TIRCIS
Des fabuleux exploits que la Grèce a chantés,
Par un brillant amas de belles vérités

Nous voyons la gloire effacée,
Et tous ces fameux demi-dieux
Que vante l'histoire passée
Ne sont point à notre pensée
Ce que LOUIS est à nos yeux.

BALLET

Les Bergers et Bergères de son côté font
encore la même chose.

DORILAS

Louis fait à nos temps, par ses faits inouïs,
Croire tous les beaux faits que nous chante l'histoire
Des siècles évanouis :
Mais nos neveux, dans leur gloire,
N'auront rien qui fasse croire
Tous les beaux faits de LOUIS.

BALLET

Les Bergers et Bergères de son côté font encore
de même, après quoi les deux partis se mêlent.

PAN, *suivi des Faunes.*

Laissez, laissez, Bergers, ce dessein téméraire.
Hé! que voulez-vous faire ?
Chanter sur vos chalumeaux
Ce qu'Apollon sur sa lyre,
Avec ses chants les plus beaux,
N'entreprendrait pas de dire,
C'est donner trop d'essor au feu qui vous inspire,
C'est monter vers les cieux sur des ailes de cire,
Pour tomber dans le fond des eaux.

Pour chanter de LOUIS l'intrépide courage,
Il n'est point d'assez docte voix,
Point de mots assez grands pour en tracer l'image :
Le silence est le langage
Qui doit louer ses exploits.
Consacrez d'autres soins à sa pleine victoire;
Vos louanges n'ont rien qui flatte ses désirs;
Laissez, laissez là sa gloire,
Ne songez qu'à ses plaisirs.

TOUS

Laissons, laissons là sa gloire,
Ne songeons qu'à ses plaisirs.

FLORE

Bien que, pour étaler ses vertus immortelles,
La force manque à vos esprits,
Ne laissez pas tous deux de recevoir le prix :
Dans les choses grandes et belles
Il suffit d'avoir entrepris.

ENTRÉE DE BALLET

Les deux zéphirs dansent avec deux cou-
ronnes de fleurs à la main, qu'ils viennent ensuite
donner aux deux bergers.

CLIMÈNE ET DAPHNÉ, *en leur donnant la main.*

Dans les choses grandes et belles
Il suffit d'avoir entrepris.

TIRCIS ET DORILAS

Ah! que d'un doux succès notre audace est suivie!
Ce qu'on fait pour LOUIS, on ne le perd jamais.

LES QUATRE AMANTS

Au soin de ses plaisirs donnons-nous désormais.

FLORE ET PAN

Heureux, heureux qui peut lui consacrer sa vie!

TOUS

Joignons tous dans ces bois
Nos flûtes et nos voix,
Ce jour nous y convie;
Et faisons aux échos redire mille fois :
« LOUIS est le plus grand des rois;
Heureux, heureux qui peut lui consacrer sa vie! »

DERNIÈRE ET GRANDE ENTRÉE DE BALLET

Faunes, Bergers et Bergères, tous se mêlent,
et il se fait entre eux des jeux de danse, après
quoi ils se vont préparer pour la Comédie.

AUTRE PROLOGUE

Le théâtre représente une forêt.

> *L'ouverture du théâtre se fait par un bruit agréable d'instruments. Ensuite une Bergère vient se plaindre tendrement de ce qu'elle ne trouve aucun remède pour soulager les peines qu'elle endure. Plusieurs Faunes et Ægipans, assemblés pour des fêtes et des jeux qui leur sont particuliers, rencontrent la Bergère. Ils écoutent ses plaintes et forment un spectacle très divertissant.*

PLAINTES DE LA BERGÈRE

Votre plus haut savoir n'est que pure chimère,
Vains et peu sages médecins;
Vous ne pouvez guérir par vos grands mots latins
La douleur qui me désespère :
Votre plus haut savoir n'est que pure chimère.

Hélas ! je n'ose découvrir
Mon amoureux martyre
Au Berger pour qui je soupire,
Et qui seul peut me secourir.
Ne prétendez pas le finir,
Ignorants médecins, vous ne sauriez le faire :
Votre plus haut savoir n'est que pure chimère.

Ces remèdes peu sûrs dont le simple vulgaire
Croit que vous connaissez l'admirable vertu,
Pour les maux que je sens n'ont rien de salutaire;
Et tout votre caquet ne peut être reçu
Que d'un Malade imaginaire.

Votre plus haut savoir n'est que pure chimère,
Vains et peu sages médecins;
Vous ne pouvez guérir par vos grands mots latins
La douleur qui me désespère :
Votre plus haut savoir n'est que pure chimère.

Le théâtre change et représente une chambre.

ACTE PREMIER

SCÈNE I

ARGAN, *seul dans sa chambre assis, une table devant lui, compte des parties d'apothicaire avec des jetons; il fait, parlant à lui-même, les dialogues suivants.* — Trois et deux font cinq, et cinq font dix, et dix font vingt. Trois et deux font cinq. « Plus, du vingt-quatrième, un petit clystère « insinuatif, préparatif, et rémollient, pour amollir, humec- « ter, et rafraîchir les entrailles de Monsieur. » Ce qui me plaît de Monsieur Fleurant, mon apothicaire, c'est que ses parties sont toujours fort civiles : « les entrailles de « Monsieur, trente sols. » Oui, mais, Monsieur Fleurant, ce n'est pas tout que d'être civil, il faut être aussi raison- nable, et ne pas écorcher les malades. Trente sols un lavement : Je suis votre serviteur, je vous l'ai déjà dit. Vous ne me les avez mis dans les autres parties qu'à vingt sols, et vingt sols en langage d'apothicaire, c'est-à- dire dix sols; les voilà, dix sols. « Plus, dudit jour, un « bon clystère détersif, composé avec catholicon double, « rhubarbe, miel rosat, et autres, suivant l'ordonnance, « pour balayer, laver, et nettoyer le bas-ventre de Mon- « sieur, trente sols. » Avec votre permission, dix sols. «Plus, « dudit jour, le soir, un julep hépatique, soporatif, et « somnifère, composé pour faire dormir Monsieur, trente- « cinq sols. » Je ne me plains pas de celui-là, car il me fit bien dormir. Dix, quinze, seize et dix-sept sols, six deniers. « Plus, du vingt-cinquième, une bonne médecine « purgative et corroborative, composée de casse récente « avec séné levantin, et autres, suivant l'ordonnance de « Monsieur Purgon, pour expulser et évacuer la bile de « Monsieur, quatre livres. » Ah! Monsieur Fleurant, c'est se moquer; il faut vivre avec les malades. Monsieur Pur-

gon ne vous a pas ordonné de mettre quatre francs.
Mettez, mettez trois livres, s'il vous plaît. Vingt et trente
sols. « Plus, dudit jour, une potion anodine et astringente,
« pour faire reposer Monsieur, trente sols. » Bon, dix et
quinze sols. « Plus, du vingt-sixième, un clystère carmi-
« natif, pour chasser les vents de Monsieur, trente sols. »
Dix sols, Monsieur Fleurant. « Plus, le clystère de Mon-
« sieur réitéré le soir, comme dessus, trente sols. » Monsieur Fleurant, dix sols. « Plus, du vingt-septième, une
« bonne médecine composée pour hâter d'aller, et chasser
« dehors les mauvaises humeurs de Monsieur, trois livres. »
Bon, vingt et trente sols : je suis bien aise que vous soyez
raisonnable. « Plus, du vingt-huitième, une prise de petit-
« lait clarifié, et dulcoré, pour adoucir, lénifier, tempérer,
« et rafraîchir le sang de Monsieur, vingt sols. » Bon, dix
sols. « Plus, une potion cordiale et préservative, composée
« avec douze grains de bézoard, sirops de limon et gre-
« nade, et autres, suivant l'ordonnance, cinq livres. » Ah!
Monsieur Fleurant, tout doux, s'il vous plaît; si vous en
usez comme cela, on ne voudra plus être malade : contentez-vous de quatre francs. Vingt et quarante sols. Trois et
deux font cinq, et cinq font dix, et dix font vingt. Soixante
et trois livres, quatre sols, six deniers. Si bien donc que
de ce mois j'ai pris une, deux, trois, quatre, cinq, six, sept
et huit médecines; et un, deux, trois, quatre, cinq, six,
sept, huit, neuf, dix, onze et douze lavements; et l'autre
mois il y avait douze médecines, et vingt lavements. Je ne
m'étonne pas si je ne me porte pas si bien ce mois-ci que
l'autre. Je le dirai à Monsieur Purgon, afin qu'il mette
ordre à cela. Allons, qu'on m'ôte tout ceci. Il n'y a personne : j'ai beau dire, on me laisse toujours seul; il n'y a
pas moyen de les arrêter ici. *(Il sonne une sonnette pour faire
venir ses gens.)* Ils n'entendent point, et ma sonnette ne
fait pas assez de bruit. Drelin, drelin, drelin : point d'affaire. Drelin, drelin, drelin : ils sont sourds. Toinette!
Drelin, drelin, drelin : tout comme si je ne sonnais point.
Chienne, coquine! Drelin, drelin, drelin : j'enrage. *(Il ne
sonne plus mais il crie.)* Drelin, drelin, drelin : carogne, à
tous les diables! Est-il possible qu'on laisse comme cela
un pauvre malade tout seul ? Drelin, drelin, drelin : voilà
qui est pitoyable! Drelin, drelin, drelin : ah, mon Dieu!
ils me laisseront ici mourir. Drelin, drelin, drelin.

SCÈNE II

TOINETTE, ARGAN

TOINETTE, *en entrant dans la chambre.* — On y va.

ARGAN. — Ah! chienne! ah! carogne!...

TOINETTE, *faisant semblant de s'être cogné la tête.* — Diantre soit fait de votre impatience! vous pressez si fort les personnes, que je me suis donné un grand coup de la tête contre la carne d'un volet.

ARGAN, *en colère.* — Ah! traîtresse!...

TOINETTE, *pour l'interrompre et l'empêcher de crier, se plaint toujours en disant.* — Ha!

ARGAN. — Il y a...

TOINFTTE. — Ha!

ARGAN. — Il y a une heure...

TOINETTE. — Ha!

ARGAN. — Tu m'as laissé...

TOINETTE. — Ha!

ARGAN. — Tais-toi donc, coquine, que je te querelle.

TOINETTE. — Çamon, ma foi! j'en suis d'avis, après ce que je me suis fait.

ARGAN. — Tu m'as fait égosiller, carogne.

TOINETTE. — Et vous m'avez fait, vous, casser la tête : l'un vaut bien l'autre; quitte à quitte, si vous voulez.

ARGAN. — Quoi ? coquine...

TOINETTE. — Si vous querellez, je pleurerai.

ARGAN. — Me laisser, traîtresse...

TOINETTE, *toujours pour l'interrompre.* — Ha!

ARGAN. — Chienne, tu veux...

TOINETTE. — Ha!

ARGAN. — Quoi ? il faudra encore que je n'aie pas le plaisir de la quereller.

TOINETTE. — Querellez tout votre soûl, je le veux bien.

ARGAN. — Tu m'en empêches, chienne, en m'interrompant à tous coups.

TOINETTE. — Si vous avez le plaisir de quereller, il faut bien que, de mon côté, j'aie le plaisir de pleurer : chacun le sien, ce n'est pas trop. Ha!

ARGAN. — Allons, il faut en passer par là. Ote-moi ceci, coquine, ôte-moi ceci. *(Argan se lève de sa chaise.)* Mon lavement d'aujourd'hui a-t-il bien opéré ?

TOINETTE. — Votre lavement ?

ARGAN. — Oui. Ai-je bien fait de la bile ?

TOINETTE. — Ma foi! je ne mêle point de ces affaires-là : c'est à Monsieur Fleurant à y mettre le nez, puisqu'il en a le profit.

ARGAN. — Qu'on ait soin de me tenir un bouillon prêt, pour l'autre que je dois tantôt prendre.

TOINETTE. — Ce Monsieur Fleurant-là et ce Monsieur Purgon s'égayent bien sur votre corps; ils ont en vous une bonne vache à lait; et je voudrais bien leur demander quel mal vous avez, pour vous faire tant de remèdes.

ARGAN. — Taisez-vous, ignorante, ce n'est pas à vous à contrôler les ordonnances de la médecine. Qu'on me fasse venir ma fille Angélique, j'ai à lui dire quelque chose.

TOINETTE. — La voici qui vient d'elle-même : elle a deviné votre pensée.

SCÈNE III

ANGÉLIQUE, TOINETTE, ARGAN

ARGAN. — Approchez, Angélique; vous venez à propos : je voulais vous parler.

ANGÉLIQUE. — Me voilà prête à vous ouïr.

ARGAN, *courant au bassin*. — Attendez. Donnez-moi mon bâton. Je vais revenir tout à l'heure.

TOINETTE, *en le raillant*. — Allez vite, Monsieur, allez. Monsieur Fleurant nous donne des affaires.

SCÈNE IV

ANGÉLIQUE, TOINETTE

ANGÉLIQUE, *la regardant d'un œil languissant, lui dit confidemment*. — Toinette!

TOINETTE. — Quoi ?

ANGÉLIQUE. — Regarde-moi un peu.

TOINETTE. — Hé bien! je vous regarde.

ANGÉLIQUE. — Toinette.

TOINETTE. — Hé bien, quoi, « Toinette » ?

ANGÉLIQUE. — Ne devines-tu point de quoi je veux parler ?

TOINETTE. — Je m'en doute assez : de notre jeune

amant; car c'est sur lui, depuis six jours, que roulent tous nos entretiens; et vous n'êtes point bien si vous n'en parlez à toute heure.

ANGÉLIQUE. — Puisque tu connais cela, que n'es-tu donc la première à m'en entretenir, et que ne m'épargnes-tu la peine de te jeter sur ce discours?

TOINETTE. — Vous ne m'en donnez pas le temps, et vous avez des soins là-dessus qu'il est difficile de prévenir.

ANGÉLIQUE. — Je t'avoue que je ne saurais me lasser de te parler de lui, et que mon cœur profite avec chaleur de tous les moments de s'ouvrir à toi. Mais dis-moi, condamnes-tu, Toinette, les sentiments que j'ai pour lui?

TOINETTE. — Je n'ai garde.

ANGÉLIQUE. — Ai-je tort de m'abandonner à ces douces impressions?

TOINETTE. — Je ne dis pas cela.

ANGÉLIQUE. — Et voudrais-tu que je fusse insensible aux tendres protestations de cette passion ardente qu'il témoigne pour moi?

TOINETTE. — A Dieu ne plaise!

ANGÉLIQUE. — Dis-moi un peu, ne trouves-tu pas, comme moi, quelque chose du Ciel, quelque effet du destin, dans l'aventure inopinée de notre connaissance?

TOINETTE. — Oui.

ANGÉLIQUE. — Ne trouves-tu pas que cette action d'embrasser ma défense sans me connaître est tout à fait d'un honnête homme?

TOINETTE. — Oui.

ANGÉLIQUE. — Que l'on ne peut pas en user plus généreusement?

TOINETTE. — D'accord.

ANGÉLIQUE. — Et qu'il fit tout cela de la meilleure grâce du monde?

TOINETTE. — Oh! oui.

ANGÉLIQUE. — Ne trouves-tu pas, Toinette, qu'il est bien fait de sa personne?

TOINETTE. — Assurément.

ANGÉLIQUE. — Qu'il a l'air le meilleur du monde?

TOINETTE. — Sans doute.

ANGÉLIQUE. — Que ses discours, comme ses actions, ont quelque chose de noble?

TOINETTE. — Cela est sûr.

ANGÉLIQUE. — Qu'on ne peut rien entendre de plus passionné que tout ce qu'il me dit?

TOINETTE. — Il est vrai.

ANGÉLIQUE. — Et qu'il n'est rien de plus fâcheux que la contrainte où l'on me tient, qui bouche tout commerce aux doux empressements de cette mutuelle ardeur que le Ciel nous inspire ?

TOINETTE. — Vous avez raison.

ANGÉLIQUE. — Mais, ma pauvre Toinette, crois-tu qu'il m'aime autant qu'il me le dit ?

TOINETTE. — Eh, eh! ces choses-là, parfois, sont un peu sujettes à caution. Les grimaces d'amour ressemblent fort à la vérité; et j'ai vu de grands comédiens là-dessus.

ANGÉLIQUE. — Ah! Toinette, que dis-tu là ? Hélas! de la façon qu'il parle, serait-il bien possible qu'il ne me dît pas vrai ?

TOINETTE. — En tout cas, vous en serez bientôt éclaircie; et la résolution où il vous écrivit hier qu'il était de vous faire demander en mariage est une prompte voie à vous faire connaître s'il vous dit vrai, ou non : c'en sera là la bonne preuve.

ANGÉLIQUE. — Ah! Toinette, si celui-là me trompe, je ne croirai de ma vie aucun homme.

TOINETTE. — Voilà votre père qui revient.

SCÈNE V

ARGAN, ANGÉLIQUE, TOINETTE

ARGAN *se met dans sa chaise*. — O çà, ma fille, je vais vous dire une nouvelle, où peut-être ne vous attendez-vous pas : on vous demande en mariage. Qu'est-ce que cela ? vous riez. Cela est plaisant, oui, ce mot de mariage; il n'y a rien de plus drôle pour les jeunes filles : ah! nature, nature! A ce que je puis voir, ma fille, je n'ai que faire de vous demander si vous voulez bien vous marier.

ANGÉLIQUE. — Je dois faire, mon père, tout ce qu'il vous plaira de m'ordonner.

ARGAN. — Je suis bien aise d'avoir une fille si obéissante. La chose est donc conclue, et je vous ai promise.

ANGÉLIQUE. — C'est à moi, mon père, de suivre aveuglément toutes vos volontés.

ARGAN. — Ma femme, votre belle-mère, avait envie que je vous fisse religieuse, et votre petite sœur Louison aussi, et de tout temps elle a été aheurtée à cela.

TOINETTE, *tout bas*. — La bonne bête a ses raisons.

ARGAN. — Elle ne voulait point consentir à ce mariage, mais je l'ai emporté, et ma parole est donnée.

ANGÉLIQUE. — Ah! mon père, que je vous suis obligée de toutes vos bontés.

TOINETTE. — En vérité, je vous sais bon gré de cela, et voilà l'action la plus sage que vous ayez faite de votre vie.

ARGAN. — Je n'ai point encore vu la personne; mais on m'a dit que j'en serais content, et toi aussi.

ANGÉLIQUE. — Assurément, mon père.

ARGAN. — Comment l'as-tu vu ?

ANGÉLIQUE. — Puisque votre consentement m'autorise à vous pouvoir ouvrir mon cœur, je ne feindrai point de vous dire que le hasard nous a fait connaître il y a six jours, et que la demande qu'on vous a faite est un effet de l'inclination que, dès cette première vue, nous avons prise l'un pour l'autre.

ARGAN. — Ils ne m'ont pas dit cela; mais j'en suis bien aise, et c'est tant mieux que les choses soient de la sorte. Ils disent que c'est un grand jeune garçon bien fait.

ANGÉLIQUE. — Oui, mon père.

ARGAN. — De belle taille.

ANGÉLIQUE. — Sans doute.

ARGAN. — Agréable de sa personne.

ANGÉLIQUE. — Assurément.

ARGAN. — De bonne physionomie.

ANGÉLIQUE. — Très bonne.

ARGAN. — Sage, et bien né.

ANGÉLIQUE. — Tout à fait.

ARGAN. — Fort honnête.

ANGÉLIQUE. — Le plus honnête du monde.

ARGAN. — Qui parle bien latin, et grec.

ANGÉLIQUE. — C'est ce que je ne sais pas.

ARGAN. — Et qui sera reçu médecin dans trois jours.

ANGÉLIQUE. — Lui, mon père ?

ARGAN. — Oui. Est-ce qu'il ne te l'a pas dit ?

ANGÉLIQUE. — Non vraiment. Qui vous l'a dit à vous ?

ARGAN. — Monsieur Purgon.

ANGÉLIQUE. — Est-ce que Monsieur Purgon le connaît ?

ARGAN. — La belle demande! il faut bien qu'il le connaisse, puisque c'est son neveu.

ANGÉLIQUE. — Cléante, neveu de Monsieur Purgon ?

ARGAN. — Quel Cléante ? Nous parlons de celui pour qui l'on t'a demandée en mariage.

ANGÉLIQUE. — Hé! oui.

ARGAN. — Hé bien, c'est le neveu de Monsieur Purgon, qui est le fils de son beau-frère le médecin, Monsieur Diafoirus; et ce fils s'appelle Thomas Diafoirus, et non pas Cléante; et nous avons conclu ce mariage-là ce matin, Monsieur Purgon, Monsieur Fleurant et moi, et, demain, ce gendre prétendu doit m'être amené par son père. Qu'est-ce? vous voilà tout ébaubie?

ANGÉLIQUE. — C'est, mon père, que je connais que vous avez parlé d'une personne, et que j'ai entendu une autre.

TOINETTE. — Quoi? Monsieur, vous auriez fait ce dessein burlesque? Et avec tout le bien que vous avez, vous voudriez marier votre fille avec un médecin?

ARGAN. — Oui. De quoi te mêles-tu, coquine, impudente que tu es?

TOINETTE. — Mon Dieu! tout doux : vous allez d'abord aux invectives. Est-ce que nous ne pouvons pas raisonner ensemble sans nous emporter? Là, parlons de sang-froid. Quelle est votre raison, s'il vous plaît, pour un tel mariage?

ARGAN. — Ma raison est que, me voyant infirme et malade comme je suis, je veux me faire un gendre et des alliés médecins, afin de m'appuyer de bons secours contre ma maladie, d'avoir dans ma famille les sources des remèdes qui me sont nécessaires, et d'être à même des consultations et des ordonnances.

TOINETTE. — Hé bien! voilà dire une raison, et il y a plaisir à se répondre doucement les uns aux autres. Mais, Monsieur, mettez la main à la conscience : est-ce que vous êtes malade?

ARGAN. — Comment, coquine, si je suis malade? si je suis malade, impudente?

TOINETTE. — Hé bien! oui, Monsieur, vous êtes malade, n'ayons point de querelle là-dessus; oui, vous êtes fort malade, j'en demeure d'accord, et plus malade que vous ne pensez : voilà qui est fait. Mais votre fille doit épouser un mari pour elle; et, n'étant point malade, il n'est pas nécessaire de lui donner un médecin.

ARGAN. — C'est pour moi que je lui donne ce médecin; et une fille de bon naturel doit être ravie d'épouser ce qui est utile à la santé de son père.

TOINETTE. — Ma foi! Monsieur, voulez-vous qu'en amie je vous donne un conseil?

ARGAN. — Quel est-il, ce conseil?

TOINETTE. — De ne point songer à ce mariage-là.

ARGAN. — Hé, la raison ?

TOINETTE. — La raison ? C'est que votre fille n'y consentira point.

ARGAN. — Elle n'y consentira point ?

TOINETTE. — Non.

ARGAN. — Ma fille ?

TOINETTE. — Votre fille. Elle vous dira qu'elle n'a que faire de Monsieur Diafoirus, ni de son fils Thomas Diafoirus, ni de tous les Diafoirus du monde.

ARGAN. — J'en ai affaire, moi, outre que le parti est plus avantageux qu'on ne pense. Monsieur Diafoirus n'a que ce fils-là pour tout héritier; et, de plus, Monsieur Purgon, qui n'a ni femme, ni enfants, lui donne tout son bien, en faveur de ce mariage; et Monsieur Purgon est un homme qui a huit mille bonnes livres de rente.

TOINETTE. — Il faut qu'il ait tué bien des gens, pour s'être fait si riche.

ARGAN. — Huit mille livres de rente sont quelque chose, sans compter le bien du père.

TOINETTE. — Monsieur, tout cela est bel et bon; mais j'en reviens toujours là : je vous conseille, entre nous, de lui choisir un autre mari, et elle n'est point faite pour être Madame Diafoirus.

ARGAN. — Et je veux, moi, que cela soit.

TOINETTE. — Eh fi! ne dites pas cela.

ARGAN. — Comment, que je ne dise pas cela ?

TOINETTE. — Hé non!

ARGAN. — Et pourquoi ne le dirai-je pas ?

TOINETTE. — On dira que vous ne songez pas à ce que vous dites.

ARGAN. — On dira ce qu'on voudra; mais je vous dis que je veux qu'elle exécute la parole que j'ai donnée.

TOINETTE. — Non : je suis sûre qu'elle ne le fera pas.

ARGAN. — Je l'y forcerai bien.

TOINETTE. — Elle ne le fera pas, vous dis-je.

ARGAN. — Elle le fera, ou je la mettrai dans un couvent.

TOINETTE. — Vous ?

ARGAN. — Moi.

TOINETTE. — Bon.

ARGAN. — Comment, « bon » ?

TOINETTE. — Vous ne la mettrez point dans un couvent.

ARGAN. — Je ne la mettrai point dans un couvent ?

TOINETTE. — Non.

Argan. — Non ?

Toinette. — Non.

Argan. — Ouais! voici qui est plaisant : je ne mettrai pas ma fille dans un couvent, si je veux ?

Toinette. — Non, vous dis-je.

Argan. — Qui m'en empêchera ?

Toinette. — Vous-même.

Argan. — Moi ?

Toinette. — Oui, vous n'aurez pas ce cœur-là.

Argan. — Je l'aurai.

Toinette. — Vous vous moquez.

Argan. — Je ne me moque point.

Toinette. — La tendresse paternelle vous prendra.

Argan. — Elle ne me prendra point.

Toinette. — Une petite larme ou deux, des bras jetés au cou, un « mon petit papa mignon », prononcé tendrement, sera assez pour vous toucher.

Argan. — Tout cela ne fera rien.

Toinette. — Oui, oui.

Argan. — Je vous dis que je n'en démordrai point.

Toinette. — Bagatelles.

Argan. — Il ne faut point dire « bagatelles ».

Toinette. — Mon Dieu! je vous connais, vous êtes bon naturellement.

Argan, *avec emportement*. — Je ne suis point bon, et je suis méchant quand je veux.

Toinette. — Doucement, Monsieur : vous ne songez pas que vous êtes malade.

Argan. — Je lui commande absolument de se préparer à prendre le mari que je dis.

Toinette. — Et moi, je lui défends absolument d'en faire rien.

Argan. — Où est-ce donc que nous sommes ? et quelle audace est-ce là à une coquine de servante de parler de la sorte devant son maître ?

Toinette. — Quand un maître ne songe pas à ce qu'il fait, une servante bien sensée est en droit de le redresser.

Argan *court après Toinette*. — Ah! insolente, il faut que je t'assomme.

Toinette *se sauve de lui*. — Il est de mon devoir de m'opposer aux choses qui vous peuvent déshonorer.

Argan, *en colère, court après elle autour de sa chaise, son bâton à la main*. — Viens, viens, que je t'apprenne à parler.

Toinette, *courant, et se sauvant du côté de la chaise où*

n'est pas Argan. — Je m'intéresse, comme je dois, à ne vous point laisser faire de folie.

Argan. — Chienne!

Toinette. — Non, je ne consentirai jamais à ce mariage.

Argan. — Pendarde!

Toinette. — Je ne veux point qu'elle épouse votre Thomas Diafoirus.

Argan. — Carogne!

Toinette. — Et elle m'obéira plutôt qu'à vous.

Argan. — Angélique, tu ne veux pas m'arrêter cette coquine-là?

Angélique. — Eh! mon père, ne vous faites point malade.

Argan. — Si tu ne me l'arrêtes, je te donnerai ma malédiction.

Toinette. — Et moi, je la déshériterai, si elle vous obéit.

Argan *se jette dans sa chaise, étant las de courir après elle.* — Ah! ah! je n'en puis plus. Voilà pour me faire mourir.

SCÈNE VI

BÉLINE, ANGÉLIQUE, TOINETTE, ARGAN

Argan. — Ah! ma femme, approchez.

Béline. — Qu'avez-vous, mon pauvre mari?

Argan. — Venez-vous-en ici à mon secours.

Béline. — Qu'est-ce que c'est donc qu'il y a, mon petit fils?

Argan. — Ma mie.

Béline. — Mon ami.

Argan. — On vient de me mettre en colère!

Béline. — Hélas! pauvre petit mari. Comment donc, mon ami?

Argan. — Votre coquine de Toinette est devenue plus insolente que jamais.

Béline. — Ne vous passionnez donc point.

Argan. — Elle m'a fait enrager, ma mie.

Béline. — Doucement, mon fils.

Argan. — Elle a contrecarré, une heure durant, les choses que je veux faire.

Béline. — Là, là, tout doux.

Argan. — Et a eu l'effronterie de me dire que je ne suis point malade.

BÉLINE. — C'est une impertinente.

ARGAN. — Vous savez, mon cœur, ce qui en est.

BÉLINE. — Oui, mon cœur, elle a tort.

ARGAN. — Mamour, cette coquine-là me fera mourir.

BÉLINE. — Eh là, eh là !

ARGAN. — Elle est la cause de toute la bile que je fais.

BÉLINE. — Ne vous fâchez point tant.

ARGAN. — Et il y a je ne sais combien que je vous dis de me la chasser.

BÉLINE. — Mon Dieu ! mon fils, il n'y a point de serviteurs et de servantes qui n'aient leurs défauts. On est contraint parfois de souffrir leurs mauvaises qualités à cause des bonnes. Celle-ci est adroite, soigneuse, diligente, et surtout fidèle, et vous savez qu'il faut maintenant de grandes précautions pour les gens que l'on prend. Holà ! Toinette.

TOINETTE. — Madame.

BÉLINE. — Pourquoi donc est-ce que vous mettez mon mari en colère ?

TOINETTE, *d'un ton doucereux.* — Moi, Madame, hélas ! Je ne sais pas ce que vous me voulez dire, et je ne songe qu'à complaire à Monsieur en toutes choses.

ARGAN. — Ah ! la traîtresse !

TOINETTE. — Il nous a dit qu'il voulait donner sa fille en mariage au fils de Monsieur Diafoirus ; je lui ai répondu que je trouvais le parti avantageux pour elle ; mais que je croyais qu'il ferait mieux de la mettre dans un couvent.

BÉLINE. — Il n'y a pas grand mal à cela, et je trouve qu'elle a raison.

ARGAN. — Ah ! mamour, vous la croyez. C'est une scélérate : elle m'a dit cent insolences.

BÉLINE. — Hé bien ! je vous crois, mon ami. Là, remettez-vous. Écoutez, Toinette, si vous fâchez jamais mon mari, je vous mettrai dehors. Çà, donnez-moi son manteau fourré et des oreillers, que je l'accommode dans sa chaise. Vous voilà je ne sais comment. Enfoncez bien votre bonnet jusque sur vos oreilles : il n'y a rien qui enrhume tant que de prendre l'air par les oreilles.

ARGAN. — Ah ! ma mie, que je vous suis obligé de tous les soins que vous prenez de moi !

BÉLINE, *accommodant les oreillers qu'elle met autour d'Argan.* — Levez-vous, que je mette ceci sous vous. Mettons celui-ci pour vous appuyer, et celui-là de l'autre côté. Mettons celui-ci derrière votre dos, et cet autre-là pour soutenir votre tête.

TOINETTE, *lui mettant rudement un oreiller sur la tête,
et puis fuyant.* — Et celui-ci pour vous garder du serein.

ARGAN *se lève en colère, et jette tous les oreillers à Toinette.* — Ah! coquine, tu veux m'étouffer.

BÉLINE. — Eh là, eh là! Qu'est-ce que c'est donc?

ARGAN, *tout essoufflé, se jette dans sa chaise.* — Ah, ah,
ah! je n'en puis plus.

BÉLINE. — Pourquoi vous emporter ainsi? Elle a cru
faire bien.

ARGAN. — Vous ne connaissez pas, mamour, la malice
de la pendarde. Ah! elle m'a mis tout hors de moi; et il
faudra plus de huit médecines, et de douze lavements,
pour réparer tout ceci.

BÉLINE. — Là, là, mon petit ami, apaisez-vous un peu.

ARGAN. — Ma mie, vous êtes toute ma consolation.

BÉLINE. — Pauvre petit fils.

ARGAN. — Pour tâcher de reconnaître l'amour que vous
me portez, je veux, mon cœur, comme je vous ai dit, faire
mon testament.

BÉLINE. — Ah! mon ami, ne parlons point de cela, je
vous prie : je ne saurais souffrir cette pensée; et le seul
mot de testament me fait tressaillir de douleur.

ARGAN. — Je vous avais dit de parler pour cela à votre
notaire.

BÉLINE. — Le voilà là-dedans, que j'ai amené avec moi.

ARGAN. — Faites-le donc entrer, mamour.

BÉLINE. — Hélas! mon ami, quand on aime bien un
mari, on n'est guère en état de songer à tout cela.

SCÈNE VII

LE NOTAIRE, BÉLINE, ARGAN

ARGAN. — Approchez, Monsieur de Bonnefoy, approchez. Prenez un siège, s'il vous plaît. Ma femme m'a dit,
Monsieur, que vous étiez fort honnête homme, et tout à
fait de ses amis; et je l'ai chargée de vous parler pour un
testament que je veux faire.

BÉLINE. — Hélas! je ne suis point capable de parler de
ces choses-là.

LE NOTAIRE. — Elle m'a, Monsieur, expliqué vos intentions, et le dessein où vous êtes pour elle; et j'ai à vous
dire là-dessus que vous ne sauriez rien donner à votre
femme par votre testament.

ARGAN. — Mais pourquoi ?

LE NOTAIRE. — La Coutume y résiste. Si vous étiez en pays de droit écrit, cela se pourrait faire; mais, à Paris, et dans les pays coutumiers, au moins dans la plupart, c'est ce qui ne se peut, et la disposition serait nulle. Tout l'avantage qu'homme et femme conjoints par mariage se peuvent faire l'un à l'autre, c'est un don mutuel entre vifs; encore faut-il qu'il n'y ait enfants, soit des deux conjoints, ou de l'un d'eux, lors du décès du premier mourant.

ARGAN. — Voilà une Coutume bien impertinente, qu'un mari ne puisse rien laisser à une femme dont il est aimé tendrement, et qui prend de lui tant de soin. J'aurais envie de consulter mon avocat, pour voir comment je pourrais faire.

LE NOTAIRE. — Ce n'est point à des avocats qu'il faut aller, car ils sont d'ordinaire sévères là-dessus, et s'imaginent que c'est un grand crime que de disposer en fraude de la loi. Ce sont gens de difficultés, et qui sont ignorants des détours de la conscience. Il y a d'autres personnes à consulter, qui sont bien plus accommodantes, qui ont des expédients pour passer doucement par-dessus la loi, et rendre juste ce qui n'est pas permis; qui savent aplanir les difficultés d'une affaire, et trouver des moyens d'éluder la Coutume par quelque avantage indirect. Sans cela, où en serions-nous tous les jours ? Il faut de la facilité dans les choses; autrement nous ne ferions rien, et je ne donnerais pas un sou de notre métier.

ARGAN. — Ma femme m'avait bien dit, Monsieur, que vous étiez fort habile, et fort honnête homme. Comment puis-je faire, s'il vous plaît, pour lui donner mon bien, et en frustrer mes enfants ?

LE NOTAIRE. — Comment vous pouvez faire ? Vous pouvez choisir doucement un ami intime de votre femme, auquel vous donnerez en bonne forme par votre testament tout ce que vous pouvez; et cet ami ensuite lui rendra tout. Vous pouvez encore contracter un grand nombre d'obligations, non suspectes, au profit de divers créanciers, qui prêteront leur nom à votre femme, et entre les mains de laquelle ils mettront leur déclaration que ce qu'ils en ont fait n'a été que pour lui faire plaisir. Vous pouvez aussi, pendant que vous êtes en vie, mettre entre ses mains de l'argent comptant, ou des billets que vous pourrez avoir, payables au porteur.

BÉLINE. — Mon Dieu! il ne faut point vous tourmenter

de tout cela. S'il vient faute de vous, mon fils, je ne veux plus rester au monde.

ARGAN. — Ma mie!

BÉLINE. — Oui, mon ami, si je suis assez malheureuse pour vous perdre...

ARGAN. — Ma chère femme!

BÉLINE. — La vie ne me sera plus de rien.

ARGAN. — Mamour!

BÉLINE. — Et je suivrai vos pas, pour vous faire connaître la tendresse que j'ai pour vous.

ARGAN. — Ma mie, vous me fendez le cœur. Consolez-vous, je vous en prie.

LE NOTAIRE. — Ces larmes sont hors de saison, et les choses n'en sont point encore là.

BÉLINE. — Ah! Monsieur, vous ne savez pas ce que c'est qu'un mari qu'on aime tendrement.

ARGAN. — Tout le regret que j'aurai, si je meurs, ma mie, c'est de n'avoir point un enfant de vous. Monsieur Purgon m'avait dit qu'il m'en ferait faire un.

LE NOTAIRE. — Cela pourra venir encore.

ARGAN. — Il faut faire mon testament, mamour, de la façon que Monsieur dit; mais, par précaution, je veux vous mettre entre les mains vingt mille francs en or, que j'ai dans le lambris de mon alcôve, et deux billets payables au porteur, qui me sont dus, l'un par Monsieur Damon, et l'autre par Monsieur Gérante.

BÉLINE. — Non, non, je ne veux point de tout cela. Ah! combien dites-vous qu'il y a dans votre alcôve ?

ARGAN. — Vingt mille francs, mamour.

BÉLINE. — Ne me parlez point de bien, je vous prie. Ah! de combien sont les deux billets ?

ARGAN. — Ils sont, ma mie, l'un de quatre mille francs, et l'autre de six.

BÉLINE. — Tous les biens du monde, mon ami, ne me sont rien au prix de vous.

LE NOTAIRE. — Voulez-vous que nous procédions au testament ?

ARGAN. — Oui, Monsieur; mais nous serons mieux dans mon petit cabinet. Mamour, conduisez-moi, je vous prie.

BÉLINE. — Allons, mon pauvre petit fils.

SCÈNE VIII

ANGÉLIQUE, TOINETTE

TOINETTE. — Les voilà avec un notaire, et j'ai ouï parler de testament. Votre belle-mère ne s'endort point, et c'est sans doute quelque conspiration contre vos intérêts où elle pousse votre père.

ANGÉLIQUE. — Qu'il dispose de son bien à sa fantaisie, pourvu qu'il ne dispose point de mon cœur. Tu vois, Toinette, les desseins violents que l'on fait sur lui. Ne m'abandonne point, je te prie, dans l'extrémité où je suis.

TOINETTE. — Moi, vous abandonner ? j'aimerais mieux mourir. Votre belle-mère a beau me faire sa confidente, et me vouloir jeter dans ses intérêts, je n'ai jamais pu avoir d'inclination pour elle, et j'ai toujours été de votre parti. Laissez-moi faire : j'emploierai toute chose pour vous servir; mais pour vous servir avec plus d'effet, je veux changer de batterie, couvrir le zèle que j'ai pour vous, et feindre d'entrer dans les sentiments de votre père et de votre belle-mère.

ANGÉLIQUE. — Tâche, je t'en conjure, de faire donner avis à Cléante du mariage qu'on a conclu.

TOINETTE. — Je n'ai personne à employer à cet office, que le vieux usurier Polichinelle, mon amant, et il m'en coûtera pour cela quelques paroles de douceur, que je veux bien dépenser pour vous. Pour aujourd'hui il est trop tard; mais demain, du grand matin, je l'enverrai quérir, et il sera ravi de...

BÉLINE. — Toinette !

TOINETTE. — Voilà qu'on m'appelle. Bonsoir. Reposez-vous sur moi.

PREMIER INTERMÈDE

Polichinelle, dans la nuit, vient pour donner une sérénade à sa maîtresse. Il est interrompu d'abord par des violons, contre lesquels il se met en colère, et ensuite par le Guet, composé de musiciens et de danseurs.

POLICHINELLE

O amour, amour, amour, amour ! Pauvre Polichinelle, quelle diable de fantaisie t'es-tu allé mettre dans la cer-

velle ? A quoi t'amuses-tu, misérable insensé que tu es ?
Tu quittes le soin de ton négoce, et tu laisses aller tes
affaires à l'abandon. Tu ne manges plus, tu ne bois presque
plus, tu perds le repos de la nuit; et tout cela pour qui ?
Pour une dragonne, franche dragonne, une diablesse qui
te rembarre, et se moque de tout ce que tu peux lui dire.
Mais il n'y a point à raisonner là-dessus. Tu le veux,
amour : il faut être fou comme beaucoup d'autres. Cela
n'est pas le mieux du monde à un homme de mon âge;
mais qu'y faire ? On n'est pas sage quand on veut, et les
vieilles cervelles se démontent comme les jeunes.

Je viens voir si je ne pourrai point adoucir ma tigresse
par une sérénade. Il n'y a rien parfois qui soit si touchant
qu'un amant qui vient chanter ses doléances aux gonds
et aux verrous de la porte de sa maîtresse. Voici de quoi
accompagner ma voix. O nuit! ô chère nuit! porte mes
plaintes amoureuses jusque dans le lit de mon inflexible.

Il chante ces paroles :

Notte e dì v'amo e v'adoro,
Cerco un sì per mio ristoro;
Ma se voi dite di no,
Bell' ingrata, io morirò.

Fra la speranza
S'afflige il cuore,
In lontananza
Consuma l'hore;
Si dolce inganno
Che mi figura
Breve l'affanno
Ahi ! troppo dura !
Così per tropp' amar languisco e muoro.

Notte e dì v'amo e v'adoro,
Cerco un sì per mio ristoro;
Ma se voi dite di no,
Bell' ingrata, io morirò.

Se non dormite,
Almen pensate
Alle ferite
Ch'al cuor mi fate;
Deh! almen fingete,

Per mio conforto,
Se m'uccidete,
D' haver il torto :
Vostra pietà mi scemarà il martoro.

Notte e dì v'amo e v'adoro,
Cerco un sì per mio ristoro;
Ma se voi dite di no,
Bell' ingrata, io morirò.

UNE VIEILLE *se présente à la fenêtre, et répond au signor*
Polichinelle en se moquant de lui.

Zerbinetti, ch' ogn' hor con finti sguardi,
        Mentiti desiri,
        Fallaci sospiri,
    Accenti buggiardi,
    Di fede vi preggiate,
    Ah! che non m'ingannate,
    Che già so per prova
    Ch'in voi non si trova
    Constanza ne fede :
Oh! quanto è pazza colei che vi crede!

        Quei sguardi languidi
        Non m'innamorano,
        Quei sospir fervidi
        Più non m' infiammano,
        Vel giuro a fè.
        Zerbino misero,
        Del vostro piangere
        Il mio cor libero
        Vuol sempre ridere,
        Credet' a me :
        Che già so per prova
        Ch' in voi non si trova
        Constanza ne fede :
Oh! quanto è pazza colei che vi crede!

VIOLONS

POLICHINELLE

Quelle impertinente harmonie vient interrompre ici
ma voix ?

VIOLONS

POLICHINELLE

Paix là, taisez-vous, violons. Laissez-moi me plaindre
à mon aise des cruautés de mon inexorable.

VIOLONS

POLICHINELLE

Taisez-vous, vous dis-je. C'est moi qui veux chanter.

VIOLONS

POLICHINELLE

Paix donc!

VIOLONS

POLICHINELLE

Ouais!

VIOLONS

POLICHINELLE

Ahi!

VIOLONS

POLICHINELLE

Est-ce pour rire ?

VIOLONS

POLICHINELLE

Ah! que de bruit!

VIOLONS

POLICHINELLE

Le diable vous emporte!

VIOLONS

POLICHINELLE

J'enrage.

VIOLONS

POLICHINELLE

Vous ne vous tairez pas ? Ah! Dieu soit loué!

VIOLONS

POLICHINELLE

Encore ?

VIOLONS

POLICHINELLE

Peste des violons!

VIOLONS

POLICHINELLE

La sotte musique que voilà!

VIOLONS

POLICHINELLE

La, la, la, la, la, la.

VIOLONS

POLICHINELLE

La, la, la, la, la, la.

VIOLONS

POLICHINELLE

La, la, la, la, la, la, la.

VIOLONS

POLICHINELLE

La, la, la, la, la.

VIOLONS

POLICHINELLE

La, la, la, la, la, la.

VIOLONS

POLICHINELLE, *avec un luth, dont il ne joue que des lèvres et de la langue, en disant : plin pan plan, etc.*

Par ma foi! cela me divertit. Poursuivez, Messieurs les Violons, vous me ferez plaisir. Allons donc, continuez, je vous en prie. Voilà le moyen de les faire taire. La musique est accoutumée à ne point faire ce qu'on veut. Ho sus, à nous! Avant que de chanter, il faut que je prélude un peu, et joue quelque pièce, afin de mieux prendre mon ton. *Plan, plan, plan. Plin, plin, plin.* Voilà un temps fâcheux pour mettre un luth d'accord. *Plin, plin, plin. Plin tan plan. Plin, plin.* Les cordes ne tiennent point par ce temps-là. *Plin, plan.* J'entends du bruit, mettons mon luth contre la porte.

ARCHERS, *passant dans la rue, accourent au bruit qu'ils entendent et demandent :*

Qui va là, qui va là ?

POLICHINELLE, *tout bas.*

Qui diable est-ce là ? Est-ce que c'est la mode de parler en musique ?

ARCHERS

Qui va là, qui va là, qui va là ?

POLICHINELLE, *épouvanté.*

Moi, moi, moi.

ARCHERS

Qui va là, qui va là ? vous dis-je.

POLICHINELLE

Moi, moi, vous dis-je.

ARCHERS

Et qui toi ? et qui toi ?

POLICHINELLE

Moi, moi, moi, moi, moi, moi.

ARCHERS

Dis ton nom, dis ton nom, sans davantage attendre.

POLICHINELLE, *feignant d'être bien hardi.*

Mon nom est : « Va te faire pendre. »

ARCHERS

Ici, camarades, ici.
Saisissons l'insolent qui nous répond ainsi.

ENTRÉE DE BALLET

Tout le Guet vient, qui cherche Polichinelle dans la nuit.

VIOLONS ET DANSEURS

POLICHINELLE

Qui va là ?
VIOLONS ET DANSEURS

POLICHINELLE

Qui sont les coquins que j'entends ?

VIOLONS ET DANSEURS

POLICHINELLE

Euh ?

VIOLONS ET DANSEURS

POLICHINELLE

Holà, mes laquais, mes gens!

VIOLONS ET DANSEURS

POLICHINELLE

Par la mort!

VIOLONS ET DANSEURS

POLICHINELLE

Par le sang!

VIOLONS ET DANSEURS

POLICHINELLE

J'en jetterai par terre.

VIOLONS ET DANSEURS

POLICHINELLE

Champagne, Poitevin, Picard, Basque, Breton!

VIOLONS ET DANSEURS

POLICHINELLE

Donnez-moi mon mousqueton.

VIOLONS ET DANSEURS

POLICHINELLE *tire un coup de pistolet.*

Poue.

Ils tombent tous et s'enfuient.

POLICHINELLE, *en se moquant.*

Ah! ah! ah! ah! comme je leur ai donné l'épouvante! Voilà de sottes gens d'avoir peur de moi, qui ai peur des autres. Ma foi! il n'est que de jouer d'adresse en ce monde. Si je n'avais tranché du grand seigneur, et n'avais fait le brave, ils n'auraient pas manqué de me happer. Ah! ah! ah!

Les archers se rapprochent, et ayant entendu ce qu'il disait, ils le saisissent au collet.

ARCHERS

Nous le tenons. A nous, camarades, à nous.
Dépêchez, de la lumière.

BALLET

Tout le Guet vient avec des lanternes.

ARCHERS

Ah! traître! ah! fripon! c'est donc vous ?
Faquin, maraud, pendard, impudent, téméraire,
Insolent, effronté, coquin, filou, voleur,
Vous osez nous faire peur ?

POLICHINELLE

Messieurs, c'est que j'étais ivre.

ARCHERS

Non, non, non, point de raison,
Il faut vous apprendre à vivre.
En prison, vite, en prison.

POLICHINELLE

Messieurs, je ne suis point voleur.

ARCHERS

En prison.

POLICHINELLE

Je suis un bourgeois de la ville.

ARCHERS

En prison.

POLICHINELLE

Qu'ai-je fait ?

ARCHERS

En prison, vite, en prison.

POLICHINELLE

Messieurs, laissez-moi aller.

ARCHERS

Non.

POLICHINELLE

Je vous prie.

ARCHERS

Non.

POLICHINELLE

Eh !

ARCHERS

Non.

POLICHINELLE

De grâce.

ARCHERS

Non, non.

POLICHINELLE

Messieurs.

ARCHERS

Non, non, non.

POLICHINELLE

S'il vous plaît.

ARCHERS

Non, non.

POLICHINELLE

Par charité.

ARCHERS

Non, non.

POLICHINELLE

Au nom du Ciel!

ARCHERS

Non, non.

POLICHINELLE

Miséricorde!

ARCHERS

Non, non, non, point de raison;
Il faut vous apprendre à vivre.
En prison, vite, en prison.

POLICHINELLE

Hé! n'est-il rien, Messieurs, qui soit capable d'attendrir vos âmes?

ARCHERS

Il est aisé de nous toucher,
Et nous sommes humains plus qu'on ne saurait croire;
Donrez-nous doucement six pistoles pour boire,
Nous allons vous lâcher.

POLICHINELLE

Hélas! Messieurs, je vous assure que je n'ai pas un sou sur moi.

ARCHERS

Au défaut de six pistoles,
Choisissez donc sans façon
D'avoir trente croquignoles,
Ou douze coups de bâton.

POLICHINELLE

Si c'est une nécessité, et qu'il faille en passer par là, je choisis les croquignoles.

ARCHERS

Allons, préparez-vous,
Et comptez bien les coups.

BALLET

Archers danseurs lui donnent des croquignoles
en cadence.

POLICHINELLE

Un et deux, trois et quatre, cinq et six, sept et huit, neuf
et dix, onze et douze, et treize, et quatorze, et quinze.

ARCHERS

Ah! ah! vous en voulez passer :
Allons, c'est à recommencer.

POLICHINELLE

Ah! Messieurs, ma pauvre tête n'en peut plus, et vous
venez de me la rendre comme une pomme cuite. J'aime
mieux encore les coups de bâton que de recommencer.

ARCHERS

Soit! puisque le bâton est pour vous plus charmant,
Vous aurez contentement.

BALLET

Les Archers danseurs lui donnent des coups
de bâton en cadence.

POLICHINELLE

Un, deux, trois, quatre, cinq, six, ah! ah! ah! je n'y
saurais plus résister. Tenez, Messieurs, voilà six pistoles
que je vous donne.

ARCHERS

Ah! l'honnête homme! Ah! l'âme noble et belle!
Adieu, seigneur, adieu, seigneur Polichinelle.

POLICHINELLE

Messieurs, je vous donne le bonsoir.

ARCHERS

Adieu, seigneur, adieu, seigneur Polichinelle.

POLICHINELLE

Votre serviteur.

ARCHERS

Adieu, seigneur, adieu, seigneur Polichinelle.

POLICHINELLE

Très humble valet.

ARCHERS

Adieu, seigneur, adieu, seigneur Polichinelle.

POLICHINELLE

Jusqu'au revoir.

BALLET

Ils dansent tous, en réjouissance de l'argent qu'ils ont reçu.
Le théâtre change et représente la même chambre.

ACTE II

SCÈNE I

TOINETTE, CLÉANTE

TOINETTE. — Que demandez-vous, Monsieur ?

CLÉANTE. — Ce que je demande ?

TOINETTE. — Ah ! ah ! c'est vous ? Quelle surprise ! Que venez-vous faire céans ?

CLÉANTE. — Savoir ma destinée, parler à l'aimable Angélique, consulter les sentiments de son cœur, et lui demander ses résolutions sur ce mariage fatal dont on m'a averti.

TOINETTE. — Oui, mais on ne parle pas comme cela de but en blanc à Angélique : il faut des mystères, et l'on vous a dit l'étroite garde où elle est retenue, qu'on ne la laisse ni sortir, ni parler à personne, et que ce ne fut que la curiosité d'une vieille tante qui nous fit accorder la liberté d'aller à cette comédie qui donna lieu à la nais-sance de votre passion ; et nous nous sommes bien gardées de parler de cette aventure.

CLÉANTE. — Aussi ne viens-je pas ici comme Cléante et sous l'apparence de son amant, mais comme ami de son maître de musique, dont j'ai obtenu le pouvoir de dire qu'il m'envoie à sa place.

TOINETTE. — Voici son père. Retirez-vous un peu, et me laissez lui dire que vous êtes là.

SCÈNE II

ARGAN, TOINETTE, CLÉANTE

ARGAN. — Monsieur Purgon m'a dit de me promener le matin dans ma chambre, douze allées, et douze venues ; mais j'ai oublié à lui demander si c'est en long, ou en large.

TOINETTE. — Monsieur, voilà un...

ARGAN. — Parle bas, pendarde : tu viens m'ébranler tout le cerveau, et tu ne songes pas qu'il ne faut point parler si haut à des malades.

TOINETTE. — Je voulais vous dire, Monsieur...

ARGAN. — Parle bas, te dis-je.

TOINETTE. — Monsieur...

Elle fait semblant de parler.

ARGAN. — Eh ?

TOINETTE. — Je vous dis que...

Elle fait semblant de parler.

ARGAN. — Qu'est-ce que tu dis ?

TOINETTE, *haut.* — Je dis que voilà un homme qui veut parler à vous.

ARGAN. — Qu'il vienne.

Toinette fait signe à Cléante d'avancer.

CLÉANTE. — Monsieur...

TOINETTE, *raillant.* — Ne parlez pas si haut, de peur d'ébranler le cerveau de Monsieur.

CLÉANTE. — Monsieur, je suis ravi de vous trouver debout et de voir que vous vous portez mieux.

TOINETTE, *feignant d'être en colère.* — Comment « qu'il se porte mieux » ? Cela est faux : Monsieur se porte toujours mal.

CLÉANTE. — J'ai ouï dire que Monsieur était mieux, et je lui trouve bon visage.

TOINETTE. — Que voulez-vous dire avec votre bon visage ? Monsieur l'a fort mauvais, et ce sont des impertinents qui vous ont dit qu'il était mieux. Il ne s'est jamais si mal porté.

ARGAN. — Elle a raison.

TOINETTE. — Il marche, dort, mange, et boit tout comme les autres; mais cela n'empêche pas qu'il ne soit fort malade.

ARGAN. — Cela est vrai.

CLÉANTE. — Monsieur, j'en suis au désespoir. Je viens de la part du maître à chanter de Mademoiselle votre fille. Il s'est vu obligé d'aller à la campagne pour quelques jours; et comme son ami intime, il m'envoie à sa place, pour lui continuer ses leçons, de peur qu'en les interrompant elle ne vînt à oublier ce qu'elle sait déjà.

ARGAN. — Fort bien. Appelez Angélique.

TOINETTE. — Je crois, Monsieur, qu'il sera mieux de mener Monsieur à sa chambre.

ARGAN. — Non; faites-la venir.

TOINETTE. — Il ne pourra lui donner leçon comme il faut, s'ils ne sont en particulier.

ARGAN. — Si fait, si fait.

TOINETTE. — Monsieur, cela ne fera que vous étourdir, et il ne faut rien pour vous émouvoir en l'état où vous êtes, et vous ébranler le cerveau.

ARGAN. — Point, point : j'aime la musique, et je serai bien aise de... Ah! la voici. Allez-vous-en voir, vous, si ma femme est habillée.

SCÈNE III

ARGAN, ANGÉLIQUE, CLÉANTE

ARGAN. — Venez, ma fille : votre maître de musique est allé aux champs, et voilà une personne qu'il envoie à sa place pour vous montrer.

ANGÉLIQUE. — Ah, Ciel!

ARGAN. — Qu'est-ce ? d'où vient cette surprise ?

ANGÉLIQUE. — C'est...

ARGAN. — Quoi ? qui vous émeut de la sorte ?

ANGÉLIQUE. — C'est, mon père, une aventure surprenante qui se rencontre ici.

ARGAN. — Comment ?

ANGÉLIQUE. — J'ai songé cette nuit que j'étais dans le plus grand embarras du monde, et qu'une personne faite tout comme Monsieur s'est présentée à moi, à qui j'ai demandé secours, et qui m'est venue tirer de la peine où j'étais; et ma surprise a été grande de voir inopinément, en arrivant ici, ce que j'ai eu dans l'idée toute la nuit.

CLÉANTE. — Ce n'est pas être malheureux que d'occuper votre pensée, soit en dormant, soit en veillant, et mon bonheur serait grand sans doute si vous étiez dans quelque peine dont vous me jugeassiez digne de vous tirer; et il n'y a rien que je ne fisse pour...

SCÈNE IV

TOINETTE, CLÉANTE, ANGÉLIQUE, ARGAN

TOINETTE, *par dérision.* — Ma foi, Monsieur, je suis pour vous maintenant, et je me dédis de tout ce que je disais hier. Voici Monsieur Diafoirus le père, et Monsieur Diafoirus le fils, qui viennent vous rendre visite. Que vous serez bien engendré! Vous allez voir le garçon le mieux fait du monde, et le plus spirituel. Il n'a dit que deux mots, qui m'ont ravie, et votre fille va être charmée de lui.

ARGAN, *à Cléante, qui feint de vouloir s'en aller.* — Ne vous en allez point, Monsieur. C'est que je marie ma fille; et voilà qu'on lui amène son prétendu mari, qu'elle n'a point encore vu.

CLÉANTE. — C'est m'honorer beaucoup, Monsieur, de vouloir que je sois témoin d'une entrevue si agréable.

ARGAN. — C'est le fils d'un habile médecin, et le mariage se fera dans quatre jours.

CLÉANTE. — Fort bien.

ARGAN. — Mandez-le un peu à son maître de musique, afin qu'il se trouve à la noce.

CLÉANTE. — Je n'y manquerai pas.

ARGAN. — Je vous y prie aussi.

CLÉANTE. — Vous me faites beaucoup d'honneur.

TOINETTE. — Allons, qu'on se range, les voici.

SCÈNE V

MONSIEUR DIAFOIRUS, THOMAS DIAFOIRUS, ARGAN, ANGÉLIQUE, CLÉANTE, TOINETTE

ARGAN, *mettant la main à son bonnet sans l'ôter.* — Monsieur Purgon, Monsieur, m'a défendu de découvrir ma tête. Vous êtes du métier, vous savez les conséquences.

MONSIEUR DIAFOIRUS. — Nous sommes dans toutes nos visites pour porter secours aux malades, et non pour leur porter de l'incommodité.

ARGAN. — Je reçois, Monsieur...

> *Ils parlent tous deux en même temps, s'inter-rompent et confondent.*

MONSIEUR DIAFOIRUS. — Nous venons ici, Monsieur...

ARGAN. — Avec beaucoup de joie...

MONSIEUR DIAFOIRUS. — Mon fils Thomas, et moi...

ARGAN. — L'honneur que vous me faites...

MONSIEUR DIAFOIRUS. — Vous témoigner, Monsieur...

ARGAN. — Et j'aurais souhaité...

MONSIEUR DIAFOIRUS. — Le ravissement où nous sommes...

ARGAN. — De pouvoir aller chez vous...

MONSIEUR DIAFOIRUS. — De la grâce que vous nous faites...

ARGAN. — Pour vous en assurer...

MONSIEUR DIAFOIRUS. — De vouloir bien nous recevoir...

ARGAN. — Mais vous savez, Monsieur...

MONSIEUR DIAFOIRUS. — Dans l'honneur, Monsieur...

ARGAN. — Ce que c'est qu'un pauvre malade...

MONSIEUR DIAFOIRUS. — De votre alliance...

ARGAN. — Qui ne peut faire autre chose...

MONSIEUR DIAFOIRUS. — Et vous assurer...

ARGAN. — Que de vous dire ici...

MONSIEUR DIAFOIRUS. — Que dans les choses qui dépendront de notre métier...

ARGAN. — Qu'il cherchera toutes les occasions...

MONSIEUR DIAFOIRUS. — De même qu'en toute autre...

ARGAN. — De vous faire connaître, Monsieur...

MONSIEUR DIAFOIRUS. — Nous serons toujours prêts, Monsieur...

ARGAN. — Qu'il est tout à votre service...

MONSIEUR DIAFOIRUS. — A vous témoigner notre zèle. *(Il se retourne vers son fils et lui dit :)* Allons, Thomas, avancez. Faites vos compliments.

THOMAS DIAFOIRUS *est un grand benêt, nouvellement sorti des Écoles, qui fait toutes choses de mauvaise grâce et à contretemps.* — N'est-ce pas par le père qu'il convient commencer ?

MONSIEUR DIAFOIRUS. — Oui.

THOMAS DIAFOIRUS. — Monsieur, je viens saluer, reconnaître, chérir, et révérer en vous un second père; mais un second père auquel j'ose dire que je me trouve plus redevable qu'au premier. Le premier m'a engendré; mais vous m'avez choisi. Il m'a reçu par nécessité; mais vous m'avez accepté par grâce. Ce que je tiens de lui est un ouvrage de son corps, mais ce que je tiens de vous est un ouvrage de votre volonté; et d'autant plus que les facultés spirituelles sont au-dessus des corporelles, d'autant plus je vous dois, et d'autant plus je tiens précieuse cette future filiation, dont je viens aujourd'hui vous rendre par avance les très humbles et très respectueux hommages.

TOINETTE. — Vivent les collèges, d'où l'on sort si habile homme!

THOMAS DIAFOIRUS. — Cela a-t-il bien été, mon père?

MONSIEUR DIAFOIRUS. — *Optime.*

ARGAN, *à Angélique.* — Allons, saluez Monsieur.

THOMAS DIAFOIRUS. — Baiserai-je?

MONSIEUR DIAFOIRUS. — Oui, oui.

THOMAS DIAFOIRUS, *à Angélique.* — Madame, c'est avec justice que le Ciel vous a concédé le nom de belle-mère, puisque l'on...

ARGAN. — Ce n'est pas ma femme, c'est ma fille à qui vous parlez.

THOMAS DIAFOIRUS. — Où donc est-elle?

ARGAN. — Elle va venir.

THOMAS DIAFOIRUS. — Attendrai-je, mon père, qu'elle soit venue?

MONSIEUR DIAFOIRUS. — Faites toujours le compliment de Mademoiselle.

THOMAS DIAFOIRUS. — Mademoiselle, ni plus ni moins que la statue de Memnon rendait un son harmonieux, lorsqu'elle venait à être éclairée des rayons du soleil : tout de même me sens-je animé d'un doux transport à l'apparition du soleil de vos beautés. Et comme les naturalistes remarquent que la fleur nommée héliotrope tourne sans cesse vers cet astre du jour, aussi mon cœur dores-en-avant tournera-t-il toujours vers les astres resplendissants de vos yeux adorables, ainsi que vers son pôle unique. Souffrez donc, Mademoiselle, que j'appende aujourd'hui à l'autel de vos charmes l'offrande de ce cœur, qui ne respire et n'ambitionne autre gloire que d'être toute sa vie, Mademoiselle, votre très humble, très obéissant et très fidèle serviteur et mari.

TOINETTE, *en le raillant.* — Voilà ce que c'est que d'étudier, on apprend à dire de belles choses.

ARGAN. — Eh! que dites-vous de cela ?

CLÉANTE. — Que Monsieur fait merveilles, et que s'il est aussi bon médecin qu'il est bon orateur, il y aura plaisir à être de ses malades.

TOINETTE. — Assurément. Ce sera quelque chose d'admirable s'il fait d'aussi belles cures qu'il fait de beaux discours.

ARGAN. — Allons vite, ma chaise, et des sièges à tout le monde. Mettez-vous là, ma fille. Vous voyez, Monsieur, que tout le monde admire Monsieur votre fils, et je vous trouve bien heureux de vous voir un garçon comme cela.

MONSIEUR DIAFOIRUS. — Monsieur, ce n'est pas parce que je suis son père, mais je puis dire que j'ai sujet d'être content de lui, et que tous ceux qui le voient en parlent comme d'un garçon qui n'a point de méchanceté. Il n'a jamais eu l'imagination bien vive, ni ce feu d'esprit qu'on remarque dans quelques-uns; mais c'est par là que j'ai toujours bien auguré de sa judiciaire, qualité requise pour l'exercice de notre art. Lorsqu'il était petit, il n'a jamais été ce qu'on appelle mièvre et éveillé. On le voyait toujours doux, paisible, et taciturne, ne disant jamais mot, et ne jouant jamais à tous ces petits jeux que l'on nomme enfantins. On eut toutes les peines du monde à lui apprendre à lire, et il avait neuf ans, qu'il ne connaissait pas encore ses lettres. « Bon, disais-je en moi-même, les arbres tardifs sont ceux qui portent les meilleurs fruits; on grave sur le marbre bien plus malaisément que sur le sable; mais les choses y sont conservées bien plus longtemps, et cette lenteur à comprendre, cette pesanteur d'imagination, est la marque d'un bon jugement à venir. » Lorsque je l'envoyai au collège, il trouva de la peine; mais il se raidissait contre les difficultés, et ses régents se louaient toujours à moi de son assiduité, et de son travail. Enfin, à force de battre le fer, il en est venu glorieusement à avoir ses licences; et je puis dire sans vanité que depuis deux ans qu'il est sur les bancs, il n'y a point de candidat qui ait fait plus de bruit que lui dans toutes les disputes de notre École. Il s'y est rendu redoutable, et il ne s'y passe point d'acte où il n'aille argumenter à outrance pour la proposition contraire. Il est ferme dans la dispute, fort comme un Turc sur ses principes, ne démord jamais de son opinion, et poursuit un raisonnement jusque dans les derniers recoins de la logique. Mais sur toute chose ce qui me plaît en lui, et en quoi il suit mon exemple, c'est qu'il s'attache aveuglément aux opinions de nos anciens, et que jamais il n'a voulu comprendre ni écouter les raisons et les expériences des prétendues découvertes de notre siècle, touchant la circulation du sang, et autres opinions de même farine.

THOMAS DIAFOIRUS. *Il tire une grande thèse roulée de sa poche, qu'il présente à Angélique.* — J'ai contre les circulateurs soutenu une thèse, qu'avec la permission de Monsieur, j'ose présenter à Mademoiselle, comme un hommage que je lui dois des prémices de mon esprit.

ANGÉLIQUE. — Monsieur, c'est pour moi un meuble inutile, et je ne me connais pas à ces choses-là.

TOINETTE. — Donnez, donnez, elle est toujours bonne à prendre pour l'image; cela servira à parer notre chambre.

THOMAS DIAFOIRUS. — Avec la permission aussi de Monsieur, je vous invite à venir voir l'un de ces jours, pour vous divertir, la dissection d'une femme, sur quoi je dois raisonner.

TOINETTE. — Le divertissement sera agréable. Il y en a qui donnent la comédie à leurs maîtresses; mais donner une dissection est quelque chose de plus galant.

MONSIEUR DIAFOIRUS. — Au reste, pour ce qui est des qualités requises pour le mariage et la propagation, je vous assure que, selon les règles de nos docteurs, il est tel qu'on le peut souhaiter, qu'il possède en un degré louable la vertu prolifique et qu'il est du tempérament qu'il faut pour engendrer et procréer des enfants bien conditionnés.

ARGAN. — N'est-ce pas votre intention, Monsieur, de le pousser à la cour, et d'y ménager pour lui une charge de médecin ?

MONSIEUR DIAFOIRUS. — A vous en parler franchement, notre métier auprès des grands ne m'a jamais paru agréable, et j'ai toujours trouvé qu'il valait mieux, pour nous autres, demeurer au public. Le public est commode. Vous n'avez à répondre de vos actions à personne; et pourvu que l'on suive le courant des règles de l'art, on ne se met point en peine de tout ce qui peut arriver. Mais ce qu'il y a de fâcheux auprès des grands, c'est que, quand ils viennent à être malades, ils veulent absolument que leurs médecins les guérissent.

TOINETTE. — Cela est plaisant, et ils sont bien impertinents de vouloir que vous autres Messieurs vous les guérissiez : vous n'êtes point auprès d'eux pour cela; vous n'y êtes que pour recevoir vos pensions, et leur ordonner des remèdes; c'est à eux à guérir s'ils peuvent.

Monsieur Diafoirus. — Cela est vrai. On n'est obligé qu'à traiter les gens dans les formes.

Argan, *à Cléante*. — Monsieur, faites un peu chanter ma fille devant la compagnie.

Cléante. — J'attendais vos ordres, Monsieur, et il m'est venu en pensée, pour divertir la compagnie, de chanter avec Mademoiselle une scène d'un petit opéra qu'on a fait depuis peu. Tenez, voilà votre partie.

Angélique. — Moi ?

Cléante. — Ne vous défendez point, s'il vous plaît, et me laissez vous faire comprendre ce que c'est que la scène que nous devons chanter. Je n'ai pas une voix à chanter ; mais il suffit ici que je me fasse entendre, et l'on aura la bonté de m'excuser par la nécessité où je me trouve de faire chanter Mademoiselle.

Argan. — Les vers en sont-ils beaux ?

Cléante. — C'est proprement ici un petit opéra impromptu, et vous n'allez entendre chanter que de la prose cadencée, ou des manières de vers libres, tels que la passion et la nécessité peuvent faire trouver à deux personnes qui disent les choses d'eux-mêmes, et parlent sur-le-champ.

Argan. — Fort bien. Écoutons.

Cléante *sous le nom d'un berger, explique à sa maîtresse son amour depuis leur rencontre, et ensuite ils s'appliquent leurs pensées l'un à l'autre en chantant*. — Voici le sujet de la scène. Un Berger était attentif aux beautés d'un spectacle, qui ne faisait que de commencer, lorsqu'il fut tiré de son attention par un bruit qu'il entendit à ses côtés. Il se retourne, et voit un brutal, qui de paroles insolentes maltraitait une Bergère. D'abord il prend les intérêts d'un sexe à qui tous les hommes doivent hommage ; et après avoir donné au brutal le châtiment de son insolence, il vient à la Bergère, et voit une jeune personne qui, des deux plus beaux yeux qu'il eût jamais vus, versait des larmes, qu'il trouva les plus belles du monde. « Hélas ! dit-il en lui-même, est-on capable d'outrager une personne si aimable ? Et quel inhumain, quel barbare ne serait touché par de telles larmes ? » Il prend soin de les arrêter, ces larmes, qu'il trouve si belles ; et l'aimable Bergère prend soin en même temps de le remercier de son léger service, mais d'une manière si charmante, si tendre, et si passionnée, que le Berger n'y peut résister ; et chaque mot, chaque regard, est un trait plein de flamme, dont son cœur se sent pénétré. « Est-il, disait-il, quelque chose qui puisse

mériter les aimables paroles d'un tel remerciement ? Et
que ne voudrait-on pas faire, à quels services, à quels
dangers, ne serait-on pas ravi de courir, pour s'attirer un
seul moment des touchantes douceurs d'une âme si recon-
naissante ? » Tout le spectacle passe sans qu'il y donne
aucune attention; mais il se plaint qu'il est trop court,
parce qu'en finissant il le sépare de son adorable Bergère;
et de cette première vue, de ce premier moment, il emporte
chez lui tout ce qu'un amour de plusieurs années peut avoir
de plus violent. Le voilà aussitôt à sentir tous les maux
de l'absence, et il est tourmenté de ne plus voir ce qu'il
a si peu vu. Il fait tout ce qu'il peut pour se redonner cette
vue, dont il conserve, nuit et jour, une si chère idée;
mais la grande contrainte où l'on tient sa Bergère lui en
ôte tous les moyens. La violence de sa passion le fait
résoudre à demander en mariage l'adorable beauté sans
laquelle il ne peut plus vivre, et il en obtient d'elle la permission par un billet qu'il a l'adresse de lui faire tenir.
Mais dans le même temps on l'avertit que le père de cette
belle a conclu son mariage avec un autre, et que tout se
dispose pour en célébrer la cérémonie. Jugez quelle atteinte
cruelle au cœur de ce triste Berger. Le voilà accablé d'une
mortelle douleur. Il ne peut souffrir l'effroyable idée de
voir tout ce qu'il aime entre les bras d'un autre; et son
amour au désespoir lui fait trouver moyen de s'introduire
dans la maison de sa Bergère, pour apprendre ses sentiments et savoir d'elle la destinée à laquelle il doit se
résoudre. Il y rencontre les apprêts de tout ce qu'il craint;
il y voit venir l'indigne rival que le caprice d'un père
oppose aux tendresses de son amour. Il le voit triomphant,
ce rival ridicule, auprès de l'aimable Bergère, ainsi qu'auprès d'une conquête qui lui est assurée; et cette vue le
remplit d'une colère, dont il a peine à se rendre le maître.
Il jette de douloureux regards sur celle qu'il adore; et son
respect, et la présence de son père l'empêchent de lui rien
dire que des yeux. Mais enfin il force toute contrainte, et
le transport de son amour l'oblige à lui parler ainsi :

(Il chante.)

Belle Philis, c'est trop, c'est trop souffrir;
Rompons ce dur silence, et m'ouvrez vos pensées.
  Apprenez-moi ma destinée :
  Faut-il vivre ? Faut-il mourir ?

  ANGÉLIQUE *répond en chantant :*
Vous me voyez, Tircis, triste et mélancolique,

Aux apprêts de l'hymen dont vous vous alarmez :
Je lève au ciel les yeux, je vous regarde, je soupire.
C'est vous en dire assez.

ARGAN. — Ouais! je ne croyais pas que ma fille fût si habile que de chanter ainsi à livre ouvert, sans hésiter.

CLÉANTE

Hélas! belle Philis,
Se pourrait-il que l'amoureux Tircis
Eût assez de bonheur,
Pour avoir quelque place dans votre cœur ?

ANGÉLIQUE

Je ne m'en défends point dans cette peine extrême :
Oui, Tircis, je vous aime.

CLÉANTE

O parole pleine d'appas!
Ai-je bien entendu, hélas!
Redites-la, Philis, que je n'en doute pas.

ANGÉLIQUE

Oui, Tircis, je vous aime.

CLÉANTE

De grâce, encor, Philis.

ANGÉLIQUE

Je vous aime.

CLÉANTE

Recommencez cent fois, ne vous en lassez pas.

ANGÉLIQUE

Je vous aime, je vous aime,
Oui, Tircis, je vous aime.

CLÉANTE

Dieux, rois, qui sous vos pieds regardez tout le monde,
Pouvez-vous comparer votre bonheur au mien ?
Mais, Philis, une pensée
Vient troubler ce doux transport :
Un rival, un rival...

ANGÉLIQUE

Ah! je le hais plus que la mort;
Et sa présence, ainsi qu'à vous,
M'est un cruel supplice.

CLÉANTE

Mais un père à ses vœux vous veut assujettir.

ANGÉLIQUE

Plutôt, plutôt mourir
Que de jamais y consentir;
Plutôt, plutôt mourir, plutôt mourir.

ARGAN. — Et que dit le père à tout cela ?

CLÉANTE. — Il ne dit rien.

ARGAN. — Voilà un sot père que ce père-là, de souffrir toutes ces sottises-là sans rien dire.

CLÉANTE

Ah! mon amour...

ARGAN. — Non, non, en voilà assez. Cette comédie-là est de fort mauvais exemple. Le berger Tircis est un impertinent, et la bergère Philis une impudente, de parler de la sorte devant son père. Montrez-moi ce papier. Ha, ha. Où sont donc les paroles que vous avez dites ? Il n'y a là que de la musique écrite.

CLÉANTE. — Est-ce que vous ne savez pas, Monsieur, qu'on a trouvé depuis peu l'invention d'écrire les paroles avec les notes mêmes ?

ARGAN. — Fort bien. Je suis votre serviteur, Monsieur; jusqu'au revoir. Nous nous serions bien passés de votre impertinent d'opéra.

CLÉANTE. — J'ai cru vous divertir.

ARGAN. — Les sottises ne divertissent point. Ah! voici ma femme.

SCÈNE VI

BÉLINE, ARGAN, TOINETTE, ANGÉLIQUE, MONSIEUR
DIAFOIRUS, THOMAS DIAFOIRUS

ARGAN. — Mamour, voilà le fils de Monsieur Diafoirus.

THOMAS DIAFOIRUS *commence un compliment qu'il avait étudié, et la mémoire lui manquant, il ne peut le continuer. —*

Madame, c'est avec justice que le Ciel vous a concédé le nom de belle-mère, puisque l'on voit sur votre visage...

Béline. — Monsieur, je suis ravie d'être venue ici à propos pour avoir l'honneur de vous voir.

Thomas Diafoirus. — Puisque l'on voit sur votre visage... puisque l'on voit sur votre visage... Madame, vous m'avez interrompu dans le milieu de ma période, et cela m'a troublé la mémoire.

Monsieur Diafoirus. — Thomas, réservez cela pour une autre fois.

Argan. — Je voudrais, ma mie, que vous eussiez été ici tantôt.

Toinette. — Ah! Madame, vous avez bien perdu de n'avoir point été au second père, à la statue de Memnon, et à la fleur nommée héliotrope.

Argan. — Allons, ma fille, touchez dans la main de Monsieur, et lui donnez votre foi, comme à votre mari.

Angélique. — Mon père!

Argan. — Hé bien! « Mon père » ? Qu'est-ce que cela veut dire?

Angélique. — De grâce, ne précipitez pas les choses. Donnez-nous au moins le temps de nous connaître, et de voir naître en nous l'un pour l'autre cette inclination si nécessaire à composer une union parfaite.

Thomas Diafoirus. — Quant à moi, Mademoiselle, elle est déjà toute née en moi, et je n'ai pas besoin d'attendre davantage.

Angélique. — Si vous êtes si prompt, Monsieur, il n'en est pas de même de moi, et je vous avoue que votre mérite n'a pas encore fait assez d'impression dans mon âme.

Argan. — Ho bien, bien! cela aura tout le loisir de se faire, quand vous serez mariés ensemble.

Angélique. — Eh! mon père, donnez-moi du temps, je vous prie. Le mariage est une chaîne où l'on ne doit jamais soumettre un cœur par force; et si Monsieur est honnête homme, il ne doit point vouloir accepter une personne qui serait à lui par contrainte.

Thomas Diafoirus. — *Nego consequentiam*, Mademoiselle, et je puis être honnête homme et vouloir bien vous accepter des mains de Monsieur votre père.

Angélique. — C'est un méchant moyen de se faire aimer de quelqu'un que de lui faire violence.

Thomas Diafoirus. — Nous lisons des anciens, Mademoiselle, que leur coutume était d'enlever par force de la maison des pères les filles qu'on menait marier, afin qu'il ne semblât pas que ce fût de leur consentement qu'elles convolaient dans les bras d'un homme.

ANGÉLIQUE. — Les anciens, Monsieur, sont les anciens, et nous sommes les gens de maintenant. Les grimaces ne sont point nécessaires dans notre siècle; et quand un mariage nous plaît, nous savons fort bien y aller, sans qu'on nous y traîne. Donnez-vous patience : si vous m'aimez, Monsieur, vous devez vouloir tout ce que je veux.

THOMAS DIAFOIRUS. — Oui, Mademoiselle, jusqu'aux intérêts de mon amour exclusivement.

ANGÉLIQUE. — Mais la grande marque d'amour, c'est d'être soumis aux volontés de celle qu'on aime.

THOMAS DIAFOIRUS. — *Distinguo*, Mademoiselle : dans ce qui ne regarde point sa possession, *concedo;* mais dans ce qui la regarde, *nego*.

TOINETTE. — Vous avez beau raisonner : Monsieur est frais émoulu du collège, et il vous donnera toujours votre reste. Pourquoi tant résister, et refuser la gloire d'être attachée au corps de la Faculté ?

BÉLINE. — Elle a peut-être quelque inclination en tête.

ANGÉLIQUE. — Si j'en avais, Madame, elle serait telle que la raison et l'honnêteté pourraient me la permettre.

ARGAN. — Ouais! je joue ici un plaisant personnage.

BÉLINE. — Si j'étais que de vous, mon fils, je ne la forcerais point à se marier, et je sais bien ce que je ferais.

ANGÉLIQUE. — Je sais, Madame, ce que vous voulez dire, et les bontés que vous avez pour moi; mais peut-être que vos conseils ne seront pas assez heureux pour être exécutés.

BÉLINE. — C'est que les filles bien sages et bien honnêtes, comme vous, se moquent d'être obéissantes, et soumises aux volontés de leurs pères. Cela était bon autrefois.

ANGÉLIQUE. — Le devoir d'une fille a des bornes, Madame, et la raison et les lois ne l'étendent point à toutes sortes de choses.

BÉLINE. — C'est-à-dire que vos pensées ne sont que pour le mariage; mais vous voulez choisir un époux à votre fantaisie.

ANGÉLIQUE. — Si mon père ne veut pas me donner un mari qui me plaise, je le conjurerai au moins de ne me point forcer à en épouser un que je ne puisse pas aimer.

ARGAN. — Messieurs, je vous demande pardon de tout ceci.

ANGÉLIQUE. — Chacun a son but en se mariant. Pour moi, qui ne veux un mari que pour l'aimer véritablement, et qui prétends en faire tout l'attachement de ma vie, je vous avoue que j'y cherche quelque précaution. Il y en a d'aucunes qui prennent des maris seulement pour se tirer de la contrainte de leurs parents, et se mettre en état de faire tout ce qu'elles voudront. Il y en a d'autres, Madame, qui font du mariage un commerce de pur intérêt, qui ne se marient que pour gagner des douaires, que pour s'enrichir par la mort de ceux qu'elles épousent, et courent sans scrupule de mari en mari, pour s'approprier leurs dépouilles. Ces personnes-là, à la vérité, n'y cherchent pas tant de façons, et regardent peu la personne.

BÉLINE. — Je vous trouve aujourd'hui bien raisonnante, et je voudrais bien savoir ce que vous voulez dire par là.

ANGÉLIQUE. — Moi, Madame, que voudrais-je dire que ce que je dis ?

BÉLINE. — Vous êtes si sotte, ma mie, qu'on ne saurait plus vous souffrir.

ANGÉLIQUE. — Vous voudriez bien, Madame, m'obliger à vous répondre quelque impertinence; mais je vous avertis que vous n'aurez pas cet avantage.

BÉLINE. — Il n'est rien d'égal à votre insolence.

ANGÉLIQUE. — Non, Madame, vous avez beau dire.

BÉLINE. — Et vous avez un ridicule orgueil, une impertinente présomption qui fait hausser les épaules à tout le monde.

ANGÉLIQUE. — Tout cela, Madame, ne servira de rien. Je serai sage en dépit de vous; et pour vous ôter l'espérance de pouvoir réussir dans ce que vous voulez, je vais m'ôter de votre vue.

ARGAN. — Écoute, il n'y a point de milieu à cela : choisis d'épouser dans quatre jours, ou Monsieur, ou un couvent. (A Béline.) Ne vous mettez pas en peine, je la rangerai bien.

BÉLINE. — Je suis fâchée de vous quitter, mon fils, mais j'ai une affaire en ville, dont je ne puis me dispenser. Je reviendrai bientôt.

ARGAN. — Allez, mamour, et passez chez votre notaire, afin qu'il expédie ce que vous savez.

BÉLINE. — Adieu, mon petit ami.

ARGAN. — Adieu, ma mie. Voilà une femme qui m'aime... cela n'est pas croyable.

MONSIEUR DIAFOIRUS. — Nous allons, Monsieur, prendre congé de vous.

ARGAN. — Je vous prie, Monsieur, de me dire un peu comment je suis.

MONSIEUR DIAFOIRUS *lui tâte le pouls.* — Allons, Thomas, prenez l'autre bras de Monsieur, pour voir si vous saurez porter un bon jugement de son pouls. *Quid dicis ?*

THOMAS DIAFOIRUS. — *Dico* que le pouls de Monsieur est le pouls d'un homme qui ne se porte point bien.

MONSIEUR DIAFOIRUS. — Bon.

THOMAS DIAFOIRUS. — Qu'il est duriuscule, pour ne pas dire dur.

MONSIEUR DIAFOIRUS. — Fort bien.

THOMAS DIAFOIRUS. — Repoussant.

MONSIEUR DIAFOIRUS. — *Bene.*

THOMAS DIAFOIRUS. — Et même un peu caprisant.

MONSIEUR DIAFOIRUS. — *Optime.*

THOMAS DIAFOIRUS. — Ce qui marque une intempérie dans le *parenchyme splénique*, c'est-à-dire la rate.

MONSIEUR DIAFOIRUS. — Fort bien.

ARGAN. — Non : Monsieur Purgon dit que c'est mon foie qui est malade.

MONSIEUR DIAFOIRUS. — Eh! oui : qui dit *parenchyme*, dit l'un et l'autre, à cause de l'étroite sympathie qu'ils ont ensemble, par le moyen du *vas breve du pylore*, et souvent des *méats cholidoques*. Il vous ordonne sans doute de manger force rôti ?

ARGAN. — Non, rien que du bouilli.

MONSIEUR DIAFOIRUS. — Eh! oui : rôti, bouilli, même chose. Il vous ordonne fort prudemment, et vous ne pouvez être en de meilleures mains.

ARGAN. — Monsieur, combien est-ce qu'il faut mettre de grains de sel dans un œuf ?

MONSIEUR DIAFOIRUS. — Six, huit, dix, par les nombres pairs; comme dans les médicaments, par les nombres impairs.

ARGAN. — Jusqu'au revoir, Monsieur.

SCÈNE VII

BÉLINE, ARGAN

BÉLINE. — Je viens, mon fils, avant que de sortir, vous donner avis d'une chose à laquelle il faut que vous preniez garde. En passant par-devant la chambre d'Angélique,

j'ai vu un jeune homme avec elle, qui s'est sauvé d'abord
qu'il m'a vue.

ARGAN. — Un jeune homme avec ma fille ?

BÉLINE. — Oui. Votre petite fille Louison était avec eux,
qui pourra vous en dire des nouvelles.

ARGAN. — Envoyez-la ici, mamour, envoyez-la ici. Ah,
l'effrontée ! je ne m'étonne plus de sa résistance.

SCÈNE VIII

LOUISON, ARGAN

LOUISON. — Qu'est-ce que vous voulez, mon papa ?
Ma belle-maman m'a dit que vous me demandez.

ARGAN. — Oui, venez çà, avancez là. Tournez-vous,
levez les yeux, regardez-moi. Eh !

LOUISON. — Quoi, mon papa ?

ARGAN. — Là.

LOUISON. — Quoi ?

ARGAN. — N'avez-vous rien à me dire ?

LOUISON. — Je vous dirai, si vous voulez, pour vous
désennuyer, le conte de *Peau d'âne*, ou bien la fable du
Corbeau et du Renard, qu'on m'a apprise depuis peu.

ARGAN. — Ce n'est pas là ce que je demande.

LOUISON. — Quoi donc ?

ARGAN. — Ah ! rusée, vous savez bien ce que je veux dire.

LOUISON. — Pardonnez-moi, mon papa.

ARGAN. — Est-ce là comme vous m'obéissez ?

LOUISON. — Quoi ?

ARGAN. — Ne vous ai-je pas recommandé de me venir
dire d'abord tout ce que vous voyez ?

LOUISON. — Oui, mon papa.

ARGAN. — L'avez-vous fait ?

LOUISON. — Oui, mon papa. Je vous suis venue dire
tout ce que j'ai vu.

ARGAN. — Et n'avez-vous rien vu aujourd'hui ?

LOUISON. — Non, mon papa.

ARGAN. — Non ?

LOUISON. — Non, mon papa.

ARGAN. — Assurément ?

LOUISON. — Assurément.

ARGAN. — Oh çà ! je m'en vais vous faire voir quelque
chose, moi.

Il va prendre une poignée de verges.

LOUISON. — Ah! mon papa.

ARGAN. — Ah, ah! petite masque, vous ne me dites pas que vous avez vu un homme dans la chambre de votre sœur ?

LOUISON. — Mon papa!

ARGAN. — Voici qui vous apprendra à mentir.

LOUISON *se jette à genoux.* — Ah! mon papa, je vous demande pardon. C'est que ma sœur m'avait dit de ne pas vous le dire; mais je m'en vais vous dire tout.

ARGAN. — Il faut premièrement que vous ayez le fouet pour avoir menti. Puis après nous verrons au reste.

LOUISON. — Pardon, mon papa!

ARGAN. — Non, non.

LOUISON. — Mon pauvre papa, ne me donnez pas le fouet!

ARGAN. — Vous l'aurez.

LOUISON. — Au nom de Dieu! mon papa, que je ne l'aie pas.

ARGAN, *la prenant pour la fouetter.* — Allons, allons.

LOUISON. — Ah! mon papa, vous m'avez blessée. Attendez : je suis morte. *(Elle contrefait la morte.)*

ARGAN. — Holà! Qu'est-ce là ? Louison, Louison. Ah, mon Dieu! Louison. Ah! ma fille! Ah! malheureux, ma pauvre fille est morte. Qu'ai-je fait, misérable ? Ah! chiennes de verges. La peste soit des verges! Ah! ma pauvre fille, ma pauvre petite Louison.

LOUISON. — Là, là, mon papa, ne pleurez point tant, je ne suis pas morte tout à fait.

ARGAN. — Voyez-vous la petite rusée ? Oh çà, çà! je vous pardonne pour cette fois-ci, pourvu que vous me disiez bien tout.

LOUISON. — Oh! oui, mon papa.

ARGAN. — Prenez-y bien garde au moins, car voilà un petit doigt qui sait tout, qui me dira si vous mentez.

LOUISON. — Mais, mon papa, ne dites pas à ma sœur que je vous l'ai dit.

ARGAN. — Non, non.

LOUISON. — C'est, mon papa, qu'il est venu un homme dans la chambre de ma sœur comme j'y étais.

ARGAN. — Hé bien ?

LOUISON. — Je lui ai demandé ce qu'il demandait, et il m'a dit qu'il était son maître à chanter.

ARGAN. — Hon, hon. Voilà l'affaire. Hé bien ?

LOUISON. — Ma sœur est venue après.

ARGAN. — Hé bien ?

LOUISON. — Elle lui a dit : « Sortez, sortez, sortez, mon Dieu! sortez; vous me mettez au désespoir. »

ARGAN. — Hé bien ?

LOUISON. — Et lui, il ne voulait pas sortir.

ARGAN. — Qu'est-ce qu'il lui disait ?

LOUISON. — Il lui disait je ne sais combien de choses.

ARGAN. — Et quoi encore ?

LOUISON. — Il lui disait tout ci, tout ça, qu'il l'aimait bien, et qu'elle était la plus belle du monde.

ARGAN. — Et puis après ?

LOUISON. — Et puis après, il se mettait à genoux devant elle.

ARGAN. — Et puis après ?

LOUISON. — Et puis après, il lui baisait les mains.

ARGAN. — Et puis après ?

LOUISON. — Et puis après, ma belle-maman est venue à la porte, et il s'est enfui.

ARGAN. — Il n'y a point autre chose ?

LOUISON. — Non, mon papa.

ARGAN. — Voilà mon petit doigt pourtant qui gronde quelque chose. *(Il met son doigt à son oreille.)* Attendez. Eh! ah, ah! oui ? Oh, oh! voilà mon petit doigt qui me dit quelque chose que vous avez vu, et que vous ne m'avez pas dit.

LOUISON. — Ah! mon papa, votre petit doigt est un menteur.

ARGAN. — Prenez garde.

LOUISON. — Non, mon papa, ne le croyez pas, il ment, je vous assure.

ARGAN. — Oh bien, bien! nous verrons cela. Allez-vous-en, et prenez bien garde à tout : allez. Ah! il n'y a plus d'enfants. Ah! que d'affaires! je n'ai pas seulement le loisir de songer à ma maladie. En vérité, je n'en puis plus.

Il se remet dans sa chaise.

SCÈNE IX

BÉRALDE, ARGAN

BÉRALDE. — Hé bien! mon frère, qu'est-ce ? comment vous portez-vous ?

ARGAN. — Ah! mon frère, fort mal.

BÉRALDE. — Comment, « fort mal » ?

ARGAN. — Oui, je suis dans une faiblesse si grande que cela n'est pas croyable.

BÉRALDE. — Voilà qui est fâcheux.

ARGAN. — Je n'ai pas seulement la force de pouvoir parler.

BÉRALDE. — J'étais venu ici, mon frère, vous proposer un parti pour ma nièce Angélique.

ARGAN, *parlant avec emportement, et se levant de sa chaise.* — Mon frère, ne me parlez point de cette coquine-là. C'est une friponne, une impertinente, une effrontée, que je mettrai dans un couvent avant qu'il soit deux jours.

BÉRALDE. — Ah! voilà qui est bien : je suis bien aise que la force vous revienne un peu, et que ma visite vous fasse du bien. Oh! çà! nous parlerons d'affaires tantôt. Je vous amène ici un divertissement, que j'ai rencontré, qui dissipera votre chagrin, et vous rendra l'âme mieux disposée aux choses que nous avons à dire. Ce sont des Égyptiens, vêtus en Mores, qui font des danses mêlées de chansons, où je suis sûr que vous prendrez plaisir; et cela vaudra bien une ordonnance de Monsieur Purgon. Allons.

SECOND INTERMÈDE

Le frère du Malade imaginaire lui amène, pour le divertir, plusieurs Égyptiens et Égyptiennes, vêtus en Mores, qui font des danses entremêlées de chansons.

PREMIÈRE FEMME MORE

Profitez du printemps
De vos beaux ans,
Aimable jeunesse;
Profitez du printemps
De vos beaux ans,
Donnez-vous à la tendresse.

Les plaisirs les plus charmants,
Sans l'amoureuse flamme,
Pour contenter une âme
N'ont points d'attraits assez puissants.

Profitez du printemps
De vos beaux ans,
Aimable jeunesse;
Profitez du printemps
De vos beaux ans,
Donnez-vous à la tendresse.

Ne perdez point ces précieux moments :
   La beauté passe,
   Le temps l'efface,
   L'âge de glace
   Vient à sa place,
Qui nous ôte le goût de ces doux passe-temps.

   Profitez du printemps
    De vos beaux ans
    Aimable jeunesse;
   Profitez du printemps
    De vos beaux ans.
  Donnez-vous à la tendresse.

SECONDE FEMME MORE

Quand d'aimer on nous presse
 A quoi songez-vous ?
Nos cœurs, dans la jeunesse,
 N'ont vers la tendresse
 Qu'un penchant trop doux;
L'amour a pour nous prendre
 De si doux attraits
Que de soi, sans attendre,
 On voudrait se rendre
 A ses premiers traits :
Mais tout ce qu'on écoute
 Des vives douleurs
  Et des pleurs
  Qu'il nous coûte
 Fait qu'on en redoute
 Toutes les douceurs.

TROISIÈME FEMME MORE

Il est doux, à notre âge,
 D'aimer tendrement
  Un amant
  Qui s'engage :
Mais s'il est volage,
Hélas! quel tourment!

QUATRIÈME FEMME MORE

L'amant qui se dégage
 N'est pas le malheur :
  La douleur
  Et la rage,

C'est que le volage
Garde notre cœur.

SECONDE FEMME MORE

Quel parti faut-il prendre
Pour nos jeunes cœurs ?

QUATRIÈME FEMME MORE

Devons-nous nous y rendre
Malgré ses rigueurs ?

ENSEMBLE

Oui, suivons ses ardeurs,
Ses transports, ses caprices,
Ses douces langueurs;
S'il a quelques supplices,
Il a cent délices
Qui charment les cœurs.

ENTRÉE DE BALLET

Tous les Mores dansent ensemble et font sauter des singes
qu'ils ont amenés avec eux.

ACTE III

SCÈNE I

BÉRALDE, ARGAN, TOINETTE

BÉRALDE. — Hé bien! mon frère, qu'en dites-vous ?
cela ne vaut-il pas bien une prise de casse ?

TOINETTE. — Hon, de bonne casse est bonne.

BÉRALDE. — Oh çà! voulez-vous que nous parlions un
peu ensemble ?

ARGAN. — Un peu de patience, mon frère, je vais revenir.

TOINETTE. — Tenez, Monsieur, vous ne songez pas
que vous ne sauriez marcher sans bâton.

ARGAN. — Tu as raison.

SCÈNE II

BÉRALDE, TOINETTE

TOINETTE. — N'abandonnez pas, s'il vous plaît, les intérêts de votre nièce.

BÉRALDE. — J'emploierai toutes choses pour lui obtenir ce qu'elle souhaite.

TOINETTE. — Il faut absolument empêcher ce mariage extravagant qu'il s'est mis dans la fantaisie, et j'avais songé en moi-même que ç'aurait été une bonne affaire de pouvoir introduire ici un médecin à notre poste, pour le dégoûter de son Monsieur Purgon, et lui décrier sa conduite. Mais, comme nous n'avons personne en main pour cela, j'ai résolu de jouer un tour de ma tête.

BÉRALDE. — Comment ?

TOINETTE. — C'est une imagination burlesque. Cela sera peut-être plus heureux que sage. Laissez-moi faire : agissez de votre côté. Voici notre homme.

SCÈNE III

ARGAN, BÉRALDE

BÉRALDE. — Vous voulez bien, mon frère, que je vous demande, avant toute chose, de ne vous point échauffer l'esprit dans notre conversation.

ARGAN. — Voilà qui est fait.

BÉRALDE. — De répondre sans nulle aigreur aux choses que je pourrai vous dire.

ARGAN. — Oui.

BÉRALDE. — Et de raisonner ensemble, sur les affaires dont nous avons à parler, avec un esprit détaché de toute passion.

ARGAN. — Mon Dieu! oui. Voilà bien du préambule.

BÉRALDE. — D'où vient, mon frère, qu'ayant le bien que vous avez, et n'ayant d'enfants qu'une fille, car je ne compte pas la petite, d'où vient, dis-je, que vous parlez de la mettre dans un couvent ?

ARGAN. — D'où vient, mon frère, que je suis maître dans ma famille pour faire ce que bon me semble ?

BÉRALDE. — Votre femme ne manque pas de vous conseiller de vous défaire ainsi de vos deux filles, et je ne doute point que, par un esprit de charité, elle ne fût ravie de les voir toutes deux bonnes religieuses.

ARGAN. — Oh çà! nous y voici. Voilà d'abord la pauvre femme en jeu : c'est elle qui fait tout le mal, et tout le monde lui en veut.

BÉRALDE. — Non, mon frère; laissons-la là; c'est une femme qui a les meilleures intentions du monde pour votre famille, et qui est détachée de toute sorte d'intérêt, qui a pour vous une tendresse merveilleuse, et qui montre pour vos enfants une affection et une bonté qui n'est pas concevable : cela est certain. N'en parlons point, et revenons à votre fille. Sur quelle pensée, mon frère, la voulez-vous donner en mariage au fils d'un médecin ?

ARGAN. — Sur la pensée, mon frère, de me donner un gendre tel qu'il me faut.

BÉRALDE. — Ce n'est point là, mon frère, le fait de votre fille, et il se présente un parti plus sortable pour elle.

ARGAN. — Oui, mais celui-ci, mon frère, est plus sortable pour moi.

BÉRALDE. — Mais le mari qu'elle doit prendre doit-il être, mon frère, ou pour elle, ou pour vous ?

ARGAN. — Il doit être, mon frère, et pour elle, et pour moi, et je veux mettre dans ma famille les gens dont j'ai besoin.

BÉRALDE. — Par cette raison-là, si votre petite était grande, vous lui donneriez en mariage un apothicaire ?

ARGAN. — Pourquoi non ?

BÉRALDE. — Est-il possible que vous serez toujours embéguiné de vos apothicaires et de vos médecins, et que vous vouliez être malade en dépit des gens et de la nature ?

ARGAN. — Comment l'entendez-vous, mon frère ?

BÉRALDE. — J'entends, mon frère, que je ne vois point d'homme qui soit moins malade que vous, et que je ne demanderais point une meilleure constitution que la vôtre. Une grande marque que vous vous portez bien, et que vous avez un corps parfaitement bien composé, c'est qu'avec tous les soins que vous avez pris, vous n'avez pu parvenir encore à gâter la bonté de votre tempérament, et que vous n'êtes point crevé de toutes les médecines qu'on vous a fait prendre.

ARGAN. — Mais savez-vous, mon frère, que c'est cela qui me conserve, et que Monsieur Purgon dit que je

succomberais, s'il était seulement trois jours sans prendre
soin de moi ?

BÉRALDE. — Si vous n'y prenez garde, il prendra tant
de soin de vous qu'il vous enverra en l'autre monde.

ARGAN. — Mais raisonnons un peu, mon frère. Vous ne
croyez donc point à la médecine ?

BÉRALDE. — Non, mon frère, et je ne vois pas que,
pour son salut, il soit nécessaire d'y croire.

ARGAN. — Quoi ? vous ne tenez pas véritable une chose
établie par tout le monde, et que tous les siècles ont révérée ?

BÉRALDE. — Bien loin de la tenir véritable, je la trouve,
entre nous, une des plus grandes folies qui soit
parmi les hommes; et à regarder les choses en philosophe,
je ne vois point de plus plaisante momerie, je ne vois rien
de plus ridicule qu'un homme qui se veut mêler d'en
guérir un autre.

ARGAN. — Pourquoi ne voulez-vous pas, mon frère,
qu'un homme en puisse guérir un autre ?

BÉRALDE. — Par la raison, mon frère, que les ressorts
de notre machine sont des mystères, jusques ici, où les
hommes ne voient goutte, et que la nature nous a mis
au-devant des yeux des voiles trop épais pour y connaître
quelque chose.

ARGAN. — Les médecins ne savent donc rien, à votre
compte ?

BÉRALDE. — Si fait, mon frère. Ils savent la plupart de
fort belles humanités, savent parler en beau latin, savent
nommer en grec toutes les maladies, les définir et les divi-
ser; mais, pour ce qui est de les guérir, c'est ce qu'ils
ne savent point du tout.

ARGAN. — Mais toujours faut-il demeurer d'accord que,
sur cette matière, les médecins en savent plus que les
autres.

BÉRALDE. — Ils savent, mon frère, ce que je vous ai
dit, qui ne guérit pas de grand-chose; et toute l'excellence
de leur art consiste en un pompeux galimatias, en un
spécieux babil, qui vous donne des mots pour des raisons,
et des promesses pour des effets.

ARGAN. — Mais enfin, mon frère, il y a des gens aussi
sages et aussi habiles que vous; et nous voyons que, dans
la maladie, tout le monde a recours aux médecins.

BÉRALDE. — C'est une marque de la faiblesse humaine,
et non pas de la vérité de leur art.

ARGAN. — Mais il faut bien que les médecins croient

leur art véritable, puisqu'ils s'en servent pour eux-mêmes.

Béralde. — C'est qu'il y en a parmi eux qui sont eux-mêmes dans l'erreur populaire, dont ils profitent, et d'autres qui en profitent sans y être. Votre Monsieur Purgon, par exemple, n'y sait point de finesse : c'est un homme tout médecin, depuis la tête jusqu'aux pieds ; un homme qui croit à ses règles plus qu'à toutes les démonstrations des mathématiques, et qui croirait du crime à les vouloir examiner ; qui ne voit rien d'obscur dans la médecine, rien de douteux, rien de difficile, et qui, avec une impétuosité de prévention, une roideur de confiance, une brutalité de sens commun et de raison, donne au travers des purgations et des saignées, et ne balance aucune chose. Il ne lui faut point vouloir mal de tout ce qu'il pourra vous faire : c'est de la meilleure foi du monde qu'il vous expédiera, et il ne fera, en vous tuant, que ce qu'il a fait à sa femme et à ses enfants, et ce qu'en un besoin il ferait à lui-même.

Argan. — C'est que vous avez, mon frère, une dent de lait contre lui. Mais enfin venons au fait. Que faire donc quand on est malade ?

Béralde. — Rien, mon frère.

Argan. — Rien ?

Béralde. — Rien. Il ne faut que demeurer en repos. La nature, d'elle-même, quand nous la laissons faire, se tire doucement du désordre où elle est tombée. C'est notre inquiétude, c'est notre impatience qui gâte tout, et presque tous les hommes meurent de leurs remèdes, et non pas de leurs maladies.

Argan. — Mais il faut demeurer d'accord, mon frère, qu'on peut aider cette nature par de certaines choses.

Béralde. — Mon Dieu ! mon frère, ce sont pures idées, dont nous aimons à nous repaître ; et, de tout temps, il s'est glissé parmi les hommes de belles imaginations, que nous venons à croire, parce qu'elles nous flattent et qu'il serait à souhaiter qu'elles fussent véritables. Lorsqu'un médecin vous parle d'aider, de secourir, de soulager la nature, de lui ôter ce qui lui nuit et lui donner ce qui lui manque, de la rétablir et de la remettre dans une pleine facilité de ses fonctions ; lorsqu'il vous parle de rectifier le sang, de tempérer les entrailles et le cerveau, de dégonfler la rate, de raccommoder la poitrine, de réparer le foie, de fortifier le cœur, de rétablir et conserver la chaleur naturelle, et d'avoir des secrets pour étendre la vie à de longues années :

il vous dit justement le roman de la médecine. Mais quand vous en venez à la vérité et à l'expérience, vous ne trouvez rien de tout cela, et il en est comme de ces beaux songes qui ne vous laissent au réveil que le déplaisir de les avoir crus.

ARGAN. — C'est-à-dire que toute la science du monde est renfermée dans votre tête, et vous voulez en savoir plus que tous les grands médecins de notre siècle.

BÉRALDE. — Dans les discours et dans les choses, ce sont deux sortes de personnes que vos grands médecins. Entendez-les parler : les plus habiles gens du monde; voyez-les faire : les plus ignorants de tous les hommes.

ARGAN. — Hoy! Vous êtes un grand docteur, à ce que je vois, et je voudrais bien qu'il y eût ici quelqu'un de ces Messieurs pour rembarrer vos raisonnements et rabaisser votre caquet.

BÉRALDE. — Moi, mon frère, je ne prends point à tâche de combattre la médecine; et chacun, à ses périls et fortune, peut croire tout ce qu'il lui plaît. Ce que j'en dis n'est qu'entre nous, et j'aurais souhaité de pouvoir un peu vous tirer de l'erreur où vous êtes, et, pour vous divertir, vous mener voir sur ce chapitre quelqu'une des comédies de Molière.

ARGAN. — C'est un bon impertinent que votre Molière avec ses comédies, et je le trouve bien plaisant d'aller jouer d'honnêtes gens comme les médecins.

BÉRALDE. — Ce ne sont point les médecins qu'il joue, mais le ridicule de la médecine.

ARGAN. — C'est bien à lui à faire de se mêler de contrôler la médecine; voilà un bon nigaud, un bon impertinent, de se moquer des consultations et des ordonnances, de s'attaquer au corps des médecins, et d'aller mettre sur son théâtre des personnes vénérables comme ces Messieurs-là.

BÉRALDE. — Que voulez-vous qu'il y mette que les diverses professions des hommes ? On y met bien tous les jours les princes et les rois, qui sont d'aussi bonne maison que les médecins.

ARGAN. — Par la mort non de diable! si j'étais que des médecins, je me vengerais de son impertinence; et quand il sera malade, je le laisserais mourir sans secours. Il aurait beau faire et beau dire, je ne lui ordonnerais pas la moindre petite saignée, le moindre petit lavement, et je lui dirais : « Crève, crève! cela t'apprendra une autre fois à te jouer à la Faculté.

BÉRALDE. — Vous voilà bien en colère contre lui.

ARGAN. — Oui, c'est un malavisé, et si les médecins sont sages, ils feront ce que je dis.

BÉRALDE. — Il sera encore plus sage que vos médecins, car il ne leur demandera point de secours.

ARGAN. — Tant pis pour lui s'il n'a point recours aux remèdes.

BÉRALDE. — Il a ses raisons pour n'en point vouloir, et il soutient que cela n'est permis qu'aux gens vigoureux et robustes, et qui ont des forces de reste pour porter les remèdes avec la maladie; mais que, pour lui, il n'a justement de la force que pour porter son mal.

ARGAN. — Les sottes raisons que voilà! Tenez, mon frère, ne parlons point de cet homme-là davantage, car cela m'échauffe la bile, et vous me donneriez mon mal.

BÉRALDE. — Je le veux bien, mon frère; et, pour changer de discours, je vous dirai que, sur une petite répugnance que vous témoigne votre fille, vous ne devez point prendre les résolutions violentes de la mettre dans un couvent; que, pour le choix d'un gendre, il ne vous faut pas suivre aveuglément la passion qui vous emporte, et qu'on doit, sur cette matière, s'accommoder un peu à l'inclination d'une fille, puisque c'est pour toute la vie, et que de là dépend tout le bonheur d'un mariage.

SCÈNE IV

MONSIEUR FLEURANT, *une seringue à la main;*
ARGAN, BÉRALDE

ARGAN. — Ah! mon frère, avec votre permission.

BÉRALDE. — Comment ? que voulez-vous faire ?

ARGAN. — Prendre ce petit lavement-là; ce sera bientôt fait.

BÉRALDE. — Vous vous moquez. Est-ce que vous ne sauriez être un moment sans lavement ou sans médecine ? Remettez cela à une autre fois, et demeurez un peu en repos.

ARGAN. — Monsieur Fleurant, à ce soir, ou à demain au matin.

MONSIEUR FLEURANT, *à Béralde.* — De quoi vous mêlez-vous de vous opposer aux ordonnances de la médecine, et d'empêcher Monsieur de prendre mon clystère ? Vous êtes bien plaisant d'avoir cette hardiesse-là !

BÉRALDE. — Allez, Monsieur, on voit bien que vous n'avez pas accoutumé de parler à des visages.

MONSIEUR FLEURANT. — On ne doit point ainsi se jouer des remèdes, et me faire perdre mon temps. Je ne suis venu ici que sur une bonne ordonnance, et je vais dire à Monsieur Purgon comme on m'a empêché d'exécuter ses ordres et de faire ma fonction. Vous verrez, vous verrez...

ARGAN. — Mon frère, vous serez cause ici de quelque malheur.

BÉRALDE. — Le grand malheur de ne pas prendre un lavement que Monsieur Purgon a ordonné. Encore un coup, mon frère, est-il possible qu'il n'y ait pas moyen de vous guérir de la maladie des médecins, et que vous vouliez être, toute votre vie, enseveli dans leurs remèdes ?

ARGAN. — Mon Dieu! mon frère, vous en parlez comme un homme qui se porte bien ; mais, si vous étiez à ma place, vous changeriez bien de langage. Il est aisé de parler contre la médecine quand on est en pleine santé.

BÉRALDE. — Mais quel mal avez-vous ?

ARGAN. — Vous me feriez enrager. Je voudrais que vous l'eussiez mon mal, pour voir si vous jaseriez tant. Ah! voici Monsieur Purgon.

SCÈNE V

MONSIEUR PURGON, ARGAN, BÉRALDE, TOINETTE

MONSIEUR PURGON. — Je viens d'apprendre là-bas, à la porte, de jolies nouvelles : qu'on se moque ici de mes ordonnances, et qu'on a fait refus de prendre le remède que j'avais prescrit.

ARGAN. — Monsieur, ce n'est pas...

MONSIEUR PURGON. — Voilà une hardiesse bien grande, une étrange rébellion d'un malade contre son médecin.

TOINETTE. — Cela est épouvantable.

MONSIEUR PURGON. — Un clystère que j'avais pris plaisir à composer moi-même.

ARGAN. — Ce n'est pas moi...

MONSIEUR PURGON. — Inventé et formé dans toutes les règles de l'art.

TOINETTE. — Il a tort.

MONSIEUR PURGON. — Et qui devait faire dans des entrailles un effet merveilleux...

ARGAN. — Mon frère ?

MONSIEUR PURGON. — Le renvoyer avec mépris!

ARGAN. — C'est lui...

MONSIEUR PURGON. — C'est une action exorbitante.

TOINETTE. — Cela est vrai.

MONSIEUR PURGON. — Un attentat énorme contre la médecine.

ARGAN. — Il est cause...

MONSIEUR PURGON. — Un crime de lèse-Faculté, qui ne se peut assez punir.

TOINETTE. — Vous avez raison.

MONSIEUR PURGON. — Je vous déclare que je romps commerce avec vous.

ARGAN. — C'est mon frère...

MONSIEUR PURGON. — Que je ne veux plus d'alliance avec vous.

TOINETTE. — Vous ferez bien.

MONSIEUR PURGON. — Et que, pour finir toute liaison avec vous, voilà la donation que je faisais à mon neveu, en faveur du mariage.

ARGAN. — C'est mon frère qui a fait tout le mal.

MONSIEUR PURGON. — Mépriser mon clystère!

ARGAN. — Faites-le venir, je m'en vais le prendre.

MONSIEUR PURGON. — Je vous aurais tiré d'affaire avant qu'il fût peu.

TOINETTE. — Il ne le mérite pas.

MONSIEUR PURGON. — J'allais nettoyer votre corps et en évacuer entièrement les mauvaises humeurs.

ARGAN. — Ah, mon frère!

MONSIEUR PURGON. — Et je ne voulais plus qu'une douzaine de médecines, pour vider le fond du sac.

TOINETTE. — Il est indigne de vos soins.

MONSIEUR PURGON. — Mais puisque vous n'avez pas voulu guérir par mes mains,

ARGAN. — Ce n'est pas ma faute.

MONSIEUR PURGON. — Puisque vous vous êtes soustrait de l'obéissance que l'on doit à son médecin,

TOINETTE. — Cela crie vengeance.

MONSIEUR PURGON. — Puisque vous vous êtes déclaré rebelle aux remèdes que je vous ordonnais...

ARGAN. — Hé! point du tout.

MONSIEUR PURGON. — J'ai à vous dire que je vous abandonne à votre mauvaise constitution, à l'intempérie de vos entrailles, à la corruption de votre sang, à l'âcreté de votre bile et à la féculence de vos humeurs.

TOINETTE. — C'est fort bien fait.

ARGAN. — Mon Dieu!

MONSIEUR PURGON. — Et je veux qu'avant qu'il soit quatre jours vous deveniez dans un état incurable.

ARGAN. — Ah! miséricorde!

MONSIEUR PURGON. — Que vous tombiez dans la bradypepsie.

ARGAN. — Monsieur Purgon!

MONSIEUR PURGON. — De la bradypepsie dans la dyspepsie.

ARGAN. — Monsieur Purgon!

MONSIEUR PURGON. — De la dyspepsie dans l'apepsie.

ARGAN. — Monsieur Purgon!

MONSIEUR PURGON. — De l'apepsie dans la lienterie...

ARGAN. — Monsieur Purgon!

MONSIEUR PURGON. — De la lienterie dans la dysenterie...

ARGAN. — Monsieur Purgon!

MONSIEUR PURGON. — De la dysenterie dans l'hydropisie...

ARGAN. — Monsieur Purgon!

MONSIEUR PURGON. — Et de l'hydropisie dans la privation de la vie, où vous aura conduit votre folie.

SCÈNE VI

ARGAN, BÉRALDE

ARGAN. — Ah, mon Dieu! je suis mort. Mon frère, vous m'avez perdu.

BÉRALDE. — Quoi? qu'y a-t-il?

ARGAN. — Je n'en puis plus. Je sens déjà que la médecine se venge.

BÉRALDE. — Ma foi! mon frère, vous êtes fou, et je ne voudrais pas, pour beaucoup de choses, qu'on vous vît faire ce que vous faites. Tâtez-vous un peu, je vous prie, revenez à vous-même, et ne donnez point tant à votre imagination.

ARGAN. — Vous voyez, mon frère, les étranges maladies dont il m'a menacé.

BÉRALDE. — Le simple homme que vous êtes!

ARGAN. — Il dit que je deviendrai incurable avant qu'il soit quatre jours.

BÉRALDE. — Et ce qu'il dit, que fait-il à la chose? Est-ce un oracle qui a parlé? Il me semble, à vous entendre, que Monsieur Purgon tienne dans ses mains le filet de vos jours, et que, d'autorité suprême, il vous l'allonge et vous le raccourcisse comme il lui plaît. Songez que les principes de votre vie sont en vous-même, et que le courroux de Monsieur Purgon est aussi peu capable de vous faire mourir que ses remèdes de vous faire vivre. Voici une aventure, si vous voulez, à vous défaire des médecins, ou, si vous êtes né à ne pouvoir vous en passer, il est aisé d'en avoir un autre, avec lequel, mon frère, vous puissiez courir un peu moins de risque.

ARGAN. — Ah! mon frère, il sait tout mon tempérament et la manière dont il faut me gouverner.

BÉRALDE. — Il faut vous avouer que vous êtes un homme d'une grande prévention, et que vous voyez les choses avec d'étranges yeux.

SCÈNE VII

TOINETTE, ARGAN, BÉRALDE

TOINETTE. — Monsieur, voilà un médecin qui demande à vous voir.

ARGAN. — Et quel médecin ?

TOINETTE. — Un médecin de la médecine.

ARGAN. — Je te demande qui il est ?

TOINETTE. — Je ne le connais pas; mais il me ressemble comme deux gouttes d'eau, et si je n'étais sûre que ma mère était honnête femme, je dirais que ce serait quelque petit frère qu'elle m'aurait donné depuis le trépas de mon père.

ARGAN. — Fais-le venir.

BÉRALDE. — Vous êtes servi à souhait : un médecin vous quitte, un autre se présente.

ARGAN. — J'ai bien peur que vous ne soyez cause de quelque malheur.

BÉRALDE. — Encore! vous en revenez toujours là ?

ARGAN. — Voyez-vous ? j'ai sur le cœur toutes ces maladies-là que je ne connais point, ces...

SCÈNE VIII

TOINETTE, *en médecin;* ARGAN, BÉRALDE

TOINETTE. — Monsieur, agréez que je vienne vous rendre visite et vous offrir mes petits services pour toutes les saignées et les purgations dont vous aurez besoin.

ARGAN. — Monsieur, je vous suis fort obligé. Par ma foi! voilà Toinette elle-même.

TOINETTE. — Monsieur, je vous prie de m'excuser, j'ai oublié de donner une commission à mon valet; je reviens tout à l'heure.

ARGAN. — Eh! ne diriez-vous pas que c'est effectivement Toinette?

BÉRALDE. — Il est vrai que la ressemblance est tout à fait grande. Mais ce n'est pas la première fois qu'on a vu de ces sortes de choses, et les histoires ne sont pleines que de ces jeux de la nature.

ARGAN. — Pour moi, j'en suis surpris, et...

SCÈNE IX

TOINETTE, ARGAN, BÉRALDE

TOINETTE *quitte son habit de médecin si promptement qu'il est difficile de croire que ce soit elle qui a paru en médecin.* — Que voulez-vous, Monsieur?

ARGAN. — Comment?

TOINETTE. — Ne m'avez-vous pas appelée?

ARGAN. — Moi? non.

TOINETTE. — Il faut donc que les oreilles m'aient corné.

ARGAN. — Demeure un peu ici pour voir comme ce médecin te ressemble.

TOINETTE, *en sortant.* — Oui, vraiment, j'ai affaire là-bas, et je l'ai assez vu.

ARGAN. — Si je ne les voyais tous deux, je croirais que ce n'est qu'un.

BÉRALDE. — J'ai lu des choses surprenantes de ces sortes de ressemblances, et nous en avons vu de notre temps où tout le monde s'est trompé.

ARGAN. — Pour moi, j'aurais été trompé à celle-là, et j'aurais juré que c'est la même personne.

SCÈNE X

TOINETTE, *en médecin;* ARGAN, BÉRALDE

TOINETTE. — Monsieur, je vous demande pardon de tout mon cœur.

ARGAN. — Cela est admirable!

TOINETTE. — Vous ne trouverez pas mauvais, s'il vous plaît, la curiosité que j'ai eue de voir un illustre malade comme vous êtes; et votre réputation, qui s'étend partout, peut excuser la liberté que j'ai prise.

ARGAN. — Monsieur, je suis votre serviteur.

TOINETTE. — Je vois, Monsieur, que vous me regardez fixement. Quel âge croyez-vous bien que j'aie ?

ARGAN. — Je crois que tout au plus vous pouvez avoir vingt-six ou vingt-sept ans.

TOINETTE. — Ah! ah! ah! ah! ah! j'en ai quatre-vingt-dix.

ARGAN. — Quatre-vingt-dix ?

TOINETTE. — Oui. Vous voyez un effet des secrets de mon art, de me conserver ainsi frais et vigoureux.

ARGAN. — Par ma foi! voilà un beau jeune vieillard pour quatre-vingt-dix ans.

TOINETTE. — Je suis médecin passager, qui vais de ville en ville, de province en province, de royaume en royaume, pour chercher d'illustres matières à ma capacité, pour trouver des malades dignes de m'occuper, capables d'exercer les grands et beaux secrets que j'ai trouvés dans la médecine. Je dédaigne de m'amuser à ce menu fatras de maladies ordinaires, à ces bagatelles de rhumatisme et défluxions, à ces fiévrottes, à ces vapeurs, et à ces migraines. Je veux des maladies d'importance : de bonnes fièvres continues avec des transports au cerveau, de bonnes fièvres pourprées, de bonnes pestes, de bonnes hydropisies formées, de bonnes pleurésies avec des inflammations de poitrine : c'est là que je me plais, c'est là que je triomphe; et je voudrais, Monsieur, que vous eussiez toutes les maladies que je viens de dire, que vous fussiez abandonné de tous les médecins, désespéré, à l'agonie, pour vous montrer l'excellence de mes remèdes, et l'envie que j'aurais de vous rendre service.

ARGAN. — Je vous suis obligé, Monsieur, des bontés que vous avez pour moi.

TOINETTE. — Donnez-moi votre pouls. Allons donc, que l'on batte comme il faut. Ahy, je vous ferai bien aller comme vous devez. Hoy, ce pouls-là fait l'impertinent : je vois bien que vous ne me connaissez pas encore. Qui est votre médecin ?

ARGAN. — Monsieur Purgon.

TOINETTE. — Cet homme-là n'est point écrit sur mes tablettes entre les grands médecins. De quoi dit-il que vous êtes malade ?

ARGAN. — Il dit que c'est du foie, et d'autres disent que c'est de la rate.

TOINETTE. — Ce sont tous des ignorants : c'est du poumon que vous êtes malade.

ARGAN. — Du poumon ?

TOINETTE. — Oui. Que sentez-vous ?

ARGAN. — Je sens de temps en temps des douleurs de tête.

TOINETTE. — Justement, le poumon.

ARGAN. — Il me semble parfois que j'ai un voile devant les yeux.

TOINETTE. — Le poumon.

ARGAN. — J'ai quelquefois des maux de cœur.

TOINETTE. — Le poumon.

ARGAN. — Je sens parfois des lassitudes par tous les membres.

TOINETTE. — Le poumon.

ARGAN. — Et quelquefois il me prend des douleurs dans le ventre, comme si c'était des coliques.

TOINETTE. — Le poumon. Vous avez appétit à ce que vous mangez ?

ARGAN. — Oui, Monsieur.

TOINETTE. — Le poumon. Vous aimez à boire un peu de vin ?

ARGAN. — Oui, Monsieur.

TOINETTE. — Le poumon. Il vous prend un petit sommeil après le repas et vous êtes bien aise de dormir ?

ARGAN. — Oui, Monsieur.

TOINETTE. — Le poumon, le poumon, vous dis-je. Que vous ordonne votre médecin pour votre nourriture ?

ARGAN. — Il m'ordonne du potage.

TOINETTE. — Ignorant.

ARGAN. — De la volaille.

TOINETTE. — Ignorant.

ARGAN. — Du veau.

TOINETTE. — Ignorant.

ARGAN. — Des bouillons.

TOINETTE. — Ignorant.

ARGAN. — Des œufs frais.

TOINETTE. — Ignorant.

ARGAN. — Et le soir de petits pruneaux pour lâcher le ventre.

TOINETTE. — Ignorant.

ARGAN. — Et surtout de boire mon vin fort trempé.

TOINETTE. — *Ignorantus, ignoranta, ignorantum.* Il faut

boire votre vin pur; et pour épaissir votre sang qui est trop subtil, il faut manger de bon gros bœuf, de bon gros porc, de bon fromage de Hollande, du gruau et du riz, et des marrons et des oublies, pour coller et conglutiner. Votre médecin est une bête. Je veux vous en envoyer un de ma main, et je viendrai vous voir de temps en temps, tandis que je serai en cette ville.

ARGAN. — Vous m'obligez beaucoup.

TOINETTE. — Que diantre faites-vous de ce bras-là?

ARGAN. — Comment?

TOINETTE. — Voilà un bras que je me ferais couper tout à l'heure, si j'étais que de vous.

ARGAN. — Et pourquoi?

TOINETTE. — Ne voyez-vous pas qu'il tire à soi toute la nourriture, et qu'il empêche ce côté-là de profiter?

ARGAN. — Oui; mais j'ai besoin de mon bras.

TOINETTE. — Vous avez là aussi un œil droit que je me ferais crever, si j'étais en votre place.

ARGAN. — Crever un œil?

TOINETTE. — Ne voyez-vous pas qu'il incommode l'autre, et lui dérobe sa nourriture? Croyez-moi, faites-vous-le crever au plus tôt, vous en verrez plus clair de l'œil gauche.

ARGAN. — Cela n'est pas pressé.

TOINETTE. — Adieu. Je suis fâché de vous quitter si tôt; mais il faut que je me trouve à une grande consultation qui se doit faire pour un homme qui mourut hier.

ARGAN. — Pour un homme qui mourut hier?

TOINETTE. — Oui, pour aviser, et voir ce qu'il aurait fallu lui faire pour le guérir. Jusqu'au revoir.

ARGAN. — Vous savez que les malades ne reconduisent point.

BÉRALDE. — Voilà un médecin vraiment qui paraît fort habile.

ARGAN. — Oui, mais il va un peu bien vite.

BÉRALDE. — Tous les grands médecins sont comme cela.

ARGAN. — Me couper un bras, et me crever un œil, afin que l'autre se porte mieux? J'aime bien mieux qu'il ne se porte pas si bien. La belle opération, de me rendre borgne et manchot!

SCÈNE XI

TOINETTE, ARGAN, BÉRALDE

TOINETTE. — Allons, allons, je suis votre servante, je n'ai pas envie de rire.

ARGAN. — Qu'est-ce que c'est ?

TOINETTE. — Votre médecin, ma foi ! qui me voulait tâter le pouls.

ARGAN. — Voyez un peu, à l'âge de quatre-vingt-dix ans !

BÉRALDE. — Oh çà, mon frère, puisque voilà votre Monsieur Purgon brouillé avec vous, ne voulez-vous pas bien que je vous parle du parti qui s'offre pour ma nièce ?

ARGAN. — Non, mon frère : je veux la mettre dans un couvent, puisqu'elle s'est opposée à mes volontés. Je vois bien qu'il y a quelque amourette là-dessous, et j'ai découvert certaine entrevue secrète, qu'on ne sait pas que j'aie découverte.

BÉRALDE. — Hé bien ! mon frère, quand il y aurait quelque petite inclination, cela serait-il si criminel, et rien peut-il vous offenser, quand tout ne va qu'à des choses honnêtes comme le mariage ?

ARGAN. — Quoi qu'il en soit, mon frère, elle sera religieuse, c'est une chose résolue.

BÉRALDE. — Vous voulez faire plaisir à quelqu'un.

ARGAN. — Je vous entends : vous en revenez toujours là, et ma femme vous tient au cœur.

BÉRALDE. — Hé bien ! oui, mon frère, puisqu'il faut parler à cœur ouvert, c'est votre femme que je veux dire ; et non plus que l'entêtement de la médecine, je ne puis vous souffrir l'entêtement où vous êtes pour elle, et voir que vous donniez tête baissée dans tous les pièges qu'elle vous tend.

TOINETTE. — Ah ! Monsieur, ne parlez point de Madame : c'est une femme sur laquelle il n'y a rien à dire, une femme sans artifice, et qui aime Monsieur, qui l'aime... on ne peut pas dire cela.

ARGAN. — Demandez-lui un peu les caresses qu'elle me fait.

TOINETTE. — Cela est vrai.

ARGAN. — L'inquiétude que lui donne ma maladie.

TOINETTE. — Assurément.

ARGAN. — Et les soins et les peines qu'elle prend autour de moi.

TOINETTE. — Il est certain. Voulez-vous que je vous convainque, et vous fasse voir tout à l'heure comme Madame aime Monsieur ? Monsieur, souffrez que je lui montre son bec jaune, et le tire d'erreur.

ARGAN. — Comment ?

TOINETTE. — Madame s'en va revenir. Mettez-vous tout étendu dans cette chaise, et contrefaites le mort. Vous verrez la douleur où elle sera, quand je lui dirai la nouvelle.

ARGAN. — Je le veux bien.

TOINETTE. — Oui; mais ne la laissez pas longtemps dans le désespoir, car elle en pourrait bien mourir.

ARGAN. — Laisse-moi faire.

TOINETTE, à Béralde. — Cachez-vous, vous, dans ce coin-là.

ARGAN. — N'y a-t-il point quelque danger à contrefaire le mort ?

TOINETTE. — Non, non : quel danger y aurait-il ? Étendez-vous là seulement. (Bas.) Il y aura plaisir à confondre votre frère. Voici Madame. Tenez-vous bien.

SCÈNE XII

BÉLINE, TOINETTE, ARGAN, BÉRALDE

TOINETTE s'écrie. — Ah, mon Dieu! Ah, malheur! Quel étrange accident!

BÉLINE. — Qu'est-ce, Toinette ?

TOINETTE. — Ah, Madame!

BÉLINE. — Qu'y a-t-il ?

TOINETTE. — Votre mari est mort.

BÉLINE. — Mon mari est mort ?

TOINETTE. — Hélas! oui. Le pauvre défunt est trépassé.

BÉLINE. — Assurément ?

TOINETTE. — Assurément. Personne ne sait encore cet accident-là, et je me suis trouvée ici toute seule. Il vient de passer entre mes bras. Tenez, le voilà tout de son long dans cette chaise.

BÉLINE. — Le Ciel en soit loué! Me voilà délivrée d'un grand fardeau. Que tu es sotte, Toinette, de t'affliger de cette mort!

TOINETTE. — Je pensais, Madame, qu'il fallût pleurer.

BÉLINE. — Va, va, cela n'en vaut pas la peine. Quelle

perte est-ce que la sienne ? et de quoi servait-il sur la terre ? Un homme incommode à tout le monde, malpropre, dégoûtant, sans cesse un lavement ou une médecine dans le ventre, mouchant, toussant, crachant toujours, sans esprit, ennuyeux, de mauvaise humeur, fatiguant sans cesse les gens, et grondant jour et nuit servantes et valets.

TOINETTE. — Voilà une belle oraison funèbre.

BÉLINE. — Il faut, Toinette, que tu m'aides à exécuter mon dessein, et tu peux croire qu'en me servant ta récompense est sûre. Puisque, par un bonheur, personne n'est encore averti de la chose, portons-le dans son lit, et tenons cette mort cachée, jusqu'à ce que j'aie fait mon affaire. Il y a des papiers, il y a de l'argent dont je veux me saisir, et il n'est pas juste que j'aie passé sans fruit auprès de lui mes plus belles années. Viens, Toinette, prenons auparavant toutes ses clefs.

ARGAN, *se levant brusquement.* — Doucement.

BÉLINE, *surprise et épouvantée.* — Ahy !

ARGAN. — Oui, Madame ma femme, c'est ainsi que vous m'aimez ?

TOINETTE. — Ah, ah ! le défunt n'est pas mort.

ARGAN, *à Béline, qui sort.* — Je suis bien aise de voir votre amitié, et d'avoir entendu le beau panégyrique que vous avez fait de moi. Voilà un avis au lecteur qui me rendra sage à l'avenir, et qui m'empêchera de faire bien des choses.

BÉRALDE, *sortant de l'endroit où il était caché.* — Hé bien ! mon frère, vous le voyez.

TOINETTE. — Par ma foi ! Je n'aurais jamais cru cela. Mais j'entends votre fille : remettez-vous comme vous étiez, et voyons de quelle manière elle recevra votre mort. C'est une chose qu'il n'est pas mauvais d'éprouver ; et puisque vous êtes en train, vous connaîtrez par là les sentiments que votre famille a pour vous.

SCÈNE XIII

ANGÉLIQUE, ARGAN, TOINETTE, BÉRALDE

TOINETTE *s'écrie.* — O Ciel ! ah ! fâcheuse aventure ! Malheureuse journée !

ANGÉLIQUE. — Qu'as-tu, Toinette, et de quoi pleures-tu ?

TOINETTE. — Hélas! j'ai de tristes nouvelles à vous donner.

ANGÉLIQUE. — Hé quoi?

TOINETTE. — Votre père est mort.

ANGÉLIQUE. — Mon père est mort, Toinette?

TOINETTE. — Oui; vous le voyez là. Il vient de mourir tout à l'heure d'une faiblesse qui lui a pris.

ANGÉLIQUE. — O Ciel! quelle infortune! quelle atteinte cruelle! Hélas! faut-il que je perde mon père, la seule chose qui me restait au monde? et qu'encore, pour un surcroît de désespoir, je le perde dans un moment où il était irrité contre moi? Que deviendrai-je, malheureuse, et quelle consolation trouver après une si grande perte?

SCÈNE XIV ET DERNIÈRE

CLÉANTE, ANGÉLIQUE, ARGAN, TOINETTE, BÉRALDE

CLÉANTE. — Qu'avez-vous donc, belle Angélique? et quel malheur pleurez-vous?

ANGÉLIQUE. — Hélas! je pleure tout ce que dans la vie je pouvais perdre de plus cher et de plus précieux : je pleure la mort de mon père.

CLÉANTE. — O Ciel! quel accident! quel coup inopiné! Hélas! après la demande que j'avais conjuré votre oncle de lui faire pour moi, je venais me présenter à lui, et tâcher par mes respects et par mes prières de disposer son cœur à vous accorder à mes vœux.

ANGÉLIQUE. — Ah! Cléante, ne parlons plus de rien. Laissons là toutes les pensées du mariage. Après la perte de mon père, je ne veux plus être du monde, et j'y renonce pour jamais. Oui, mon père, si j'ai résisté tantôt à vos volontés, je veux suivre du moins une de vos intentions, et réparer par là le chagrin que je m'accuse de vous avoir donné. Souffrez, mon père, que je vous en donne ici ma parole, et que je vous embrasse pour vous témoigner mon ressentiment.

ARGAN se lève. — Ah, ma fille!

ANGÉLIQUE, épouvantée. — Ahy!

ARGAN. — Viens. N'aie point de peur, je ne suis pas mort. Va, tu es mon vrai sang, ma véritable fille; et je suis ravi d'avoir vu ton bon naturel.

ANGÉLIQUE. — Ah! quelle surprise agréable, mon père! Puisque par un bonheur extrême le Ciel vous redonne à mes vœux, souffrez qu'ici je me jette à vos pieds pour vous supplier d'une chose. Si vous n'êtes pas favorable au penchant de mon cœur, si vous me refusez Cléante pour époux, je vous conjure au moins de ne me point forcer d'en épouser un autre. C'est toute la grâce que je vous demande.

CLÉANTE *se jette à genoux.* — Eh! Monsieur, laissez-vous toucher à ses prières et aux miennes, et ne vous montrez point contraire aux mutuels empressements d'une si belle inclination.

BÉRALDE. — Mon frère, pouvez-vous tenir là contre?

TOINETTE. — Monsieur, serez-vous insensible à tant d'amour?

ARGAN. — Qu'il se fasse médecin, je consens au mariage. Oui, faites-vous médecin, je vous donne ma fille.

CLÉANTE. — Très volontiers, Monsieur : s'il ne tient qu'à cela pour être votre gendre, je me ferai médecin, apothicaire même, si vous voulez. Ce n'est pas une affaire que cela, et je ferais bien d'autres choses pour obtenir la belle Angélique.

BÉRALDE. — Mais, mon frère, il me vient une pensée : faites-vous médecin vous-même. La commodité sera encore plus grande, d'avoir en vous tout ce qu'il vous faut.

TOINETTE. — Cela est vrai. Voilà le vrai moyen de vous guérir bientôt; et il n'y a point de maladie si osée, que de se jouer à la personne d'un médecin.

ARGAN. — Je pense, mon frère, que vous vous moquez de moi : est-ce que je suis en âge d'étudier?

BÉRALDE. — Bon, étudier! Vous êtes assez savant; et il y en a beaucoup parmi eux qui ne sont pas plus habiles que vous.

ARGAN. — Mais il faut savoir bien parler latin, connaître les maladies, et les remèdes qu'il y faut faire.

BÉRALDE. — En recevant la robe et le bonnet de médecin, vous apprendrez tout cela, et vous serez après plus habile que vous ne voudrez.

ARGAN. — Quoi? l'on sait discourir sur les maladies quand on a cet habit-là?

BÉRALDE. — Oui. L'on n'a qu'à parler avec une robe et un bonnet, tout galimatias devient savant, et toute sottise devient raison.

TOINETTE. — Tenez, Monsieur, quand il n'y aurait que votre barbe, c'est déjà beaucoup, et la barbe fait plus de la moitié d'un médecin.

CLÉANTE. — En tout cas, je suis prêt à tout.

BÉRALDE. — Voulez-vous que l'affaire se fasse tout à l'heure ?

ARGAN. — Comment tout à l'heure ?

BÉRALDE. — Oui, et dans votre maison.

ARGAN. — Dans ma maison ?

BÉRALDE. — Oui. Je connais une Faculté de mes amies, qui viendra tout à l'heure en faire la cérémonie dans votre salle. Cela ne vous coûtera rien.

ARGAN. — Mais moi, que dire, que répondre ?

BÉRALDE. — On vous instruira en deux mots, et l'on vous donnera par écrit ce que vous devez dire. Allez-vous-en vous mettre en habit décent, je vais les envoyer quérir.

ARGAN. — Allons voyons cela.

CLÉANTE. — Que voulez-vous dire, et qu'entendez-vous avec cette Faculté de vos amies... ?

TOINETTE. — Quel est donc votre dessein ?

BÉRALDE. — De nous divertir un peu ce soir. Les comédiens ont fait un petit intermède de la réception d'un médecin, avec des danses et de la musique ; je veux que nous en prenions ensemble le divertissement, et que mon frère y fasse le premier personnage.

ANGÉLIQUE. — Mais mon oncle, il me semble que vous vous jouez un peu beaucoup de mon père.

BÉRALDE. — Mais, ma nièce, ce n'est pas tant le jouer que s'accommoder à ses fantaisies. Tout ceci n'est qu'entre nous. Nous y pouvons aussi prendre chacun un personnage, et nous donner ainsi la comédie les uns aux autres. Le carnaval autorise cela. Allons vite préparer toutes choses.

CLÉANTE, *à Angélique.* — Y consentez-vous ?

ANGÉLIQUE. — Oui, puisque mon oncle nous conduit.

TROISIÈME INTERMÈDE

C'est une cérémonie burlesque d'un homme qu'on fait médecin en récit, chant et danse.

ENTRÉE DE BALLET

Plusieurs tapissiers viennent préparer la salle et placer les bancs en cadence ; ensuite de quoi toute l'assemblée (composée de huit porte-seringues, six apothicaires, vingt-deux docteurs, celui qui se fait recevoir médecin, huit chirurgiens dansants, et deux chantants) entre, et prend ses places, selon les rangs.

PRÆSES

Sçavantissimi doctores,
Medicinæ professores,

Qui hic assemblati estis,
Et vos, altri Messiores,
Sententiarum Facultatis
Fideles executores,
Chirurgiani et apothicari,
Atque tota compania aussi,
Salus, honor, et argentum,
Atque bonum appetitum.

Non possum, docti Confreri,
En moi satis admirari
Qualis bona inventio
Est medici professio,
Quam bella chosa est, et bene trovata,
Medicina illa benedicta,
Quae suo nomine solo,
Surprenanti miraculo,
Depuis si longo tempore,
Facit à gogo vivere
Tant de gens omni genere.

Per totam terram videmus
Grandam vogam ubi sumus,
Et quod grandes et petiti
Sunt de nobis infatuti.
Totus, mundus, currens ad nostros remedios,
Nos regardat sicut Deos;
Et nostris ordonnanciis
Principes et reges soumissos videtis.

Donque il est nostræ sapientiæ,
Boni sensus atque prudentiæ,
De fortement travaillare
A nos bene conservare
In tali credito, voga, et honore,
Et prandere gardam à non recevere
In nostro docto corpore
Quam personas capabiles,
Et totas dignas ramplire
Has plaças honorabiles.

C'est pour cela que nunc convocati estis :
Et credo quod trovabitis
Dignam matieram medici
In sçavanti homine que voici,

Lequel, in chosis omnibus,
Dono ad interrogandum,
Et à fond examinandum
Vostris capacitatibus.

PRIMUS DOCTOR

Si mihi licenciam dat Dominus Præses,
Et tanti docti Doctores,
Et assistantes illustres,
Très sçavanti Bacheliero,
Quem estimo et honoro,
Domandabo causam et rationem quare
Opium facit dormire.

BACHELIERUS

Mihi a docto Doctore
Domandatur causam et rationem quare
Opium facit dormire :
A quoi respondeo,
Quia est in eo
Virtus dormitiva,
Cujus est natura
Sensus assoupire.

CHORUS

Bene, bene, bene, bene respondere :
Dignus, dignus est entrare
In nostro docto corpore.

SECUNDUS DOCTOR

Cum permissione Domini Præsidis,
Doctissimæ Facultatis,
Et totius his nostris actis
Companiæ assistantis,
Domandabo tibi, docte Bacheliere,
Quæ sunt remedia
Quæ in maladia
Ditte hydropisia
Convenit facere.

BACHELIERUS

Clysterium donare,
Postea seignare,
Ensuitta purgare.

CHORUS

Bene, bene, bene, bene respondere.
Dignus, dignus est entrare
In nostro docto corpore.

TERTIUS DOCTOR

Si bonum semblatur Domino Præsidi,
Doctissimæ Facultati,
Et companiæ præsenti,
Domandabo tibi, docte Bacheliere,
Quæ remedia eticis,
Pulmonicis, atque asmaticis,
Trovas à propos facere.

BACHELIERUS

Clysterium donare,
Postea seignare,
Ensuitta purgare.

CHORUS

Bene, bene, bene, bene respondere :
Dignus, dignus est entrare
In nostro docto corpore.

QUARTUS DOCTOR

Super illas maladias
Doctus Bachelierus dixit maravillas,
Mais si non ennuyo Dominum Præsidem,
Doctissimam Facultatem,
Et totam honorabilem
Companiam ecoutantem,
Faciam illi unam quæstionem.
De hiero maladus unus
Tombavit in meas manus :
Habet grandam fievram cum redoublamentis,
Grandam dolorem capitis,
Et grandum malum au costé,
Cum granda difficultate
Et pœna de respirare :
Veillas mihi dire,
Docte Bacheliere,
Quid illi facere ?

BACHELIERUS

Clysterium donare,
Postea seignare,
Ensuitta purgare.

QUINTUS DOCTOR

Mais si maladia
Opiniatria
Non vult se garire,
Quid illi facere ?

BACHELIERUS

Clysterium donare,
Postea seignare,
Ensuitta purgare.

CHORUS

Bene, bene, bene, bene respondere :
Dignus, dignus est entrare
In nostro docto corpore.

PRÆSES

Juras gardare statuta
Per Facultatem præscripta
Cum sensu et jugeamento ?

BACHELIERUS

Juro*.

PRÆSES

Essere, in omnibus
Consultationibus,
Ancieni aviso,
Aut bono,
Aut mauvaiso ?

BACHELIERUS

Juro.

PRÆSES

De non jamais te servire
De remediis aucunis
Quam de ceux seulement doctæ Facultatis,
Maladus dust-il crevare,
Et mori de suo malo ?

---

* C'est à ce moment que Molière eut un crachement de sang lors de la quatrième représentation de la pièce.

BACHELIERUS

Juro.

PRÆSES

Ego, cum isto boneto
Venerabili et docto,
Dono tibi et concedo
Virtutem et puissanciam
Medicandi,
Purgandi,
Seignandi,
Perçandi,
Taillandi,
Coupandi
Et occidendi
Impune per totam terram.

ENTRÉE DE BALLET

Tous les Chirurgiens et Apothicaires viennent lui faire
la révérence en cadence.

BACHELIERUS

Grandes doctores doctrinæ
De la rhubarbe et du séné,
Ce serait sans douta à moi chosa folla,
Inepta et ridicula,
Si j'alloibam m'engageare,
Volis louangeas donare,
Et entreprenoibam adjoutare
Des lumieras au soleillo,
Et des étoilas au cielo,
Des ondas à l'Oceano,
Et des rosas au printanno.
Agreate qu'avec uno moto,
Pro toto remercimento,
Rendam gratiam corpori tam docto.
Vobis, vobis debeo
Bien plus qu'à naturæ et qu'à patri meo :
Natura et pater meus
Hominem me habent factum;
Mais vos me, ce qui est bien plus,
Avetis factum medicum,
Honor, favor, et gratia

Qui, in hoc corde que voilà,
Imprimant ressentimenta
Qui dureront in secula.

Chorus

Vivat, vivat, vivat, vivat, cent fois vivat
    Novus Doctor, qui tam bene parlat!
Mille, mille annis et manget et bibat,
      Et seignet et tuat!

ENTRÉE DE BALLET

Tous les Chirurgiens et les Apothicaires dansent au son des instruments
et des voix, et des battements de mains, et des mortiers d'apothicaires.

Chirurgus

Puisse-t-il voir doctas
Suas ordonnancias
Omnium chirurgorum
Et apothiquarum
Remplire boutiquas!

Chorus

Vivat, vivat, vivat, vivat, cent fois vivat
    Novus Doctor, qui tam bene parlat!
Mille, mille annis et manget et bibat,
      Et seignet et tuat!

Chirurgus

Puissent toti anni
Lui essere boni
Et favorabiles,
Et n'habere jamais
Quam pestas, verolas,
Fievras, pluresias,
Fluxus de sang, et dyssenterias!

Chorus

Vivat, vivat, vivat, vivat, cent fois vivat
    Novus Doctor, qui tam bene parlat!
Mille, mille annis et manget et bibat,
      Et seignet et tuat!

DERNIÈRE ENTRÉE DE BALLET

POÉSIES

POÉSIES

LA GLOIRE DU VAL-DE-GRÂCE

(1669)

C'est en décembre 1657, à Lyon, que Molière rencontra pour la première fois Pierre Mignard, qui rentrait en France après un séjour de vingt ans en Italie. Tout de suite, une étroite amitié, qui devait être durable, se lia entre le peintre, le poète comique et ses amis Béjart. On sait que Mignard peignit plusieurs portraits de Molière.

Le panégyrique du dôme du Val-de-Grâce, une des grandes œuvres décoratives de Mignard, commandée par la reine mère, s'insère dans une querelle autour de la peinture. En 1668, Perrault, commis de Colbert, dans un poème intitulé *la Peinture*, avait chanté les louanges de Le Brun, l'adversaire et le rival de Mignard, qui devait d'ailleurs lui succéder à la direction de l'Académie de peinture. Ce poème de Molière à la louange de Mignard est donc à la fois un hommage au talent de l'ami et une prise de position en sa faveur contre Le Brun, que soutenait Colbert.

G. M.

LA GLOIRE DU VAL-DE-GRÂCE

Digne fruit de vingt ans de travaux somptueux,
Auguste bâtiment, temple majestueux,
Dont le dôme superbe, élevé dans la nue,
Pare du grand Paris la magnifique vue,
Et, parmi tant d'objets semés de toutes parts,   5
Du voyageur surpris prend les premiers regards,
Fais briller à jamais, dans ta noble richesse,
La splendeur du saint vœu d'une grande Princesse,
Et porte un témoignage à la postérité
De sa magnificence et de sa piété ;   10
Conserve à nos neveux une montre fidèle
Des exquises beautés que tu tiens de son zèle :
Mais défends bien surtout de l'injure des ans
Le chef-d'œuvre fameux de ses riches présents,
Cet éclatant morceau de savante peinture,   15
Dont elle a couronné ta noble architecture :
C'est le plus bel effet des grands soins qu'elle a pris,
Et ton marbre et ton or ne sont point de ce prix.

Toi qui dans cette coupe, à ton vaste génie
Comme un ample théâtre heureusement fournie,   20
Es venu déployer les précieux trésors
Que le Tibre t'a vu ramasser sur ses bords,
Dis-nous, fameux Mignard, par qui te sont versées
Les charmantes beautés de tes nobles pensées,
Et dans quel fonds tu prends cette variété   25
Dont l'esprit est surpris, et l'œil est enchanté.
Dis-nous quel feu divin, dans tes fécondes veilles,
De tes expressions enfante les merveilles,
Quel charme ton pinceau répand dans tous ses traits,
Quelle force il y mêle à ses plus doux attraits,   30

Et quel est ce pouvoir, qu'au bout des doigts tu portes,
Qui sait faire à nos yeux vivre des choses mortes,
Et d'un peu de mélange et de bruns et de clairs,
Rendre esprit la couleur, et les pierres des chairs.

Tu te tais, et prétends que ce sont des matières   35
Dont tu dois nous cacher les savantes lumières,
Et que ces beaux secrets, à tes travaux vendus,
Te coûtent un peu trop pour être répandus.
Mais ton pinceau s'explique, et trahit ton silence;
Malgré toi, de ton art il nous fait confidence;   40
Et, dans ses beaux efforts à nos yeux étalés,
Les mystères profonds nous en sont révélés.
Une pleine lumière ici nous est offerte;
Et ce dôme pompeux est une école ouverte,
Où l'ouvrage, faisant l'office de la voix,   45
Dicte de ton grand art les souveraines lois.
Il nous dit fortement les trois nobles parties *
Qui rendent d'un tableau les beautés assorties,
Et dont, en s'unissant, les talents relevés
Donnent à l'univers les peintres achevés.   50

Mais des trois, comme reine, il nous expose celle **
Que ne peut nous donner le travail, ni le zèle;
Et qui, comme un présent de la faveur des Cieux,
Est du nom de divine appelée en tous lieux;
Elle, dont l'essor monte au-dessus du tonnerre,   55
Et sans qui l'on demeure à ramper contre terre,
Qui meut tout, règle tout, en ordonne à son choix,
Et des deux autres mène et régit les emplois.

Il nous enseigne à prendre une digne matière,
Qui donne au feu du peintre une vaste carrière,   60
Et puisse recevoir tous les grands ornements
Qu'enfante un beau génie en ses accouchements,
Et dont la Poésie et sa sœur la Peinture,
Parent l'instruction de leur docte imposture,
Composent avec art ces attraits, ces douceurs,   65
Qui font à leurs leçons un passage en nos cœurs,
Et par qui de tout temps ces deux sœurs si pareilles
Charment, l'une les yeux, et l'autre les oreilles.

* L'invention, le dessin, le coloris. *(Note de Molière.)*
** L'invention, première partie de la peinture. *(Idem.)*

Mais il nous dit de fuir un discord apparent
Du lieu que l'on nous donne et du sujet qu'on prend, 70
Et de ne point placer dans un tombeau des fêtes,
Le ciel contre nos pieds, et l'enfer sur nos têtes.

Il nous apprend à faire, avec détachement,
De groupes contrastés un noble agencement,
Qui du champ du tableau fasse un juste partage 75
En conservant les bords un peu légers d'ouvrage,
N'ayant nul embarras, nul fracas vicieux
Qui rompe ce repos, si fort ami des yeux,
Mais où, sans se presser, le groupe se rassemble,
Et forme un doux concert, fasse un beau tout-ensemble, 80
Où rien ne soit à l'œil mendié, ni redit,
Tout s'y voyant tiré d'un vaste fonds d'esprit,
Assaisonné du sel de nos grâces antiques,
Et non du fade goût des ornements gothiques,
Ces monstres odieux des siècles ignorants, 85
Que de la barbarie ont produits les torrents,
Quand leur cours, inondant presque toute la terre,
Fit à la politesse une mortelle guerre,
Et, de la grande Rome abattant les remparts,
Vint, avec son empire, étouffer les beaux-arts. 90

Il nous montre à poser avec noblesse et grâce
La première figure à la plus belle place,
Riche d'un agrément, d'un brillant de grandeur
Qui s'empare d'abord des yeux du spectateur ;
Prenant un soin exact que, dans tout un ouvrage, 95
Elle joue aux regards le plus beau personnage ;
Et que, par aucun rôle au spectacle placé,
Le héros du tableau ne se voie effacé.

Il nous enseigne à fuir les ornements débiles
Des épisodes froids et qui sont inutiles, 100
A donner au sujet toute sa vérité,
A lui garder partout pleine fidélité,
Et ne se point porter à prendre de licence,
A moins qu'à des beautés elle donne naissance.

Il nous dicte amplement les leçons du dessin * 105
Dans la manière grecque, et dans le goût romain ;
Le grand choix du beau vrai, de la belle nature,
Sur les restes exquis de l'antique sculpture,

---

* Le dessin, seconde partie de la peinture. (Note de Molière.)

Qui, prenant d'un sujet la brillante beauté,
En savait séparer la faible vérité,   110
Et, formant de plusieurs une beauté parfaite,
Nous corrige par l'art la nature qu'on traite.

Il nous explique à fond, dans ses instructions,
L'union de la grâce et des proportions;
Les figures partout doctement dégradées,   115
Et leurs extrémités soigneusement gardées;
Les contrastes savants des membres agroupés,
Grands, nobles, étendus et bien développés,
Balancés sur leur centre en beauté d'attitude,
Tous formés l'un pour l'autre avec exactitude,   120
Et n'offrant point aux yeux ces galimatias
Où la tête n'est point de la jambe, ou du bras;
Leur juste attachement aux lieux qui les font naître,
Et les muscles touchés autant qu'ils doivent l'être;
La beauté des contours observés avec soin,   125
Point durement traités, amples, tirés de loin,
Inégaux, ondoyants, et tenant de la flamme,
Afin de conserver plus d'action et d'âme;
Les nobles airs de tête amplement variés,
Et tous au caractère avec choix mariés;   130
Et c'est là qu'un grand peintre, avec pleine largesse,
D'une féconde idée étale la richesse,
Faisant briller partout de la diversité,
Et ne tombant jamais dans un air répété:
Mais un peintre commun trouve une peine extrême   135
A sortir, dans ses airs, de l'amour de soi-même:
De redites sans nombre il fatigue les yeux,
Et, plein de son image, il se peint en tous lieux.

Il nous enseigne aussi les belles draperies,
De grands plis bien jetés suffisamment nourries,   140
Dont l'ornement aux yeux doit conserver le nu,
Mais qui, pour le marquer, soit un peu retenu,
Qui ne s'y colle point, mais en suive la grâce,
Et, sans la serrer trop, la caresse et l'embrasse.

Il nous montre à quel air, dans quelles actions,   145
Se distinguent à l'œil toutes les passions,
Les mouvements du cœur, peints d'une adresse extrême,
Par des gestes puisés dans la passion même,
Bien marqués pour parler, appuyés, forts et nets,
Imitant en vigueur les gestes des muets,   150

Qui veulent réparer la voix que la nature
Leur a voulu nier, ainsi qu'à la peinture.

Il nous étale enfin les mystères exquis
De la belle partie où triompha Zeuxis *,
Et qui, le revêtant d'une gloire immortelle,   155
Le fit aller du pair avec le grand Apelle :
L'union, les concerts, et les tons des couleurs,
Contrastes, amitiés, ruptures et valeurs,
Qui font les grands effets, les fortes impostures,
L'achèvement de l'art, et l'âme des figures.   160

Il nous dit clairement dans quel choix le plus beau
On peut prendre le jour et le champ du tableau;
Les distributions et d'ombre et de lumière
Sur chacun des objets et sur la masse entière;
Leur dégradation dans l'espace de l'air,   165
Par les tons différents de l'obscur et du clair;
Et quelle force il faut aux objets mis en place
Que l'approche distingue et le lointain efface;
Les gracieux repos que, par des soins communs,
Les bruns donnent aux clairs, comme les clairs aux bruns,
Avec quel agrément d'insensible passage   [170
Doivent ces opposés entrer en assemblage,
Par quelle douce chute ils doivent y tomber,
Et dans un milieu tendre aux yeux se dérober;
Ces fonds officieux qu'avec art on se donne,   175
Qui reçoivent si bien ce qu'on leur abandonne;
Par quels coups de pinceau, formant de la rondeur,
Le peintre donne au plat le relief du sculpteur;
Quel adoucissement des teintes de lumière
Fait perdre ce qui tourne et le chasse derrière,   180
Et comme avec un champ fuyant, vague et léger,
La fierté de l'obscur sur la douceur du clair,
Triomphant de la toile, en tire avec puissance
Les figures que veut garder sa résistance,
Et, malgré tout l'effort qu'elle oppose à ses coups,   185
Les détache du fond, et les amène à nous.

Il nous dit tout cela, ton admirable ouvrage.
Mais, illustre Mignard, n'en prends aucun ombrage;
Ne crains pas que ton art, par ta main découvert,
A marcher sur tes pas tienne un chemin ouvert,   190
Et que de ses leçons les grands et beaux oracles

* Le coloris, troisième partie de la peinture. *(Note de Molière.)*

Élèvent d'autres mains à tes doctes miracles :
Il y faut les talents que ton mérite joint,
Et ce sont des secrets qui ne s'apprennent point.
On n'acquiert point, Mignard, par les soins qu'on se donne,
Trois choses dont les dons brillent dans ta personne, [195
Les passions, la grâce, et les tons de couleur
Qui des riches tableaux font l'exquise valeur;
Ce sont présents du Ciel, qu'on voit peu qu'il assemble,
Et les siècles ont peine à les trouver ensemble.   200
C'est par là qu'à nos yeux nuls travaux enfantés
De ton noble travail n'atteindront les beautés :
Malgré tous les pinceaux que ta gloire réveille,
Il sera de nos jours la fameuse merveille,
Et des bouts de la terre en ces superbes lieux   205
Attirera les pas des savants curieux.

O vous, dignes objets de la noble tendresse
Qu'a fait briller pour vous cette auguste Princesse,
Dont au grand Dieu naissant, au véritable Dieu,
Le zèle magnifique a consacré ce lieu,   210
Purs esprits, où du ciel sont les grâces infuses,
Beaux temples des vertus, admirables recluses,
Qui dans votre retraite, avec tant de ferveur,
Mêlez parfaitement la retraite du cœur,
Et, par un choix pieux hors du monde placées,   215
Ne détachez vers lui nulle de vos pensées,
Qu'il vous est cher d'avoir sans cesse devant vous
Ce tableau de l'objet de vos vœux les plus doux,
D'y nourrir par vos yeux les précieuses flammes,
Dont si fidèlement brûlent vos belles âmes,   220
D'y sentir redoubler l'ardeur de vos désirs,
D'y donner à toute heure un encens de soupirs,
Et d'embrasser du cœur une image si belle
Des célestes beautés de la gloire éternelle,
Beautés qui dans leurs fers tiennent vos libertés,   225
Et vous font mépriser toutes autres beautés !

Et toi, qui fus jadis la maîtresse du monde,
Docte et fameuse école en raretés féconde,
Où les arts déterrés ont, par un digne effort,
Réparé les dégâts des barbares du Nord;   230
Source des beaux débris des siècles mémorables,
O Rome, qu'à tes soins nous sommes redevables
De nous avoir rendu, façonné de ta main,
Ce grand homme, chez toi devenu tout Romain,

Dont le pinceau célèbre, avec magnificence, 235
De ses riches travaux vient parer notre France,
Et dans un noble lustre y produire à nos yeux
Cette belle peinture inconnue en ces lieux,
La fresque, dont la grâce, à l'autre préférée,
Se conserve un éclat d'éternelle durée, 240
Mais dont la promptitude et les brusques fiertés
Veulent un grand génie à toucher ses beautés!

De l'autre qu'on connaît la traitable méthode
Aux faiblesses d'un peintre aisément s'accommode :
La paresse de l'huile, allant avec lenteur, 245
Du plus tardif génie attend la pesanteur;
Elle sait secourir, par le temps qu'elle donne,
Les faux pas que peut faire un pinceau qui tâtonne;
Et sur cette peinture on peut, pour faire mieux,
Revenir, quand on veut, avec de nouveaux yeux. 250
Cette commodité de retoucher l'ouvrage
Aux peintres chancelants est un grand avantage;
Et ce qu'on ne fait pas en vingt fois qu'on reprend,
On le peut faire en trente, on le peut faire en cent.

Mais la fresque est pressante et veut, sans complaisance,
Qu'un peintre s'accommode à son impatience, [255
La traite à sa manière et, d'un travail soudain,
Saisisse le moment qu'elle donne à sa main.
La sévère rigueur de ce moment qui passe
Aux erreurs d'un pinceau ne fait aucune grâce; 260
Avec elle il n'est point de retour à tenter,
Et tout au premier coup se doit exécuter.
Elle veut un esprit où se rencontre unie
La pleine connaissance avec le grand génie,
Secouru d'une main propre à le seconder, 265
Et maîtresse de l'art jusqu'à le gourmander,
Une main prompte à suivre un beau feu qui la guide,
Et dont, comme un éclair, la justesse rapide
Répande dans ses fonds, à grands traits non tâtés,
De ses expressions les touchantes beautés. 270

C'est par là que la fresque, éclatante de gloire,
Sur les honneurs de l'autre emporte la victoire,
Et que tous les savants, en juges délicats,
Donnent la préférence à ses mâles appas.
Cent doctes mains chez elle ont cherché la louange; 275
Et Jules, Annibal, Raphaël, Michel-Ange,

Les Mignards de leur siècle, en illustres rivaux,
Ont voulu par la fresque anoblir leurs travaux.

Nous la voyons ici doctement revêtue
De tous les grands attraits qui surprennent la vue.   280
Jamais rien de pareil n'a paru dans ces lieux;
Et la belle inconnue a frappé tous les yeux.
Elle a non seulement, par ses grâces fertiles,
Charmé du grand Paris les connaisseurs habiles,
Et touché de la cour le beau monde savant;   285
Ses miracles encore ont passé plus avant,
Et de nos courtisans les plus légers d'étude
Elle a pour quelque temps fixé l'inquiétude,
Arrêté leur esprit, attaché leurs regards,
Et fait descendre en eux quelque goût des beaux-arts.   290

Mais ce qui, plus que tout, élève son mérite,
C'est de l'auguste Roi l'éclatante visite :
Ce monarque, dont l'âme aux grandes qualités
Joint un goût délicat des savantes beautés,
Qui, séparant le bon d'avec son apparence,   295
Décide sans erreur, et loue avec prudence;
LOUIS, le grand LOUIS, dont l'esprit souverain
Ne dit rien au hasard, et voit tout d'un œil sain,
A versé de sa bouche, à ses grâces brillantes,
De deux précieux mots les douceurs chatouillantes;   300
Et l'on sait qu'en deux mots ce roi judicieux
Fait des plus beaux travaux l'éloge glorieux.

Colbert, dont le bon goût suit celui de son maître,
A senti même charme, et nous le fait paraître.
Ce vigoureux génie au travail si constant,   305
Dont la vaste prudence à tous emplois s'étend,
Qui, du choix souverain, tient, par son haut mérite,
Du commerce et des arts la suprême conduite,
A d'une noble idée enfanté le dessein
Qu'il confie aux talents de cette docte main,   310
Et dont il veut par elle attacher la richesse
Aux sacrés murs du temple où son cœur s'intéresse.
La voilà, cette main, qui se met en chaleur;
Elle prend les pinceaux, trace, étend la couleur,
Empâte, adoucit, touche, et ne fait nulle pause :   315
Voilà qu'elle a fini; l'ouvrage aux yeux s'expose;
Et nous y découvrons, aux yeux des grands experts,
Trois miracles de l'art en trois tableaux divers.

Mais, parmi cent objets d'une beauté touchante,
Le Dieu porte au respect, et n'a rien qui n'enchante; 320
Rien en grâce, en douceur, en vive majesté,
Qui ne présente à l'œil une divinité;
Elle est toute en ces traits si brillants de noblesse;
La grandeur y paraît, l'équité, la sagesse,
La bonté, la puissance; enfin ces traits font voir   325
Ce que l'esprit de l'homme a peine à concevoir.

Poursuis, ô grand Colbert, à vouloir dans la France
Des arts que tu régis établir l'excellence,
Et donne à ce projet, et si grand et si beau,
Tous les riches moments d'un si docte pinceau.   330
Attache à des travaux, dont l'éclat te renomme,
Le reste précieux des jours de ce grand homme.
Tels hommes rarement se peuvent présenter,
Et, quand le ciel les donne, il en faut profiter.
De ces mains, dont les temps ne sont guère prodigues, 335
Tu dois à l'univers les savantes fatigues;
C'est à ton ministère à les aller saisir,
Pour les mettre aux emplois que tu peux leur choisir;
Et, pour ta propre gloire, il ne faut point attendre
Qu'elles viennent t'offrir ce que ton choix doit prendre. 340
Les grands hommes, Colbert, sont mauvais courtisans,
Peu faits à s'acquitter des devoirs complaisants;
A leurs réflexions tout entiers ils se donnent;
Et ce n'est que par là qu'ils se perfectionnent.
L'étude et la visite ont leurs talents à part.   345
Qui se donne à la cour se dérobe à son art.
Un esprit partagé rarement s'y consomme,
Et les emplois de feu demandent tout un homme.
Ils ne sauraient quitter les soins de leur métier
Pour aller chaque jour fatiguer ton portier;   350
Ni partout, près de toi, par d'assidus hommages
Mendier des prôneurs les éclatants suffrages.
Cet amour de travail qui toujours règne en eux,
Rend à tous autres soins leur esprit paresseux;
Et tu dois consentir à cette négligence   355
Qui de leurs beaux talents te nourrit l'excellence.
Souffre que, dans leur art s'avançant chaque jour,
Par leurs ouvrages seuls ils te fassent leur cour.
Leur mérite à tes yeux y peut assez paraître;
Consultes-en ton goût, il s'y connaît en maître,   360
Et te dira toujours, pour l'honneur de ton choix,
Sur qui tu dois verser l'éclat des grands emplois.

C'est ainsi que des arts la renaissante gloire
De tes illustres soins ornera la mémoire;
Et que ton nom, porté dans cent travaux pompeux, 365
Passera triomphant à nos derniers neveux.

POÉSIES DIVERSES

REMERCIEMENT AU ROI

(1663)

Publié en plaquette en 1663, ce *Remerciement* de Molière au roi était motivé par la pension de 1 000 livres que Louis XIV lui attribua pour la première fois cette année, à titre d' « excellent poète comique ». Cette faveur, intervenue en pleine querelle de *l'École des Femmes*, était un témoignage de l'appui que le roi entendait donner à Molière contre ses ennemis. Comme Corneille, également gratifié, Molière tint à remercier le souverain de sa générosité. Mais il voulut échapper au genre solennel de la poésie officielle et se divertit à composer son *Remerciement* en vers libres sur le mode badin, à y glisser un tableau satirique amusant de la Cour, à en faire un compliment sans servilité pour le maître, et troussé avec la plus libre et charmante désinvolture.

G. M.

REMERCIEMENT AU ROI

Votre paresse enfin me scandalise,
    Ma Muse; obéissez-moi :
    Il faut ce matin, sans remise,
    Aller au lever du Roi.
        Vous savez bien pourquoi :   5
        Et ce vous est une honte
    De n'avoir pas été plus prompte
A le remercier de ces fameux bienfaits;
    Mais il vaut mieux tard que jamais.
        Faites donc votre compte   10
D'aller au Louvre accomplir mes souhaits.

    Gardez-vous bien d'être en Muse bâtie :
    Un air de Muse est choquant dans ces lieux;
On y veut des objets à réjouir les yeux;
        Vous en devez être avertie;   15
    Et vous ferez votre cour beaucoup mieux,
    Lorsqu'en marquis vous serez travestie.
Vous savez ce qu'il faut pour paraître marquis;
    N'oubliez rien de l'air ni des habits;
Arborez un chapeau chargé de trente plumes   20
        Sur une perruque de prix;
    Que le rabat soit des plus grands volumes,
        Et le pourpoint des plus petits;
        Mais surtout je vous recommande
Le manteau, d'un ruban sur le dos retroussé :   25
        La galanterie en est grande;
Et parmi les marquis de la plus haute bande
        C'est pour être placé.
        Avec vos brillantes hardes
        Et votre ajustement,   30
Faites tout le trajet de la salle des gardes;

Et vous peignant galamment,
Portez de tous côtés vos regards brusquement;
Et, ceux que vous pourrez connaître,
Ne manquez pas, d'un haut ton,   35
De les saluer par leur nom,
De quelque rang qu'ils puissent être.
Cette familiarité
Donne à quiconque en use un air de qualité.

Grattez du peigne à la porte   40
De la chambre du Roi.
Ou si, comme je prévois,
La presse s'y trouve forte,
Montrez de loin votre chapeau,
Ou montez sur quelque chose   45
Pour faire voir votre museau,
Et criez sans aucune pause,
D'un ton rien moins que naturel :
« Monsieur l'huissier, pour le marquis un tel. »
Jetez-vous dans la foule, et tranchez du notable;   50
Coudoyez un chacun, point du tout de quartier,
Pressez, poussez, faites le diable
Pour vous mettre le premier;
Et quand même l'huissier,
A vos désirs inexorable,   55
Vous trouverait en face un marquis repoussable,
Ne démordez point pour cela,
Tenez toujours ferme là :
A déboucher la porte il irait trop du vôtre;
Faites qu'aucun n'y puisse pénétrer,   60
Et qu'on soit obligé de vous laisser entrer,
Pour faire entrer quelque autre.

Quand vous serez entré, ne vous relâchez pas :
Pour assiéger la chaise, il faut d'autres combats;
Tâchez d'en être des plus proches,   65
En y gagnant le terrain pas à pas;
Et si des assiégeants le prévenant amas
En bouche toutes les approches,
Prenez le parti doucement
D'attendre le Prince au passage :   70
Il connaîtra votre visage
Malgré votre déguisement;
Et lors, sans tarder davantage,
Faites-lui votre compliment.

      Vous pourriez aisément l'étendre,   75
Et parler des transports qu'en vous font éclater
Les surprenants bienfaits que, sans les mériter,
Sa libérale main sur vous daigne répandre,
Et des nouveaux efforts où s'en va vous porter
L'excès de cet honneur où vous n'osiez prétendre,   80
      Lui dire comme vos désirs
Sont, après ses bontés qui n'ont point de pareilles,
D'employer à sa gloire, ainsi qu'à ses plaisirs,
      Tout votre art et toutes vos veilles,
    Et là-dessus lui promettre merveilles :   85
    Sur ce chapitre on n'est jamais à sec;
    Les Muses sont de grandes prometteuses!
      Et comme vos sœurs les causeuses,
Vous ne manquerez pas, sans doute, par le bec.
      Mais les grands princes n'aiment guère   90
      Que les compliments qui sont courts;
Et le nôtre surtout a bien d'autres affaires
      Que d'écouter tous vos discours.
La louange et l'encens n'est pas ce qui le touche;
      Dès que vous ouvrirez la bouche   95
    Pour lui parler de grâce et de bienfait,
Il comprendra d'abord ce que vous voudrez dire,
      Et se mettant doucement à sourire
D'un air qui sur les cœurs fait un charmant effet,
      Il passera comme un trait,
      Et cela vous doit suffire :   100
    Voilà votre compliment fait.

AU ROI SUR LA CONQUÊTE
DE LA FRANCHE-COMTÉ

(1668)

A l'occasion de la première conquête, si rapide, de la Franche-Comté par le roi et par le prince de Condé, Molière composa un sonnet laudatif pour le roi, qui fut inséré en tête de la première édition d'*Amphitryon* (1668), mais qui fut retiré du second tirage, à la suite de la restitution de la Franche-Comté à la paix d'Aix-la-Chapelle.

G. M.

AU ROI

Ce sont faits inouïs, GRAND ROI, que tes victoires!
L'avenir aura peine à les bien concevoir;
Et de nos vieux héros les pompeuses histoires
Ne nous ont point chanté ce que tu nous fais voir.

Quoi! presque au même instant qu'on te l'a vu résoudre, 5
Voir toute une province unie à tes États!
Les rapides torrents et les vents et la foudre
Vont-ils, dans leurs effets, plus vite que ton bras?

N'attends pas, au retour d'un si fameux ouvrage,
Des soins de notre muse un éclatant hommage.   10
Cet exploit en demande, il le faut avouer;

Mais nos chansons, GRAND ROI, ne sont pas si tôt prêtes;
Et tu mets moins de temps à faire tes conquêtes
    Qu'il n'en faut pour les bien louer.

SONNET A LA MOTHE LE VAYER

(1664)

L'abbé Le Vayer, fils unique du philosophe sceptique François La Mothe Le Vayer, et dont Guy Patin nous apprend qu'il est mort en septembre 1664, à l'âge de trente-cinq ans, était un homme d'esprit, cultivé, ami intime de Molière et de Boileau, qui lui dédia sa *Satire IV*.

Il est donc naturel que Molière, qui connaissait bien la famille Le Vayer, ait adressé au philosophe le beau sonnet de consolation suivant.

Celui-ci ne parut qu'en 1668, avec la lettre d'envoi, dans le *Recueil de pièces galantes de la Comtesse de la Suze*.

G. M.

SONNET
A M. LA MOTHE LE VAYER

SUR LA MORT DE SON FILS
(1664)

Aux larmes, Le Vayer, laisse tes yeux ouverts :
Ton deuil est raisonnable, encor qu'il soit extrême ;
Et, lorsque pour toujours on perd ce que tu perds,
La Sagesse, crois-moi, peut pleurer elle-même.

On se propose à tort cent préceptes divers   5
Pour vouloir, d'un œil sec, voir mourir ce qu'on aime ;
L'effort en est barbare aux yeux de l'univers,
Et c'est brutalité plus que vertu suprême.

On sait bien que les pleurs ne ramèneront pas
Ce cher fils que t'enlève un imprévu trépas ;   10
Mais la perte, par là, n'en est pas moins cruelle.

Ses vertus de chacun le faisaient révérer ;
Il avait le cœur grand, l'esprit beau, l'âme belle ;
Et ce sont des sujets à toujours le pleurer.

LETTRE D'ENVOI DU SONNET PRÉCÉDENT

Vous voyez bien, monsieur, que je m'écarte fort du chemin qu'on suit d'ordinaire en pareille rencontre, et que le sonnet que je vous envoie n'est rien moins qu'une consolation. Mais j'ai cru qu'il fallait en user de la sorte avec vous, et que c'est consoler un philosophe que de lui justifier ses larmes, et de mettre sa douleur en liberté. Si je n'ai pas trouvé d'assez fortes raisons pour affranchir votre tendresse des sévères leçons de la philosophie, et pour vous obliger à pleurer sans contrainte, il en faut accuser le peu d'éloquence d'un homme qui ne saurait persuader ce qu'il sait si bien faire.

MOLIÈRE.

BOUTS-RIMÉS COMMANDÉS SUR LE BEL-AIR

Les Bouts-rimés constituent un jeu poétique de salon qu'avait mis à la mode un poète ridicule nommé Dulot, raillé par Sarazin dans un poème intitulé *Dulot vaincu ou la Défaite des Bouts-rimés*.

Molière sacrifia à cette mode dans un sonnet publié dans ses *Œuvres posthumes*, édition de 1682, t. VIII, p. 120.

G. M.

BOUTS-RIMÉS COMMANDÉS

SUR LE BEL AIR

Que vous m'embarrassez avec votre......... grenouille,
Qui traîne à ses talons le doux mot d'...... Hypocras!
Je hais des bouts-rimés le puéril........... fatras,
Et tiens qu'il vaudrait mieux filer une.... quenouille.

La gloire du bel air n'a rien qui me.... chatouille; 5
Vous m'assommez l'esprit avec un gros.... plâtras;
Et je tiens heureux ceux qui sont morts à... Coutras,
Voyant tout le papier qu'en sonnets on.... barbouille.

M'accable derechef la haine du............ cagot,
Plus méchant mille fois que n'est un vieux.. magot, 10
Plutôt qu'un bout-rimé me fasse entrer en.... danse!

Je vous le chante clair, comme un.... chardonneret;
Au bout de l'univers je fuis dans une...... manse.
Adieu, grand Prince, adieu; tenez-vous.... guilleret.

QUATRAINS

(1665)

Ces deux quatrains de Molière accompagnent une image symbolique dessinée par F. Chauveau et gravée par Le Doyen pour la Confrérie de l'Esclavage de Notre-Dame de la Charité.

G. M.

QUATRAINS

Brisez les tristes fers du honteux esclavage
Où vous tient du péché le commerce odieux,
Et venez recevoir le glorieux servage
Que vous tendent les mains de la Reine des Cieux.

L'un sur vous à vos sens donne pleine victoire,
L'autre sur vos désirs vous fait régner en rois.
L'un vous tire aux Enfers et l'autre dans la gloire.
Hélas! peut-on, Mortels, balancer sur ce Choix ?

POÉSIES ATTRIBUÉES

A

MOLIÈRE

PREMIER COUPLET D'UNE CHANSON
DE D'ASSOUCY

(1656 ?)

C'est d'Assoucy, l'Empereur du Burlesque et l'ami de
Molière, qui dans ses *Aventures d'Italie* (chap. VII, pp. 99-
101) attribue à celui-ci le premier couplet d'une chanson
rimée en commun à Béziers et destinée à Christine de
France, duchesse de Savoie.

G. M.

COUPLET

D'UNE CHANSON DE D'ASSOUCY

Loin de moi, loin de moi tristesse,
  Sanglots, larmes, soupirs,
  Je revois la Princesse
  Qui fait tous mes désirs,
  O célestes plaisirs,   5
  Doux transports d'allégresse!
  Viens, mort, quand tu voudras,
  Me donner le trépas,
  J'ai revu ma Princesse.

LES MARIS

DIALOGUE

1

Mon compère, en bonne foi,
Que dis-tu du mariage ?

2

Toi, comment de ton ménage
Te trouves-tu ? dis-le-moi.

1

Ma femme est une diablesse   5
Qui tempête jour et nuit.

2

La mienne est une traîtresse
Qui fait bien pis que du bruit.

1 et 2
Malheureux qui se lie
A ce sexe trompeur,

2
Bizarre,

1
Extravagant,   10

2
Infidèle,

1
Obstiné,

2
Querelleur,

1
Arrogant !

1 et 2
C'est renoncer au bonheur de la vie.

2

Tout le monde en dit autant,
Et pourtant
Chacun en fait la folie.   15

TRIO GROTESQUE

1

Amants aux cheveux gris, ce n'est pas chose étrange
Que l'Amour sous ses lois vous range.

2

Pour le jeune et pour le barbon,
A tout âge l'amour est bon.

3

Mais si vous désirez de vous mettre en ménage,   20
Ne vous adressez point à ces jeunes beautés :
Vous les rebutez,

1

Vous les dégoûtez,

1, 2 et 3

Et bien loin de les faire à votre badinage,
Vous n'avez bien souvent que cornes en partage.   25

MENUET

Belle ou laide, il n'importe guère,
Toute femme est à redouter.
Le cocuage est une affaire
Que l'on ne saurait éviter;
Et le mieux que l'on puisse faire   30
Est de ne s'en point tourmenter.

Ah! Quelle étrange extravagance
Que la crainte d'être cocu!
La vie a plusieurs maux dont on est convaincu,
Et l'on en doit craindre la violence,   35
Mais craindre un mal qui n'est que dans notre croyance,
Ah! quelle étrange extravagance!

LES BOHÉMIENNES
(Sarabande)

(1672)

Cette sarabande fait partie des intermèdes nouveaux du *Mariage forcé* mis en musique par Charpentier pour être substitués à la partition primitive de Lulli, fâché à cette date avec Molière.

G. M.

LES BOHÉMIENNES

SARABANDE

I

Les rossignols, dans leurs tendres ramages,
Du doux printemps annoncent le retour ;
Tout refleurit, tout rit en ces bocages :
Ah ! belle Iris, le beau temps, le beau jour,
Si tu voulais m'accorder ton amour !   5

2

Flore se plaît au baiser de Zéphire,
Et ces oiseaux se baisent tour à tour.
Rien que d'amour entre eux on ne soupire :
Ah ! belle Iris, le beau temps, le beau jour,
Si tu voulais imiter leur amour !   10

3

. . . .
. . . .
Ils suivent tous l'ardeur qui les inspire :
Ah ! belle Iris, le beau temps, le beau jour,
Si tu voulais imiter leur amour !

1, 2 et 3

Aimons-nous, aimable Sylvie,
  Unissons nos désirs et nos cœurs,   15
Nos soupirs, nos langueurs, nos ardeurs,
    Et passons notre vie
  En des nœuds si remplis de douceurs :
    C'est blesser la loi naturelle
    De laisser passer des moments   20
Que l'on peut se rendre si charmants.
La saison du printemps paraît belle,
Et nos ans sont riants tous comme elle ;
Mais il faut y mêler la douceur des amours,
Et sans eux il n'est point de beaux jours.   25

GLOSSAIRE

A

Abord (d'), dès l'abord.
Accommodé, à son aise.
Affidé, à qui on se fie.
Affronter, tromper, abuser.
Air, manière.
Amant, fiancé, soupirant.
Ambigu, mélange.
Amitié, amour.
Amour (faire l'), faire la cour.
Amusement, retard.
Anger, embarrasser.
Angigorniaux, colifichets.
Ascendant, influence des astres sur l'homme.
Avenue, voie d'accès.

B

Badinage, sottise.
Bagace, femme de mauvaise vie.
Bailler, donner.
Baye, tromperie.
Bec jaune, ignorance, bévue.
Blanc, fard.
Blanchir, ne faire aucun effet.
Bonhomme, homme âgé.
Bouchonner, cajoler.
Bourle, mensonge.
Bourru, fantasque, bizarre.
Brave, vêtu de beaux habits.
Brimborion, colifichets.
Brouhaha, murmure d'approbation.

C

Cadeau, repas champêtre, fête offerte à une dame.
Cajoler, jaser.
Canons, ornements de dentelles. au-dessus du genou.
Chaise, chaise à porteurs.
Chanson, sornette.
Chape (sous), sous cape.
Charme, pouvoir magique.
Chevir, être maître de.
Chèvre (prendre la), se fâcher.
Choquer, attaquer.
Claquemurer, enfermer étroitement.
Clarté, flambeau.
Cœur, courage.
Congé, permission.
Consentir, être du même avis.
Consommer (se), atteindre la perfection.
Contention, débat, dispute.
Convent, couvent.
Coureuse, fille ou femme de mauvaise conduite.
Croix, pièce marquée d'une croix.
Croquignole, chiquenaude.

D

Dam, dommage.
Dauber, tourner en ridicule.
Décri, défense prononcée par cri public.
Déplaisir, chagrin, tristesse.
Derechef, de nouveau.
Détour, tournant de rue.
Diablesse, méchante femme.
Diffamer, défigurer.
Discours, entretien.
Disgrâce, infortune, malheur.
Disposition, agilité.

Disputer, discuter.
Donner (en), sous-entendu : à garder, tromper.
Double, double denier, petite monnaie.
Doute (sans), sans aucun doute.
Droit (avoir), avoir raison.

E

Eclairer, épier.
Eclat, scandale.
Economie, bonne administration.
Effet (en), effectivement.
Effets, partie du bien d'un particulier.
Egyptien, gitan.
Emétique, vomitif à base d'antimoine.
Equipage, habits.
Encloueure, empêchement, obstacle.
Ennui, violent chagrin.
Epices, cadeaux faits aux juges.
Etonner, frapper du tonnerre.

F

Faits, hauts faits.
Fantaisie, imagination.
Faquin, homme de néant.
Fat, sot.
Feindre à, hésiter à.
Femme (bonne), femme âgée.
Féru, frappé au cœur.
Fier, féroce, cruel.
Fleurer, flairer.
Fleuret, pas de danse.
Fleurette, cajolerie.
Fortune, état, condition.
Fossette, jeu de billes.

G

Galant, civil, honnête, poli.
Gamme (chanter la), faire une forte réprimande à quelqu'un.
Gauchir, fléchir.
Gaupe, femme malpropre.
Gémeaux, jumeaux.
Gêne, torture.
Gêner, faire violence.
Génie, disposition naturelle.
Gourmade, coup de poing.

Grouiller, se remuer.
Gueuser, mendier.

H

Hanter, fréquenter.
Hantise, fréquentation.
Hautement, hardiment, résolument.
Heur, bonheur.
Hoirs, héritiers.
Honnêteté, manière d'agir obligeante.
Hypocondrie, état d'anxiété morale.

I

Imbécile, sans force.
Impatroniser (s'), s'emparer.
Impertinent, qui parle ou agit contre la raison.
Imposer, mentir.
Instance, prière, sollicitation ; procès.

J

Joli, agréable par sa gentillesse.
Judiciaire, faculté de bien juger.

L

Là-bas, en bas.
Libertinage, irréligion.

M

Machine, adresse, artifice.
Mander, envoyer.
Marchander, hésiter.
Marmouset, homme mal bâti.
Maroufle, homme pesant et sans esprit.
Mazette, mauvais cheval.
Méchant, mauvais, qui ne vaut rien.
Momon, défi au jeu de dés porté par des masques au temps de carnaval.
Monument, tombeau.
Morguer, braver.
Mouvements, passions, affections de l'âme.

N

Naissance, noblesse.
Nécessaire, subst., homme qui se mêle de ce qui ne le regarde pas.
Nécessité, indigence.
Nier, dénier, refuser.

O

Objet, objet d'une passion amoureuse.
Occasions, combats, rencontres de guerre.
Oie (petite), rubans, bas, chapeaux, gants, en général ornements du costume.
Ombre, apparence.

P

Paraguante, pourboire.
Penard, vieillard libertin.
Penser, être sur le point de.
Pied plat, paysan, gros lourdaud.
Plaisant, qui plaît; qui fait rire.
Plancher, plancher ou plafond.
Poudre, poussière.
Poulet, billet amoureux.
Prétendre, rechercher en mariage.
Propre, élégant.
Prude, sage, réglé, circonspect.
Prud'homie, probité.

Q

Qualité (gens de), la noblesse.
Querelle, plainte.
Quitter, se désister, renoncer.

R

Raison (faire), venger.
Ramentevoir, remémorer.
Régale, divertissement.
Rencontres, jeux de mots.

Rengrègement, augmentation.
Ressentiment, sentiment de reconnaissance ou d'animosité.
Retour, remords.
Rêver, imaginer.
Rhingrave, haut-de-chausses ample.

S

Scandaliser, décrier, diffamer.
Scoffion, coiffe.
Seing, signature.
Sensible, compréhensible.
Serein, vapeur froide du soir.
Soins, hommages amoureux; soucis, précautions.
Sot, mari trompé.
Souffleur, alchimiste.
Succès, issue d'une affaire, bonne ou mauvaise.
Support, appui, protection.

T

Taxer, blâmer.
Tout à l'heure, à l'instant même.
Traire, flatter pour tirer de l'argent.
Traits, écriture.
Transports, passion violente.
Tribouiller, remuer, émouvoir.
Tympaniser, décrier hautement et publiquement.

V

Viandes, aliments.
Vilain, paysan; avare.
Visage, aspect.
Visions, extravagances.
Vœux, amour.

Z

Zèle, ferveur religieuse.

TABLE DES MATIÈRES

TABLE DES MATIÈRES

PUBLICATIONS NOUVELLES

Vous trouverez chez votre libraire le catalogue complet des livres de poche GF-Flammarion et Champs-Flammarion.

GF — TEXTE INTÉGRAL — GF

92/08/M0920-IX-1992 — Impr MAURY Eurolivres SA, 45300 Manchecourt.
Nº d'édition 13940. — 3e trimestre 1965. — Printed in France.